新文科建设教材
国际经济与贸易系列

INTERNATIONAL
TRADE

国际贸易学

张二震　马野青　戴翔◎著

清华大学出版社
北京

内 容 简 介

本书在介绍国际贸易理论和政策原理的基础上,深入分析这些理论和政策的丰富内涵,侧重基本原理和政策的阐释。各章的安排大体遵循以下线索:第一章导论,介绍国际贸易的基本概念,概述国际贸易的发展;第二章分析国际分工和国际贸易的利益;第三章阐述国际贸易分工理论及其发展;第四章和第五章阐述世界市场的演进和贸易条件;第六章和第七章阐述国际贸易政策的理论和措施;第八章介绍和分析有关协调国际贸易政策的关税及贸易总协定与世界贸易组织;第九章分析国际资本流动与国际贸易的关系;第十章论述国际贸易与经济发展。每章附有复习思考题及即测即练,并为教师提供电子课件等辅助材料。

本书适合作为高等院校经济管理专业教材,也可作为国际贸易理论和实务部门的参考读物。

本书封面贴有清华大学出版社防伪标签,无标签者不得销售。
版权所有,侵权必究。举报: 010-62782989, beiqinquan@tup.tsinghua.edu.cn。

图书在版编目(CIP)数据

国际贸易学 / 张二震,马野青,戴翔著. -- 北京：
清华大学出版社,2024.7. -- (新文科建设教材).
ISBN 978-7-302-66819-0

Ⅰ. F74

中国国家版本馆 CIP 数据核字第 2024BT5680 号

责任编辑：张　伟
封面设计：李召霞
责任校对：王荣静
责任印制：丛怀宇

出版发行：清华大学出版社
网　　址：https://www.tup.com.cn, https://www.wqxuetang.com
地　　址：北京清华大学学研大厦A座　　邮　编：100084
社 总 机：010-83470000　　邮　购：010-62786544
投稿与读者服务：010-62776969, c-service@tup.tsinghua.edu.cn
质量反馈：010-62772015, zhiliang@tup.tsinghua.edu.cn
课件下载：https://www.tup.com.cn, 010-83470332

印 装 者：三河市东方印刷有限公司
经　　销：全国新华书店
开　　本：185mm×260mm　　印　张：17.75　　字　数：422 千字
版　　次：2024 年 8 月第 1 版　　印　次：2024 年 8 月第 1 次印刷
定　　价：59.00 元

产品编号：104060-01

前言

经济全球化是生产力发展越出一国国界的经济现象,是生产社会化向国际化发展的延伸。尽管不时出现波折,经济全球化终究是不可逆转的时代潮流。随着经济全球化的深入发展,国际贸易(international trade)从内容到形式,都发生了深刻而巨大的变化,国际贸易学作为一门古老而年轻的学科,也得到了空前的发展。改革开放40多年来,中国的对外贸易(foreign trade)飞跃发展,中国特色的国际贸易学正在形成。

本书较为系统地阐述了国际贸易学的基础知识,力求有以下一些特色:①以马克思主义经济学的理论和方法为指导,借鉴西方国际经济学反映生产力发展规律的合理成分,特别是借鉴了一些分析工具,在阐述国际经济贸易关系实质的基础上,重点分析国际贸易运行机理和一般规律,力图在理论上有所创新;②努力把握当代国际分工(international division of labor)和国际贸易的最新发展,反映国内外国际贸易理论和政策研究的最新成果,在内容上与时俱进;③全面、系统阐述国际贸易理论与政策的基本概念、基本原理和基础知识,在体系结构安排上有特色。本书是面向高等院校学生的,力求做到逻辑严密,注意概念的渐进性。文字深入浅出,叙述简明扼要,便于教师教学,利于学生自学。

党的二十大报告提出了推进高水平开放、建设贸易强国的战略目标,要求"依托我国超大规模市场优势,以国内大循环吸引全球资源要素,增强国内国际两个市场两种资源联动效应,提升贸易投资合作质量和水平。稳步扩大规则、规制、管理、标准等制度型开放。推动货物贸易优化升级,创新服务贸易发展机制,发展数字贸易,加快建设贸易强国""深度参与全球产业分工和合作,维护多元稳定的国际经济格局和经贸关系。"本书以习近平中国特色社会主义思想为指导,以党的二十大精神为引领,坚持理论联系实际,紧密联系近年来国际经济贸易发展的新特点,引导学生用正确的理论和方法分析当代的国际贸易问题。

本书集中探讨国际贸易中以下三个主要问题。

(1) 国际贸易发生的原因。考察国际贸易的利益、国际贸易的基础,阐述国际贸易分工理论,以及国际贸易与经济发展的相互关系等问题。

(2) 贸易条件。考察商品国际价值和贸易条件的决定、影响贸易条件和世界市场价格的主要因素、世界市场的发展趋势等问题。

(3) 国际贸易政策。考察贸易保护政策的理论,分析对外贸易政策的措施及其经济效应,阐释国际贸易规则。

本书的前身可以追溯到1990年南京大学出版社出版的张二震、陈飞翔合作撰写的《国际贸易教程》。本书的框架体系由陈飞翔、张二震共同拟定。特别感谢陈飞翔教授对本书的重要贡献。

国际贸易学在我国还是一门比较年轻的学科。面对国际贸易中不断出现的新情况、新问题,以马克思主义经济学的基本原理和方法为指导,借鉴西方国际经济学的有关理论和政策分析工具,为开放的中国提供创新性理论成果,为创立有中国特色的国际贸易学作出应有的贡献,是本书努力的方向。尽管我们已经尽力了,但是疏漏之处在所难免,期盼得到学术界同行的批评指正。

张二震

2024 年 2 月于南京大学

目 录

第一章 导论 ·· 1
 第一节 国际贸易的一些基本概念 ·· 1
 第二节 国际贸易的历史发展 ··· 8
 第三节 国际贸易学的研究对象与任务 ·· 12
 即测即练 ··· 16

第二章 国际贸易利益 ·· 17
 第一节 国际贸易的基础——国际分工 ·· 17
 第二节 国际贸易的静态利益 ··· 25
 第三节 国际贸易的动态利益 ··· 28
 第四节 贸易利益实现的限制条件 ·· 31
 即测即练 ··· 35

第三章 国际贸易分工理论 ··· 36
 第一节 马克思主义国际经济贸易理论 ·· 36
 第二节 比较成本理论 ··· 38
 第三节 生产要素禀赋理论和新要素理论 ··· 44
 第四节 当代国际贸易分工理论的新发展 ··· 57
 即测即练 ··· 73

第四章 世界市场演进与贸易新业态 ·· 74
 第一节 世界市场的演进 ··· 74
 第二节 国际贸易新业态 ··· 77
 第三节 世界市场价格 ··· 82
 即测即练 ··· 91

第五章 贸易条件 ·· 92
 第一节 贸易条件的含义 ··· 92
 第二节 关于贸易条件决定的理论 ·· 95
 第三节 贸易格局与贸易条件的变动 ··· 103

第四节　关于不平等交换问题的理论 …………………………………………… 110
　　即测即练 ……………………………………………………………………………… 115

第六章　国际贸易政策的理论分析 …………………………………………………… 116

　　第一节　国际贸易政策及其演变 …………………………………………………… 116
　　第二节　保护贸易政策理论的演进 ………………………………………………… 124
　　第三节　保护贸易政策理论的发展 ………………………………………………… 131
　　即测即练 ……………………………………………………………………………… 146

第七章　国际贸易政策措施 ……………………………………………………………… 147

　　第一节　关税 ………………………………………………………………………… 147
　　第二节　非关税壁垒 ………………………………………………………………… 164
　　第三节　出口鼓励的政策措施 ……………………………………………………… 177
　　第四节　其他国际贸易政策措施 …………………………………………………… 187
　　即测即练 ……………………………………………………………………………… 192

第八章　从 GATT 到 WTO ……………………………………………………………… 193

　　第一节　贸易条约和协定 …………………………………………………………… 193
　　第二节　GATT 的发展历程 ………………………………………………………… 196
　　第三节　WTO 基本知识 …………………………………………………………… 202
　　第四节　全球贸易新规则与 WTO 改革方向 ……………………………………… 222
　　即测即练 ……………………………………………………………………………… 226

第九章　国际资本流动与国际贸易 ……………………………………………………… 227

　　第一节　贸易发展与要素流动 ……………………………………………………… 227
　　第二节　国际资本流动的类型 ……………………………………………………… 230
　　第三节　国际资本流动与国际贸易的发展 ………………………………………… 233
　　第四节　区域经济一体化 …………………………………………………………… 239
　　即测即练 ……………………………………………………………………………… 253

第十章　国际贸易与经济发展 …………………………………………………………… 254

　　第一节　国际贸易与经济发展的相互关系 ………………………………………… 254
　　第二节　贸易发展战略与发展中国家的经济发展 ………………………………… 260
　　第三节　贸易发展战略的现实选择 ………………………………………………… 268
　　即测即练 ……………………………………………………………………………… 274

参考文献 …………………………………………………………………………………… 275

第一章

导　论

本章学习目标

1. 学习和掌握国际贸易的一些基本概念；
2. 了解国际贸易的历史发展过程；
3. 了解国际贸易学的研究对象和方法。

我们生活在一个开放的时代。随着科学技术和生产力的发展，各国（地区）的经济生活日益国际化。不同国家或地区在经济、政治、科技、文化等方面的联系越来越密切，一种真正意义的全球经济已经形成。马克思、恩格斯在1848年写的《共产党宣言》中说，由于资本主义的向外扩张，各个国家、各个民族的"自给自足和闭关自守状态，被各民族的各方面的互相往来和各方面的互相依赖所代替了"，从而使"一切国家的生产和消费都成为世界性的了"。[①] 当前，世界百年未有之大变局进入加速演变期，经济全球化遭遇逆流，单边主义、保护主义抬头，国际环境日趋错综复杂。但是，和平与发展仍然是时代主题，新一轮科技革命和产业变革深入发展，人类命运共同体理念深入人心。各国（地区）经济的合作与竞争广泛发展，形式日趋多样，国际贸易仍是各国（地区）经济联系的最重要的形式之一，国际贸易学作为一门古老而年轻的学科，也得到了空前的发展。

第一节　国际贸易的一些基本概念

一、国际贸易与对外贸易

国际贸易是指世界各国（地区）之间在商品和服务方面的交换活动，它是各个国家（地区）在国际分工的基础上相互联系的主要形式。

如果从单个国家（地区）的角度出发，一个特定的国家（地区）同其他国家（地区）之间所进行的商品和服务的交换活动，称为对外贸易。而一些海岛国家（地区）以及对外贸易活动主要依靠海运的国家（地区），如英国、日本等，也把这种交换称为海外贸易（oversea trade）。可见，国际贸易与对外贸易是一般与个别的关系。如果从全球范围考察，国际贸易是一种世界性的商品和服务的交换活动，是各国对外贸易的总和，因此，又常被称为世

---

① 马克思，恩格斯. 马克思恩格斯选集：第1卷[M]. 北京：人民出版社，2012：404.

界贸易(world trade)。研究国际贸易离不开对各国对外贸易的研究,但有些国际范围内的综合性问题,如国际分工、商品的国际价值等,则不能从单个国家的角度得到说明。

国际贸易的内涵是不断变化的。在相当长的历史时期内,传统的、狭义的国际贸易,即不同国家间的商品贸易一直是国家间发生经济联系的唯一形式,并且今天仍然是国际经济关系中的主体部分。第二次世界大战以后,随着资本、技术、劳动力等生产要素国际流动规模的日益扩大,国际贸易的内涵与外延进一步丰富和扩展。在现代,国际贸易这一概念,已不再局限于商品的交换,还包括服务的交换,涉及生产要素的跨国界流动和合理配置。现代国际贸易发展的一个显著趋势就是国际贸易与国际经济合作其他方式日益融合。本书主要研究国际商品贸易,但书中阐述的一般性理论和政策也适用于国际服务贸易和国际经济合作。

二、出口与进口

出口与进口是一个国家对外贸易的两个组成部分。当一个国家从其他国家购进商品和服务用于国内生产或消费时,由此而产生的全部贸易活动称为进口(import)。相反,一个国家向其他国家输出本国商品和服务的活动称为出口(export)。

各国在进行对外贸易统计时,并不是把所有运出国境的货物都列为出口,也不是把所有运入国境的货物都列为进口。列入出口和进口范围的货物必须是因为买卖而运出、运进的货物,否则不属进出口之列。如外国馈赠而运进的货物、本国在国外举行展览而运出的货物就不能算作进出口货物。

一国在同类产品上通常既有出口又有进口。在一定时期内(通常是一年),将某种商品的出口数量和进口数量加以比较,如果出口量大于进口量,则为净出口(net export);如果出口量小于进口量,则为净进口(net import)。净出口和净进口是以数量来反映一国某种商品在国际贸易中所处的地位。需要注意的是,国际贸易学中的净出口概念与宏观经济学中的净出口概念是不同的。

为了分析进出口贸易对一国经济的影响,可以将国民经济分为出口和进口竞争两大部门。出口部门是一国能够将产品销往国际市场的各类产业的总和,进口竞争部门是一国与进口产品在本国市场上进行竞争的各类产业的总和。

三、国际贸易值与国际贸易量

国际贸易的规模是可以计量的。国际贸易值(value of trade),即是用货币来表示的一定时期内各国的对外贸易总值,它能反映某一时期内的贸易总金额,也称国际贸易额。国际贸易值通常都用美元来表示,这是因为美元是当代国际贸易中的主要结算货币和主要国际储备货币。同时,以美元为单位也有利于在世界范围内归总统计和进行国际比较。

对于一个国家而言,出口值和进口值之和就是该国的对外贸易总值。但当我们要计算世界的国际贸易总值时,却不能简单地采用前述加总的办法。这是因为一国的出口就是另一国的进口,两者相加无疑是重复计算。为此,在统计国际贸易总值时,采用的办法是把各国的出口值汇总起来。为什么不能把各国进口值之和算作国际贸易值呢?这是因为各国的商品进口值一般都是按到岸价格计算的,它通常还包括运输和保险的费用等,而按离岸价格来统计的出口总值则比较合理。因此,国际贸易值是一定时期内各国出口值之和。①

由于进出口商品价格经常变动,国际贸易值往往不能准确反映国际贸易的实际规模及其变化趋势。如果以国际贸易的商品实物数量来表示,则能避免上述矛盾。但是,参加国际贸易的商品种类繁多,计量标准各异,如棉花要按吨计算、小汽车要按辆计算、衣服要按件计算等,无法把它们直接相加。所以,只能选定某一时点上的不变价格为标准来计算各个时期的国际贸易量(quantum of trade),以反映国际贸易实际规模的变动。具体说来,就是以某固定年份为基期计算的出口价格指数去除国际贸易值,这样修正后的国际贸易金额就可以剔除价格因素的影响,比较准确地反映不同时期国际贸易规模的实际变动幅度。由此可见,国际贸易量就是以不变价格计算的国际贸易值。一个国家的对外贸易量就是以不变价格计算的进出口值之和。

区分国际贸易值与国际贸易量除了能够准确衡量国际贸易的规模以外,还可以通过不同时期某一国家或地区国际贸易值与国际贸易量的比较,了解该国或地区贸易利益的变化。在以产品为界限的国际分工情况下,如果在一段时期内一国出口值的增长快于出口量的增长,则出口收益上升;否则,出口收益下降。

四、贸易差额

一个国家通常既有进口也有出口。在一定时期内(通常为一年),一个国家的出口总值与进口总值之间的差额,称为贸易差额(balance of trade)。如果出口值大于进口值,就是存在出超(excess of export over import),或者称为贸易顺差(a favourable balance of trade);相反,若是进口值大于出口值,称为入超(excess of import over export),或者说存在贸易逆差(an unfavourable balance of trade)。简而言之,出超意味着一国在对外贸易中收入大于支出,而入超则意味着外贸的支出大于收入。

贸易差额是衡量一国对外贸易状况的重要指标。一般来说,贸易顺差表明一国在对外贸易收支上处于有利地位。因此,通常各国都追求贸易顺差,以增强本国的对外支付能力,稳定本国货币对外币的比值,并将其视为经济成功的标志之一。如果单纯从国际收支的角度来看,当然是顺差比逆差好。但是,长期保持顺差也不一定是件好事。首先,长时间存在顺差,意味着大量的资源通过出口输出到外国,得到的只是资金积压。其次,巨额顺差往往会使本国货币面临升值压力,不利于出口,并且会造成同其他国家的贸易关系紧张,引起贸易摩擦。最后,巨额顺差还会影响国内货币政策对一国经济的调控能力,等等。因此,对于贸易平衡问题,要根据各国实际情况进行具体分析。

五、总贸易与专门贸易

对于什么是进口和出口,各国的统计标准略有不同。现在世界上通行的体制有两种:一种是以国境作为统计对外贸易的标准。凡是进入该国境界的商品一律列为进口,称为总进口(general import);凡是离开该国境界的商品均列为出口,称为总出口(general

---

① 这里的国际贸易值指货物贸易值。世界贸易组织是将货物贸易值与服务贸易值分开统计的。

export)。总进口额加上总出口额就是一国的总贸易额(general trade)。英国、加拿大、日本、澳大利亚、美国等 90 多个国家和地区采用这个统计标准。另一种是以关境作为统计对外贸易的标准。关境是一个国家海关法规全部生效的领域,关境与国境不一致是相当普遍的现象。根据这个标准,外国商品进入关境之后才列为进口,称为专门进口(special import)。如外国商品虽已进入国境,但仍暂放于海关的保税仓库之内,或只是在免税的自由经济区流通,则不被统计为进口。另外,凡是离开关境的商品都要列为出口,称为专门出口(special export)。从关境外国境内输往他国的商品,则不被统计为出口。专门出口额加上专门进口额,即是一个国家和地区的专门贸易额(special trade)。德国、意大利、瑞士等 80 多个国家和地区采用这个统计标准。

总贸易与专门贸易的数额是不相同的。这是因为:第一,关境和国境往往不一致,比如各类经济特区的广泛存在。第二,对某些特殊形式的贸易,两者的处理不同。例如,过境贸易会计入总贸易额但不会列入专门贸易额。因此,联合国在公布各国(地区)对外贸易统计数字时,一般都注明该国(地区)是总贸易体制还是专门贸易体制。我国采用的是总贸易体制。

总贸易和专门贸易反映的问题各不相同。前者包括所有进出入该国的商品,主要反映一国在国际商品流通中所处的地位;后者只包括那些进口是用于该国生产和消费的商品,出口是由该国生产和加工的商品,主要反映一国作为生产者和消费者在国际贸易中所起的作用。

但是,在当代国际分工日益深化、加工贸易迅速发展的情况下,总贸易和专门贸易的划分只具有相对性。例如,一国为了促进经济发展,开辟一些出口加工区。在这些区域内,原材料、机器设备的进口免交进口关税,加工制成品的出口免交出口关税,即这些地区位于关境之外。如果严格根据专门贸易统计,其进出口额就不应列入专门贸易额,这显然不能全面反映该国在国际生产和贸易中的地位。为了准确反映一国在国际生产中的地位,进入海关保税工厂的进口货物和从海关保税工厂出口的货物是列入专门贸易额的。因此,即使两个国家都采用其中一种统计方法,也要进一步分析其贸易构成,否则就会得出错误的结论。

六、货物贸易与服务贸易

按照商品形态的不同,可将国际贸易分为货物贸易(commodity trade)和服务贸易(service trade)。

货物贸易是指物质商品的进出口。因为物质商品是看得见、摸得着的,所以货物贸易又称有形贸易(visible trade)。世界市场上的物质商品种类很多,为了统计和其他业务的方便,联合国曾于 1950 年编制了《国际贸易标准分类》,并于 1960 年和 1972 年先后两次修订,一度为世界绝大多数国家所采用。根据这个标准,国际贸易中的商品共分为 10 大类、63 章、233 组、783 个分组和 1924 个基本项目。10 大类的商品分别是:食品及主要供食用的活动物(0);饮料及烟草类(1);燃料以外的非食用粗原料(2);矿物燃料、润滑油及有关原料(3);动植物油脂及油脂(4);化学品及有关产品(5);主要按原料分类的制成品(6);机械及运输设备(7);杂项制品(8);没有分类的其他商品(9)。其中 0~4 类商品又被称为初级产品,5~8类商品被称为工业制成品。按此标准,在国际贸易统计中,每一种商品的目录编号都采用5位数。1位数表示类,2位数表示章,3位数表示组,4位数表示分组,5位数表示项目。例如,活山羊在标准分类中的数位号是001.22,其含义是:0类,食品及主要供食用的活动物;0章,主要供食物的活动物;1组,主要供食用的活动物;2分组,活绵羊及山羊;2项目,活山羊。上述标准分类法几乎包括国际贸易的所有商品。现在使用得最为广泛的是海关合作理事会于1983年编制的《商品名称及编码协调制度》,我国也采用这一分类标准。

服务贸易是指国家之间出售或购买服务的交易。按照《服务贸易总协定》(GATS)的定义,服务贸易是指服务贸易提供者从一国(地区)境内通过商业现场或自然人的商业现场向服务消费者提供服务,并获取外汇收入的过程。

根据世界贸易组织(World Trade Organization,WTO)的解释,服务贸易有四种方式:①过境交付,即服务提供者和消费者都不跨越关境。比如通过网络进行的国际金融、国际医疗、国际远程教育等方面的服务。②境外消费,即服务消费者到境外接受服务,如出境旅游、出境留学等,对服务提供者而言,是在境内从事服务的出口,如对外国(地区)旅游者提供服务、接受外国(地区)留学生来本国学习等。③商业存在,即服务企业到境外开办服务场所,提供服务。例如,律师事务所、会计师事务所到境外开办分支机构提供相应的服务等。④自然人移动,即一国(地区)的自然人到服务消费者所在国(地区)或第三国(地区)提供服务,如出国(地区)讲学、行医等。

服务贸易按照与生产过程的关系,可以分为要素服务贸易(factor service trade)和非要素服务贸易(non-factor service trade)。要素服务贸易是一国向他国提供劳动、资本、技术及土地等生产要素的服务,而从国外得到报酬的活动。它包括对外直接投资和间接投资的收益、侨民汇款及技术贸易的收入。非要素服务贸易是狭义的服务贸易,它指提供严格符合"服务"定义的服务而获取外汇收入的交易,如国际运输、旅游、教育、卫星发射、咨询、会计等。需要指出的是,在关税及贸易总协定(General Agreement on Tariffs and Trade,GATT)第八轮乌拉圭回合达成的《与贸易有关的知识产权协定》(TRIPs)中,原先被列为服务贸易的专利和商标许可、版权贸易,现在被列为知识产权贸易。

与有形贸易相对应,包括上述两类服务的服务贸易也被称为无形贸易(invisible trade)。但在实际活动中,国际货币基金组织(IMF)将国际投资收入排除在服务贸易收入之外。按照国际货币基金组织的统计,服务贸易=无形贸易-投资收入。① 按照世界贸易组织的分类,国际服务贸易分为商业、通信、建筑及工程、销售、教育、环境、金融、健康与社会、旅游、文化与体育、运输业及其他等12大类155个项目。

货物贸易和服务贸易是密切联系在一起的,正是货物贸易启动了服务贸易,而服务贸易又促进了货物贸易的发展。在现代国际贸易中,双方有时密不可分。按照传统的定义,国际服务贸易具有无形性、易逝性及生产与消费的同时性等特点。但随着信息技术的发展及服务业水平的提高,许多服务已日益融合到货物之中,甚至构成货物总价值的绝大部

---

① 按照国际货币基金组织的统计,在20世纪80年代以前,世界贸易总额=货物贸易+无形贸易;20世纪80年代以后,世界贸易总额=货物贸易+服务贸易。

分。如此,服务被"物质化"并具备可储存性,生产和消费也得以分开,这种服务被称为物化服务。如生产一般或专业信息、新闻、咨询报告、计算机程序、电影、音乐等的产业部门,它们经常储存在有形物体之中,像普通货物一样可以进行交易,并可以长期使用。

货物贸易与服务贸易之间除形态的差别外,还存在一个重要区别,即货物的进出口要通过海关手续,从而表现在海关的贸易统计上,它是国际收支的主要构成部分;而服务贸易不经过海关手续,通常不显示在海关的贸易统计上,但它也是国际收支的一部分。

发展服务贸易已成为不少国家提升产业国际竞争力、平衡外汇收支、降低能源消耗和减少污染的重要对外经济政策。世界服务贸易从行业上看,占最大比重的是旅游、金融与保险、交通运输、通信、信息和劳务等。生产性服务业和服务贸易的迅速发展是20世纪90年代以来国际贸易发展的一个重要特征。

七、直接贸易、间接贸易、转口贸易、过境贸易

这是按商品的交换形式来划分的国际贸易的种类。在国际贸易中,商品的生产国一般是直接到商品的消费国去销售商品,后者也乐于从前者购买,这种贸易称为直接贸易(direct trade)。此时出口国即是生产国,进口国就是消费国。

由于政治、地理等方面的原因,有时商品的生产国和消费国不能直接进行交易,而只能通过第三国商人转手来间接地进行买卖,这种形式的国际贸易称为间接贸易(indirect trade)。

从商品的生产国进口商品,不是为了本国生产或消费,而是再向第三国出口,这种形式的贸易称为转口贸易(entrepot trade)。如上述间接贸易中的第三国商人所从事的就是转口贸易。转口贸易的经营方式大体上又可以分为两种:一是把商品从生产国输入进来,然后由该国商人销往商品的消费国;二是直接转口,转口商人仅参与商品的交易过程,但商品还是从生产地直接运往消费地。从事转口贸易的大多是运输便利的国家(地区)的港口城市,如伦敦、鹿特丹、香港等。由于它们地理位置优越,便于货物集散,所以转口贸易相当发达。

在转口贸易中有一种特殊的贸易形式,即所谓"三国间贸易"。它是指一国企业到国外开办分支机构,从事国际贸易活动。如A国企业到B国注册成立一个公司,然后依靠其信息、人才的优势在C国和D国间从事贸易活动。这种贸易形式有其独到的好处:除了注册公司时需要本国资金外,公司成立后可在当地或国际上融资,不再占用本国资金;利用的是国际市场、国际资源,是真正的国际化经营;有利于培养国际经营人才,为国内企业日后进入国际市场开拓国际营销渠道。另外,其贸易额计算在外国的贸易收支账户上,本国可通过国外分支机构利润的汇回获得贸易的收益,而不会因为贸易差额而产生本国与贸易伙伴贸易关系的紧张。

某些国家由于特殊的地理位置,或者为了节约运输费用和时间,在从商品生产国购货之后,需要通过第三国的境界才能进入本国市场。对于第三国来说,这就是过境贸易(transit trade)。过境贸易又可分为两种:一种是间接的过境贸易,即外国商品进入国境之后,先暂时存放在海关仓库内,然后再提出运走;另一种是直接的过境贸易,即运输外国商品的船只、火车、飞机等,在进入本国境界后并不卸货,而在海关等部门的监督之下继

续输往国外。开展过境贸易可以吸引国外人流、物流、信息流,促进地区经济发展。

过境贸易与转口贸易的主要区别在于:第一,过境贸易中第三国不直接参与商品的交易过程,转口贸易则须由转口商人来完成交易手续;第二,过境贸易通常只收取少量的手续费如印花税等,而转口贸易则以营利为目的,要有一个正常的商业加价。

八、自由结汇贸易与易货贸易

这是按国际收支中清偿工具不同划分的国际贸易的种类。在国际贸易中,以货币作为清偿手段的,称为自由结汇贸易,或称现汇结算(cash settlement)贸易。在这里,作为支付手段的货币必须能在国际金融市场上自由兑换。现阶段能作为清偿货币的主要是发达国家的货币,如美元、欧元、日元等。以货物经过计价作为清偿工具,称为易货贸易(barter trade),亦称换货贸易、对销贸易。它起因于贸易参与国双方的货币不能自由兑换,而且外汇短缺,于是双方把进口和出口直接联系起来,互通有无,以做到进出口大体平衡。

易货贸易的特点是:它只涉及贸易的双方,如政府对企业和个人、企业对企业或政府对政府;易货商品按照各自的需要,可采用一对一、一对多或多对多的串换;贸易合同往往是短期的;在清偿时,既可以是逐笔支付平衡,也可以是定期综合平衡。

同自由结汇贸易相比较,易货贸易可以缓解进口支付能力不足的矛盾,但也存在一些明显的局限性:①易货贸易取决于对对方商品的直接需求,可供交换的商品种类有限;②双方的进口和出口要直接保持平衡,贸易规模受到限制;③货物计价通过政府间谈判确定,而不是由市场竞争决定,贸易条件(即交换比例)往往不那么合理。

九、国际贸易商品结构

国际贸易商品结构(international trade by commodities)是指各类商品在国际贸易中所处的地位,通常以它们在世界出口总额中的比重来表示。

随着生产力的发展和科学技术的进步,国际贸易商品结构不断发生变动,其基本趋势是初级产品的比重大大下降,工业制成品的比重不断上升,特别是机电产品、化工产品和高端装备、电子信息产品等技术、知识密集型产品的比重显著增加。20世纪90年代以来,随着国际分工的深化,服务于跨国公司全球化生产的需要,零部件等中间产品在国际贸易中的比重日益提高。

对某一个国家来说,国际贸易商品结构包括进口商品结构和出口商品结构,指一定时期内进出口贸易中各类商品的构成情况,通常以各种商品在进口总额和出口总额中所占的比重来表示。一国的对外贸易商品结构反映了该国的资源禀赋状况以及经济和科技发展水平。

十、国际贸易地理方向

国际贸易地理方向又称国际贸易地区分布(international trade by regions),它用来表明世界各个国家或地区在国际贸易中所占的地位,通常用它们的出口贸易额(进口贸易额)占世界出口贸易总额(进口贸易总额)的比重来表示。由于国际经济形势在不断变化,各国的经济实力对比经常变动,国际贸易地理方向也在不断发生变更。

国际贸易地理方向相对于某一个国家或地区来说，就是对外贸易地理方向，它表明一个国家或地区进口商品的来源和出口商品的去向，从而反映该国或地区与其他国家或地区之间的经济贸易联系程度。

对一国而言，如果与某一个或某几个国家的贸易额占其对外贸易总额的比重比较高，则对外贸易地理方向比较集中；反之，则对外贸易地理方向比较分散。对外贸易地理方向的集中和分散各有优劣。以出口为例，对外贸易地理方向比较集中，可以凭借对传统市场的熟悉而节省市场开拓的费用，降低交易成本，便于出口厂商间的信息交流，扩大出口国商品在进口国的影响。但在出口国厂商协调不力、产品差异化小的情况下，出口的集中又会造成出口商之间的恶性竞争，影响出口收益。而无论对进口还是出口而言，一国对外贸易地理方向过于集中，都会使该国容易受制于人，从而在对外贸易中处于不利的境地。对外贸易地理方向的分散则可以降低一国在对外贸易中所面临的经济风险和政治风险，避免进出口厂商之间的恶性竞争，但其不利之处在于市场分散可能加大交易成本。对厂商而言，对外贸易地理方向究竟是集中还是分散，从根本上取决于成本和收益的比较。

第二节 国际贸易的历史发展

一、资本主义社会以前的国际贸易

（一）国际贸易的产生

国际贸易属于历史范畴，它是在一定历史条件下产生和发展起来的。具有可供交换的剩余产品和存在各自为政的社会实体，是国际贸易得以产生的两个前提条件。

在原始社会早期，生产力水平极为低下，人类处于自然分工的状态。公社内部人们依靠共同的劳动来获取十分有限的生活资料，并且按照平均主义的方式在公社成员之间实行分配。当时没有剩余产品和私有制，也就没有阶级和国家，因而也没有对外贸易。

人类社会的三次社会大分工，一步一步地改变了上述状况。第一次社会大分工是畜牧业和农业之间的分工。它促进了生产力的发展，使产品有了剩余。在氏族公社的部落之间开始有了剩余产品的相互交换，但这还只是偶然的物物交换。第二次社会大分工是手工业从农业中分离出来，由此而出现了直接以交换为目的的生产即商品生产。它不仅进一步推动了社会生产力的进步，而且使社会相互交换的范围不断扩大，最终导致货币的产生，产品之间的相互交换渐渐演变为以货币为媒介的商品流通。这直接引致第三次社会大分工，即出现了商业和专门从事贸易的商人。在生产力不断发展的基础上形成了财产私有制，原始社会的末期出现了阶级和国家。于是商品经济得到进一步发展，商品交易最终超出国家的界限，形成了最早的对外贸易。

（二）奴隶社会的国际贸易

奴隶社会制度最早出现在古代东方各国，如埃及、巴比伦、中国（殷、周时期已进入奴隶社会），但以欧洲的希腊、罗马的古代奴隶制最为典型。奴隶社会的特征是奴隶主占有生产资料和奴隶本身，具有维护奴隶主阶级专政的完整的国家机器。在奴隶社会，生产力水平前进了一大步,社会文化也有了很大的发展,国际贸易初露端倪。

早在公元前 2000 多年前,由于水上交通便利,地中海沿岸的各奴隶社会国家之间就已开展了对外贸易,出现了腓尼基、迦太基、亚历山大、希腊、罗马等贸易中心和贸易民族。例如,古代腓尼基是地中海东岸的一个国家,当时它的手工业已相当发达,能够制造出玻璃器皿、家具、染色纺织品和金属用品。腓尼基人以他们的手工产品同埃及人交换谷物、象牙、驼毛,从塞浦路斯贩运铜,从西班牙贩卖金银和铁,从希腊贩运奴隶,从东方贩运丝绸、香料和其他奢侈品。公元前 2000 年左右,它已成为一个依靠对外贸易而繁荣起来的民族。腓尼基衰落之后,希腊约在公元前 1000 年成为地中海的第二个商业国家。到公元前 4 世纪,希腊的手工业已相当发达,分工精细,其手工业品不仅销售到北非、西欧和中欧,甚至流传到遥远的东方。

但是从总体上来说,奴隶社会自然经济占统治地位,生产的直接目的主要是消费。商品生产在整个经济生活中还是微不足道的,进入流通的商品很少。加上生产技术落后、交通工具简陋,各个国家对外贸易的范围受到很大限制。上文提到的那些商业发达的民族或国家,在当时仍只是一种局部现象。

(三) 封建社会的对外贸易

封建社会取代奴隶社会之后,国际贸易又有了较大的发展。尤其是从封建社会的中期开始,实物地租转变为货币地租,商品经济的范围逐步扩大,对外贸易也进一步增长。到封建社会晚期,随着城市手工业的进一步发展,资本主义因素已经开始孕育和生长,商品经济和对外贸易相比奴隶社会都有明显的发展。

封建社会时期开始出现国际贸易中心。早期的国际贸易中心位于地中海东部,11 世纪以后,国际贸易的范围逐步扩大到地中海、北海、波罗的海和黑海沿岸。城市手工业的发展是推动当时国际贸易扩展的一个重要因素。而国际贸易的发展又促进了社会经济的进步,并促进了资本主义因素的发展。

在封建社会,中国的对外贸易已有所发展。公元前 2 世纪的西汉时期,我国就开辟了从新疆经中亚通往中东和欧洲的"丝绸之路"。中西商人沿丝绸之路互通有无,中国的丝、茶等转销到地中海沿岸各国,西方前来的使者和商人络绎不绝,开创了中国同西方各国进行政治、经济、文化、宗教等往来的良好先例。明朝时期郑和率领船队下西洋,足迹遍及今中南半岛、马来半岛、南洋群岛以及印度、伊朗、阿拉伯等地,最远到达非洲东部海岸。这些远航把我国的绸缎、瓷器等输往国外,换回了香料、象牙、宝石等。通过对外贸易,我国的火药、罗盘和较先进的手工业技术输往亚欧各国,同时也引进了不少土产和优良种子,对世界文明的进程产生了深远的影响。

二、资本主义生产方式下国际贸易的发展

国际贸易虽然源远流长,但真正具有世界性质是在资本主义生产方式确立起来之后。在资本主义生产方式下,国际贸易额急剧扩大,国际贸易活动遍及全球,贸易商品种类日益增多,国际贸易越来越成为影响世界经济发展的一个重要因素。而在资本主义发展的各个不同时期,国际贸易的发展又各具特征。

（一）资本主义生产方式准备时期的国际贸易

16—18世纪中叶是西欧各国资本主义生产方式的准备时期。这一时期，工场手工业的发展使劳动生产率得到提高，商品生产和商品交换进一步发展，这为国际贸易的扩大提供了物质基础。这一时期的地理大发现更是加速了资本的原始积累，促使世界市场初步形成，从而大大扩展了世界贸易的规模。

1492年，意大利航海家哥伦布由西班牙出发，经大西洋发现了美洲；1498年，葡萄牙人瓦斯科·达·伽马（Vasco da Gama）从欧洲绕道南非好望角通往印度，这些对欧洲的经济和贸易产生了深远的影响。马克思曾经指出："在16世纪和17世纪，由于地理上的发现而在商业上发生的并迅速促进了商人资本发展的大革命，是促使封建生产方式向资本主义生产方式过渡的一个主要因素。世界市场的突然扩大，流通商品种类的增多，欧洲各国竭力想占有亚洲产品和美洲宝藏的竞争热、殖民制度——所有这一切对打破生产的封建束缚起了重大的作用。"[①]

地理大发现的结果使西欧国家纷纷走上向亚洲、美洲和拉丁美洲扩张的道路，在殖民制度下进行资本的血腥原始积累。殖民主义者用武力、欺骗和贿赂等办法，实行掠夺性的贸易，把广大的殖民地国家卷入国际贸易中。国际贸易的范围和规模空前地扩大了。贸易中的商品结构开始转变，工业原料和城市居民消费品的比重上升。国际贸易比在奴隶社会和封建社会时期有很大的发展。

（二）资本主义自由竞争时期的国际贸易

18世纪后期至19世纪中叶是资本主义的自由竞争时期。这一时期，欧洲国家先后发生了产业革命和资产阶级革命，资本主义机器大工业得以建立并广泛发展，社会生产力水平大大提高，可供交换的产品空前增加，真正的国际分工开始形成。另外，大工业使交通运输和通信联络发生了变革，极大地便利和推动了国际贸易的发展。在这一时期，国际贸易的各方面都发生了显著变化。

（1）国际贸易量迅速增加。在1720—1800年的80年间，世界贸易量总共只增长了1倍。进入19世纪之后，19世纪的前70年中，世界贸易量增长了10多倍。其中前30年国际贸易的增长慢一些，主要是受到了英法战争的影响，增长最快的是1860—1880年。[②]

（2）国际贸易的商品结构发生很大的变化，工业品的比重显著上升。18世纪末以前的大宗商品，如香料、茶叶、丝绸、咖啡等，虽然绝对量仍然在扩大，但所占份额已经下降。在工业品的贸易中，以纺织品的增长最为迅速并占有重要地位。另外，粮食也开始成为国际贸易的大宗商品。

（3）贸易方式有了进步。国际定期集市的作用下降，现场看货交易逐渐转变为样品展览会和商品交易所，根据样品来签订合同。1848年，美国芝加哥出现了第一个谷物交易所。1862年，伦敦成立了有色金属交易所，19世纪后半期在纽约成立了棉花交易所。

---

① 马克思,恩格斯.马克思恩格斯文集：第7卷[M].北京：人民出版社,2009：371.
② 汪尧田,褚健中.国际贸易[M].上海：上海社会科学院出版社,1989：37.

期货交易也已经出现,小麦、棉花等常常在收获之前就已经售出,交易所里的投机交易应运而生。另外,国际信贷关系也逐步发展起来,各种票据及汇票等开始广泛流行。

(4) 国际贸易的组织方式有了改进。19世纪以前,为争夺殖民地贸易的独占权,英国、荷兰、法国纷纷建立了由政府特许的海外贸易垄断公司。这些公司享有种种特权,拥有自己的军队和行政机构、船队等。随着贸易规模的扩大,享有特权的外贸公司逐步让位于在法律上负有限责任的股份公司,对外贸易的经营组织日趋专业化,成立了许多专门经营某一种或某一类商品的贸易企业。同时,为国际贸易服务的组织也趋向专业化,出现了专门的运输公司、保险公司等。

(5) 政府在对外贸易中的作用有所转变。自由竞争时期的资本主义在国内主张自由放任,这反映在对外贸易上,就是政府对具体经营的干预减少。而在国际上为了调整各国间的贸易关系,协调移民和其他待遇方面的问题,国家之间开始普遍签订贸易条约。这些条约最初是为了资本主义国家能公平竞争、发展相互的贸易往来,后来逐步变成在落后国家谋求特权、推行侵略扩张的工具。在这一时期,英国大力鼓吹和实行自由贸易政策,对推动英国的出口起了很大的作用,形成了19世纪50年代以后的又一次工业增长高潮。而在德国等后起的资本主义国家,政府则极力充当民族工业发展保护人的角色,采用各种措施限制进口,抵挡英国的竞争。但当本国工业发展起来之后,就转向了自由贸易。

(三) 垄断资本主义时期的国际贸易

19世纪末20世纪初,各主要资本主义国家从自由竞争阶段过渡到垄断资本主义阶段。国际贸易也出现了一些新的变化。

(1) 国际贸易仍在扩大,但增长速度下降。截至第一次世界大战前,国际贸易仍呈现出明显的增长趋势,但与自由竞争时期相比,速度已经下降了。

(2) 垄断开始对国际贸易产生严重影响。由于生产和资本的高度集中,垄断组织在经济生活中起着决定性的作用。它们在控制国内贸易的基础上,在世界市场上也占据了垄断地位,通过垄断价格使国际贸易成为垄断组织追求最大利润的手段。在这一时期,国际贸易中明显形成了大型垄断组织瓜分世界市场的局面。第一次世界大战之前,世界上存在大约114个国际卡特尔,它们通过相互缔结协定,彼此承担义务,按一定比例分割世界市场,确定各自的销售区域,规定垄断价格、生产限额和出口数量,攫取高额利润,合力排挤局外企业,以维持对市场的垄断等。当然,垄断并不能排除竞争,而是使世界市场上的竞争更加激烈。

(3) 一些主要资本主义国家的垄断组织开始资本输出。为了确保原料的供应和对市场的控制,少数富有的资本主义国家开始向殖民地输出资本。在第一次世界大战前,英国和法国是两个主要的资本输出国。资本输出带动了本国商品的出口,还能以低廉的价格获得原材料,同时资本输出也是在国外市场上排挤其他竞争者的一种有力手段。

(四) 当代国际贸易的新发展

第二次世界大战以后,特别是20世纪80年代以来,世界经济发生了迅猛的变化,科技进步的速度不断加快。国际分工、世界市场和国际贸易也都发生了巨大的变化。概括说来,当代国际贸易发展呈现以下一些新特征。

(1) 国际贸易发展迅速,大部分时期,世界贸易的增长速度大大超过世界产值的增长速度,服务贸易的增长速度又大大超过商品贸易的增长速度。世界贸易在世界生产总值(GWP)中所占的比重,各种类型国家的对外贸易在它们各自的国内生产总值(GDP)中所占的比重都增加了。与此同时,随着服务业占世界经济总量的比重不断提高,服务贸易在世界贸易中的比重也在不断提高。

(2) 世界贸易的商品结构发生了重要变化,新商品大量涌现。经济发展和科技进步使资本、技术密集型产品成为当今世界贸易的主要对象,同时,分工的深化使得零部件等中间产品贸易在世界贸易中的比重增加。

(3) 发达国家继续在国际贸易中占据统治地位,但发展中国家在国际贸易中的地位有所加强,国际贸易已从过去发达国家的"一统天下",变为不同类型国家相互合作和相互竞争的场所。20 世纪 80 年代以来,中国、印度、巴西、南非等新兴经济体在世界贸易中地位提升,美国和日本等发达国家在全球出口中的比重下降。

(4) 从贸易政策和贸易体制来看,从 20 世纪 50 年代到 60 年代,贸易政策和体制总的特点是自由贸易。70 年代以来,贸易政策有逐渐向贸易保护主义转化的倾向,国际贸易体制从自由贸易走向管理贸易,国际贸易的垄断化进一步发展。1995 年 1 月 1 日,随着世界贸易组织的建立,国际贸易又进入一个相对自由的时代。2008 年金融危机之后,贸易保护主义倾向有所抬头,但没有扭转经济全球化条件下贸易自由化的总体趋势。

从以上国际贸易的历史发展中可以看到,尽管贸易自由化的发展道路并不平坦,但是正如习近平指出的:"经济全球化是时代潮流。大江奔腾向海,总会遇到逆流,但任何逆流都阻挡不了大江东去。动力助其前行,阻力促其强大。尽管出现了很多逆流、险滩,但经济全球化方向从未改变、也不会改变。"[①]各个国家都有必要也有可能更多地参与国际分工、国际贸易、国际竞争和合作,以促进本国经济的发展。

第三节 国际贸易学的研究对象与任务

一、国际贸易与国内贸易的区别

作为商品交换活动,国际贸易与国内贸易存在一些共同方面,如两者都受到价值规律的调节等。然而相对于国内贸易而言,国际贸易活动本身有很大的特殊性,两者之间存在一些很重要的差别。

(一) 两者的基础不同

国内贸易的基础是国内的生产分工,在正常条件下,市场机制能调节生产资源在各地区和各部门之间的配置。例如,资金、技术、劳动力等生产要素在国内可以自由流动,从而使资源得到有效利用。而国际贸易的基础是国际分工,生产要素在国家之间的转移会受

---

① 习近平. 坚定信心 勇毅前行 共创后疫情时代美好世界——在 2022 年世界经济论坛视频会议的演讲[N]. 人民日报,2022-01-18(1).

到或多或少的限制,最明显的例子就是国际移民存在较严格的限制。这一点会造成各国的生产成本和商品价格出现很大的差异,从而影响国际分工的格局。第二次世界大战之后,资本、技术、劳动力的国际流动具有明显的增长趋势。20世纪90年代以来,要素的全球流动性极大增强,然而由于民族利益和其他方面的原因,各国(地区)市场相对分隔的局面难以彻底消除。

(二) 两者所面临的环境不同

国际贸易和国内贸易所面临的经济环境、法律环境和文化环境等存在很大差异。

(1) 各国的货币制度不同。各国政府都有自己法定的货币,超出国界一般就不能自由流通,故参加国际贸易的各方一般不能单方面地用本国的货币来计价和支付,而必须采用双方都愿意接受的货币或国际通用的货币。这里绝不只是一个货币兑换的形式问题,关键在于货币的内在价值。众所周知,货币是在商品经济的长期运行中确定其实际代表的价值的,并不简单地由政府规定。国际贸易中汇率是经常变动的,这对进口和出口商品的成本与利润有着直接的影响。另外,一国货币汇率的高低又和该国的贸易收支有着密切的联系。因此,国际贸易在商品的流通过程、厂商经营的核算等问题上,要比国内贸易复杂得多。

(2) 各国的经济政策不同。为了维持经济的稳定和发展,每个国家的政府都会制定符合本国经济发展要求的财政政策、货币政策、产业发展政策等经济政策,而对外贸易政策是国内经济政策的一种延伸,这些政策会对国际贸易产生或大或小的影响。例如,有关关税(customs duties;tariff)、配额的规定,既会限制本国的进口,也会影响他国的出口。商品输出到他国之后,还可能受到进口国歧视性的国内政策限制。因此,国际贸易受到来自政府方面的干预,要比国内贸易多得多。

(3) 各国的法律不同。各个国家的民事法典尤其是经济立法有很大的差别,使得国际贸易在缔结协定和执行合同方面比国内贸易复杂得多。市场经济是法治经济,没有适当的法律保护,贸易的风险就会骤然增加。在国内贸易的场合,双方适用于同样的法律,而国际贸易就缺乏这个前提条件。比如,国际贸易中当事人双方在签订合同时存在以哪国法律为准则的问题,当合同执行中发生纠纷时也是如此。国际贸易领域还有许多国际惯例,也要求外贸从业者熟悉和掌握,以维护自己的利益。

(4) 各国的文化背景不同。各个国家和民族在历史发展的长河中都形成了自己独特的文化传统,这对国际贸易有着深刻的影响。在国际贸易的交往中,首先会遇到语言不同的问题。文化方面的差异更直接影响如何做广告、如何洽谈业务、如何销售商品等一系列实际问题。各种文化都包含自身的特殊价值观念,如不深入观察和研究,轻则可能丧失市场,重则有引致国家关系紧张的危险。而国内贸易通常是在同一文化或相互相处很久、关系较密切的不同文化中进行的,不会遇到国际贸易中那么多的矛盾或冲突。

(三) 国际贸易比国内贸易复杂

由于国际贸易跨越国界,经历的环节众多,所以它比国内贸易复杂得多,风险也更大。国际贸易面临的风险有以下几种。

(1) 信用风险。在国内贸易中，交易双方的信用比较容易了解。而在国际贸易中，由于联系的不便，资信的调查比较困难，信息不对称的存在甚至使得到的信息是虚假的。在通过国际互联网络从事贸易日益增多的情况下，国际贸易中的信用风险更是有增无减。

(2) 商业风险。相对国内贸易，国际贸易交货期较长、市场行情变化快，这往往会使合同不能得到履行，从而给交易的一方带来经济上的损失。

(3) 汇率风险。在浮动汇率制下，各国的汇率经常随市场供求关系及其他因素的变化而变动，这会直接影响进口商的进口成本和出口商的出口收入。汇率风险的存在要求进出口商能利用国际金融工具来规避风险。

此外，国际贸易中还存在国际运输路途中货物灭失的运输风险及因政变、罢工等带来的政治风险等。

由于国际贸易的特殊性与复杂性，所以从事国际贸易必须具备多方面的专门知识，如熟练地掌握一门以上的外语，对市场学、国际金融、国际商法等有较多的了解，还要有良好的商品知识、运输业务知识、财会和统计知识以及贸易政策方面的知识等。而国际贸易本身也需要作为一个专门的领域来加以研究，以揭示其自身规律，提高人们从事外贸业务的决策能力和判断能力。

二、国际贸易学是经济学的一个重要分支

经济学是社会科学中一门古老而又年轻的学科，是探讨有关人类生产、分配、交换、消费等重要问题的学问。作为交换范畴，国际贸易学是经济学的重要组成部分。

对国际贸易问题的探讨是现代经济学发展的起点。重商主义理论作为现代经济学形成的前奏，是随着16—17世纪西欧海外贸易的发展兴起的。重商学派最著名的主张就是政府干预对外贸易，通过扩大出口来增加本国的财富。后来不少经济学家都对国际贸易问题进行了认真研究。英国杰出的古典经济学家亚当·斯密（Adam Smith）在对重商学派的理论和政策进行批判的过程中，创立了自己的经济学体系。斯密提出了绝对成本理论，后经李嘉图发展为比较成本理论，该理论成为西方国际贸易理论演变的主线。第二次世界大战之后，国际贸易出现了不少新现象、新问题，有关国际贸易的理论也不断得到发展。

马克思主义经济学历来重视对国际贸易的研究。在《〈政治经济学批判〉导言》中，马克思曾写道："我照着这个次序来研究资本主义经济制度：资本、土地所有权、雇佣劳动；国家、对外贸易、世界市场。"[①]并且提出了具体的分篇写作计划，把对外贸易列为第四篇。马克思指出，对外贸易这一篇的重点内容是：生产的国际关系、国际分工、国际交换、输出与输入、汇兑。虽然马克思生前未来得及完成他计划中的这些著作，但在《资本论》等著作中，马克思把对外贸易和世界市场等作为研究资本主义经济制度的一个重要组成部分，多次论述对外贸易、国际分工等问题。恩格斯曾对资本主义制度下的国际经济关系做了深刻的分析，在《反杜林论》一书中，他预言："资本主义的工业已经使自己相对地摆脱了本

[①] 马克思,恩格斯.马克思恩格斯选集：第2卷[M].北京：人民出版社,2012：1.

身所需要原料的产地的地方局限性。摆脱了资本主义生产框框的社会可以在这方面更大大地向前迈进"。① 列宁则为研究垄断条件下的国际经济关系和生产国际化趋势提供了科学的理论,并对如何利用发达国家的资金、技术等问题,在有关租让制的著作中提出了重要的理论和方针。革命导师关于国际经济贸易的重要论述,到现在仍然是我们研究国际经济贸易的指导思想。

三、国际贸易学的研究对象

国际贸易学作为一门科学,有自己独立的研究对象。从广义上说,它是研究国际商品和服务交换的经济规律,然而其研究的范围领域有自己的特殊性。

现代经济学有"宏观经济学"与"微观经济学"之分。前者所阐述的是总体的经济现象,如一个国家国内生产总值的决定、生产资源的总体配置、财政和货币政策、经济发展战略、通货膨胀等问题。后者阐述的是个体的,如企业、家庭的经济现象,包括产量、工资、利润的决定等。对外贸易是整个国民经济的一个组成部分,也有宏观和微观两个层次。国际贸易学主要是从宏观角度出发,重点研究对外贸易与经济发展的关系,总体上考察国际分工和世界市场,以及政府有关对外贸易的政策与措施等。它与国际贸易实务是有区别的。后者是以单个经营对外贸易的企业为对象的,主要研究有关商品交易手续、价格、行情分析、销售战略等。当然,国际贸易学也需要了解有关贸易活动的实务,然而其重点在于为外贸实务提供国际贸易理论和政策方面的知识。

本书将重点阐述国际贸易的理论与政策。第一,我们将以对国际生产关系的分析为前提,以资本主义生产方式下的国际贸易作为分析的起点,着重考察国际贸易的一般规律。从历史上看,是资本主义生产方式的发展使得对外贸易成为一种世界性的现象,成为各国经济运行的一个重要条件。然而这个过程也是一个客观的进步过程,是不以人的意志为转移的。因此,本书对国际分工、贸易政策的分析等,都偏重于不同社会制度下那些共同的东西。我们将着重探讨社会生产力发展和国际经济进步的共同规律,揭示那些适应生产国际化发展的规律及其实现形式。第二,我们将以马克思主义的国际经济贸易理论为指导,联系当代国际贸易发展实际,注重分析和综合国际贸易的一般理论。从英国古典的资产阶级政治经济学到当代西方经济学理论,对国际贸易做了许多探讨。吸收西方国际贸易理论中的合理成分,对完善和发展马克思主义的国际经济贸易理论体系有着重要的借鉴作用。

国际贸易学在我国还是一门比较年轻的学科。面对国际贸易中不断出现的新情况、新问题,如何以马克思主义经济学的基本原理和方法为指导,借鉴西方国际经济学的有关理论和工具,努力提出新的见解,寻求新的解决办法,是我们学习和研究国际贸易学的主要目的和任务。

---

① 马克思,恩格斯.马克思恩格斯选集:第 3 卷[M].北京:人民出版社,2012:684.

本章小结

本章属概论性质。

（1）在阐释了有关国际贸易的一些基本概念的基础上，对其中涉及的一些理论问题做了初步阐述。

（2）回顾了国际贸易的历史发展。在资本主义生产方式确立以后，国际贸易才成为现代化大生产正常进行的必要条件并真正得以迅速发展。在当代，随着科技迅速发展所带来的国际分工的深化，各国经济联系日益加强，加上跨国公司的迅速发展，使国际贸易出现了许多不同以往的新特征。

（3）分析了国际贸易学与经济学的关系，以及国际贸易学得以成为一门独立学科的原因。国际贸易学之所以能成为一门独立的学科，是因为它有独特的研究对象——国际贸易。国际贸易相对于国内贸易而言，涉及的因素更复杂。国际贸易学拥有独特的理论体系，需要不同的研究方法。

复习思考题

一、名词解释

净进口和净出口　出口部门与进口竞争部门　总贸易与专门贸易
国际贸易值与国际贸易量　国际贸易商品结构　国际贸易地理方向

二、思考题

1. 什么是国际贸易？它与国内贸易有什么区别？
2. 什么是贸易差额？它与一国的经济发展有什么关系？
3. 什么是国际贸易地理方向？如何正确看待国际贸易地理方向的集中与分散？
4. 什么是三国间贸易？其有什么特点？
5. 国际贸易的研究对象是什么？

即测即练

第二章

国际贸易利益

本章学习目标

1. 了解国际分工的演进及最新发展；
2. 理解国际贸易的静态利益；
3. 理解国际贸易学的动态利益。

各国为什么要参与国际贸易？这是因为，开展贸易能增进贸易双方的利益。这种利益大致可以分为两类：①静态利益；②动态利益。所谓静态利益，是指开展贸易后贸易双方所获得的直接经济利益，表现为在资源总量不增加、生产技术条件没有改进的前提下，通过贸易分工而实现的实际福利的增长。所谓动态利益，是指开展贸易后对贸易双方的经济和社会发展所产生的间接的积极影响。本章首先分析国际贸易形成和发展的基础——国际分工，然后具体分析国际贸易的静态利益和动态利益。

第一节 国际贸易的基础——国际分工

一、国际分工的形成和发展

国际分工，是指各国在从事商品生产时，相互实行的劳动分工和产品分工，它是社会分工向国际范围扩展的结果。国际分工是国际贸易和世界市场的基础。

国际分工属于历史范畴，是社会分工发展到一定阶段的产物。在人类社会的发展史上，分工是人们在生产过程中逐渐形成的，是生产力进步的源泉和标志。最初的社会分工是原始氏族内部人们按性别和年龄实行劳动分工，以增进共同劳动的效率。随后的三次社会大分工把生产力水平大大地向前推进了一步，导致阶级社会和国家的产生。近代工业的形成和发展更是与分工演变联系在一起。恩格斯曾经指出，工业分工是震撼旧世界的三个伟大杠杆之一。国际分工形成于资本主义大机器工业时代，它是在近代工业分工国际化延伸和发展中产生的。

（一）国际分工的萌芽阶段

15世纪末到16世纪上半期的"地理大发现"，不仅促进了西欧国家的个体手工业向工场手工业过渡，而且为近代国际分工提供了地理条件，在一定程度上推动了世界市场的形成与发展。在这一时期,西欧殖民主义者以暴力和其他超经济的手段在美洲、亚洲和非洲进行掠夺,强迫当地居民开矿山、种植热带和亚热带作物,建立起一种以奴隶劳动为基础、面向国外市场实行专业化生产的经济体系。例如,巴西从这个时期起逐步转变为世界的咖啡种植园。然而,当时产业革命尚未发生,世界范围内仍是自然经济占统治地位,开始出现的国际分工仍主要建立在自然条件不同的基础上,并具有明显的地域局限性。因此,它还只是近代国际分工的萌芽形式。

(二) 国际分工的发展阶段

从18世纪60年代到19世纪中叶,英国、法国、德国、美国等主要资本主义国家完成了产业革命,即以机器大工业取代手工劳动,极大地推动了社会生产力的发展。大工业首先使各国内部的劳动分工朝纵深发展,真正的社会化大生产出现了。为了适应大工业发展的要求,行业之间的分工日趋发达,区域之间的分工日益明显,社会分工最终超出了国家和民族的范围,在地球上形成了以世界市场为纽带的国际分工。

机器大工业对国际分工的形成起了特别重要的作用。因为只有当机器大工业取代手工制造业之后,小生产者才不可避免地被大批排挤掉,自然经济不得不让位于商品经济。高度发达的商品经济与世界市场是分割不开的。机器大工业使生产的规模和能力不断扩大,源源不断地创造出来的商品不仅需要国内市场,而且需要日益扩大的国外市场。同时,生产扩大引起了对原料需求的急剧增长,开辟廉价的海外原料基地成为必要。19世纪中叶以前,资产阶级的足迹几乎遍及全球。他们到处落户、到处创业、到处建立联系,目的就是寻找廉价的原料来源和有利的产品销路。

与此同时,机器大工业还带来了交通运输工具的变革,海洋轮船和铁路大大改善了运输条件,不仅速度大大加快,而且费用大规模下降。另外,电报及海底电缆等现代通信工具的出现,使得信息的传播日益广泛和迅速,这些都便利了国际贸易的扩展,促进了国际分工的发展。

这一时期国际分工的基本格局是:少数发达国家变为工业国,广大亚非拉国家成为农业国。例如,印度成了为英国生产棉花、羊毛、亚麻的地方,澳大利亚成为英国的羊毛产地。原来在一国范围内存在的城市与农村的分工、工业部门与农业部门的分工,逐渐演变成世界城市与世界农村的分离与对立,演变成以先进技术为基础的工业国与以自然条件为基础的农业国之间的分工。正像西欧国家的资产阶级使乡村屈服于城市的统治一样,它迫使亚洲、非洲和拉丁美洲从属于西方。

(三) 国际分工的形成阶段

从19世纪70年代开始,主要资本主义国家发生了第二次产业革命。在这一时期,发电机、电动机、内燃机等开始广泛使用,一些新兴的工业部门如电力、石油、化工、汽车制造等纷纷建立,促进了社会生产力和国际分工的发展。与此同时,资本主义从自由竞争向垄断过渡,通过资本输出,进一步加深和扩大了国际分工。在此之前,殖民地半殖民地国家大都被卷入世界范围的商品交换,但在国内还不一定采用资本主义的生产方式。资本输出则把资本主义的生产方式也移植到殖民地和半殖民地国家,生产国际化和资本国际化的趋势日益增长,真正意义上的国际分工得以最终形成。

这一时期的特征是形成了门类比较齐全的国际分工体系。一方面,工业国与农业国之间的分工继续发展,主要资本主义国家加紧在殖民地和半殖民地国家兴办面向国际市场的种植业和采矿业,加剧了世界工厂与世界农村的对立关系。另一方面,主要资本主义国家之间的分工(主要是工业部门之间的分工)也日益发展起来。例如,当时英国首先发明和采用了转炉炼钢技术,因而在钢铁生产中居领先地位,而德国侧重于发展化学工业。国际分工的发展带来了国际贸易的迅速发展。

二、当代国际分工的新特征

第二次世界大战以后,由于第三次科技革命和信息技术发展的影响,世界生产力获得了前所未有的发展;20世纪90年代初,冷战的结束使东西方市场的对立消失,各国之间开展国际经济技术合作的制度障碍大为减少。这使得当代国际分工日益深化,并呈现出不同于以往的许多新特点。

(一) 发达国家之间的工业分工得到迅猛发展

由于科学技术日新月异地发展,发达国家在尖端工业生产方面需要大量的新知识和新技术,迫使发达国家之间实行分工合作。发达国家许多高技术的产品,如航天航空产品、芯片和尖端军事产品等,不是一个厂商或一个国家单独生产出来,而是通过若干个国家之间的分工和技术合作来完成的。如"空中客车"飞机就是由欧洲的多个国家合作生产的。

发达国家间分工的迅速发展还源于科技发展、生产技术水平的提高对高技能劳动力的需求。高科技产品的生产只有具备一定技术水平、受过严格训练和具备良好责任意识的劳动力才能胜任。发达国家劳动力虽然价格较高,但其劳动效率相应也比较高,符合高科技产品生产的技术要求。另外,高科技产品价格相对昂贵,其销售市场也主要集中在发达国家。

(二) "水平型"的国际分工成为主流

发达国家和发展中国家之间传统的"垂直型"国际分工的主流地位已经让位于"水平型"的国际分工。所谓垂直国际分工,主要是指发达国家进口原材料、出口工业制成品,发展中国家进口工业制成品、出口原材料的国际分工。所谓水平型国际分工,主要是指各国在工业品生产之间的专业化协作。

第二次世界大战以后,亚非拉国家纷纷走上政治独立、发展民族经济的道路,这在一定程度上冲击了原来的工业国与农业国传统的垂直型国际分工。发达国家在竭力维系传统国际分工的同时,扩大和发展有利于自己的水平型分工。它们把生产转向资本与技术密集的行业,而把一些劳动密集型、资源密集型的行业转移到发展中国家,形成了发达国家与发展中国家之间分工的新格局。特别是20世纪80年代以来,随着发展中的新兴市场经济国家的兴起,其加工制造能力不断增强,发达国家跨国公司越来越多地将普通资本密集型、技术已经标准化的产品和生产环节转移到这些国家,促进了发达国家和发展中国家的分工深化和经济融合。目前,水平型的国际分工已占主导地位。发达国家和发展中国家之间出现了简单加工工业与复杂加工工业之间的分工,劳动密集型工业与资本、技术、知识密集型工业之间的分工,还有劳动密集型工序或劳动密集型零部件生产与资本、技术、知识密集型工序或零部件生产的国际分工。发达国家与发展中国家还出现了设计与制造的分工,即产品研究和设计在发达国家进行,产品制造在发展中国家进行,发展中国家成了发达国家的"加工厂"。可见,在当代水平型国际分工中,发达国家与发展中国家之间存在明显的"垂直型"差异。

(三)国际分工的形式发生变化

大致来说,国际分工可以分为产业间分工、产业内分工与产品内分工三种基本类型。产业间分工指国际分工在不同产业部门间进行,如制造业与采矿业的分工。产业内分工指国际分工发生在同一个产业部门内部,是同类差异化产品之间的分工,如不同档次、不同款式汽车生产的分工。产品内分工指同一产品不同流程、工序和零部件生产之间的国际分工,也称为价值链分工。例如,大到飞机,小到笔记本电脑、手机,都是全球价值链分工合作的结果。价值链分工的实质,是各国以要素优势而不是产品优势参与国际分工,即要素分工。

由跨国公司主导的产品内分工与贸易,形成了全球价值链[①]、全球产业链和全球供应链。价值链是从国际经济学角度看产品内分工,主要指某个产品的生产过程被分解为延展到许多国家的、相互关联的纵向生产和贸易链,每一个国家凭借其在某个生产环节上的要素优势,从事专业化生产与贸易。各国企业在全球价值链的特定环节找到自己的位置,做专做精。这样合成的最终产品,当然品质更高、成本更低。全球产业链则是从一国产业发展角度看产品内分工。在经济全球化条件下,任何国家的产业发展都离不开国际合作,只有融入全球化产业分工体系,产业发展才能保持技术的先进性,才能培育出具有国际竞争力的现代化产业体系。供应链是从企业国际化运营角度看产品内分工,是指企业之间的生产环节或链条通过物流系统的连接。一些跨国大型企业集团可能会构建自身供应链,中小型企业的供应链和产业链则依赖于企业之间的分工协作。可见,全球价值链、产业链和供应链都源自产品内分工,三者之间存在密切的联系,只是研究的侧重点不同。在产品内分工深入发展、经济全球化遭遇波折之际,如何保障产业链和供应链的稳定,提升产业链与供应链的韧性和安全性,是各国经济发展面临的重大课题。

三、国际产业转移新趋势

随着经济全球化的不断发展和国际分工的不断深入,世界产业结构发生了深刻的变化。发达国家为了抢占全球经济的制高点,在强化高新技术产业竞争优势的同时,通过国

[①] 对这种跨国公司主导的产业链条的分解与全球化配置,在有关国际经济学文献中也称垂直专业化(vertical specializing)分工,意指商品的生产过程延伸为多个连续的生产阶段,每一个国家只在某个连续的特殊阶段进行专业化生产。垂直专业化是跨国公司对外直接投资迅速增长及其全球范围内采购、生产、销售经营模式的直接结果,它把企业在不同国家或地区之间的采购、生产、销售等活动连为一体。对垂直专业化这一概念有多种意义相近但又不完全一致的提法,如"价值链切片""外包化生产""生产的非一体化""碎片化生产""模块化生产""多阶段生产"和"内部生产专业化"等。垂直专业化分工模式中,不同区段、不同环节、不同工序间的分工导致零部件、中间产品的贸易增加,这实际上就是产品内贸易。

际生产网络的扩张推动了全球产业结构的调整。发展中国家积极承接国际产业转移,推动产业结构升级,国际产业转移出现了新的趋势。

（一）国际制造业产业转移逐步演变为产业链条、产品工序的分解和全球化配置

由于国际产业分工正在从传统的产业间分工向产业内分工,进而向产品内分工转变,产品的价值链被分解了,所以国与国之间的优势更多地体现为价值链上某一特定环节的优势,从而导致国与国之间按价值链环节进行分工。国际产业转移演变为产业链条、产品工序的分解和全球化配置。与此相适应,生产外包成为制造业国际产业转移的新兴主流方式。跨国公司把非核心的生产活动外包给成本更低的发展中国家的企业去完成,使得位于不同国家的企业形成一个国际分工协作网络,每一个生产环节成为全球生产体系的一部分。跨国公司将低附加值的生产制造环节转移到具有低成本制造优势的发展中国家,自己则专注于价值增值环节具有相对竞争优势的核心业务。在国际生产网络的基础上,形成了以跨国公司为核心、全球范围内相互协调与合作的企业组织框架。

（二）国际产业转移从制造业向现代服务业延伸

制造业由于易于标准化、技术扩散能力强等特点,一直是国际产业转移的主要内容。随着经济全球化的不断发展,信息通信技术的广泛应用,新兴市场国家基础设施的改善和劳动力素质的提高,以及全球服务贸易规则的实行,服务业只能局限于一国国内的格局被打破,服务业加快了全球调整和转移的步伐,出现了服务业结构调整和产业转移的新趋势。

服务外包成为成长最快的服务业跨国转移方式,大大推动了服务业进入国际分工体系。所谓服务外包,又称服务加工贸易,国际上也称离岸服务(offshore service),是指作为生产经营业的业主将服务流程以商业形式发包给境外服务提供者的经济活动。全球服务外包中发展最为普遍的有商业服务、计算机及相关服务、影视和文化服务、互联网相关服务,各类专业服务等,涉及软件、电信、金融服务、管理咨询、芯片、生物信息等多个行业,涵盖产品设计、财务分析、交易处理、呼叫中心、IT(信息技术)保障、办公后台支持和网页维护等多种服务类型。服务外包的迅速发展,使服务业这个传统上"不可贸易行业"的性质发生变化,并成为服务业全球分工体系形成的重要载体。

（三）非流动要素决定国际产业转移的基本流向

由于各种生产要素流动性不同,所以生产要素跨国界配置的成本也不同。资本、技术的跨国界流动障碍较少,而一些要素则不能流动或流动性较弱,比如土地和低技能劳动力、产业配套能力、政策环境等。这些不能流动或流动性较弱的要素,可以在全球生产资源的重新配置过程中,借助跨国公司和国际市场从其他国家得到。因此,新一轮国际产业转移,本质上是流动要素追逐非流动要素进行的全球生产重组。很明显,这种产业重组不仅有利于跨国公司增强全球资源配置能力,而且给发展中国家带来了发展的机会。

四、影响国际分工发展的主要因素

国际分工是社会生产力发展到一定阶段的产物。国际分工的发生和发展主要取决于

两方面的条件：一方面是社会经济条件，其中包括各国生产力发展水平的差异、科学技术进步的快慢、国内市场规模的大小、人口的多寡、产业和经济结构的不同，以及社会经济制度的演进状况等。另一方面是自然条件，其中包括各国的经济资源、地理位置、气候、土壤条件、国土面积、地形地貌等方面的特点。正是由于世界各国在社会经济和自然条件方面的差异和联系，世界各国的生产者超越国界而形成一种相互依赖的劳动联系才成为可能和必要。这种劳动联系的经常化和广泛化，就是国际分工的基本内容。影响国际分工发展的主要因素可以归纳为以下几个方面。

（一）社会生产力是国际分工形成和发展的决定性因素

社会分工和国际分工都是随着生产力的发展而变化的。生产力的发展对国际分工的决定作用首先突出表现在科学技术进步的重要作用上。科学技术进步所带来的先进机器设备的运用、生产过程和劳动过程的改进，以及企业组织与管理方式的变革，不仅推动了生产能力和规模的扩大，而且加强了生产专业化的趋势，使社会分工和国际分工发生相应的变化。在当代经济逐渐向数字化、智能化过渡的背景下，知识的生产能力又直接决定一国技术创新能力，从而决定一国在国际分工中的地位。

生产力发展决定国际分工的第二个表现是，生产力发展水平高的国家在国际分工中处于领先的位置。从历史上看，英国最先完成了产业革命，相当长一段时间内处于资本主义国际分工的主导地位。随着第二次产业革命完成、资本主义进入垄断阶段以后，其他资本主义国家特别是美国的生产力得到空前发展，并取代英国在国际分工中居于支配地位。第二次世界大战以后特别是20世纪70年代以后，随着日本和德国等国生产力的恢复和发展，它们在国际分工中的地位也得以提升，美国的国际分工地位相应有所下降。值得指出的是，20世纪70年代以来，日本等国国际分工地位的提升只是局限于某些领域，它们从来没有达到过历史上英国、美国在当时国际分工中所处的绝对主导地位。在当代，美国凭借其强大的知识生产能力、新技术与新产品的研发能力和总体经济实力，在生产力发展水平上仍大大领先于其他国家，并在国际分工中处于领先地位。一国的国际分工地位，首先是生产力发展水平的反映，而生产力发展与科技发展又是相辅相成的。每一次科技革命都极大促进了生产力的发展，但反过来，生产力的发展又为科技革命提供了物质基础，从而影响一国的国际分工地位。生产力水平也决定了一国的经济结构，直接制约着一国参与国际交换的产品内容。改革开放以来，中国全面融入国际分工体系，把扩大开放和自主创新结合起来，生产力得到迅速发展，科技创新能力不断增强，在国际分工体系中的地位不断提高。

（二）自然条件对国际分工有一定的影响

自然条件包括地理环境、气候、自然资源和国土面积等。人类的经济活动总是在一定的自然条件下进行的。没有一定的自然条件，进行任何经济活动都是困难的，甚至是不可能的，因此，自然条件对国际分工的产生和发展具有一定的制约作用。例如，可可等只能在热带地区种植，石油只有在特殊的地质条件下才能生成，原煤、铁矿石等也只是在某些特定的国家才大量生产和出口等。当代大型港口和其他运输中心则与该地区的地理位置关系密切。良好的自然条件不仅有助于国内经济的发展,也有助于加入国际分工。但是,有利的自然条件只是为国际分工提供了可能性,在自然条件具备的前提下,能否形成现实的国际分工,则取决于生产力的发展水平。只有当科学技术和生产力发展到一定阶段时,自然资源才能得到妥善的开发与利用。

随着人类社会的发展,科学技术的进步在许多方面已减小了自然因素对生产过程的影响,生产中也不断地用资本、技术替代自然资源,这使得自然资源在国际分工中的地位下降。然而,有些资源如石油、铁矿石等还是难以用其他要素来替代。

(三) 政治、文化等因素也会制约国际分工的发展

政府的经济政策,尤其是有关对外贸易的经济政策与措施,能直接促进或阻碍国际分工的发展。实行对外开放的政策,一国企业就会积极投身世界市场竞争,主动参与国际分工。一个国家或民族孤立于世界经济发展之外,很大程度上与政府的决策有关。文化观念也对国际分工有很大影响。现实生活中,国际分工总是首先在文化观念相近的民族中得到发展。欧盟(EU)成员国之间的分工如此深入,一个重要影响因素是文化同源。在当代,政治制度、宗教信仰的差异等都在一定程度上影响国际分工的发展。

(四) 国际分工的性质受到国际生产关系的制约

国际分工属于生产力的范畴,生产力总是在一定的生产关系下发展的,国际分工这种生产的联系形式也受生产关系的制约,其发展不能脱离"国际生产关系"特别是处于支配地位的国际生产关系的制约。应当承认,在当代国际分工中居支配地位的是资本主义生产关系。资本主义国际分工是在资本主义基本经济规律作用下,在垄断资本追逐超额利润的情况下形成和发展起来的,而资本主义国际生产关系本质上是一种不平等关系。因此,当代国际分工具有两重性:一方面,它具有进步性,生产方式和交换方式的国际化,有利于生产力的发展,反映了社会化大生产国际化发展的客观要求,国际分工具有"互利共赢"的一面;另一方面,当代国际分工又具有不平等的性质,国际分工的利益主要为发达国家所占有。

五、国际分工与国际贸易的相互关系

从最一般的意义上来说,国际分工和国际贸易的关系是分工与交换的相互关系。没有分工,就没有交换,也就没有市场。交换的深度、广度和方式取决于生产的发展,取决于分工的发展水平。同样,国际分工也是国际贸易和世界市场的基础。在国际商品交换的背后,隐藏着各国商品生产者之间的分工。如果没有国际分工,就没有国际贸易。国际贸易是随着国际分工的发展而发展的。反过来,如果没有交换,商品的价值就无法实现,分工就不能存在和发展。因此,国际贸易不仅是国际分工的体现,也影响国际分工的发展。国际分工与国际贸易是互为条件、互为促进的两个方面。根据马克思主义经济学关于生产决定交换的基本原理,国际分工是更具有决定性的方面,国际贸易的发展从根本上说受国际分工的制约和影响。

（一）国际分工的扩大推动了国际贸易的发展

国家之间的商品交换最初是由于自然地理条件不同而产生的,规模很小,交换具有相当大的偶然性。只有在资本主义生产方式确立起来、国家之间实行劳动分工之后,国际贸易才成为一种经常的、广泛的现象,成为世界经济生活中一个不可缺少的部分。国际分工的扩大直接推动国际贸易向广度和深度发展。一方面,国际分工意味着各国的生产要素向效率较高的部门转移,可供交换的产品和服务随之增加,这是国际贸易发展的物质基础。另一方面,一国参与国际分工的程度越深,对外贸易在国民生产总值(GNP)中所占的比重就越大,国际市场就越是成为国民经济正常运行和发展的必要条件。国际分工在经济上的优越性吸引各国放弃封闭政策,主动参与国际分工,促进了国际贸易的不断发展。

从历史上看,在某个时期或某个国家的对外贸易扩展可以先于国际分工的发展,某些国家也正是由于对外贸易而进入国际分工体系中来的。但是必须指出,对于单个国家来说,可以出现某个特定的商业繁荣时期,然而对外贸易的扩张只能建立在国际分工深化的基础上,纯粹的商业扩张是不可能持久的。在16、17世纪与"地理大发现"一同发生的商业革命中,荷兰的对外贸易和金融业在相当长的时期内超过英国,葡萄牙在一定时期内也不比英国逊色。然而这些国家内部没有发生工业革命,无力领导甚至不能有效地参与国际分工,因而很快就失去在国际贸易中的优势地位。英国则由于领导了工业革命,在国际分工中处于支配地位,对外贸易的发展有了坚实的基础。外贸的增长反过来又深化了英国参与国际分工的程度,促进了英国的经济发展。这说明国际贸易的持续发展只能建立在国际分工深化的基础之上。一个国家或地区只有融入国际分工体系,才能有贸易的持久繁荣,才能发挥以贸易带动经济增长的作用。

（二）国际分工的演变决定国际贸易的格局

国际贸易格局指国际贸易的商品结构和地理方向。世界贸易中商品结构的变化是由国际分工的发展决定的。资本主义生产方式确立之后的19世纪,国际分工的基本格局是世界分化为工业国和农业国,英国和其他西方发达工业国家成为世界的城市国、中心国,其他国家则沦为农村国、边缘国。正如马克思指出的那样,"一种与机器生产中心相适应的新的国际分工产生了,它使地球的一部分转变为主要从事农业的生产地区,以服务于另一部分主要从事工业的生产地区"。①与此相适应,世界市场商品的流向是发达国家向落后国家销售工业品,而从后者大量进口原料和食品等。资本主义国际分工体系的建立从根本上改变了世界市场上交换的商品的性质,那些满足少数贵族特权阶层需求的奢侈消费品,不再是国际贸易中的主要商品,而被小麦、棉花、羊毛、咖啡、铜、木材等大宗商品所取代。同时,这种国际分工格局也使得第二次世界大战以前国际贸易中初级产品的比重一直高于制成品。

在当代,传统的国际分工形式发生极大转变。其一,发达国家和发展中国家之间的分工中,发展中国家改变了第二次世界大战前纯粹作为农业国的地位,与发达国家工业部门

---

① 马克思,恩格斯.马克思恩格斯文集：第7卷[M].北京：人民出版社,2009：519-520.

的分工不断发展。其二,发达国家产业部门之间的分工日益转变为产业部门内部的分工,以产品为界限进行的分工逐步转变为以生产要素为界限的分工,形成了从研发到生产、销售、服务的全球化的国际分工体系。这不仅导致世界贸易中工业制造品的比重日益上升、初级产品的比重大大下降,而且出现工业零部件、中间产品、技术贸易迅速增长等新现象。

国际贸易的地理分布明显受到国际分工的制约。当代各国在世界市场上的位置,无不和它在国际分工中的地位息息相关。迄今为止,西方发达国家之间的贸易仍在世界贸易总额中占有主导优势,原因在于它们仍是国际分工的中心国家。1978年以来,改革开放政策的实施使中国日益融入国际分工体系,参与国际分工的广度和深度不断提高,对外贸易快速增长,贸易结构不断优化,在世界贸易中的地位不断提高。

第二节 国际贸易的静态利益

现实中有些商品的国际交换不需要做很多的解释,如美国人爱喝咖啡,但美国不出产咖啡,只能从巴西等国进口。石油只有在特殊的地质构造中才能生成,许多国家只能依赖进口。这种"互通有无"型的国际贸易很好理解,贸易利益也很清楚。但实际上,一国进口的商品不一定是本国不能生产的;一国的出口商品,别国也许也能生产。因此,各国间发生贸易的原因不只是"互通有无",而主要是为了获得贸易分工的利益,这种利益分为静态利益和动态利益。我们先分析静态利益。

一、一般均衡下国际贸易静态利益的一个简单模型说明

为了解释一般均衡下国际贸易的静态利益,我们先从一个简单的模型说起。

我们假定世界上只有两个国家——A国和B国,两国都只生产两种商品:衣服和粮食。再假定两国可以利用的生产资源总量为一定,生产的技术条件不变。

我们先来考察一下封闭条件下两国的生产和消费状况。

在封闭条件下,A国运用全部生产资源,可以生产100个单位的粮食,或者生产60个单位的衣服,或者生产介乎其间的各种数量组合。我们假定A国是在E点组织生产,即生产30个单位的衣服和50个单位的粮食,这也是A国的消费组合。B国运用全部生产资源,可以生产100个单位的衣服,或者生产80个单位的粮食,或者生产介乎其间的各种数量组合。我们假定B国是在E'组织生产,即生产50个单位的衣服和40个单位的粮食。这也是B国的消费组合,见图2-1、图2-2。

不难发现,在封闭条件下两国市场上商品的相对价格是不同的。所谓相对价格,是指直接用一种商品来表示的另一种商品的价格,或是两种商品的交换比率。在上面的例子中,对A国来说,粮食和衣服的交换比率为100∶60,如果是以衣服来表示粮食的价格,1单位粮食的价格为0.6单位的衣服;对B国来说,粮食和衣服的交换比率为80∶100,1单位粮食的价格是1.25单位的衣服。如果以粮食来表示衣服的价格,在A国,1单位衣服的价格是1.67单位的粮食;在B国,1单位衣服的价格是0.8单位的粮食。

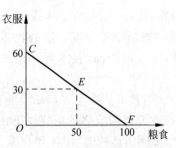

图 2-1　A 国的生产可能性曲线

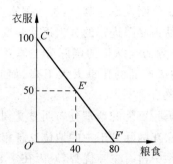

图 2-2　B 国的生产可能性曲线

由于商品的相对价格存在差别，两国之间就可能发生贸易。很清楚，A 国市场上 1 单位的粮食只能交换到 0.6 单位的衣服，而在 B 国市场上 1 单位的粮食却可交换到 1.25 单位的衣服，A 国粮食的相对价格比较低，A 国如果以生产出来的粮食去同 B 国交换，要比自己生产衣服有利。同样的道理也完全适合于 B 国。如果 B 国输出衣服去同 A 国交换粮食，显然要比自己生产粮食有利。只要不存在严格的贸易壁垒，经济上的利益必然驱使两国相互进行贸易。只要商品的相对价格存在差异，就存在互利性贸易的基础。这意味着国际贸易的基础是相当广泛的。按上例，就 A 国而言，只要 1 单位的粮食能交换到 0.6 单位以上的衣服，它就会继续向 B 国出口粮食、从 B 国进口衣服。对于 B 国来说，只要 1 单位衣服能交换到多于 0.8 单位的粮食，它就会继续向 A 国出口衣服、从 A 国进口粮食。具体来说，A 国出口 1 单位的粮食到 B 国，最低要交换到 0.6 单位的衣服，否则不如自己生产衣服，最高只能交换到 1.25 单位的衣服，超过这个界限，B 国就会退出交换。反过来，B 国出口 1 单位衣服到 A 国，最少要交换到 0.8 单位粮食，否则不如自己生产粮食，最多只能交换到 1.67 单位的粮食，超出这个界限，A 国便会退出贸易。只要按照双方可接受的价格来进行交换，两国都能获得比没有贸易时更多的商品，增加本国公民实际享受的物质福利。可见，即使没有专业化分工，开放市场也可以获得贸易上的好处。这可以称之为得自交换的利益。

我们用图 2-3 来说明得自专业化的贸易利益。它是由图 2-1 和图 2-2 综合而成的，即把图 2-2 旋转 180°后加到图 2-1 的右上方。三角形 OCF 及三角形 $O'C'F'$ 分别是 A、B 两国在孤立状态下的生产和消费可能性区域。假定开展国际贸易后，A 国专业化生产粮食，生产 100 个单位的粮食，B 国专业化生产衣服，生产 100 个单位的衣服。那么，双方按什么比例进行交换呢？只有在图中阴影区域内的两种商品的交换比率，才可为两国共同接受。现在假定是按线段 R 的斜率即 1∶1 的比例进行交换。这时可以看到，A、B 两国的消费者得到的商品都超出了本国的生产可能性曲线，这就是来自专业化分工和贸易的利

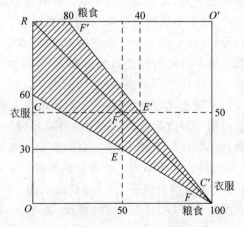

图 2-3　贸易后的两种商品交换比例和贸易利益

益。具体来说，若 A 国维持原来 50 个单位粮食的消费水平，现在则可以得到 50 个单位的衣服，比自己生产两种商品时多了 20 个单位的衣服。B 国若仍只消费 50 个单位的衣服，现在则可得到 50 个单位的粮食，比自己生产两种商品时多了 10 个单位的粮食。

上述简单模型的分析表明，国际贸易能使参与国都获得利益。从静态上来看，贸易的利益是指通过国家之间的相互交换，参与国消费者可以得到的商品数量，要大于各国在封闭状态中由自己来生产所得到的数量。这是在各国的资源总量不增加、技术条件没有改进的前提下而出现的实际福利的增长，所以被称为贸易的静态利益。

二、国际贸易静态利益简单一般均衡模型的推广

现实的世界要比上述两个国家两种商品的模型复杂得多，然而关于贸易利益的基本逻辑是能够普遍成立的。要考虑 m 个国家、n 种商品的贸易模型，需要建立一个复杂的数学模型，这超出了本书的范围，但我们可以采用两种基本思路，把前面简单的模型加以推广。

一种办法是假定现实世界只存在两个国家，但有许多种类的商品。举例来说，假定甲、乙两国生产 A、B、C、D、E 五种商品。我们可以先把两国五种商品的价格按照相对价格进行分类，也可以按照一定的汇率以同一货币来表示，然后再对两国每种商品的价格加以比较，找出各自相对便宜的商品。比如通过比较，甲国有 A 和 D 两种商品相对便宜，而乙国有 B 和 E 两种商品比较低廉，商品 C 在两国的价格相等。于是，甲国可以出口商品 A 和 D，乙国可以出口商品 B 和 E，商品 C 不加入两国的贸易。在市场机制的导向下，甲国会扩大 A 和 D 两种商品的生产，乙国则会使资源向 B 和 E 商品生产倾斜，然后相互交换，共同获得国际贸易利益。

另一种方法是假定现实生活中只有两种商品，然而却有许多国家。比如说，设有 A、B 两种商品，甲、乙、丙、丁四个国家。我们可以把这些国家分成两类，如甲、丙两国的 A 商品价格相对便宜，而乙、丁两国的 B 商品相对低廉。因此，这些国家可以在两种商品上进行交换，并且都有可能从国际贸易中获得利益。

需要指出的是，由于各国的资源、技术、需求等方面的条件不同，国内市场上商品的相对价格有差别是普遍存在的现象，这一点意味着进行国际贸易的基础是相当广泛的。相对价格差别的存在，并不一定要以经济发展水平不同为条件，各种类型的国家都能找到经济上有利的出口产品。当代国际贸易中主导商品并不出自各国互通有无的考虑，而是以国际分工为基础来获取经济上的更大利益。

三、贸易利益的源泉

上面主要从使用价值的角度论证了一般均衡下国际贸易的利益，即消费者得到的效用总量增加了。西方经济学的分析也正是到此为止。然而，消费者获得的总效用为什么能够增加呢？国际贸易的利益究竟是怎样形成的？这就需要运用马克思主义的经济学原理来做进一步的探讨。

对国际贸易利益这一重要的理论和实践问题，我们的基本看法如下。

（1）贸易利益主要来源于生产。虽然存在"得自交换的利益"，但是贸易的主要利益

来源于分工。这是因为在自由贸易的条件下,通过国家之间的分工与协作,可以提高资源配置效率,使单位产品耗费的劳动时间得到节约,从而在总劳动时间不变的前提下增加社会物质财富。在上述简单的模型中,当A、B两国都按专业化原则组织生产,即A国专门生产粮食、B国专门生产衣服时,虽然两国都没有超出自己的生产可能性曲线,但其总的产量却大于各国孤立生产时的简单总和。国际分工实际上使全球范围内的资源得到了更有效率的利用。各国按国际分工原则进行专业化生产,"蛋糕"做大了。

(2) 贸易利益的获得必须以国际贸易为条件。从根本上说,人类的进步依赖于社会成员之间的分工协作,由于各种因素,国家之间的分工不能像在一个国家内部那样有效地进行。国际贸易在一定程度上弥补了生产要素不能自由流动的缺陷,使国家之间广泛地开展分工协作成为可能。例如,如果没有国际贸易,上述简单模型中A、B两国的分工就不能实行,从而也不可能使总产量增加。国际贸易不仅仅是联系国际分工的纽带,也起着一种导向作用,通过国际市场的调节,引导各国把生产资源转移到效率较高的部门。

国际贸易使各参与国分享到贸易带来的利益。在正常条件下(不存在政治依附、单方面的严重垄断等),以商品的国际价值为基础来进行国际交换,客观上有益于参与贸易各方。即使是对落后国家而言,以国际价值为标准来同先进国家进行交换时,所付出的商品中包含的劳动时间虽然大大超过所得到的商品中实际耗费的劳动时间,但通过国际交换,仍可从中受益。对此,我们将在第三章做详细阐述。

西方经济学家往往把贸易利益完全归功于交换,这是不全面的,没有透过流通的表象去分析生产过程的本质变化。停留在国家之间的纯粹买卖行为上,世界的物质财富总量不会增加。然而我们又必须肯定国际贸易的积极作用,是它引导和促进了国际分工,使参与贸易的各国分享效率提高带来的利益。

第三节 国际贸易的动态利益

国际贸易的静态利益偏重于一国通过分工贸易所获得的消费方面的利益,而国际贸易的动态利益则注重开展贸易后对生产的刺激作用以及对社会生活其他诸方面的积极影响。如果说静态利益是直接的贸易利益,那么,动态利益就是贸易带动和促进经济发展的间接利益。

国际贸易的动态利益是多方面的,主要表现在如下几个方面。

一、开展国际贸易,必然使市场竞争机制充分发挥作用,从而刺激企业素质的提高,增强企业的国际竞争力

一国对外开放,参与国际竞争,实际上就是把本国的企业直接或间接地纳入与外国企业的竞争之中。这是提高企业素质的一种最有效的刺激:一方面,出口企业不得不同外国生产同类商品的企业竞争;另一方面,国内企业又不能避开进口商品的竞争。这就迫使企业千方百计提高生产效率、降低成本,以在出口竞争和进口竞争中立于不败之地。

对于一些幼稚产业、战略性新兴工业,政府当然应当视情况给予适当保护,以鼓励和促进民族工业的成长,但这种保护应当被视为走向竞争的短暂阶段。一味依靠保护的企

业,从长远看是缺乏生命力的。在竞争中学会竞争是企业成长的必由之路。对于发展中国家来说,由于工业水平总体上不如发达国家,政府不免对较多的行业和企业提供保护,这是正常和必要的。但这种保护一定要适度,且要符合国际惯例和世界贸易组织的相关规则。过度的保护将把自己隔绝在国际分工体系之外,导致进一步的落后。中国改革开放的实践已经证明,凡是主动参与国际竞争、接受国外市场挑战的企业和行业,都取得了显著的进步和发展。因此,提高企业素质和企业效率的必要途径,就是把企业推向国际市场,积极参与国际分工、国际交换和国际竞争。

二、开展国际贸易,有利于开拓新的市场、促进经济增长

经济增长与对外贸易之间存在着互相联系、互相影响的关系。经济增长到一定程度必然迫使一国企业去寻找新的市场,而国外市场的扩大及其所带来的新需求又会促进原有企业的发展和新企业的产生。

(1) 出口的积极作用。出口企业往往是面对世界市场来组织生产,市场容量大,容易获得规模经济效应,使得生产扩大、成本降低、就业增加。而且借助外部经济,在对外贸易的带动下,一个工业部门的发展还可以带动一系列其他工业部门的发展,以至各种各样相关的工业部门建立起来。因为在经济运行中,各产业之间存在着各种联系。所谓"联系",是指一个部门在投入和产出上与其他部门之间的联系。这种联系有两个方面:一是后向联系,即某个部门同向它提供投入的部门之间的联系;二是前向联系,即某个部门同吸收它的产出的部门之间的联系。如果出口产业是"联系效应"大的主导产业,那么,这个产业的发展将对经济发展起到很大的带动作用。

(2) 进口的积极影响。从国外引进国内没有生产的产品,往往能起到开辟国内市场、引导新产业成长的作用。由于国内没有生产,一时无法确定新产品会有多大的市场,即在一定的价格条件下社会需求量究竟是多少。当国内需求很大,以至高贸易壁垒也难以阻挡进口时,国内企业就得到了明确的生产信号,进口替代工业由此发展起来。实践证明,进口替代是许多国家尤其是发展中国家走向工业化的第一步。这个过程是:进口商品刺激国内需求,进而导致进口替代部门的产生。如果条件具备,进口替代部门还能发展成为出口部门。进口国外的新产品还会带来进口竞争,促进本国产品不断更新换代。我国的家用电器、计算机、智能手机等产业,就是这样发展起来的。

三、开展国际贸易,必然激发企业的创新机制,推动技术进步

国际贸易中产品的竞争可归结为产品质量和价格的竞争,提高生产的技术水平是改进产品质量、降低生产成本进而降低产品价格的关键。商品的进出口往往会成为各国企业追求技术进步的直接诱因。

从进口来看,不仅国外质优价廉的商品的涌入会增加国内进口竞争企业改进技术的压力,而且先进技术和设备的进口将直接促进国内企业的技术进步和生产率的提高,其作用类似于创新对增长的刺激,同时节省了创新的成本。另外,进口的机器设备等资本品总会或多或少含有各种技术,其进口可以带来技术扩散,进口国企业通过"干中学"可以加以消化、吸收、改进和再创新。

从出口看,第一,国际市场上的竞争压力会转化为企业创新的动力;第二,出口的扩大使得创新活动所能获得的收益上升,从而反过来进一步刺激本国企业的产品和技术的创新,带动经济增长;第三,出口可以使出口商和国外购买者之间不断进行信息交流,促使产品的生产技术不断完善;第四,成熟技术的出口还可以弥补先期投入的科研经费,为进一步的创新提供条件。

四、开展国际贸易有利于加速资金积累

对出口而言,一是出口部门往往能获得较好的经济效益,提高积累率,从而促进经济增长。二是外贸出口为引进外资提供必要的条件。一个国家的偿债能力最终是由该国的出口能力决定的。出口越多,在国际市场上筹措资金的余地就越大。

对进口而言,进口往往同国家之间的借贷联系在一起。为了促进产品出口,特别是大宗设备出口,出口国政府通常通过政策性银行向外国进口商提供优惠信贷,以增强后者进口本国产品的能力。这有利于进口国厂商利用外国的资金引进技术和设备等。同时,进口为进口竞争部门提供刺激,使企业产生提高积累率的巨大压力。在封闭经济条件下,企业往往满足于国内现有的市场,积累扩大再生产的动力不足。

五、开展国际贸易,有利于经济结构的优化

现代经济发展包括不可分割的两个方面:经济总量的增长和产业结构的优化。结构优化是现代经济发展的主题,是推动现代经济持续增长的最重要动力。

所谓产业结构的优化或合理化,传统意义上是指一、二、三次产业之间比例协调发展,各产业内部的结构符合社会市场需求结构,以及各产业逐步由劳动密集型向资本密集型、技术密集型攀升。扩大对外贸易,无疑可对产业结构的调整起到积极作用。一方面,由于任何一国都不可能实现绝对平衡的增长,即供给结构与需求结构刚好吻合,因此需要利用世界市场。当国内资源过剩而需求不足时,就面对国外市场组织生产;在国内需求很大,但缺乏必要的资源和条件时,就适当进口。另一方面,扩大对外经贸关系,积极参与国际分工,引进竞争机制,必然发展本国具有现实的或潜在比较优势的产业,淘汰和放弃某些不合理的产业,不断提升产业层次,以优化资源配置、增进贸易分工利益。进出口竞争的刺激和进出口结构的不断调整,又会促进本国企业的技术进步,促进产业结构的高度化和资源配置效率的进一步提高。

六、开展国际贸易,必然带来人员的交流、文化的传播和思想的交换,从而对一国的经济社会发展产生积极影响

当代经济全球化的最重要特征是资本、技术、人才等生产要素的跨境流动。开展国际贸易,大大便利了人才、知识和思想的国际交流,更容易产生新知识和取得创新成果,带来更快的知识和技术扩散,促进文化的传播和思想的交换,通过文明互鉴,对各国的政治、文化和社会进步产生积极影响,有助于促进人们思想的进步、思维方式的改变和观念的更新。尤其是现代市场经济和社会化大生产孕育的精神文明成果,诸如效率观念、效益观念、服务观念、冒险精神、开拓进取精神等,对于发展中国家尤为重要。

中国自改革开放以来,广泛吸收人类文明的一切优秀成果,全面融入国际分工、国际交换和国际竞争体系。通过不懈奋斗,中国实现了经济持续稳定增长和社会全面进步。

以上分析表明,国际贸易的影响是相当广泛的。它不局限于静态的福利增长,更有利于促进经济的动态发展,推动社会的进步。每个国家和民族只有积极参与国际交换与竞争,才能享受到国际贸易带来的诸多利益,从而在世界经济中赢得一席之地。

第四节　贸易利益实现的限制条件

国际贸易利益是客观存在的,这也是国际贸易不断发展的主要原因,但国际贸易利益的存在并不意味着一国可以无条件地获得或平等地分享它。在现实生活中,国际贸易利益能否实现、能实现多少,往往受许多条件的限制。其中既有国内条件,也有国际环境条件;既有微观条件,也有宏观条件。择其要者,对一个国家来讲,国际贸易利益的实现受到以下几方面条件的限制。

一、一国的经济主体能否对国际贸易作出合理的行为反应,并采取合理的行动

国际贸易活动实际上是企业行为。如果企业缺乏追求利润最大化的动力,那么即使面对巨大的市场机会,它们也会无动于衷,不会为谋求扩大出口而努力扩大生产,积极从事创新活动。这种现象在一些曾经实行传统的计划经济的国家表现得最为明显。在数字经济时代,国际贸易利益的实现还取决于一国企业拥有和处理各种经济贸易信息的能力、对瞬息万变的国际市场的适应能力以及企业组织管理模式不断变革的能力。

二、一国是否具备必要的市场经济发展条件

从市场发育状况看,如果缺乏完备的市场体系和市场结构,生产要素在本国不能充分自由地流动,那么由进出口所引起的经济资源的重新配置和优化配置就无从谈起。就拿出口来说,它对经济发展推动作用大小取决于出口部门与国内经济其他部门在生产、技术和市场交换等各方面的联系程度,这就要求有一个较为成熟的市场体系作为联系的"渠道"。这样,出口的增长才能通过市场这一中介向各个部门传递经济和技术的"信息",通过出口的扩大而牵动资源的重组和优化配置,带动经济增长。如果市场发育程度较低,经济结构不合理,要素市场之间、商品市场之间、商品市场与要素市场之间的联系程度较低,出口的增长向各经济部门传递动力的各种必要的经济和技术渠道不畅或中断,就不能发挥出口带动经济增长的作用。

三、产业结构转变的代价和时间

第三节分析国际贸易的动态利益时,阐述了国际贸易可以促进一国产业结构的优化,促进经济协调发展。但现实经济生活中,产业结构的转变并非轻而易举,往往需要经历一定的时间,并付出一定的代价。产业结构转变的难易程度会直接影响贸易利益的实现。

这是因为，与产业结构的调整伴随的必定是生产资源在不同部门之间的转移。当一国参与国际分工与贸易、生产资源向优势部门转移时，从微观层次上看，进口竞争部门的相当一部分劳动力会面临一个重新选择职业的问题。这不但会使他们原有的一些知识和技能失去作用，而且为了适应新的工作，他们需要重新学习或接受培训以掌握新的知识和技术，并且往往不能得到与先前同样满意的工作环境和劳动报酬，这可以称为劳动力转移成本。对于企业来说，改变经营方向往往需要重新进行投资，原有的一部分投资即所谓"沉淀成本"可能无法改作新的用途，而未来的盈利又是有风险的。因此，在产业结构转变过程中企业常常不得不付出某些代价。专业化程度越高，沉淀成本越高，企业转产的代价越大。从宏观层次上看，一个国家产业结构的调整，不仅需要付出经济上的代价，而且必然伴随着利益的再分配和权力结构的调整，社会摩擦往往难以避免。在某些条件下，产业结构调整的经济和政治社会成本相当高，这在一定程度上抵消贸易带来的利益。因此，只有那些能够比较迅速实现产业结构调整的国家，才能够获取较多的贸易利益。

四、国际贸易对国内收入分配的影响

开展国际贸易，会引起本国生产要素收益的变化。从短期看，贸易会引起出口行业的产品价格上升，因而出口行业的所有生产要素都会获益；同时，进口竞争行业的产品价格下降，因而这个行业的所有生产要素都会受损。从长期看，贸易会引起生产要素在出口部门和进口竞争部门之间的重新配置，引起生产要素市场供求关系的变化，从而影响生产要素的价格和收益（关于这一点，第三章将做进一步的论述）。如果贸易引起分配格局变化过大，就可能波及社会安定，影响经济的平稳增长。这样，政府就必须采取适当的收入分配调节政策和措施，如利用税收、补贴等办法，使任何个人或阶层都不致因对外开放而蒙受收入水平绝对下降的痛苦。

当然，收入分配对贸易利益的影响大都是间接的，但贸易引起收入分配格局的变化，进而影响贸易利益的实现则是可以肯定的。

五、各国外贸政策的影响

前面分析国际贸易利益时是以自由贸易为前提的。从纯理论的角度可以肯定，自由贸易政策有利于各国积极参与国际分工，引导生产资源向生产效率较高的部门转移，导致世界总产量的增加。通过贸易分工，各方都能获益。但是，现实生活中国际贸易或多或少会受到各国外贸政策的干预。

各国政府有关进口和出口的政策，直接影响国际分工与国际贸易。例如，保护政策会使国内生产资源向非出口部门转移，并且通过限制进口，间接影响外国出口部门的增长。一国政府关于产业发展的政策，有时也不以经济效益为主要考虑，而偏重于国家安全。正确处理扩大开放和国家安全之间的关系，是各国政府不得不考虑的大问题。

当然，上述有关贸易利益实现的限制条件，只能影响一国获得和分享贸易利益的程度，不能构成对贸易利益的根本否定。在当代，贸易利益已将几乎所有国家和地区吸引到国际分工与国际贸易的体系中来，这是不以人的主观意志为转移的。

本 章 小 结

本章分析了国际贸易的基础——国际分工,对国际贸易的静态利益、动态利益进行了系统的阐述,并探讨了一国通过国际贸易分工获取贸易利益的影响因素。

国际分工是国家之间在从事商品生产时,相互间实行的劳动分工和产品分工,它是社会分工向国际范围扩展的结果。国际分工可以分为产业间分工、产业内分工与产品内分工三种基本类型。由跨国公司主导的产品内分工是当代国际分工的主要形式,由此形成了全球价值链、产业链和供应链。一国要获得持续发展,就要积极融入国际分工体系,参与国际贸易和国际竞争。

国际贸易可以给参与各方带来诸多利益。从静态角度来考察,开展贸易后,贸易双方可以在资源总量不增加、生产技术条件没有改进的情况下,通过贸易分工而实现实际福利的总体增长。从动态角度来考察,开展贸易会对贸易双方的经济和社会发展产生间接的积极影响。贸易利益的实现受到诸多因素的制约,需要具备一定的条件。

复习思考题

一、名词解释

国际分工　产业间分工　产业内分工　产品内分工　全球价值链　前向联系　后向联系

二、思考题

1. 当代国际分工有什么新特点?
2. 试阐述国际分工与国际贸易的相互关系。
3. 什么是国际贸易的静态利益?这种利益源自何处?
4. 简述国际贸易对一国收入分配的影响。
5. 试述国际贸易的动态利益,并谈谈一国如何创造条件,利用国际贸易来促进本国经济的发展。

三、案例分析

阅读下列资料,结合近年来中国产业链"外迁"的现实,分析这种变化的成因,谈谈中国如何应对并实现对外贸易的转型升级。

产业链外迁,中国能保住"世界工厂"的地位吗?

中国产业链近几年不断向越南等东南亚国家外迁转移,欧美发达国家倡导制造业回流,那么中国"世界工厂"的地位是否稳固?当前在全球地位如何?是否有一天会被越南、印度等国家取代?

产业链地区间转移一直存在，这其实是一个自然过程。因为全球价值链的分工是根据每个国家的比较优势进行的，在现实中，各国的比较优势也是不断变化的动态过程，每个国家在不同时期的比较优势是不一样的。比如中国过去是一个加工组装基地，主要从事劳动密集和低技术含量的加工组装。但是随着中国经济发展、人口红利减弱、劳动力成本逐渐升高，这些因素加起来导致中国在从事劳动密集型的全球分工任务中渐渐地失去优势，所以就开始有了产业转移，这不是近年来才有的现象。

举一个简单的例子，在中美贸易摩擦之前，韩国三星集团就把原本在中国的手机组装产业链完全转移到越南，这也是自然的。现在大家之所以更加关心产业转移，是因为有一些外在因素加速了这个过程，一是中美贸易摩擦，另一个是新冠疫情对全球价值链的冲击。

由于贸易摩擦，中国大概有3 700亿美元的产品要被征收7.5%~25%的惩罚性关税，而美国是中国出口的一个重要市场，从全球价值链布局来讲，中国承担的任务主要就是加工组装服务于美国市场的产品。

比如，美国最大的零售商沃尔玛百货有限公司（以下简称"沃尔玛"）在2015年从中国进口500亿美元的产品，相当于美国从中国进口总额的10%，这些产品基本是低技术含量的衣服、鞋、家具、家电等家用产品，它们都要被征收25%的关税。无论是中国生产厂商还是沃尔玛来负担，都是一个巨大的成本，所以中国的比较优势自然就会降低。当初外国跨国公司把中国作为组装加工基地，主要考量就是中国的廉价劳动力，25%的关税几乎可以把这所有的优势全部抵消。

另外，目前很多在中国加工组装的产品中，许多零部件仍是外国生产的。日本、韩国、德国、美国的零部件运到中国被组装成品，再运到美国时，也要被征收25%的关税，也就是说，这25%的关税的实际保护率要远远大于25%。比如，现在苹果手机还没有被征收关税，但如果被征税，那么它实际保护率将会是100%。因为中国企业制造苹果手机的过程中，主要从事加工组装任务和提供一些低技术的零部件，创造的增加值为制造部分的25%左右。25%的名义关税带来的后果，相当于针对苹果手机在中国全部生产环节的增加值征收了100%的关税。

这种全球价值链的调整，波及的中国企业很多。它们是被动地在调整，跟着全球价值链中的龙头企业往外走，一旦苹果这样的龙头企业要求它们把供应链迁出中国，它们只有照做，否则苹果就会减少采购。中国的歌尔股份有限公司是苹果耳机组装的一个重要供应商，就是因为这25%的关税，已经将生产线迁到越南了。同时，中国的高科技企业，很多也依赖欧美的技术和零部件。有些公司被列入美国商务部的实体清单。它们现在也面临如何寻找替代技术的问题，这是一种被动的供应链调整。

在这种情况下，中国在全球价值链中的地位会受到一定冲击。经过过去30多年的发展，全球形成了以中国为中心的制造业价值链。在当前任何一个产品或产业中，你都可以看到中国制造的身影。但由于贸易摩擦和新冠疫情等原因，如今的全球价值链正朝着多元化、分散化和去中心化的方向发展，目前来看，这是一种不可逆的趋势。

因为在疫情冲击和贸易摩擦的影响下，跨国公司对于供应链的关注，会更加聚焦在安全和韧性上，而不再是效率和利润。所谓的供应链韧性，就是供应链不会或尽量不受地缘政治、天灾人祸等不确定因素影响,一个重要的实现方法就是多元化布局,避免对一个国家太依赖。一个地区供应链出现了问题,另一个地区就能衔接上,全球价值链就不会中断。这就意味着全球价值链至少要有两个,《经济学人》就预计未来将有两个全球供应链,即"中国+1",短期完全做到"去中国化"还不可能,但它们可能在中国之外进行布局,或收缩回本国之内。

这里也有各国国家安全的考量,比如新冠疫情暴发以后,各国意识到了基本医药品属于国家安全保障的范围。在此之前,中国是全世界最大的药原料生产工厂,全世界约70%的制成药原材料都是中国生产的。疫情之后,美国、印度、日本等国开始把一部分药原料生产搬回本国,或是离本国很近的地方,日本拿出了2 700多亿日元支持日企回迁,对在国内投资生产药原料的企业,提供50%的新投资额的高额补贴。这些举动都加速了价值链从中国的分散和外迁。再比如,中国是美国汽车工业最大的零部件供应国之一。中美贸易摩擦后,中国的汽车零部件都要被征收25%的关税,中国2019年对美国汽车零部件的出口下降28%,2020年下降了22%。显然2019年和2020年美国整个汽车市场并没有萎缩这么多,大幅下跌就是因为贸易摩擦后的调整。

资料来源:邢予青.产业链外迁,中国能保住"世界工厂"的地位吗?[EB/OL].(2022-07-27). https://cacs.mofcom.gov.cn/article/flfwpt/jyjdy/cgal/202207/173888.html.

即测即练

第三章

国际贸易分工理论

> **本章学习目标**
> 1. 学习马克思主义国际经济贸易理论；
> 2. 了解西方国际贸易理论的演变；
> 3. 了解当代国际贸易理论新发展。

前两章，我们分析了国际贸易的特征及其利益，对开展国际贸易的必要性已经有了认识。本章，我们阐述国际贸易分工理论。所谓国际贸易分工理论，就是有关国际贸易发生的基础、决定国际贸易总量、构成、方向即国际贸易模式等的系统说明，它是贸易政策的理论依据。对国际贸易的理论说明有两大分支：一是马克思主义关于国际经济贸易的理论；二是西方资产阶级国际经济贸易理论。马克思主义创始人在对资本主义运动规律进行科学和系统的研究时，在国际经济领域内提出了一些带有普遍性的原理，这些原理对分析当今国际经济贸易关系，依然有着重要的指导意义。西方经济学家对国际贸易的理论分析，则回避国际经济贸易关系的实质，对国际贸易多做"纯理论"分析，其理论体系虽然不尽科学，但西方经济学家凭借他们国家在数百年国际经济活动中积累起来的丰富经验教训，提出了许多很有价值的理论分析，大都符合国际贸易的一般规律。认真研究西方国际贸易理论，对于坚持、发展马克思主义国际经济贸易理论，对于正确认识当代国际贸易，有着不可否认的积极意义。

第一节 马克思主义国际经济贸易理论

资本主义商品经济的巨大发展，使得国际经济贸易具有举足轻重的社会经济意义。它使世界上各个国家、民族都在不同程度上加入国际性的生产和流通体系。马克思非常重视对国际分工和国际贸易的研究，他说，"世界贸易和世界市场在16世纪揭开了资本的近代生活史"[1]，而"创造世界市场的趋势已经直接包含在资本的概念本身中"[2]。资本主义的发展，以其无限的扩张力把商品经济关系推向全世界，它打破了一切民族和国家的界限，使剩余价值规律向国际化发展。这些论述表明：一方面，资本主义商品经济向国际范

---
[1] 马克思,恩格斯.马克思恩格斯选集:第2卷[M].北京:人民出版社,2012:156.
[2] 马克思,恩格斯.马克思恩格斯选集:第2卷[M].北京:人民出版社,2012:713.

围的扩张,形成了国际经济贸易关系,它体现了资本家对剩余价值的无限度追求,反映了资本主义生产方式本质上是世界性的剥削关系;另一方面,国际经济贸易的发展,反映了生产社会化和商品经济发展的客观要求,这是社会大生产和现代商品经济发展的普遍规律。由于客观上存在相互联系和相互依赖的关系,任何一个国家(地区)和民族若想得到发展,就必须积极发展对外经济贸易关系,而决不能搞自给自足的闭关自守。

当代国际经济贸易发生的基础是什么?根据马克思主义政治经济学原理,分工是交换的基础。只有在分工不断专业化和深化的基础上,经常性的、大规模的交换活动才有可能进行。可见,国际分工是商品经济和国际贸易发展的基础。国际分工能促进各国按照社会化大生产分工协作的原则,发挥本国在自然资源、劳动力、资金、技术等方面的优势,集中力量专门生产成本较低的产品,通过国际贸易而使本国的生产和消费规模得以扩大。对于这一点,第二章已有详细的分析,在此不再重复。

各国通过贸易分工,能得到使用价值上的好处、增进消费者的福利,还能调剂资源的余缺、满足生产的需要。但是,国际贸易分工利益主要表现在获取更多的利润上。那么,如果从商品的价值量方面来考察,经济发展水平不同的各国通过国际贸易还能不能获得利益?

马克思的国际价值理论正确地解决了这一问题。马克思认为,商品的价值作为凝结在商品中的一般的、无差别的人类抽象劳动,只有在充分地比较劳动的社会属性前提下,也就是在包括各民族经济活动在内的世界市场上,才能够完全地展现出来。换言之,制约商品生产的价值规律到了世界市场上才真正具有普遍性的意义。因此,国际经济贸易活动同样由价值规律来支配。但是,由于经济环境不同,价值规律的作用形式发生了重大变化。

(1)决定国际商品交换的国际价值,不是由一国之内的社会必要劳动时间决定,而是由国际社会必要劳动时间决定。各国的商品价值进入国际市场,都成了个别价值或国别价值,各国生产该商品的社会必要劳动时间则成了个别劳动时间或国别劳动时间。决定国际价值的国际社会必要劳动时间,是生产某种商品的世界各国的平均劳动时间,它是所有进入世界市场的同类商品直接耗费的国内社会必要劳动时间的加权平均数。由于参加国际交换的是不同国家的不同经济实体,所以后进国家企业生产的同类产品即较低的劳动生产率的劳动产品也可以参加国际交换而不致被逐出国际市场;又由于后进国家的个别价值较高,它参与了国际价值的形成,无疑提高了国际价值水平。当然,国际价值的形成还受国际市场供求关系、科技进步等的影响。但各国生产商品中的直接劳动消耗,是决定因素。

(2)由于国际价值决定具有上述特点,参加国际贸易的双方都能获得利益。在等价交换的情况下,如果一国的国别价值低于国际价值,就可以稳定地获得大大高于国内市场的超额利润。在国际贸易中,有可能贸易双方各有一种商品的国别价值低于国际价值。一般来说,发达国家的劳动生产率高,较多商品的国别价值低于国际价值,能在交换中获得较多的贸易利益。正如马克思所说:"价值规律在其国际范围的应用,还会由于下述情况而发生更大的变化,只要生产效率较高的国家没有因竞争而被迫把它们的商品的出售价格降低到和商品的价值相等的程度,生产效率较高的国民劳动在世界市场上也被算作强度较大的劳动。""一个国家的资本主义生产越发达,就越超过国际水平。因此,不同国家在同一劳动时间内所生产的同种产品的不同量,有不同的国际价值。"[1]

从劳动生产率较低的国家来看,由于其国别价值即个别价值与国际价值的差距较小,也有可能等于或高于国际价值。其在与发达国家进行贸易时,确实处于不利地位,但这并不意味着从贸易中不能获得利益。马克思指出,生产效率较低的国家在与生产效率较高的国家进行贸易时,"这种国家所付出的实物形式的对象化劳动多于它所得到的,但是它由此得到的商品比它自己所能生产的更便宜"。[2] 这是因为国际贸易商品的价值实现也不同于国内商品。每一种参与国际贸易的商品到达消费者手里,都要通过国际市场和国内市场两次市场交换,有两次价值实现的机会。这与只在国内市场流通的商品存在重大区别。无论是经济后进国家还是经济先进国家,通过国际和国内两次市场交换,所实现的商品价值都会大于出口商品中实际消耗的劳动时间,或是节约国内生产同类产品将要耗费的劳动时间。对于后进国家而言,以国际价值为标准来同先进国家进行交换时,所付出的商品中包含的劳动时间虽然大大超过所得到的商品中实际耗费的劳动时间,然而商品输入之后,还要按国内的生产条件再在市场上实现一次,进口商品不是国内不能生产的就是成本很高。因此,后进国家输入商品在国内市场上实现的价值,还是会大于或至少等于出口商品中实际耗费的劳动时间。因此,后进国家参与贸易分工是能够得到好处的。而且,后进国家通过贸易,还能看到自己与世界先进水平的差距,努力提高劳动生产率,降低个别(国别)价值,争取在国际贸易和国际竞争中获取更多的利益。事实上,不少后进国家或地区通过扬长避短,充分利用自己的优势,生产成本低于国际生产成本的商品,成功地打入国际市场,有的还将发达国家或发达地区的同类产品挤出了市场,由此获得了巨大的贸易利益,促进了本国、本地区的经济发展,缩小了与发达国家或发达地区的差距。

第二节 比较成本理论

从斯密的国际贸易分工理论的建立到当代国际贸易分工理论的发展,资产阶级国际贸易分工理论大体上经历了三个发展阶段:第一个阶段是从斯密1776年出版的《国民财富的性质和原因的研究》一书中提出"绝对成本理论",到1817年大卫·李嘉图(David Ricardo)在他的《政治经济学及赋税原理》一书中建立以"比较成本理论"为基础的国际贸易学说总体系。这是国际贸易分工理论的创立阶段。第二个阶段是从比较成本的创立到1933年瑞典经济学家伯尔蒂尔·俄林(Bertil Ohlin)出版《地区间贸易和国际贸易》一书,提出生产要素禀赋理论。这一理论被视为现代国际贸易理论的最重要基石。第三个阶段是第二次世界大战后西方经济学界对传统国际贸易分工理论的检验、修补和扩展,以及为解释诸如产业内贸易(intra-industry trade)、公司内贸易等国际贸易新现象而产生的种种"新"的贸易分工理论。这些新理论总的来说还有待丰富和完善,远未形成一个一般的理论,现代国际贸易理论仍处在不断发展之中。

---

[1] 马克思,恩格斯.马克思恩格斯文集:第7卷[M].北京:人民出版社,2009:645.
[2] 马克思,恩格斯.马克思恩格斯文集:第9卷[M].北京:人民出版社,2009:265.

在所有资产阶级国际贸易分工理论中,影响最大的莫过于李嘉图的比较成本理论。自创立以来,它一直被西方国际经济学界奉为经典,并成为资产阶级国际贸易分工理论发展的主线。即使在当代,它也是研究国际贸易理论的逻辑起点。李嘉图的比较成本理论是从斯密的绝对成本理论发展而来的,所以在介绍比较成本理论之前,先简要地阐述一下斯密的绝对成本理论。

一、绝对成本理论

国际贸易分工理论的创始者、英国古典经济学家斯密,在《国民财富的性质和原因的研究》一书中提出绝对成本理论来论证国际贸易发生的基础。

斯密的绝对成本理论,是建立在他的分工和国际分工学说基础之上的。他用一国内部的不同职业、不同工种之间的分工原则来说明国际贸易分工。他认为,分工能够提高劳动生产率、增进社会财富。如果每个人都用自己擅长生产的东西去交换自己不擅长生产的东西,那对交换双方都有利。他写道:"如果一件东西在购买时所费的代价比在家里生产时所费的小,就永远不会想要在家里生产,这是每一个精明的家长都知道的格言。"[①]裁缝不必自己做鞋子,而向鞋匠购买;鞋匠也不必自己缝衣服,而向裁缝购买。每个人都应该发挥各自的优势,集中生产自己的优势产品,然后相互交换,那对交易各方都是有利的。"在每一个私人家庭的行为中是精明的事情,那么这种行为,对一个国家说来绝不是件愚蠢的事情。如果外国能以比我们自己制造还便宜的商品供应我们,我们最好就用我们有利地使用自己的产业生产出来的物品的一部分来向他们购买。"[②]

那么,用什么标准来判断一国某种商品是否便宜呢?斯密认为应依据生产成本。一国应把本国生产某种商品的成本与外国生产同种商品的成本相比较,以便决定是自己生产还是从外国进口。这就是所谓的"绝对成本说"。如果一国某种商品的生产成本绝对地低于他国,那该国生产这种商品的产业就是具有绝对优势的产业;反之,就是不具有绝对优势或处于"绝对劣势"的产业。各国按照绝对成本差异进行国际分工,专门生产本国具有绝对优势的产品去进行贸易,将会使各国获得"绝对利益",大大增加各国的物质福利。

斯密不仅论证了国际贸易分工的基础是各国商品之间存在绝对成本差异,还进一步指出了存在绝对成本差异的原因。斯密认为,每一个国家都有其适宜生产某些特定产品的绝对有利的生产条件,因而生产这些产品的成本会绝对地低于他国。一般来说,一国的绝对成本优势来源于两个方面:一是自然禀赋的优势,即一国在地理、环境、土壤、气候、矿产等自然条件方面的优势,这是天赋的优势;二是人民特殊的技巧和工艺上的优势,这是通过训练、教育而后天获得的优势。一国如果拥有其中的一种优势,那么这个国家某种商品的劳动生产率就会高于他国,生产成本就会绝对地低于他国。试举例说明。

假定英国和葡萄牙两国同时生产呢绒和酒。由于自然资源和生产技术条件不同,两国生产同量呢绒和酒的生产成本不同。生产 1 单位呢绒和 1 单位酒,英国各需 100 人劳动一年和 120 人劳动一年,葡萄牙各需 110 人劳动一年和 80 人劳动一年(表 3-1)。

---

① 斯密.国民财富的性质和原因的研究[M].郭大力,王亚南,译.北京:商务印书馆,1979:424.
② 斯密.国民财富的性质和原因的研究[M].郭大力,王亚南,译.北京:商务印书馆,1979:425.

表 3-1　英国和葡萄牙的绝对成本差异

国家	呢绒	酒
英国	100	120
葡萄牙	110	80

很清楚,生产同量呢绒,英国的生产成本比葡萄牙低,处于绝对优势;而生产同量酒,葡萄牙的生产成本比英国低,处于绝对优势。按照绝对成本理论,各国应根据自己最有利的生产条件进行专业化生产,生产出生产成本比别国低的产品,然后进行国际交换,就能保证双方都能得到贸易利益。在上述例子中,英国应专门生产呢绒,葡萄牙应专门生产酒来参与国际贸易。

按照绝对成本差异进行国际分工和贸易,其直接利益表现在劳动生产率的提高、消费水平的提高和劳动时间的节约等方面。

(1) 在国际分工前,英、葡两国一年共生产 2 单位呢绒和 2 单位酒。在国际分工后,英国专门生产呢绒,220 人劳动一年可生产出 2.2 单位的呢绒。葡萄牙专门生产酒,190 人劳动一年可生产出 2.375 单位的酒。两种产品的总产量都增加了,这显然是专业化分工带来的资源配置效率提高的结果。

(2) 假定英国用一半呢绒和葡萄牙交换酒,再假定交换比例为 1∶1,那么,通过国际贸易都能提高消费水平。英国呢绒和酒的消费量分别是 1.1 单位,都比贸易分工前增加 0.1 单位。而葡萄牙呢绒和酒的消费量分别是 1.1 单位和 1.275 单位,比贸易分工前增加了 0.1 单位的呢绒和 0.275 单位的酒。

(3) 如果两国维持分工前的消费水平不变,英国只需用 100 人生产的 1 单位呢绒与葡萄牙交换自己需要的 1 单位酒,比自己生产节约了 20 人一年的劳动。葡萄牙只要用 80 人生产的 1 单位酒与英国换回自己需要的 1 单位呢绒,比自己生产节约了 30 人一年的劳动。

总之,斯密认为,按绝对成本差异进行国际分工和国际贸易,各国都能发挥生产中的绝对优势而获得贸易利益。生产成本绝对差别的存在是国际贸易分工产生的基础和原因。

斯密的绝对成本理论并不难理解,但是在国际贸易学说史上,却具有划时代意义。这一学说从劳动分工原理出发,在人类认识史上第一次论证了贸易互利性原理,克服了重商主义者认为国际贸易只是对单方面有利的片面看法。这种贸易分工互利的"双赢"思想,至今没有过时,将来也不会过时。从某种意义上说,这种"双赢"理念仍然是当代各国扩大对外开放,积极参与国际分工贸易的指导思想。一个国家,一个民族,闭关自守肯定落后;以邻为壑的贸易保护主义政策,只会导致"两败俱伤"的结果,这仍然是斯密的贸易分工理论留给我们的最重要启示。

二、比较成本理论

斯密的绝对成本理论解释了产生国际贸易的部分原因,但局限性是很明显的。它只能解释在生产上各具绝对优势的国家之间的贸易,而不能解释事实上存在的几乎所有产品都处于绝对优势的发达国家和几乎所有产品都处于绝对劣势的经济不发达国家之间的贸易现象。英国古典经济学家大卫·李嘉图在绝对成本理论的基础上提出了比较成本理论，第一次以无可比拟的逻辑力量论证了国际贸易分工的基础不限于绝对成本差异，只要各国之间产品的生产成本存在相对差异（即"比较成本"差异），就可以参与国际贸易分工并取得贸易利益。

（一）什么是比较成本

我们以李嘉图自己举的例子来说明这个理论。假定英国和葡萄牙两国同时生产酒和呢绒。由于生产条件的差异，两国生产同量酒和呢绒的生产成本不同。生产 1 单位呢绒和 1 单位酒，英国各需 100 人劳动一年和 120 人劳动一年，葡萄牙各需 90 人劳动一年和 80 人劳动一年（表 3-2）。

表 3-2　英国和葡萄牙的比较成本差异

国家	呢绒	酒
英国	100	120
葡萄牙	90	80

按照斯密的绝对成本理论，在以上情况下，英、葡两国之间不会发生贸易分工。这是因为在英国呢绒和酒的生产成本都比葡萄牙高，处于绝对劣势；在葡萄牙，两种产品的生产成本都比英国低，处于绝对优势。英国没有什么东西可以卖给葡萄牙，葡萄牙也不必向英国购买。

但是，李嘉图认为，即使在这种情况下，两国仍然能够进行国际分工和贸易，并可以从中获得好处。他指出，各国并不一定要生产出成本绝对低的产品，而只要生产出成本比较低或相对低的产品，就可进行贸易分工，而不管一国所有商品的生产成本绝对高或绝对低。也就是说，存在比较成本差异就可进行两国间的贸易分工。

什么是比较成本呢？按我国经济学家范家骧的定义，所谓比较成本，就是英国和葡萄牙两个国家生产两种产品所耗费的劳动量的比例的比较。根据上面的例子，从英国方面看，英国生产呢绒和酒的单位劳动成本都比葡萄牙的高。英国的劳动成本和葡萄牙的相比较，呢绒为 $100/90 \approx 1.1$，酒为 $120/80 = 1.5$。这表明英国生产这两种产品的效率都比葡萄牙的低，但呢绒成本是葡萄牙的 1.1 倍，而酒的成本则为葡萄牙的 1.5 倍。两相比较，英国生产呢绒的成本相对低一些，因此英国生产呢绒具有相对优势或比较优势。从葡萄牙这方面看，葡萄牙生产两种产品的成本都比英国低，劳动成本的比例，呢绒为 $90/100$，即 90%，酒为 $80/120$，即 67%。但相比较酒的生产成本更低，因此酒的生产在葡萄牙具有相对优势或比较优势。

日本经济学家小岛清认为，所谓比较成本，是一国两种产品成本的比率与他国相应产品成本比率的比较，是两国间两种产品成本比率的比率。例如，在上例中，英国呢绒（a_1）与酒（b_1）的成本比率为 $a_1/b_1 = 100/120 = 5/6$，葡萄牙呢绒（a_2）与酒（b_2）的成本比率为 $a_2/b_2 = 90/80 = 9/8$，这样比较成本就是 $a_1/b_1 : a_2/b_2$，$5/6 < 9/8$。从此比率可知，a_1 即英国呢绒的成本相对低；b_2 即葡萄牙酒的成本相对低。反过来，$b_2/a_2 : b_1/a_1$，$8/9 < 6/5$，

同样地，$b_2<a_1$，b_2 的成本相对低。

西方经济学家则从机会成本或相对价格的角度来定义比较成本。按此定义，所谓比较成本，是两国同一种产品机会成本的比较，机会成本比较低的国家在该产品生产上就具有比较成本优势。例如，在上例中，对英国而言，多生产 1 单位酒的机会成本为 1.2 单位的呢绒，多生产 1 单位呢绒的机会成本为 0.83 单位的酒，两者的相对价格为 1 单位呢绒＝0.83 单位酒，1 单位酒＝1.2 单位呢绒；对葡萄牙而言，多生产 1 单位酒的机会成本为 0.9 单位的呢绒，多生产 1 单位呢绒的机会成本为 1.125 单位的酒，两种产品的相对价格为：1 单位呢绒＝1.125 单位酒，1 单位酒＝0.9 单位呢绒。将两国两种产品的机会成本或相对价格加以比较就可以发现，英国呢绒的机会成本比葡萄牙低，葡萄牙酒的机会成本比英国低，因此，英国和葡萄牙分别在呢绒和酒两种产品上具有比较成本优势。可见，机会成本与比较成本一样，都是相对的概念。机会成本不同，就是比较成本不同。机会成本较低的产品，就是具有相对优势的产品。

尽管对比较成本的定义各不相同，但都是对各国产品的成本做相对的比较，这是比较成本思想的精髓。

（二）比较成本理论阐述的贸易互利性原理

按照李嘉图的思想，葡萄牙应"两优择其重"，放弃生产成本比英国优势较少的呢绒，专门生产酒，并向英国出口，换取呢绒。英国则应"两劣取其轻"，放弃生产成本比葡萄牙劣势较多的酒，专门生产呢绒，并向葡萄牙出口呢绒以换取酒。这样双方都会获得"比较利益"。具体来说，这些利益表现在以下三个方面。

（1）按比较成本原理进行生产的国际分工，可以提高资源配置效率，增加产品产量。在国际分工前，英、葡两国一年中，一共生产 2 单位呢绒和 2 单位酒。在国际分工之后，世界产量随之增加。英国专门生产呢绒，220 人劳动一年共可生产出 2.2 单位的呢绒；葡萄牙专门生产酒，170 人劳动一年共可生产出 2.125 单位的酒。两种产品的总产量都增加了，这显然是专业化分工带来的资源配置效率提高的结果。

（2）随着产量的增加，通过国际贸易，各自国内的消费水平也提高了。由国际分工而产生的利益（共 0.2 单位的呢绒和 0.125 单位的酒）在两国之间如何分配，显然取决于两种商品的国际交换比例，即取决于贸易条件。假定英、葡两国两种商品的交换比例为 1∶1，再假定英国用一半呢绒与葡萄牙交换酒，那么，英国呢绒和酒的消费量都是 1.1 单位，分别比贸易分工前增加 0.1 单位。葡萄牙呢绒的消费量为 1.1 单位，酒的消费量为 1.025 单位，分别比贸易前增加 0.1 单位和 0.025 单位。

（3）假定英国和葡萄牙对呢绒和酒的消费需求不变，在存在国际贸易分工的情况下，英国只需用 100 人生产的 1 单位呢绒与葡萄牙换回自己需要的 1 单位酒，比自己生产节约了 20 人一年的劳动。葡萄牙只要用 80 人生产的 1 单位酒与英国换回自己所需要的 1 单位呢绒，比自己生产节约了 10 人一年的劳动。可见，按比较成本原理进行贸易分工，能节约双方的社会劳动。

总之，李嘉图认为，国际贸易的基础并不限于绝对成本差别，只要各国之间存在生产成本上的相对差别，就会出现产品价格上的相对差别，从而使各国在不同产品的生产上具有比较优势。比较成本差异的存在,是国际贸易分工的基础。

(三)比较成本理论的科学性与局限性

李嘉图比较成本理论的问世,标志着国际贸易学说总体系的建立。美国经济学家萨缪尔森称它为"国际贸易不可动摇的基础"。比较成本理论作为反映国际贸易领域客观存在的经济运行的一般原则和规律的学说,具有很高的科学价值和现实意义。

(1)比较成本理论表明,不论一个国家处于什么发展阶段,经济力量是强是弱,都能确定各自的相对优势,即使处于劣势的国家,也能找到劣势中的相对优势。各国根据比较成本原则来安排生产、进行贸易,则贸易双方都可以用较少的劳动耗费交换到比闭关自守时更多的产品,增加总的消费量。这个理论比起斯密的绝对成本理论对于贸易分工基础的认识,无疑是大大前进了一步。它阐明了这样一个道理:经济发展水平不同的国家都可以从参与国际贸易和国际分工中获得利益。这为各国发展经济贸易关系提供了有力的论证,有助于整个世界贸易的扩大和社会生产力的发展。

(2)比较成本理论表明,价值规律的作用在世界市场的背景下发生了重大变化。在一个国家内部,价值规律作用的结果是优胜劣汰,通过市场竞争,技术落后、劳动生产率低的商品生产者不断被逐出市场。在这里起作用的是"绝对竞争"原理。但比较成本理论令人信服地证明了,在主权国家之间发生平等交换关系的条件下,劳动生产率落后国家的生产者不仅不会因竞争而被淘汰,反而有可能从国际贸易和国际竞争中获得利益。因此,经济后进的国家不要惧怕对外开放,不要惧怕竞争。只要采取正确的外贸发展战略,就可从国际分工和国际交换中获得利益,有助于本国的经济发展。因此,发达国家与经济落后国家的贸易,仍对双方都是有利的。

(3)比较成本理论表明,通过国际贸易分工而使双方互利的程度实际上在一定范围之内,因此,互利和等价交换是不同的概念。按李嘉图的例子,对英国来说,实际上只要能以少于120个劳动的代价从葡萄牙换得1单位的酒,它就会愿意交易,因为这种交换毕竟比自己花120个劳动去生产要便宜。但如果超过120个劳动,贸易就会停止。因此,120个劳动是英国交换1单位葡萄牙生产的酒的可接受的上限。同理,90个劳动是葡萄牙交换1单位呢绒的上限。具体来说,英国只要能以少于1.2个单位的呢绒换得1单位的酒,葡萄牙只要能以少于1.125单位的酒换得1单位的呢绒,双方就可进行贸易。可见,英国1单位的呢绒只要换得多于0.83单位的酒,葡萄牙1单位的酒只要换到多于0.89单位的呢绒,贸易双方均可获益。对英国来说,贸易的可能性区间为1单位呢绒换0.83~1.125单位酒;对葡萄牙来说,贸易的可能性区间为1单位酒换0.89~1.2单位呢绒。很明显,贸易双方互利的程度实际上是在一定范围内的幅度,这与等价交换有所区别。互利是一个面的概念,而等价交换则是一个点的概念。互利并不能保证等价交换,不等价交换也并不一定对某方完全不利。两国间贸易关系的实质就是一个对专业化分工利益的分割问题。这就为探讨不等价交换、贸易条件等重大理论问题提供了一个理论的出发点。①

---

① 陈琦伟.国际竞争论[M].上海:学林出版社,1986:42-43.

另外,李嘉图的比较成本理论也存在一些缺陷。

(1) 比较成本理论虽然以劳动价值论为基础,但就整体而言,李嘉图的劳动价值论是不彻底的。这是他未能正确区分价值与交换价值的结果。这个理论本身没有解释为什么葡萄牙 80 个人一年的劳动能与英国 100 个人一年的劳动交换,为什么这种交换还能互利以及交换中的利益来自何处等问题。李嘉图大概也感觉到他难以回答这些问题,只得说:"支配一个国家中商品相对价值的法则不能支配两个或更多国家间交换的商品的相对价值。"[①]那么支配国家间贸易商品的相对价值是什么呢?他只好说,一切外国商品的价值,是由用来和它们交换的本国土地和劳动产品的数量来衡量的。这样,李嘉图又回到他批评的斯密的"购得劳动决定价值论"去了。李嘉图认识到价值规律的国际作用发生了重大变化,但却未能正确解释这一变化,这是由于他没有国际社会必要劳动和国际价值的概念,因而找不到国际交换的价值标准。直到马克思才正确解决了这一问题。

(2) 李嘉图为了论证他的比较成本理论,把多变的经济情况抽象成静态的、凝固的状态,而忽略了动态分析。劳动生产率不是固定不变的,而是一个可变的因素。一个国家能够通过技术引进、技术革新来提高劳动生产率,从而改变比较成本的比率,使国际贸易分工格局发生变化。在各国科学技术和劳动生产率不断变化的情况下,一个国家当前的相对优势有可能变成以后的劣势;当前的相对劣势也有可能变成以后的相对优势。因此,一国在参与国际贸易分工时,不能只着眼于眼前的静态优势,还要着眼于长远的发展利益,注意培育动态优势,创造新的比较优势。否则,一国如果把生产的相对优势长期固定在少数几种产品,特别是固定在少数初级产品的生产上,将是非常不利的。

(3) 比较成本理论忽视了国际分工中生产关系的作用。马克思主义经济学原理告诉我们,不能离开生产关系去考察社会分工问题。社会分工(包括国际分工)是一个历史范畴,它的产生是社会生产力发展到一定阶段的结果。但生产力总是在一定的生产关系下发展的,因而国际分工的实质和内容不能不受社会生产方式的制约。因此,不能把国际分工简单地说成生产率差异的结果。

必须指出的是,我们绝不能因为比较成本理论的上述局限性而否定其内涵的科学性。比较成本理论所揭示的贸易互利性原理,作为反映生产力发展和国际贸易发展规律的一般理论,在促进国际经济贸易往来、增进各国福利方面,仍起着重要的指导作用。

第三节 生产要素禀赋理论和新要素理论

一、生产要素禀赋理论

李嘉图的比较成本理论是以劳动价值论为基础的。它以耗费在商品中的劳动时间亦即劳动生产率的差异来论证比较成本。由于该理论是单一生产要素的理论,因而推断,产生比较成本差异的原因是各国生产要素生产率(即劳动生产率)的差异。但是,如果假定各国之间生产要素的生产率相同,即一单位生产要素的效率到处都一样,那么,产生比较

[①] 李嘉图. 政治经济学及赋税原理[M]. 郭大力,王亚南,译. 北京:商务印书馆,1962:114.

成本差异的原因是什么呢？生产要素禀赋理论（又称"资源禀赋理论"）对这个问题给出了解释。

（一）生产要素禀赋理论的基本内容

20世纪30年代，瑞典经济学家俄林出版了《地区间贸易和国际贸易》一书，提出了生产要素禀赋理论，用在相互依赖的生产结构中的多种生产要素理论代替了李嘉图的单一生产要素理论。由于俄林在其著作中采用了他的老师伊莱·赫克歇尔（Eli Heckscher）的主要论点，因此生产要素禀赋理论也被称为赫克歇尔-俄林模型。

赫克歇尔-俄林模型假定各国的劳动生产率是一样的（即各国生产函数相同）。在这种情况下，产生比较成本差异的原因有两个：一个是各个国家生产要素禀赋比率不同；另一个是生产各种商品所使用的各种生产要素的组合不同，亦即使用的生产要素的比例不同。生产要素禀赋，指的是各国生产要素（即各种经济资源）的相对拥有状况，如有的国家劳动力相对丰富，有的国家资本相对丰富，有的国家技术相对丰富，有的国家土地相对丰富等。一般来说，一个国家的某种生产要素相对丰裕，其价格就低。比如，劳动力相对丰富的国家，工资（劳动力价格）就低一些；资本相对丰裕的国家，利息率（资本的价格）就低一些。相反，比较稀缺的生产要素，其价格当然就高些。每一个国家各种生产要素的丰裕程度不可能一样，有的相对丰裕，有的相对稀缺；其要素价格也会有的高些，有的低些。各国生产要素禀赋比率不同，是产生比较成本差异的重要决定因素。各国都生产密集使用本国禀赋较多、价格相对低的生产要素的商品以供出口，这样，双方都可获得利益。

另一个产生比较成本差异的决定因素是生产各种商品所需投入的生产要素的组合或比例，即商品生产的要素密集度。如有的商品在其生产过程中使用劳动的比重大，称为"劳动密集型产品"。根据商品所含有的密集程度大的生产要素种类的不同，可以把商品大致分为劳动密集型、资本密集型、土地密集型、资源密集型、技术密集型和知识密集型等不同类型。即使生产同一种商品，在不同国家生产要素的组合也不完全相同。例如同样生产大米，泰国主要靠劳动，而美国则主要靠资本和技术。不论是生产不同的商品还是生产相同的商品，只要各国生产商品所投入的生产要素的组合或比例不同，就会产生比较成本差异，从而产生贸易分工的基础。很明显，一国如果对生产要素进行最佳组合，在某种商品的生产中多用价格低廉的生产要素，该种商品就会具有比较成本优势。需要特别指出的是，我们说一国某种要素丰富以及一种商品是某种要素密集型的，都是指相对量的比较，而不是绝对量的比较。

俄林论证生产要素禀赋理论的逻辑思路是：在假定两国生产技术水平和需求相同的前提下，商品价格差异是国际贸易的基础，而商品价格的差异是由于商品生产成本比率不同；商品生产成本比率不同是因为各种生产要素的价格比率不同，而生产要素价格比率不同，则是由于各国的生产要素禀赋比率不同。因此，生产要素禀赋比率的不同，是产生国际贸易的最重要基础。一个国家出口的是它在生产上大量使用该国比较充裕的生产要素的商品，而进口的是它在生产上大量使用该国比较稀缺的生产要素的商品。各国商品生产的比较优势是由各国所拥有的生产要素的相对充裕程度决定的。用俄林的话来说，就是："贸易的首要条件是某些商品在某一地区生产要比在另一地区便宜。在每一个地区,出口品中包含着该地区拥有的比其他地区较便宜的、相对大量的生产要素,而进口别的地区能较便宜地生产的商品。简言之,进口那些含有较大比例生产要素昂贵的商品,而出口那些含有较大比例生产要素便宜的商品。"[1]

下面举一个例子来说明生产要素禀赋理论。[2]

假设日本和澳大利亚使用劳动和土地两种要素,生产小麦和纺织品两种商品。两国生产小麦和纺织品的生产技术即两种产品的要素投入比例相同。日本劳动力相对丰富,因而劳动力价格相对便宜;澳大利亚土地相对丰富,因而土地价格相对便宜。要素禀赋的差异决定了两国在小麦和纺织品生产上的比较成本差异(表3-3)。

表 3-3 要素比例、要素价格与比较成本

		要素比例		要素价格		成本
		劳动	土地	劳动	土地	
日本	小麦 a_1	1	5	1日元	4日元	21日元
	纺织品 b_1	10	1	1日元	4日元	14日元
澳大利亚	小麦 a_2	1	5	2澳元	1澳元	7澳元
	纺织品 b_2	10	1	2澳元	1澳元	21澳元

在表 3-3 中,$(a_1/b_1):(a_2/b_2)=(21/14):(7/21)=(3/2):(1/3)$。根据小岛清比较成本的定义,$b_1$ 即日本纺织品成本比较低,a_2 即澳大利亚小麦成本比较低。因此,根据生产要素禀赋比率造成的比较成本差异,日本和澳大利亚分工的格局应该是:日本生产纺织品并向澳大利亚出口,澳大利亚生产小麦并向日本出口。

(二)国际贸易对生产要素收益的影响

生产要素禀赋理论不仅能说明比较成本的决定因素,而且能说明国际贸易引起的要素价格的变动以及收入分配。

假定有两个国家:澳大利亚和日本;生产两种商品:小麦和布匹;使用两种生产要素:土地和劳动。土地丰裕的澳大利亚出口小麦、进口布匹;劳动丰裕的日本出口布匹、进口小麦。两国开展贸易以后,澳大利亚由于小麦出口相对价格比国内高(即1单位小麦能换到更多的布)而继续扩大出口,土地和劳动的报酬也因此得到提高,布匹则因进口竞争,相对价格呈下降趋势,土地和劳动的报酬也因此而降低;日本也由于进出口商品价格的变动而导致生产布匹的土地和劳动的报酬提高,生产小麦的土地和劳动的报酬降低。不难看出,在开展贸易后的短时期内,由于只发生商品价格的变动而没有发生生产要素在出口部门和进口竞争部门之间的流动,两国价格上升行业(出口部门)所有生产要素的报酬都会上升,两国价格下跌行业(进口竞争部门)所有生产要素的报酬都会降低。

再假定贸易前在澳大利亚每生产 100 吨小麦使用 30 单位的劳动和 2 单位的土地,每生产 100 匹布则使用 50 单位的劳动和 1 单位的土地。开展贸易后,由于小麦的相对价格

---

[1] 俄林.地区间贸易和国际贸易[M].王继祖,译校.北京:商务印书馆,1986:23.
[2] 范家骧.国际贸易理论[M].北京:人民出版社,1985:25.

上涨和布的相对价格下跌,生产者就会缩减布的生产,将资源转移到生产小麦上。在澳大利亚,生产小麦和布所使用的生产要素比例即劳动和土地的比例是不同的,小麦为30∶2,布为50∶1,因此新增小麦生产所需的生产要素和停止生产布所提供的生产要素,其比例是不相等的。多生产100吨小麦来代替100匹布,就要少使用20单位的劳动和多用1单位的土地。如果该国土地和劳动力的供给是一定的,那就会造成生产要素市场供求关系的不平衡。土地会因需求增加而提高价格(地租),从而增加土地所有者的收入,劳动会因需求减少而降低价格(工资)。在日本则出现相反的情况。可见,开展贸易后的长时期内,商品相对价格的变动引致生产要素在出口部门和进口竞争部门之间的流动,引起了生产要素市场供求关系的变化,从而导致生产要素价格的变化,影响要素所有者的报酬收入。

美国经济学家沃尔夫冈·斯托尔珀(Wolfgang Stolper)和保罗·萨缪尔森(Paul Samuelson)在1941年提供了上述情况的论证,建立了"斯托尔珀-萨缪尔森定理"。他们的假设和定理如下。

假设:一国生产两种商品(如小麦和布),使用两种生产要素(如土地和劳动),每一种商品都不是生产另一种商品的投入物;有竞争;生产要素的供应量是给定的;两种生产要素都得到充分使用;一种商品(小麦)是土地密集型的,另一种(布)是劳动密集型的,不论有无贸易都是如此;两种生产要素在各部门(但不是在各国间)是流动的;开展贸易提高了小麦的相对价格。

定理:根据以上假设,从没有贸易转到自由贸易,毫无疑问会使在价格上升的行业(即出口部门)中密集使用的生产要素(土地)的报酬提高,而使在价格下跌的行业(即进口竞争部门)中密集使用的生产要素(劳动)的报酬降低。[1]

(三) 生产要素价格均等化定理

根据"斯托尔珀-萨缪尔森定理",如果各国都以各自的生产要素禀赋比率差距为基础进行贸易,其结果是贸易前相对丰富的要素价格上涨,相对稀少的要素价格下降。这样的过程其发展结果是:将会逐渐达到要素价格比率的国际均等化。这就是"要素价格均等化定理"。其假设和定理如下。

假设:两个国家、两种生产要素(土地和劳动)、两种商品(小麦和布匹);在所有市场上都有竞争;每一种生产要素的供应量都是固定的,在各国之间没有生产要素的流动;两种商品生产的技术水平完全一样,但要素密集型不一样,小麦是土地密集型的,布是劳动密集型的,并且不发生生产要素密集度变换,即两国小麦都是土地密集型、布都是劳动密集型,不会发生变化;两个国家不论有无贸易都生产两种商品;没有关税和运输成本,商品在国际上能完全自由流动。

定理:根据以上列举的一系列假设,自由贸易不仅会使商品价格均等,而且会使生产要素价格均等,以至两国的所有工人都能获得同样的工资率,所有的土地单位都能获得同样的地租。[2]

---

[1] 林德特,金德尔伯格.国际经济学[M].谢树森,等译.上海:上海译文出版社,1985:63.
[2] 林德特,金德尔伯格.国际经济学[M].谢树森,等译.上海:上海译文出版社,1985:64-65.

这个定理若真能实现,将具有非常重要的意义,因为按照这一定理,各国之间即使不存在生产要素的国际流动,只要通过自由贸易,各国的劳动、资本和土地都可以获得完全相等的报酬或收入,这样国际的贫富差距,如美国、日本、印度、阿根廷等国工人收入水平的差距,将归于消失。

但是,在现实中,有些国家开展自由贸易后,国家之间的贫富差距不但没有缩小,反而继续扩大。这是为什么呢?可以认为,存在一些阻碍生产要素价格均等化的因素。这些因素主要是这个定理存在的前提条件不能得到充分的满足。

比如出现两国生产完全专业化,就不可能有要素价格均等化,而在现实经济生活中,生产完全专业化的可能性是存在的。例如,假设两国生产 X、Y 两种商品,其中 X 为劳动密集型产品,Y 为资本密集型产品,使用劳动 L 和资本 C 两种生产要素,C/L 为一国要素的拥有比率,C_x/L_x、C_y/L_y 分别为 X、Y 两种产品的要素密集度。如果一国 $C/L<C_x/L_x$,则其资本将被全部用于 X 的生产,该国将专业化生产 X;相反,如果一国 $C/L>C_y/L_y$,则其劳动将全被使用于 Y 的生产,该国将专业化生产 Y。在一国实行完全专业化生产的情况下,显然谈不上要素在不同部门之间的流动和要素供求、价格的调整,这样就谈不上要素价格的均等化了。因此,一国在参与国际分工贸易的情况下实行非完全专业化生产的制约条件为 $C_x/L_x<C/L<C_y/L_y$。

其他阻碍生产要素价格均等化的因素,如国际贸易商品结构的变化、国际贸易价格(贸易条件)的变化、国际交换中垄断因素的存在、各国外贸政策的影响等,都会影响要素价格均等化的实现。

现实中生产要素价格在国际上存在很大差距,刺激了生产要素的国际流动。当然,这并不是说要素价格均等化定理完全无效,在一定条件下,贸易确实有使要素价格均等化的倾向。但是,正因为存在阻碍要素价格均等化的条件,所以,要想缩小国际要素报酬即各国收入水平的差距、有效利用世界资源,仅靠自由贸易是不够的,还需要有生产要素的国际流动。

(四)生产要素禀赋理论简评

赫克歇尔、俄林的生产要素禀赋理论被认为是现代国际贸易的理论基础。他们继承了传统的古典比较成本理论,但又有新的发展。

(1)李嘉图用比较成本差异阐述了贸易互利性的普遍原理,而俄林等则进一步用生产要素禀赋差异解释了为什么比较成本有差异,在理论上有所发展和创新。

(2)俄林把李嘉图的个量分析扩大为总量分析,不是单单比较两国两种产品的单位劳动耗费的差异,而是直接比较两国生产要素总供给的差异,以一国经济结构中的资本、土地、劳动力等这些最基本的因素来解释贸易分工基础和贸易格局。这种"靠山吃山、靠水吃水"的资源优势理论,用来解释 19 世纪到第二次世界大战前的国际贸易格局具有实际意义。必须承认,土地、劳动力、资本、技术等状况在决定各国的对外贸易上起着重要作用。马克思说:"在单个资本家之间进行的竞争和在世界市场上进行的竞争中,作为不变的和起调节作用的量加入计算中去的,是工资、利息和地租的已定和预先存在的量。这个量不变,不是指它们的量不会变化,而是指它们在每一场合都是已定的,并且对不断波动的市场价格来说形成不变的界限。例如,在世界市场上进行的竞争中,问题仅仅在于:在工资利息和地租已定时,按照或低于既定的一般市场价格出售商品是否能够得到利益,也就是说,能够实现相当的企业主收入。如果一个国家资本主义生产方式总的说来不发展,因而工资和土地价格低廉,资本的利息却很高,而另一个国家的工资和土地价格名义上很高,资本的利息却很低,那么,资本家在前一国家就会使用较多的劳动和土地,在后一国家就会相对地使用较多的资本。在估计两个国家之间这里可能在多大程度上发生竞争时,这些是起决定作用的要素。因此在这里,经验从理论方面,资本家的利己盘算从实践方面表明:商品价格由工资、利息和地租决定,由劳动的价格、资本的价格和土地的价格决定;这些价格要素确实是起调节作用的价格形成要素。"①

生产要素禀赋理论从一个国家的经济结构来解释贸易格局,而要素价格均等化定理则反过来分析国际贸易对经济结构的影响。国际贸易的发生增加了对相对丰富要素的需求,从而提高了它的价格,也就是增加了它的报酬,同时减少了对相对稀缺要素的需求,从而降低了它的报酬。通过国际贸易,可以改变一国的经济结构,使生产要素得到最有效率的利用,从而使产量增加、收入提高。例如,劳动相对丰裕的国家通过出口劳动密集型产品能提高劳动者的收入。这些分析对于一国如何利用本国的要素优势参与国际贸易分工以获得贸易利益,无疑具有积极意义。

(3) 生产要素禀赋理论仍然属于比较成本理论的范畴,使用的是比较成本理论的分析方法。但是生产要素禀赋的分析更加接近经济运行的现实,从而增强了理论的实用性。

但是,生产要素禀赋理论也有一定的不足。

(1) 与比较成本说一样,这一理论是建立在一系列假定基础之上的,如自由贸易、完全竞争、两国的生产技术水平一致、生产要素在国内能自由流动而在国际不能流动、同种生产要素具有同样的劳动生产率等,而这些假定与现实有一定距离。例如,现实中生产要素在国内各部门间并不能完全自由流动,使一些国家在参与国际贸易过程中,并不能完全按要素禀赋优势调整生产格局;各国同种产品生产技术水平及技术进步速度存在较大差异等。这些都影响这个理论对现实的国际贸易的解释力。事实上,此后不少经济学家对这个理论进行验证时,就发现它存在很多无法解释的矛盾。这一点,我们稍后再做论述。

(2) 该理论没有考虑政府在国际贸易中的作用。实践中,发达国家的政府往往凭借其经济、政治力量来影响国际经济活动,使国际贸易发生不利于后进国家的变动。例如,即使在自由竞争的资本主义时代,德国、美国等后起的资本主义国家在一定阶段也采取了保护措施。在当代,发达国家为保护本国的"夕阳工业""敏感产业",泛化"国家安全"概念,对发展中国家劳动密集型产品,部分资本、技术密集型产品的出口施加种种限制,以降低发展中国家产品的竞争力,这都在一定程度上扭曲了国际贸易格局,对发展中国家无疑是不公平的。

(3) 该理论完全从要素禀赋、比较成本的角度来分析国际贸易分工格局,没有考虑国际生产关系、国际政治环境的影响。但现实中,国际分工在某些方面很大程度上受后者的影响。特别是像中国这样的新兴发展中大国,为了国家的经济安全乃至国防安全,必须有

---

① 马克思,恩格斯.马克思恩格斯文集:第9卷[M].北京:人民出版社,2009:990.

独立的、完整的工业体系,必须逐步做到在关键技术上自立自强,以更好地平等参与国际分工和国际竞争。

二、里昂惕夫之谜及其解释

赫克歇尔-俄林模型创立以后,逐渐为西方经济学界普遍接受,因为这个理论模型所揭示的道理同人们的常识是一致的。只要知道一个国家的要素禀赋情况,就可推断出它的贸易走向。比如资本相对丰裕的国家出口资本密集型产品,劳动相对丰裕的国家则出口劳动密集型产品。第二次世界大战后,一些西方学者利用经验数字对该模型进行验证,企图进一步从实证角度证明这一理论的正确性。其中,美国经济学家华西里·里昂惕夫(Wassily Leontief)运用他所创造的投入产出分析法,以美国的情况为案例,计算了在1947年和1951年生产每百万美元美国出口商品和每百万美元进口竞争商品所需资本和劳动数量,发现美国出口的竟然是劳动密集型产品,而进口的却是资本密集型产品(表3-4)。

表3-4 里昂惕夫的计算

	1947年		1951年	
	出口	进口竞争	出口	进口竞争
资本(1947年的美元价格)	2 550 780	3 091 339	2 256 800	2 303 400
劳动(人/年)	181	170	174	168
平均每一人一年的资本量	14 015	18 184	12 977	13 726

从表3-4可以清楚地看出,用平均每人一年的资本表示的进口竞争商品的资本-劳动比率和出口商品的资本-劳动比率之比,1947年为1.30(18 184/14 015),1951年为1.06(13 726/12 977)。也就是说,1947年,美国的进口竞争商品生产部门每个工人所用资本要比出口部门每个工人所用资本多出30%,即美国进口的是资本密集型商品,而出口的则是劳动密集型商品。由此,里昂惕夫指出:"美国参加国际分工是建立在劳动密集生产专业化基础之上的。换言之,这个国家是利用对外贸易来节约资本和安排剩余劳动力,而不是相反。"[①]这个验证结果,与一般的感觉是不符合的。一般认为,美国资本充足、科技发达、劳动力相对不足(劳动力成本较高),因此美国在生产资本密集型产品方面应有相对优势。按赫克歇尔-俄林模型推断,美国应出口资本密集型产品,进口劳动密集型产品,而实际验证结果却与此相反。赫克歇尔-俄林模型的推论与实际验证结果之间的矛盾,被称为"里昂惕夫之谜"。

里昂惕夫之谜引起了西方经济学界的极大兴趣。围绕着这个问题,西方学者进行了大量研究,从不同角度提出了各种各样的解释,深化了对生产要素禀赋理论的认识。

(一)生产要素密集度变换论

生产要素密集度变换论又称生产要素密集度反向论。按照生产要素禀赋理论,无论

---

① 外国经济学说研究会.国外经济学讲座:第2册[M].北京:中国社会科学出版社,1980:89.

生产要素的价格比例实际如何,某种商品总是以某种要素密集型的方法生产的,例如,小麦总是用劳动密集型方法生产的。而这种论断不一定正确。某种商品在某个国家既定的生产要素价格条件下是劳动密集型的,但在另一个国家既定的生产要素价格条件下可能是资本密集型的。比如,小麦在不少发展中国家都是劳动密集型产品,而在美国却可能是资本密集型的。因此,同一种商品的生产可以存在要素密集度的变换。根据这种解释,美国进口的产品在国内可能用资本密集型生产,但在国外却是用劳动密集型生产,从美国的角度看,就会造成进口以资本密集型产品为主的错觉;同时,美国的出口商品在国内可能是劳动密集型产品,在别国却是资本密集型产品,用美国标准衡量也会造成出口是劳动密集型产品的假象。只要贸易双方有一方存在要素密集型变换这种情况,其中一国就必然存在里昂惕夫之谜。

(二) 要素非同质论

这种观点认为,生产要素禀赋理论假定各国的每一种生产要素本身都是同一的,没有任何差异。然而每种生产要素实际上都不是同一的,它包含许多小类或亚种,它们的组合也是千差万别的,因此,各国的生产要素禀赋不仅有数量上的差异,还有质量上的差异。忽略生产要素禀赋质量的差异,就难以对贸易格局作出合理的解释。里昂惕夫自己在分析"谜"产生的原因时,就实际上提出了生产要素(劳动力)非同质的问题。他认为美国对外贸易结构出现进口资本密集型产品、出口劳动密集型产品的原因,在于美国工人具有比其他国家工人更熟练的技术和更高的劳动生产率。里昂惕夫指出,美国工人劳动的效率和技能大约比其他国家高 3 倍。运用同样数量的资本,美国工人可以多产出 3 倍。如果劳动以效率单位来衡量(即按美国的劳动量乘以 3 计算),那么美国将是劳动相对丰裕、资本相对稀缺的国家,它将以劳动密集型产品交换其他国家的资本密集型产品。这样,里昂惕夫之谜就不存在了。里昂惕夫认为,美国之所以有较高的劳动生产率,主要是因为美国企业管理水平高,工人受到良好的教育和培训,以及工人具有较强的进取精神。

(三) 贸易壁垒说

不少经济学家认为里昂惕夫之谜其实是美国及外国的贸易壁垒造成的。美国出于某些政治和集团利益的需要,对雇用大量不熟练工人的劳动密集型产业采取贸易保护政策,这就势必造成外国的劳动密集型产品难以进口,而资本密集型产品却相对容易输入。外国如果采取相反措施,为了保护本国工业的发展,对资本密集型产品进口进行贸易保护,那么美国资本密集型产品就会难以进入外国市场,劳动密集型产品相对容易出口。事实上,美国确实很注重保护需雇用大量工人的产业。

(四) 需求偏向论

这是试图以国内的需求结构来解释里昂惕夫之谜。这种解释认为,各国由于国内需求不同,可能出口在成本上并不完全占优势的产品,而进口在成本上处于优势的产品。一个资本相对丰裕的国家,如果国内需求强烈偏向资本密集型产品,其贸易结构就有可能是出口劳动密集型产品而进口资本密集型产品。比如美国,它对资本密集型产品的需求远远大于对劳动密集型产品的需求,这就造成了美国违背其在生产成本上的比较优势、进口资本密集型产品的状况。

(五)自然资源论

一些经济学家认为,里昂惕夫的计算局限于资本和劳动两种生产要素,没有考虑自然资源这一生产要素的作用。各国的天赋资源的种类和数量有很大不同:阿拉伯半岛富有石油但几乎没有什么其他资源;日本只有很少的耕地并且实际上没有矿产或森林;美国拥有充裕的耕地和煤;加拿大拥有除热带特有资源以外的所有自然资源。很明显,各国自然资源禀赋的不同,直接影响产品中的资本-劳动比率。美国进口竞争工业之所以是资本密集型的一个原因,就是美国是大量矿产和木材的进口国。这些产品不仅使用大量自然资源,而且使用大量资本。在出口方面,美国出口的农产品碰巧相对说来是使用大量劳动力和土地的。从这个意义上说,里昂惕夫之谜看来是一种幻境:美国进口的自然产品碰巧其资本-劳动比率是高的,而出口的其他产品碰巧其资本-劳动比率是低的。可见,要计量美国的出口工业和进口竞争工业的生产要素含量,不能忽视自然资源的作用。再如,加拿大看来是向美国出口资本密集型产品,这主要是由于它出口的也是资本-劳动比率高的矿产品。在分析1951年美国的贸易结构时,里昂惕夫自己也指出,如果在计算中排除自然资源行业,"谜"则会消失。

里昂惕夫之谜是西方国际贸易理论发展史上的一个重大转折点,它引发了人们对第二次世界大战后国际贸易新现象、新问题的深入探索,使当代国际贸易理论的研究更接近现实。上述关于里昂惕夫之谜的种种解释就补充了生产要素禀赋理论,增强了生产要素禀赋理论的现实性和对第二次世界大战后国际贸易的解释力。

三、国际贸易新要素理论

上面关于里昂惕夫之谜的几种解释,实际上都是从不同侧面对生产要素禀赋理论一系列假定前提的修正,它们在特定的条件和环境下,的确能部分解开里昂惕夫之谜。但从总体上看,适用于各种特殊场合的种种说法,终不能解释里昂惕夫之谜所产生的对生产要素禀赋理论的一般疑问。一些经济学家从修正这一理论的前提条件出发,提出国际贸易新要素理论,试图从更宽的角度说明里昂惕夫之谜,并解释当代国际贸易格局发生的新变化。

国际贸易新要素理论认为,应赋予生产要素以新的含义,扩展生产要素的范围。生产要素不仅仅是比较成本说所说的劳动,也不仅仅是生产要素禀赋理论所说的劳动、资本和土地,技术、人力资本、研究与开发、信息以及管理等都是生产要素,这些"新"要素对于说明贸易分工基础和贸易格局,都有重要作用。

(一)技术要素说

该学说认为,作为生产过程中的知识、技巧和熟练程度的积累的技术,有双重作用。

(1)它不仅可以提高土地、劳动和资本要素的生产率,而且可以提高三者作为一个整体的全部要素生产率,从而改变土地、劳动和资本等生产要素在生产中的相对比例关系。

从这个意义上说,技术也是一种独立的生产要素。通过技术改进,提高了现存的劳动量和资本量的生产率,就像是在技术不变的情况下增加了劳动的供给和资本的供给一样。可见,技术进步会对各国生产要素禀赋的比率产生影响,从而影响各国产品的相对优势,对贸易格局的变动产生影响。比如节约劳动型的技术进步,会使该国劳动密集型产品更具相对优势;节约资本型的技术进步,则会使该国资本密集型产品更具相对优势。

(2) 技术作为生产要素可以生产创新产品并改造已有产品。美国经济学家 M. V. 波斯纳(M. V. Posner)在 1959 年提出了技术差距论,用以解释这种创新技术对国际贸易的影响。他认为,在要素禀赋理论中技术被认为是不变的,而实际上科技水平时刻都在提高。技术创新和新技术的运用在各国间的不平衡导致国家间技术差距的存在。技术差距使技术领先的国家享有出口技术密集型产品的优势。新产品总是在工业发达国家最先问世,并在国内销售后进入国际市场,创新国借此获得初期的比较利益。其他国家虽然想生产,但技术差距的存在使产品创新到其他国家模仿生产之间存在时滞。时滞的存在使创新国的技术优势得以在一段时期内保持,其他国家对该产品的需求只能通过进口予以满足。因此,技术差距引起的国际贸易得以持续一段时期。

(二) 人力资本说

人力资本是指资本与劳动力结合而形成的一种新的生产要素。一国通过对劳动力进行投资,如正规的学校教育、卫生保健、在职培训等,可以使劳动者的素质得到极大改善,大大提高劳动生产率,从而对该国的对外贸易格局产生重要影响。一般来说,资本充裕的国家往往也是人力资本充裕的国家,从而人力资本充裕是这类国家参与国际分工和国际贸易的基础。在贸易结构和流向上,这些国家往往出口人力资本要素密集型的产品。

那么,电子计算机、飞机等,是劳动密集型产品还是资本密集型产品呢?这要看从哪个角度分析。如果把人力资本的投资算作一国的资本存量,即算作产品生产中的资本投入,那么人力资本密集型产品也就是资本密集型产品。美国经济学家 R. E. 鲍德温(R. E. Baldwin)和 P. B. 凯能(P. B. Kenen)持这一看法。他们认为美国参与国际分工的基础依然是资本密集型产业,美国出口部门是资本密集型的。如果把人力资本视为熟练的、有较高技术技能的劳动力,人力资本密集型产品也可视为劳动密集型产品,那么美国参与国际分工的基础就是劳动密集型产业了。这里的关键在于区分技能和技术型的劳动密集型产品和简单劳动密集型产品。里昂惕夫之谜的产生,就是因为将美国出口产品中含有的大量人力资本投资都记在劳动力的账上,而实际上应算作资本的投入。如果要把美国出口产品算作劳动密集型产品,那也只能理解为"技能劳动密集型产品",以区别于一般意义上的简单劳动密集型产品。

(三) 研究与开发要素说

就具体行业而言,研究是指与新产品、新技术、新工艺紧密相关的基础与应用研究;开发则是指新产品的设计开发与试制。它可以以投入新产品中的与研究和开发活动有关的指标来度量,如研究开发费用占销售额的比重,从事科研开发的科学家和工程技术人员占就业人员的比例等。在进行国际比较时,可用研究和开发费用占国民生产总值或出口总值的比重等指标。

该学说认为,研究与开发也是一种生产要素。一个国家越重视研究与开发要素的作用,产品的知识与技术密集度就越高,在国际市场竞争中就越有利。在一定的条件下,投入研究与开发的资金的多寡可以改变一个国家在国际分工中的比较优势,产生新的贸易比较利益。美国经济学家格鲁贝尔(Gruber)等根据1962年美国19个产业的有关资料,就研究和开发费用占整个销售额的百分比,以及科学家、工程师占整个产业全部就业人员的比重进行排列,结果发现,运输、电器、仪器、化学和非电器机械这五大产业中,研究与开发费用占19个产业的78.2%,科学家和工程师占85.3%,销售量占39.1%,而出口量占72%。[1] 在当代国际贸易中,发达国家在技术密集型产品方面有比较优势,与它们重视对研发的投入是密不可分的。多数发达国家研发费用占GDP的比重都在2.5%以上。

(四) 信息要素说

作为生产要素的信息是一切来源于生产过程之外并作用于生产过程的、能带来利益的信号的总称。西方经济学家认为,现代经济生活不仅需要土地、资本和劳动这样的传统生产要素,更需要信息这样的新生产要素。信息作为一种能创造价值的资源,与有形资源结合在一起构成现代生产要素。在现代国际贸易中,竞争越来越表现为商情战、信息战,每个企业获取信息速度的快慢、拥有信息的多寡,往往会左右其生产经营和决策,甚至决定企业的命运。而一个国家利用信息的状况则将影响它的比较优势,改变它在国际贸易分工中的地位。

近年来,数字经济发展迅速。数字技术的发展使数据成为生产过程中新的关键生产要素,在生产与价值创造中的作用日益凸显。无论是人工智能(artificial intelligence,AI)、云计算、机器学习等技术的升级,还是数字技术在下游产业中的应用,都需要大规模数据作为支撑。2015年《经济学人》智库的调查显示,近91%的人表示,数据已被用于企业的大部分或所有部门,83%的人表示他们的公司已经利用数据提升了现有产品利润。[2] 数据要素具有非竞争性,多人同时或者跨时间使用同样的数据,丝毫不会对其价值造成减损。数据还具有极强的流动性且流动成本极低。发展以数据为核心生产要素的数字经济产业,对于新一轮国际竞争中构筑国家竞争新优势,无疑具有极其重要的意义。

总的来看,赫克歇尔-俄林模型中的生产要素可视为有形要素,技术、人力资本、研究与开发、信息和管理、数据等可视为无形要素。无形的"软"要素越来越成为贸易的基础,它决定一国比较优势格局。因此,国际贸易新要素理论可以视为对俄林生产要素禀赋理论的发展。但就分析方法而言,新要素理论与传统要素贸易理论并无本质的不同。

四、产品生命周期理论

如果说俄林的生产要素禀赋理论和新要素理论都是从静态的角度来分析贸易分工的

---

[1] GRUBER W, MEHTA D, VERNON R. The R&D factor in international trade and international investment of united states industries[J]. Journal of political economy,1967,75(1): 20-37.

[2] Economist Intelligence Unit. The business of data[R]. London: Economist Intelligence Unit,2015.

基础,那么产品生命周期理论则从动态的角度来说明贸易格局的变化。美国哈佛大学教授雷蒙德·弗农(Raymond Vernon)提出的产品生命周期理论,从产品生产的技术变化出发,分析了产品生命周期阶段的循环及其对贸易格局的影响。

按照这个理论,许多新产品都有一个划分为四个阶段的生命周期:第一阶段是创新国(比如说美国)对某一种新产品的出口垄断时期;第二阶段是其他发达国家开始生产这种新产品时期;第三阶段是外国产品在出口市场上与创新国进行竞争的时期;第四阶段是在创新国开始进口竞争时期。

在产品生命周期的第一阶段,创新国(美国)企业发明并制造出新产品。这时的新产品实际上是一种技术-知识密集型产品,由于它垄断了制造技术,因而美国厂商就垄断了这种产品的世界市场。这一阶段生产成本对于厂商来说不是最重要的,因为没有其他竞争者。新产品开始只能在美国和其他创新国生产,因为新产品需要大量的研究和开发以及大量技术熟练的工人。新产品一般比较贵,其消费者也只能是美国等高收入国家。产品也是首先出口到创新国以外的其他工业发达的高收入国家。

在产品生命周期的第二阶段,其他发达国家的厂商开始生产原来只从创新国进口的新产品。美国等创新国的新产品在发达国家打开销路以后,吸引了大量消费者。潜在的市场为这些发达国家的厂商生产这种产品提供了前提条件。无须花费创新国必需的大量科技开发费用以及无须支付国际运费及关税,使发达国家生产成本降低。这一阶段,产品由技术-知识密集型变成技能-资本密集型。许多生产技术由于标准化而变得容易学会。因此,这些国家开始大量生产新产品。开始生产这种产品的厂商也许就是创新国公司的子公司。它们知道即使它们不生产这种产品,东道国的公司也会进行生产。这样,原进口国生产了这种产品并占领了国内市场,创新国的新产品对这些国家的出口减少甚至停止。

在产品生命周期的第三阶段,创新国以外的国家成为该产品的净出口国,参加与创新国的出口竞争。这些产品在这些国家依靠大规模生产,使成本大大降低,在国际市场上有竞争力。另外,这时生产技术已经标准化了,对劳动者的技能要求也有所降低,一些发展中国家也开始从事生产。产品已经变为资本密集型或资本-劳动密集型的了。随着这些国家出口的扩大,创新国逐渐丧失国外市场。

最后,新产品仿制国的厂商由于国内外市场的扩大,有条件进行大批量生产,以取得规模经济效益,大幅度地降低了产品成本,以至可以把产品打进创新国市场。这就是产品生命周期的第四阶段,创新国成了该产品的净进口国。新产品在创新国的生命周期宣告结束。

虽然这个周期在创新国结束了,但在开始生产这种新产品的其他发达国家,产品生命周期还在继续,它可能处于第二阶段或第三阶段。这时产品的技术已完成了其生命周期,生产技术已经被设计到机器或生产装配线中了,生产过程已经标准化了,操作也变得简单了,甚至生产该产品的机器本身也成为标准化的产品而变得比较便宜。因此到了这一阶段,技术和资本已逐渐失去重要性,而劳动力成本则成为决定产品是否具有比较优势的重要因素。发展中国家劳动费用低廉、地价便宜,生产标准化产品极具竞争力。当生产过程标准化和创新国的技术专利失效后,生产便转移到发展中国家进行了。这些国家最终会成为该产品的净出口国,把产品出口到创新国和其他发达国家。

在国际贸易中,许多产品都经历了或正经历这样的生命周期。如纺织品、皮革制品、橡胶制品和纸张在 20 世纪 80 年代就进入产品周期的第四阶段,而汽车在 20 世纪 90 年代也已开始标准化而进入第三阶段,这一时期韩国大量向美国、日本等发达国家出口汽车。2022 年,中国汽车出口量跃居全球第二名。图 3-1 显示了新产品的"产品周期"期间的国际贸易模式。

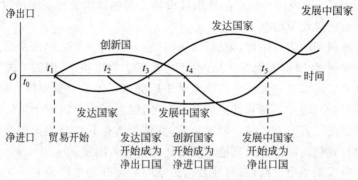

图 3-1 新产品的国际贸易

新产品的国际贸易模式之所以发生上述有规则的变化,是因为不同类型的国家,在产品生命周期的各个阶段的比较优势不一样,而比较优势不一样,又是与新产品生命周期的各个阶段产品的要素密集度联系在一起的。像美国那样工业比较先进、技术力量相当雄厚、国内市场广阔、资源相对丰富的国家,生产技术-知识密集型产品具有比较优势。发达国家资本丰裕,且拥有相对丰富的科学和工程实践经验,生产产品生命周期第二、三阶段的资金密集型产品具有相对优势。发展中国家有相对丰富的低技能劳动,弥补了相对缺乏的资本存量的不足,因此生产标准化产品具有优势。

不难看出,产品生命周期理论是把动态比较成本理论和生产要素禀赋理论、新要素理论结合起来的一种理论。这一理论运用了动态分析法,从技术创新、技术传播的角度分析国际分工的基础和贸易格局的演变。因此,产品生命周期理论也可视为对比较成本理论和生产要素禀赋理论的一种发展。产品生命周期理论对国际投资、技术转让等生产要素的国际移动与国际贸易模式变化的分析,反映了国际贸易发展的新特点,对国际投资、跨国公司的生产经营战略等有着很大的影响。这一理论是第二次世界大战后最有影响的国际贸易理论之一。

但在当代,许多产品已不具备这样的生命周期。一是随着跨国公司全球化经营的发展,跨国公司的研发、生产和服务都全球化了。对于一些新产品,跨国公司往往在东道国就地研发、就地生产,直接面向全球销售,已没有这样一个梯度转移的过程。二是科学技术的迅速发展,使产品的生命周期大大缩短,许多产品(如一些电子类消费品)创新出来以后,迅速进入成熟期甚至是衰退期。因此,产品生命周期理论对当代的国际贸易、国际投资只能起到一定的借鉴作用。对发展中国家而言,一方面要抓住发达国家产业转移的机遇,引进相对于国内较为先进的产业;另一方面,又不能满足于吸引发达国家转移过来的成熟技术,而是要加强自主创新,促进开放和创新的融合。

第四节　当代国际贸易分工理论的新发展

20世纪中期出现的第三次科技革命，大大推动了第二次世界大战后世界经济的发展，同时也对国际贸易格局产生了巨大影响。这次科技革命使国际贸易量、贸易的商品结构和地理方向发生了根本性的变化。这主要表现在以下两个方面：一是生产要素禀赋相似的发达国家之间贸易发展迅速，且产业内贸易比重越来越大；二是跨国公司内贸易迅速发展，零部件等中间产品贸易成为国际贸易的主要内容。当代西方国际经济学家认为，对于这些国际贸易的新现象，传统的生产要素禀赋理论是难以作出令人信服的解释的，因为这个理论只是以各国生产要素禀赋的差异来说明贸易格局，无法说明生产要素禀赋相似的发达国家之间贸易量最大、产业内贸易迅速发展的原因。传统贸易理论中也没有公司作用的分析，因而也无从说明公司内贸易发生的基础。一些经济学家从新的角度，分析国际贸易分工中如何获得国家竞争优势。还有的经济学家构建了异质性企业贸易理论，主要从企业微观层面，揭示企业生产率的异质性对企业出口等决策的影响。当代经济学家对国际贸易新现象进行的深入研究，使国际贸易分工理论发展到了一个崭新的阶段。

一、产业内贸易理论

产业内贸易理论是20世纪60年代以来在西方国际贸易理论中产生和发展起来的一种解释国际贸易分工格局的理论分支。

（一）产业内贸易的概念

国际贸易从产品内容上来看大致可以分为两种基本类型：一种是一国进口和出口属于不同产业部门生产的商品，即产业间贸易（inter-industry trade），也称部门间贸易。如出口初级产品，进口制成品；出口钟表，进口电视机等。另一种是产业内贸易，也称部门内贸易，即一国既出口又进口某种同类型制成品。在这里，相同类型的商品是指按国际商品标准分类法统计时，至少前3位数都相同的商品。也就是至少属于同类、同章、同组的商品，既出现在一国的进口项目中，又出现在该国的出口项目中。还要指出的是，产业内贸易并不是泛指广义的工业部门内贸易，或工业制成品的相互贸易。产业内贸易是指两国以上在某些相当具体的工业部门内进行相互贸易，即两国互相进口和出口属于同一部门或类别的制成品。比如，美国和一些欧洲国家既是机动车辆的出口国，也是机动车辆的进口国；既出口酒类饮料和食品，也进口酒类饮料和食品。

产业内贸易发生在相当具体的产业部门内部，相对于产业间贸易而言，有以下三个方面的特点：第一，产品流动具有双向性。产业间贸易对象的流动是单向的，一国出口一种产品，进口另一种产品。产业内贸易的对象则是既进口又出口。第二，产业内贸易的产品具有相似性，消费具有可替代性。例如，一国出口某种型号的汽车，进口另一种型号的汽车，不管其型号、档次有何差别，它们都是代步工具，可以相互替代。第三，产业内贸易的产品在生产过程中使用相似的要素投入。这是由它们属于某一具体的产业部门的属性所决定的。这一特点表明一国进出口同类产品往往不是因为缺乏该类产品的生产能力或成本上的劣势,更主要的是出于产品差别、规模经济的原因。通过产业内分工和贸易,相互开放市场,双方厂商可实现规模经济效益。

产业内贸易的发展程度可用产业内贸易指数来衡量。从某一产业的角度分析,产业内贸易指数的计算公式为

$$A_i = 1 - \frac{|X_i - M_i|}{X_i + M_i} \tag{3-1}$$

式中,X_i 指一国 i 产品的出口额,M_i 指该国 i 产品的进口额。A_i 代表 i 产品的产业内贸易指数,A_i 在 0~1 之间变动:A_i 越接近 1,说明产业内贸易程度越高;A_i 越接近 0,则意味着产业内贸易程度越低。

从一个国家的角度来看,产业内贸易指数由各种产品的产业内贸易指数加权平均数求得,它表示一国产业内贸易在对外贸易总额中的比重。其计算公式为

$$A_i = 1 - \frac{\sum_{i=1}^{n}|X_i - M_i|}{\sum_{i=1}^{n}X_i + \sum_{i=1}^{n}M_i} \tag{3-2}$$

式中,A 表示某国所有产品综合产业内贸易指数,n 表示该国产品的种类。其他字符的含义与式(3-1)相同。

(二) 当代产业内贸易的发展

最早提出产业内贸易概念的经济学家是沃顿(Verdoorn)。1960 年,沃顿在考察比利时、荷兰、卢森堡经济联盟内部的贸易形式时发现,联盟内部各国专业化生产的产品大多是同一贸易分类项下的。[1] 1962 年,麦克利(Michaely)在对 36 个国家的贸易数据进行研究时也发现,发达国家间的进出口商品组成有较高的相似性,发展中国家之间则较低。[2] 1966 年,巴拉萨(Balassa)将这种不同国家在同一个产业部门内部进行贸易的现象称为产业内贸易。[3] 根据有关经济学家和国际组织的研究,产业内贸易已成为当代发达国家和主要发展中国家对外贸易的主要形式。根据联合国《国际贸易统计年鉴》中的贸易统计数据,1986—1996 年,美国、日本、英国、德国、法国、意大利、加拿大、澳大利亚 8 个发达国家,巴西、韩国、墨西哥 3 个新兴工业化国家,印度尼西亚、泰国、马来西亚 3 个发展中国家制造业产业内贸易指数平均值分别由 54.69%、45.24% 和 40.20% 上升到 65.33%、56.21% 和 54.80%。弗斯特纳和海尔穆特(Forstner and Helmut)的研究显示,1985 年 6 个发达国家之间、6 个发达国家与 6 个新兴工业化国家之间、发达国家与 6 个第二代新兴工业化国家之间、发达国家与其他 10 个发展中国家之间产业内贸易指数分别为 52.8%、

---

[1] VERDOORN P J. The intra-bloc trade of benelux[M]//ROBINSON E A G. Economic consequences of the size of nations. London: Macmillan,1960: 291-329.

[2] MICHAELY M. Concentration in international trade[M]. Amsterdam: North-Holland Publish Company, 1962.

[3] BALASSA B. Tariff reductions and trade in manufactures among the industrial countries[J]. American economic review,1966,56(3): 466-473.

30.8%、19.1%和14.3%。1995年,J.A.斯通(J.A. Stone)和H.H.李(H.H. Lee)的研究更是显示,从1970年到1999年所有工业化国家的产业内贸易指数均有较大幅度提升,平均水平达到85.8%。而主要发展中国家的产业内贸易指数上升的幅度更是超过发达国家,与发达国家的差距正渐渐缩小(表3-5)。其中,新加坡的产业内贸易指数在1970年就超过日本,1987年仅次于法国和英国,1999年则超过英国。而墨西哥更是在1999年超过新加坡成为产业内贸易指数最高的发展中国家,产业内贸易指数达到97.3%。可见,无论是对发达国家还是对发展中国家而言,产业内贸易在国际贸易中的重要性已超过产业间贸易。①

表3-5 1970—1999年部分国家产业内贸易指数 %

发达国家	1970年	1987年	1999年	发展中国家	1970年	1987年	1999年
美 国	55.1	61.0	81.1	印 度	22.3	37.0	88.0
日 本	32.8	28.0	62.3	巴 西	19.1	45.5	78.3
德 国	59.7	66.4	85.4	墨西哥	29.7	54.6	97.3
法 国	78.1	83.8	97.7	泰 国	5.2	30.2	94.8
英 国	64.3	80.0	91.9	韩 国	19.4	42.2	73.3
意大利	61.0	63.9	86.0	新加坡	44.2	71.8	96.8
加拿大	62.4	71.6	92.8	阿根廷	22.1	36.4	48.7

资料来源:1970年和1987年的数据:STONE J A, LEE H H. Determinants of intra-industry trade: a longitudinal, cross-country analysis[J]. Weltwirschaftliches archiv, 1995, 131(1): 67-85;1999年的数据根据WTO 2000年的《国际贸易统计报告》整理计算。海闻,林德特,王新奎. 国际贸易[M]. 上海:上海人民出版社,2003:61.

有学者曾对发达国家的新兴产业和主导产业1976年的产业内贸易指数进行了分析,发现与科学技术密切联系的新兴产业和主导产业的产品,是西方7个工业化国家进行产业内贸易的热点(医用电子设备在7国中有5国的产业内贸易指数在50%以上,办公设备有6国在60%以上)。可见,产业内贸易发展与一国的新兴产业和主导产业的发展密切相关。技术密集型的新兴产业和支柱产业产品附加值高,需求收入弹性大,生产规模和贸易规模持续上升,为产业内贸易发展提供了空间。同时,产业内贸易的发展加快了科学技术、管理经验、企业家精神在不同国家同一行业内的传播和扩散,从而促进一国主导产业和支柱产业的发展。产业内贸易的比重不断提高,是国际贸易发展的必然趋势。②

(三)产业内贸易的理论解释

有很多极为简单的因素,如气候、地理、政府政策等,都可能产生产业内贸易。比如,使用大量的建筑材料,如沙子、砖头、水泥等产品,运输成本对需求者来说是总成本中的很大一部分,因此有时本国有同样的资源,但厂商却可能到邻近或运输条件方便的他国去购

---

① 需要说明的是,发展中国家的产业内贸易指数达到甚至超过发达国家并不说明发展中国家的贸易分工地位已赶上发达国家。这是因为,根据产业内贸易的定义,只要发生在同一个产业部门内部的贸易就属于产业内贸易,如发生在SITC(国际贸易标准分类)0~4类初级产品之间的贸易与5~9类制成品之间的贸易都属于产业内贸易,但前者与后者相比,具有层次上的差异。因此,学术界又有垂直型产业内贸易和水平型产业内贸易的分类。
② 赖瑾瑜. 论产业内贸易的形成机制与我国的对外贸易竞争力[J]. 国际贸易问题,2001(6):24-28.

买。供求的季节性和其他突变因素有时会使一些国家进口那些在其他时间出口的产品。本国经济政策造成的价格扭曲(比如某种商品国内售价大大高于国际市场),也会刺激贸易商为获利而设法进口国外同类商品。但是,总的来说,这些因素常常带有一定的特殊性和偶然性,不足以从经济学上说明大量存在的同类制品之间的贸易原因。

1. 偏好相似论

最早试图对当代工业化国家之间的贸易和产业内贸易现象作出理论解释的是瑞典经济学家斯戴芬·林德(Staffan Linder)。他在1961年出版的《论贸易和转变》一书中提出了偏好相似理论,第一次从需求角度对国际贸易的原因作出分析。林德认为,一国经济增长从而人均收入提高会使该国的代表性需求向某种比较贵的商品或奢侈品移动。为了满足市场需求,生产者不断扩大生产与改进技术,结果产量增长速度超过需求增长速度,从而使该国有能力向别国出口。可见,林德的基本论点是:一种工业品要成为潜在的出口产品,首先是一种在本国消费或投资生产的产品,即产品出口的可能性取决于它的国内需求。①

林德论证了有可能出口的工业品必须是本国消费或投资的产品以后,探讨了在哪些国家之间工业品贸易的量最大的问题。林德提出了他的另一个基本论点:两个国家的需求结构越相似(即两国消费者的消费偏好越相似),一国代表性需求的商品也越容易在另一国找到市场,因而这两个国家之间的贸易量越大。如果两个国家需求结构完全一样,一个国家所有可能进出口的商品也是另一个国家可能进出口的商品,因而产生产业内贸易。

那么,是什么因素影响一个国家的需求结构呢?林德认为,人均收入水平是影响需求结构的最主要因素。人均收入水平的相似可以用来作为需求结构相似的指标。由于工业化国家的人均收入水平比较接近,消费者的偏好相似程度比较高,这为工业制成品贸易和产业内贸易提供了广阔的市场。这就是第二次世界大战后,工业化国家之间的制成品贸易在国际贸易中所占比例越来越高的原因。

2. 市场结构论

我们知道,以比较成本理论和生产要素禀赋理论为核心的传统国际贸易理论有两个重要假设前提:一是产品的规模报酬不变;二是各国生产的产品都是同质的,国际市场是完全竞争的。这些假设前提是进行理论分析的必要抽象。但是,现实世界中的许多商品是以规模递增报酬生产的,大规模地生产会降低单位产品的成本。同时,大多数同类工业品,类似但不同样,国际市场是垄断竞争市场。以克鲁格曼为代表的一批经济学家吸取了以往国际贸易理论的合理因素,创建了一个新的分析框架,提出了"新贸易理论",运用产业组织理论和市场结构理论来解释国际贸易新现象,用市场结构中的不完全竞争、规模报酬递增、产品差异化等概念和思想来构造新的贸易理论模型,分析产业内贸易的基础,

---

① 对国内需求的作用,保罗·克鲁格曼(Paul Krugman)在1980年的一篇文章《规模经济、产品差异与贸易模式》中用本地市场模型提供了严谨的证明。他指出,如果两个国家对产品的偏好有相当的不同,每个国家都会专业化生产在本国具有较大市场份额的那种产品,并且每个国家都会成为这种产品的净出口国;如果两国具有相同需求模式,那么较大的国家将会成为其生产具有规模经济特征的产品的净出口国。于是,国际分工与贸易模式是由本国市场决定的:每个国家都倾向于出口其具有较大本国市场的产品。

因此也称市场结构论。[①]

大多数工业品的市场是垄断竞争性市场。一方面,各种产品类似并有一定的替代性,因此互相竞争;另一方面,产品又不完全一样,各有一定特征,所以各自又有一定的垄断性。这样,产品差别,即企业产品所具有的区别于其他同类产品的主观上或客观上的或大或小的特点,成为普遍的现象。产品的客观差别又可以分为两种类型:垂直差别和水平差别。同一种产品在档次上的差别就是垂直差别,这种差别主要体现在产品的质量等级上。比如,小汽车有豪华型、普及型之分。同时,属于同一档次同类产品的规格、款式之间的差别就称为水平差别。比如同为高档豪华小汽车或普及型小汽车,又各可以有多种颜色或外形,这种颜色或外形的差别就是水平差别。由于质量等级不同,规格、款式不同,同一种产品存在根本特性一致下的不同层次。这是造成垄断竞争市场格局的重要原因。

内部规模经济是导致产业内贸易的必要基础。这是因为:一方面,规模经济促进了各国在各产业内部发展专业化生产,使建立在产业内专业化分工基础上的产业内贸易迅速发展。一国一旦以谋取规模经济为目标开始在一个行业进行大规模生产,哪怕启动之初规模优势十分微弱,但这种优势将随着生产扩展而滚雪球般地增大,最终至少有一国达到专业化生产。另一方面,规模经济和产品差异化之间存在密切的联系。正是规模经济的作用,使得众多生产同类产品的企业在竞争中优胜劣汰,形成一国国内某种产品由一家或少数几家厂商来生产的局面,大型企业进而发展成为出口商。由于规模经济的制约作用,所以每个国家的大型企业只能生产系列有限的产品,同时,各国生产的产品又各具特色。产品差异的存在既是促进企业走向专业化、大型化的因素,从而获得经营上的规模效益,也为生产者的相互竞争提供了市场,为消费者的多样化选择提供了物质保证。可以说,规模经济和产品差异化的相互作用,是导致产业内贸易的基础性原因。

消费者的偏好也是极其多样化而互有差别的。这种差别同样可以分为垂直差别和水平差别两类。消费者偏好的垂直差别主要体现在消费者对同类产品中不同质量等级的选择上,而水平差别则主要体现在消费者对同类、同一质量等级产品的不同规格或款式的选择上。消费者偏好的垂直差别受到其收入水平的制约,而水平差别则不受其收入水平的制约,完全取决于主观上的偏好。消费者偏好不同层次的多样性,需要由相应的产品多样化来予以满足。

当我们同时考察两个或两个以上国家的供给和需求状况时,就会发现不同国家的产品层次结构和消费层次结构存在重叠现象。对发达国家来说,由于经济发展水平相近,其产品层次结构和消费层次结构大体相同。这就是说,甲国厂商提供的各种档次的同一种类产品可能为乙国的各种层次的消费者所接受;反过来说,甲国的各种层次的消费者也可能接受乙国厂商提供的各种档次的同类产品。这种重叠是发达国家之间产业内贸易的前提和必要基础。发达国家与发展中国家之间,两者的产品层次结构与消费层次结构也有部分重叠。发展中国家能够提供适合发达国家消费者的产品,发展中国家消费者也能够接受发达国家的部分产品。例如,一个发展中国家高收入阶层中的消费者和一个发达国家低收入阶层的消费者都要购买某种牌号的经济型轿车。不同国家的消费者对同一规

---

① 赫尔普曼,克鲁格曼.市场结构和对外贸易[M].尹翔硕,尹翔康,译.上海:上海三联书店,1993.

格的产品有相同的需求则是更为普遍的现象。发展中国家的产品层次结构与发达国家的消费层次结构以及发达国家的产品层次结构与发展中国家消费层次结构的这种双向重叠,使发达国家与发展中国家的产业内贸易成为可能。

在产业内贸易中,各国的竞争优势主要表现为公司的特定竞争优势,而不像产业间贸易那样,首先表现为国家层面的产业比较优势。产业内贸易的发展意味着国际贸易中国家优势向公司特定优势的转移。公司的特定优势是一个公司相对于其他竞争对手所具有的垄断优势,主要有两类:一类是知识资产优势,另一类是规模节约优势。知识资产包括技术、管理与组织、销售等一切无形技能。公司拥有并控制这些知识资产,就能生产出差别产品到国际市场上进行竞争。同时,这类公司通常也容易迅速扩大生产、获得规模节约的效益、增强国际竞争能力。无论是发达国家还是发展中国家,只要拥有具有垄断优势的公司,就可生产出差别产品在产业内贸易的国际市场上进行竞争。可见,要理解产业内贸易现象,离不开对公司作用的分析。

产业内贸易中国家优势向公司优势的转移对发展中国家具有重要的启发性意义。这是因为,当我们考察一个国家的产业和产业内的公司时会发现,某个国家某一产业水平可能总体在国际上处于相对优势,但其中的一些生产具体差别化产品的公司却可能处于产业国际平均水平以下;某个国家某一产业水平可能总体在国际上处于相对劣势,但其中一些生产具体差别化产品的公司却可能处于产业国际平均水平之上,这就使产业内贸易成为可能。对发展中国家而言,它们在绝大多数制成品领域与发达国家相比,虽然总体上处于劣势,但某些竞争力在国际平均水平以上的公司却可能拥有公司特定优势,并且能够在国际市场上与发达国家同类产业的公司进行竞争。尤其在一些技术成熟和标准化的产业,发展中国家已经具备自己特定的产业优势和公司优势,能够与发达国家进行产业内分工贸易和竞争。

总之,产业内贸易的基础是产品差别、规模经济、消费者偏好差别以及国家之间产品层次结构和消费层次结构的重叠。各个国家的公司或产业的国际竞争力对产业内贸易的格局起决定性作用,而不只是依赖于各国由于生产要素禀赋不同而造成的相对优势。当两国要素禀赋结构相似而无多少产业间贸易发生,且规模经济占重要地位和产品高度差异化时,从生产规模化和产品多样化中获得的利益就会超过常规的比较利益,产业内贸易便成为贸易利益的主要来源。这些利益明显地表现在两个方面:一是生产效益将依赖于规模优势而不断提高,二是消费者可以从产品多样化或更便宜的价格水平中得到更大满足,从而提高社会福利水平。

二、公司内贸易理论

(一)公司内贸易的发展

跨国公司的迅猛发展是当代世界经济的突出现象。在世界贸易中,有相当一部分属于公司内贸易,即跨国公司的母公司与子公司或子公司之间的贸易。尽管很难准确、系统地收集到跨国公司内部的贸易资料,但做一大致估算还是可能的。联合国贸易和发展会议估计,跨国公司内部贸易约占世界贸易的40%,跨国公司内部贸易及跨国公司相互间贸易约占世界贸易的 80%。

公司内贸易与垂直专业化分工有关,我们在第二章做了初步分析。垂直专业化的含义是:①最终产品的生产过程要经过几个连续的专业化生产阶段;②分工体系中的经济体从事一个以上的专业化生产阶段;③中间产品贸易成为垂直专业化贸易的主要内容。如果垂直专业化过程发生在跨国公司内部,那么公司采取的是一体化战略或内部化战略,跨国界的中间产品贸易表现为公司内贸易;如果跨国公司把一些产品的零部件特别是标准化的零部件和工序外包给其他企业,自己成为生产网络的经营者,那么跨国公司采取的是虚拟化战略,国际贸易就表现为一般意义上的垂直专业化分工及贸易。从理论上看,无论跨国公司采取的是一体化战略还是虚拟化战略,都是全球价值链分工和贸易,即产品内分工与贸易。

公司内贸易属于国际贸易,是因为在公司内贸易中,商品的运动跨出了国界,它也是两个相对独立的实体之间进行的商品或劳务的交换,贸易的结果对各实体所在国的国际收支均产生影响。但是,公司内贸易实际上不过是跨国公司进行跨国经营活动的一种方式,与一般意义上的国际贸易又有很大区别。公司内贸易双方都处于共同所有权控制之下,进行交换的市场是跨国公司的内部市场,交换的价格是跨国公司内部制定的调拨价格或转移价格。从其交易内容看,公司内贸易的商品大多是具有特殊意义的中间产品,这反映了同一生产部门内专业化分工的深化,是价值链分工的结果。

传统的国际贸易理论以国家为基本分析单位,在不存在要素国际流动的假定下,强调各国生产要素禀赋的相对差异是决定贸易结构的关键,分析的出发点是各产业部门之间的国际分工。公司内贸易是国际资本流动的结果,与跨国公司本身的生产经营战略相联系,其分析的出发点是同一产业部门内部的国际分工。显然,传统的国际贸易理论是难以说明公司内贸易现象的,而需要做新的理论分析。

(二)公司内贸易的理论解释

跨国公司内部贸易原因的分析可以从两个层面展开:一是跨国公司为什么要进行公司内贸易;二是跨国公司为什么能进行公司内贸易。

就跨国公司进行内部贸易的直接动机而言,它反映了公司试图绕过成本高的外部市场而让交易在公司内部进行,以降低交易成本。所谓内部化,就是变市场上的买卖关系为企业内部的供需关系。由于市场的不完全性,外部市场的交易成本增大。市场的不完全性表现在:政府对贸易的干预和限制,跨国公司拥有的知识资产和技术缺乏合理的定价机制,市场信息交流的不完全导致的市场联系的时滞、中间产品供应不稳定等。这样,在外部市场上进行的贸易会引致许多附加成本。例如,寻找合适的贸易价格的成本、讨价还价的签约成本、与接受合同有关的风险成本,以及由一方违约所引起的损失成本等。此外,制定国际贸易长期合同还涉及汇率变动等方面的风险,也会使外部市场的交易成本提高。正是为了克服市场的不完全性和交易成本过高的劣势,跨国公司才实行市场的内部化。

研究跨国公司内贸易现象的内部化理论,由诺贝尔经济学奖得主罗纳德·H.科斯(Ronald H. Coase)在 20 世纪 30 年代提出基本构想,70 年代英国经济学家皮特·巴克利

(Peter Buckley)和马克·卡森(Mark Casson)对其进行了系统阐述。内部化理论认为,把市场建在公司内部,以内部市场取代原来固定的和不完全的外部市场,具有以下几个方面的利益。

(1) 内部化能够获得协调业务活动的利益。跨国公司管理、控制和规划生产,尤其是协调关键投入要素移动的能力通过内部化得到提升。大公司可将研究、开发、生产和销售联为一体,对"上游"和"下游"的生产点进行国际性最优化选择和协调,以降低成本、提高效益。

(2) 内部市场能够从公司的总体利益出发,通过差别性定价的策略充分地掌握市场力量。例如,根据不同市场的需求价格弹性,可以在不同市场制定不同的价格,使公司总体利润最大化。

(3) 内部化通过长期的或永久性的内部供需安排可以避免外部市场的不确定性。以市场为媒介所联系的公司的活动会产生"时滞",公司的生产活动是一个连续的过程,它不仅需要完全竞争的即期市场,而且需要完全竞争的远期市场。但是在正常的市场条件下,这种协调远期市场的机制是缺乏的。公司通过内部化就可将相互有联系的活动在统一的控制下进行,然后用公司内贸易渠道将它们连接。

(4) 内部化将买卖双方所有权合二为一,可消除知识资产在市场转移中的各种不确定性。知识资产市场也是不完全的。从买方来说,存在"买方的不确定性",即在持有和使用诸如专利技术等知识资产之前,无法确切判断它的价值,而知识和技术的市场价值又往往取决于它的保密程度。再从卖方来看,由于担心买方低价购买知识资产并利用这些资产发展成为卖方的竞争对手,所以往往有控制这些优势的愿望。很清楚,这种买卖双方的"不确定"会导致市场的低效率。公司内部市场所进行的技术"贸易",则可防止公司的技术、知识优势的流失。

(5) 公司内部贸易的定价方式,可以产生很大利益。国与国之间的税收差异和外汇管制促使公司用转移定价的方法来达到利润的最大化。在内部市场中,"发票价格"通常是虚假的,是逃避税收的重要手段。公司内贸易能让大公司实行歧视性或随意定价政策,以绕过税收壁垒和政府干预。这些在外部市场是不可能做到的。

当然,内部化过程也会带来某些成本,如管理协调成本加大等,不过只要管理协调成本小于市场的交易成本,对公司来说,公司内贸易就会利大于弊。

跨国公司之所以能进行公司内贸易,则是与公司的直接投资行为联系在一起的。没有国际投资,就谈不上公司内贸易。因此,有的学者把公司内贸易理论归入对外直接投资理论,将贸易与直接投资结合起来进行研究,以探寻公司内贸易发展的规律性。对此,我们将在第九章进行详细分析。

三、国家竞争优势理论

上面介绍的国际贸易"新理论",包括新要素理论,从不同侧面说明了第二次世界大战以后国际贸易的新格局,与传统的国际贸易理论相比更具现实性。但是,由于有各自的特殊假设,它们只能解释现实的某一个方面,相互之间缺乏有机的联系,因而不能像比较成本理论那样成为一般性的国际贸易理论。1991 年,美国哈佛大学教授迈克尔·波特

(Michael Porter)提出了国家竞争优势理论,其对国际贸易的解释更具"统一性和说服力",形成了一个新的理论框架雏形。①

(一)国家竞争优势理论的主要内容

波特以《竞争战略》《竞争优势》和《国家竞争优势》三本书名扬西方学术界和企业界。前两本著作主要研究了产业竞争优势的创造,而《国家竞争优势》则主要从宏观角度论述了一国如何确立和提高本国产业和产品的国家竞争优势。波特说的国家竞争优势是指一国产业和企业持续地以较低价格向国际市场提供高质量产品、占有较高市场份额并获取利润的能力。

波特指出,一国兴衰的根本在于能否在国际竞争中赢得优势,取得国家竞争优势的关键在于国家有合适的创新机制和充分的创新能力。而这又主要取决于四组基本因素,即要素条件,国内需求,相关产业与支撑产业,公司的战略、结构和竞争。这四组基本因素中的每一个都可单独发挥作用,并同时作用于其他因素。四者组成一个系统,共同决定国家竞争优势。另外,国家竞争优势还受到机遇和政府作用的影响,但由于两者要通过四组基本因素影响国家竞争优势,所以属于辅助因素。因此,国家竞争优势理论实际上是研究这四组基本因素的性质及其相互作用的理论。② 由于这四组基本因素画图构成一个菱形,因此也称菱形(钻石)机制(图 3-2)。

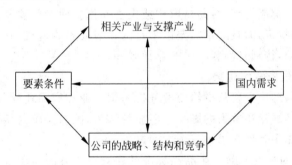

图 3-2 决定国家竞争优势的四组基本因素

下面,具体分析四组基本因素以及两组辅助因素对国家竞争优势的影响。

1. 要素条件与国家竞争优势

波特认为,一个国家如果拥有对某一产业十分重要的某类低成本要素禀赋或独特的高质量要素禀赋,该国的公司就可能在该产业中获得竞争优势。比如,新加坡处于地理要冲,这使它成为轮船修理中心;瑞士人在语言和文化方面的优势(该国有德语区、法语区和意大利语区),是其取得国际金融和贸易方面的成功的重要因素。

要素包括人力资源、物质资源、知识资源、资本资源和基础设施等。它们不仅包括要素的数量,还包括要素的质量,以及获得这些要素的成本。

根据产生机制和所起作用,要素可分为基本要素和推进要素。基本要素是指一国先

---

① 陶然,周巨泰.从比较优势到竞争优势[J].国际贸易问题,1996(3):29-34.
② PORTER M E. Competitive advantage of nations[M]. New York:Free Press,1991.

天拥有或不需太多投资便能得到的要素(如自然资源、地理位置、非熟练劳动力等)。推进要素是指必须通过长期投资和培育才能创造出的要素(如高质量人力资本等)。对于国家竞争优势的形成而言,后者更为重要。这是因为随着科学技术的发展,国家对基本要素的需求减少,靠基本要素获得的竞争优势难以持久。而只有推进要素才是稀缺的,这不仅因为它需要较复杂的私人投资和社会投资,而且要创造推进要素,创造机构本身就需要高级的人力资源和技术资源。因此,推进要素才是竞争优势的长远来源。在特定条件下,一国某些基本要素上的劣势反而可能刺激创新,使企业在可见的瓶颈、明显的威胁面前为提高自己的竞争地位而奋发努力,最终使国家在推进要素上更具竞争力,从而创造出动态竞争优势。但这种劣势向优势的转化是有条件的:其一,要素劣势刺激创新要有一定界限,如果企业处处处于劣势,则会使企业在过大竞争压力下被淘汰;其二,企业要从发展环境中接收正确的信息,从而知道挑战的严重性;其三,企业要拥有一个相对有利的市场需求、国家政策环境及产业发展条件。

要素根据其作用和专门性又可分为一般要素和专门要素。一般要素是指适用范围广的要素,如通用港口、受过普通高等教育的雇员等;专门要素则是指专门领域的专业人才、特殊的基础设施、特定领域的专门知识等专业性很强的要素,如专门供集装箱装卸的港口、研究所毕业的专业人才等。越是高级的要素,越可能是专门要素。专门要素比一般要素更能为一国创造持久的竞争优势,因为一般要素提供的仅是基本类型的竞争优势,它们的供给在许多国家都能得到,容易被取代或失去作用。而专门要素的获得不仅需要更专一、更具风险性的投资,而且通常需要以丰富的一般要素为基础,在更复杂或更具专业性的生产中不可或缺,特别是高新技术产业领域。

2. 国内需求与国家竞争优势

传统的国际贸易理论主要从供给角度分析一国产业和产品比较优势产生的原因,不考虑国内需求对产品国际竞争力的影响。但波特认为,国内需求直接影响一国公司和产品的竞争优势。其作用表现在以下三个方面。

(1) 老练、挑剔的买主有助于产品高标准的建立。买方的高质量要求会使国内公司在买方压力下,努力改进产品质量、性能和服务。

(2) 前瞻性的买方需求有助于国内公司在国际竞争中取得领先地位。这是因为在一国的买方需求领先于其他国家的情况下,国内公司将率先意识到新的国际需求的来临,并积极从事新产品的研发,使公司产品不断升级换代。另外,领先的国内需求还会使公司的新产品更容易在国内找到市场,使公司得到发展的机会。

(3) 国内需求的增长速度及独立的买主数量会对一国竞争优势产生影响。国内需求增长迅速可以鼓励公司尽快采用新技术,扩大生产规模,实现规模效益。若国内需求增长缓慢,国内市场较快达到饱和,则会迫使公司提前向海外扩张,占领国际市场。而众多独立的买主可以为公司提供更多、更全面的需求信息,促进公司实行多元化生产,减少经营风险。

3. 相关产业与支撑产业与国家竞争优势

所谓相关产业,就是指共用某些技术、共享同样的营销渠道和服务而联系在一起的产业或具有互补性的产业,如计算机设备和计算机软件,汽车和轮胎等;所谓支撑产业,就是指某一产业的上游产业,它主要向其下游产业提供原材料、中间产品。

相关产业对某一产业的促进作用表现在,它可以促进有关产业的创新。如日本复印机业、照相器材业和通信业对传真机产业的发展起过重要作用。另外,由于营销渠道和服务的共享,相关产业的国际成功还可带动有关产业的国际成功,使有关产业在生产初期便迅速打开国际市场。如美国计算机在国外的大量销售使计算机软件与辅助设备等产业获得了广阔的国际市场。

支撑产业对下游产业的促进作用在于它能够有效地降低后者的生产成本,并不断与下游产业合作,促进其创新。供应商可以充当信息传递的媒介,帮助下游厂商尽快得到新信息、新技术,加快整个行业的创新速度。

因此,波特认为,一国若有一系列国际竞争力较强的关联产业,则容易产生有国际竞争力的新产业,有竞争力的相关产业往往在一国相生相伴;一国要使某一产业具有国际竞争优势,必须注重相关产业和支撑产业的发展,通过产业分布的集中、信息的交流,取得地方经济和集团经济效果,建立强大的产业簇群。

4. 公司的战略、结构和竞争与国家竞争优势

波特认为,现实经济生活中,公司皆有各自的规模、组织形式、产权结构和竞争目标。公司要在竞争中赢得优势,必须根据内部条件和外部环境作出合适的选择。比如一些消费资料生产部门,为适应客户千变万化的需求,必须选择灵活的经营体制;而一些大型生产资料生产部门,则必须保持组织管理上的严格有序。

波特强调,强大的本国竞争对手是企业竞争优势得以产生并长久保持的最强有力的刺激。在激烈的国内竞争下,国内公司间产品、市场的细分可以阻碍外国竞争者的渗透;正常竞争状态下的模仿效应和人员交流效应可加快整个产业的创新速度、促进产业升级;国内的激烈竞争还迫使企业尽早向外扩张,力求达到国际水准,占领国际市场。波特反对"国内竞争是一种浪费"的传统观念,认为国内企业之间的竞争在短期内可能损失一些资源,但长远看则利大于弊。国内竞争对手的存在会直接削弱国内企业相对于外国企业所可能享有的一些垄断优势,从而迫使它们苦练内功、努力提高市场竞争力。

5. 机遇、政府作用与国家竞争优势

机遇是指重要的新发明、重大技术变化、投资成本的剧变、外汇汇率的重要变化、突然出现的世界或地区性需求、战争等偶然性事件。机遇的作用在于它可能打断事物发展的正常进程,使原来处于领先地位的公司丧失竞争优势,落后国家的公司则可借此获得竞争优势,并后来居上。

政府的作用表现在,它可以通过对四组基本因素施加影响,从而影响国家竞争优势。如政府可以通过教育政策影响劳动要素;通过产业组织政策为产业、公司竞争力的提高创造良好的环境;通过对消费者权益的保护培育国内需求。因此,政府作用对于国家竞争优势必不可少。

国家竞争优势理论多角度、多层次阐明了国家竞争优势的确切内涵。一国优势产业的确定,是四组基本因素和两组辅助因素协同作用的结果。这一理论为分析各国竞争优势的基础、预测其发展方向以及长远发展潜力提供了一个非常有用的分析工具。

（二）国家竞争优势理论与比较成本理论的关系

国家竞争优势理论虽然也讨论"低成本竞争优势"，但是，该理论的重心在于解释企业、行业和国家如何形成"产品差异型竞争优势"，这一优势主要来源于企业持续的"创新"活动。从这个角度看，作为一种贸易理论，国家竞争优势理论主要用来解释要素禀赋结构相似条件下的国际贸易和产业内贸易现象，因而属于"新贸易理论"的范畴。但是，在比较成本理论（或传统贸易理论）与新贸易理论之间并不存在一种对立的或者相互替代的关系，而是更接近于相互补充的关系。比较成本理论通常用来解释两个要素禀赋结构差别很大的国家之间的贸易，新贸易理论则被用来解释要素禀赋结构相似国家之间的贸易以及产业内贸易现象。充分发挥比较优势是波特"钻石机制"中的四个主要因素存在和发挥作用的必要条件，是国家创造和维持产业竞争优势的基础。总之，比较成本理论和国家竞争优势理论是互为补充的，前者是后者的基础。①

四、异质性企业贸易理论

以产业内贸易理论为主的新贸易理论，主要从不完全竞争和规模经济角度，解释了国际贸易产生的原因及其福利来源，着重从产品异质性角度对贸易理论进行拓展。但是，新贸易理论却解释不了实践中存在的这样一种现象：一国有很多企业同时生产同一种产品，为什么有些企业能够成为出口企业，而另一些企业却仅仅服务于国内市场？异质性企业贸易理论对这个问题给出了理论解释。

（一）异质性企业贸易理论的主要内容

21世纪初，以马克·J.梅里兹（Marc J. Melitz）等为代表的一批经济学家，提出了异质性企业贸易理论。该理论放弃了传统理论中关于企业完全是对称的且同质的假定，从企业生产率具有差异这一更加现实的特征事实出发，系统分析其对企业出口决策等影响。异质性企业贸易理论认为，生产相同产品的不同企业往往具有不同生产率，即企业在生产率方面具有异质性。通常而言，企业生产经营过程中会面临边际成本和固定成本。边际成本主要是指多生产一单位产品所带来的成本增加；而固定成本主要是指开发新产品需要支出的成本（支出之后便转化为沉没成本）、为生产而进行的固定资产的投入（如机器、设备、厂房）以及市场进入成本（包括市场信息的搜索和渠道的建立等成本）。企业无论是选择进入国内市场还是进入国外市场，都会面临一定的边际成本和固定成本。在各种成本中，尤其是市场进入的固定成本，其大小与市场的国内、国外选择密切相关。通常而言，进入国外市场的成本比进入国内市场的成本更高。这是因为，相对于在国内市场经营而言，出口到国外市场不仅要面临长距离运输等高额成本，更为重要的是，国外市场相比国内市场更为复杂。比如，了解国外市场的商品信息要比国内更为复杂和困难。由于各国的经济政策、法律规定、语言、风俗习惯和文化背景等均不相同，与国外的客户建立商业关系也更加复杂和困难。企业要进入国外市场，就必须克服这些困难，付出比在国内市场更

---

① 林毅夫,李永军.比较优势、竞争优势与发展中国家的经济发展[J].管理世界,2003(7):21-28.

高的固定成本。企业可以通过开展对外直接投资而直接进入国外市场，但是，与出口相比，对外直接投资的固定成本更高，因为出口对于企业来说只是建立外部市场交易渠道，而对外直接投资则是通过内部化过程建立跨国界的"内部"市场，这相当于两家工厂合并建立一体化的控制系统的过程。这一过程付出的固定成本当然比两家企业在外部市场建立简单的业务联系成本要高得多。

正是由于进入市场存在固定成本，并且进入国内市场和进入国外市场的固定成本存在显著差异，因此具有不同生产率的企业会有不同的"选择"（决策）行为。通常而言，生产率较高的企业，往往具有较高的利润率，因此能够克服较高的固定成本，企业不仅选择在国内市场经营，而且会选择通过对外直接投资的形式进入国外市场。生产率较高的企业，其利润水平可以克服出口面临的较高固定成本，不仅可以在国内市场经营，还可以通过出口的方式进入国外市场。生产率较低的企业，由于其利润水平相对较低，只能留在国内市场经营。而生产率最低的企业，只能选择退出市场，最终被市场所淘汰。

异质性企业贸易理论不仅从单产品层面回答了为什么同种产品的生产企业，有些能够成为出口企业而有些则只能在国内市场销售的问题，还回答了为何会存在多产品出口企业问题。从实践角度来看，国际贸易往往集中于少数大企业，这些大企业不仅在某一市场上的某一产品的出口规模更大，而且通常是多产品出口企业，能够将多种产品出口到更多的市场。多产品出口企业成为国际贸易中的一个典型化事实。那么什么样的企业才能够成为多产品出口企业呢？对此，异质性企业贸易理论也给予了回答。如前所述，由于进入市场是需要固定成本的，而进入市场的本质是"产品"进入市场，因此，遵循上述关于"单产品"分析的逻辑思路，不难理解，对于多产品生产企业来说，每一种产品生产和进入市场都会面临固定成本问题。与单产品生产企业不同的是，除了付出更多的市场进入固定成本外，多产品生产企业还需要建立一个总部或类似于总部职能的部门来协调多产品的生产，从而产生额外的固定成本。显然，基于异质性企业贸易理论的基本逻辑，在出口企业中，只有生产率最高的企业，才有足够高的利润，从而支付更高的市场进入成本和产品生产协调成本，进而成为多产品生产企业。生产率次高的企业，受利润水平的限制，只能支付单产品进入国外市场的固定成本，从而成为单产品出口企业。

（二）异质性企业贸易理论对贸易利益的阐述

传统贸易理论从产业间专业化分工的角度，分析了贸易利益的来源。新贸易理论从垄断竞争和规模经济角度，分析了贸易利益的来源。与传统贸易理论和新贸易理论相比，异质性企业贸易理论则从相同产品生产的企业间资源优化配置，以及多产品生产和出口企业内资源优化配置，阐释了贸易利益的来源。换言之，传统贸易理论和新贸易理论强调通过优化产业间和产业内资源配置获得福利增长，而异质性企业贸易理论认为除了上述渠道外，通过优化企业间和企业内资源配置，同样可以提升贸易利得，从而在更为微观的层面提供了理论阐释。

从企业间的资源优化配置角度看，根据异质性企业贸易理论的分析，从封闭走向开放以后，由于相同产品的不同生产企业之间生产率并不相同，生产率较高的企业可以获得国外市场，提升其在同一产品生产中的行业份额；生产率较低的企业只能在国内销售；而生产率最低的生产企业，面对激烈的市场竞争，最终只能放弃生产、退出市场。低生产率企业退出市场所释放出来的生产资源，就会流入高生产率企业。如此，从封闭走向开放以后，即便行业层面的生产率保持不变，但由于企业间"优胜劣汰"所带来资源在企业间的分配调整和优化配置，最终提升了整个行业的平均生产率水平，整个社会福利水平也就由此得到了提高。基于资源在企业间的优化配置从而带来的行业平均生产率水平的提高，被认为是继传统比较优势和规模经济之后又一重要的贸易利益来源。

从企业内的资源优化配置角度看，从封闭走向开放，意味着市场规模的扩大。市场规模的扩大，一方面提高了企业的预期收入水平，另一方面意味着可以容纳更多的企业。在上述两种因素的共同驱动下，在市场可自由进入和自由退出的情况下，会有更多的企业选择进入市场，从而加剧了市场竞争。市场竞争的加剧，不仅使得生产率较低的企业被淘汰出局，实现资源在企业间动态调整和优化配置，与此同时，对于多产品生产企业来说，为了提升竞争力，也会选择在多种产品中选择更加具有竞争力、利润更大、产品特性更强、固定成本更低的产品，放弃那些竞争力相对较弱、利润相对较小、产品特性相对较弱、固定成本相对较高的产品，从而使得企业实现资源在其内部的优化配置。有市场竞争力的多产品生产企业的生产率进一步提升，整个行业的生产率平均水平也得到提升，从而促进了社会福利水平的提高。

（三）异质性企业贸易理论的贡献

在传统贸易理论和新贸易理论的基础上，异质性企业贸易理论作出了进一步的拓展和深化。其对贸易理论的发展和贡献，突出表现为从以往的产业间和产业内，进一步细化到企业这一微观层面。概括起来，其主要有三个方面。

（1）在假定条件上，异质性企业贸易理论更加符合现实。传统贸易理论和新贸易理论对同一行业内企业生产率差异的研究很不够，甚至假定同一行业或者同一产品生产的所有企业都是同质的，从而无法充分描述行业内企业竞争的特征与经济后果。异质性企业贸易理论突破了企业同质性的假定，承认企业层面的非对称性和差异性。显然，这种假定更加符合现实。

（2）在分析层面上，异质性企业贸易理论拓展到微观企业层面。传统贸易理论和新贸易理论的分析，主要是从国家在产业间和产业内分工角度开展的。虽然新贸易理论也涉及企业，分析了产品异质性问题，但其着眼点并非企业异质性，而是基于不完全竞争市场结构、规模经济等假定，解释存在产品异质性时产业内分工和贸易问题。与此不同的是，异质性企业贸易理论深入企业微观层面，通过新的企业微观层面数据研究，回答了为何同种产品的生产企业，有些成为出口企业而有些则仅仅为内销企业，并且提出了国际贸易导致的资源在企业间和企业内的优化配置，也是贸易利益的另一重要渠道和来源的新见解、新观点。

（3）在产品维度上，异质性企业从以往的单产品的单一维度分析，拓展至多产品维度分析。传统贸易理论和新贸易理论分析，多假定每个厂商只生产一种产品，也就是说，即便是从产品层面进行的分析，也仅仅涉及的是单产品问题。这一点与实际并不相吻合，因为大多企业实际上都是多产品生产和出口企业。异质性企业贸易理论从现实中存在多产品生产和出口企业这一更加符合实际的特征事实出发,利用企业异质性即生产率差异解释了多产品出口企业的存在性和合理性,拓展了国际贸易理论的研究。

五、当代国际贸易分工新理论简评

当代国际经济学家根据不断变化的世界经济贸易情况,对比较成本理论、生产要素禀赋理论等传统的国际贸易分工理论进行了一些修正、补充和改造,提出了一些新学说,这是对传统贸易理论的新发展。这是因为,在产业内贸易和公司内贸易普遍发展的情况下,再坚持生产要素禀赋的分析方法,很难对这些贸易新现象作出有力的说明。

传统贸易理论以国家为基本分析单位,以国际市场是完全竞争市场、生产要素在国际不能自由流动为分析的前提。但现实的市场是垄断竞争的市场,生产要素的国际流动已成为普遍现象,跨国公司的决策对贸易格局、投资格局的影响已不可忽视。当代国际经济学家提出了种种新的见解,以说明这些国际贸易新现象。规模经济、递增收益市场结构理论被广泛应用来对产业内贸易和公司内贸易作出解释。对公司行为和公司特定优势的分析,由于其连接市场结构的不完全、公司的垄断优势和新产品新技术,被认为更能说明当代贸易格局的演变,更能解释产业内贸易和公司内贸易,同时也是解释对外直接投资的重要思路。而国家竞争优势理论则试图从系统的角度建立国际贸易分工中国家竞争优势形成的理论体系。异质性企业贸易理论将国际贸易理论的研究视角从传统的产业中观层面发展到企业微观层面,以生产率差异衡量企业异质性,以其界限明晰的假设和严谨的推理过程,揭示了企业异质性对企业生产决策和贸易决策的影响及其福利效应。

但是,这些"新理论"又不是对传统理论的全盘否定。产业内贸易理论、公司内贸易理论、国家竞争优势理论乃至异质性企业贸易理论,与传统的比较成本理论、生产要素禀赋理论仍然存在不可分割的理论渊源关系,其主要观点和分析方法仍没有离开相对优劣势的分析范畴,反而可以说是比较优劣势的分析方法在新情况下的具体运用。李嘉图、俄林分析的出发点是产业间贸易,研究如何在不同产业之间进行选择,以找到本国的相对优势产业来参与国际交换。产业内贸易、公司内贸易启示人们如何利用本国企业的知识资产等垄断优势来参与国际贸易分工和竞争。国家竞争优势理论是从系统的角度阐述了国家的相对优势是如何形成的,异质性企业贸易理论则是从微观角度阐述了企业的相对优势及其对贸易决策的影响。在决定以何种方式进入外国市场(是出口还是直接投资)的问题上,比较优劣势的分析始终是不可缺少的方法。因此,可以说,新贸易理论不过是在第二次世界大战后国际贸易格局发生变化的情况下,研究一国如何通过参与国际分工和国际交换去获取比较利益。

传统贸易格局下的贸易利益,来源于生产要素禀赋不同而造成的比较成本差异;在水平国际分工日益发展并成为主导分工形式情况下的国际贸易,其贸易利益来源于一国企业的垄断优势、规模经济、本国企业和产品对国际市场需求的反应能力、国内竞争所形成的国家特定优势,以及参与国际贸易所带来的生产率提升效应。当然,这并不是说新贸易理论与传统贸易理论没有区别,因为两者研究的贸易格局不同,理论形式自然也不同。但是,在如何根据实际情况,利用自身相对优势来扩大贸易分工,以获取更多的贸易和发展利益方面,则是相同的。由此看来,"新理论"与传统理论并非完全对立,而是对传统理论的继承和发展。

本 章 小 结

  本章主要阐述国际贸易分工理论,即分析国际贸易分工发生的基础是什么,国际贸易总量、格局是如何决定的。
  国际贸易分工理论可分为马克思主义国际经济贸易理论和西方国际贸易理论。马克思主义国际经济贸易理论在当代对国际贸易实践仍然具有指导意义。根据国际价值理论,不同经济发展水平的国家都可从国际贸易中获益,说明马克思主义国际经济贸易理论从根本上是赞同扩大贸易分工的。
  西方国际贸易理论可分为自由贸易理论与保护贸易理论。本章主要分析自由贸易理论。产业间国际贸易理论主要是绝对成本理论、比较成本理论和生产要素禀赋理论。第二次世界大战以后,国际贸易理论进入新的发展阶段。在这一阶段,西方国际经济学家提出了产业内贸易理论、公司内贸易理论、国家竞争优势理论和异质性企业贸易理论。产业内贸易理论主要从市场结构的角度,用规模经济、产品差别、需求差别分析了产业内贸易现象。公司内贸易理论主要用交易成本、内部化理论分析了跨国公司的内部贸易现象。国家竞争优势理论则从要素条件,国内需求,相关产业与支撑产业,公司的战略、结构和竞争四组基本因素,以及机遇和政府作用两组辅助因素六个方面分析了一国国家竞争优势的形成及其变化,从而为解释当代的国际贸易一般现象提供了一个理论框架的雏形。异质性企业贸易理论则主要从企业微观层面,揭示企业生产率的异质性对企业出口等决策的影响以及由此产生的新的贸易利益来源。
  需要强调的是,生产要素禀赋理论和当代国际贸易理论新发展,实际上都没有离开比较成本的分析方法。

复习思考题

一、名词解释

  国际价值 绝对成本 比较成本 要素密集度 斯托尔珀-萨缪尔森定理 要素价格均等化定理 国家竞争优势

二、思考题

  1. 马克思的国际价值理论是如何从价值量方面对经济发展水平不同的国家都能从国际贸易中获益作出解释的?
  2. 绝对成本理论的主要内容是什么?它对国际贸易理论的发展有什么贡献?
  3. 试评述李嘉图的比较成本理论。
  4. 生产要素禀赋理论的主要内容是什么?它对比较成本理论做了哪些发展?
  5. 什么是里昂惕夫之谜?西方经济学家对此做了哪些解释?

6. 国际贸易新要素理论对生产要素的内容做了哪些扩展？

7. 试述产品生命周期理论的主要内容及其意义。

8. 什么是产业内贸易？其产生和发展的基础是什么？

9. 什么是公司内贸易？公司内贸易迅速发展的原因何在？

10. 什么是产品内贸易？产品内贸易对发展中国家参与国际贸易分工有何影响？

11. 按照波特的国家竞争优势理论，一国的竞争优势由哪些因素决定？比较优势与竞争优势之间关系如何？

12. 异质性企业贸易理论的主要观点是什么？

三、案例分析

运用国家竞争优势理论，分析下例中意大利瓷砖能够在国际市场上赢得竞争优势的原因。

20世纪90年代，意大利一直是世界屋顶和地面瓷砖的主要生产和出口国，其产量占世界总产量的30%，出口占60%。这源于该国生产工艺的高超、产品的美感。其生产集中于北部小城萨索罗周围的艾米利亚-罗马涅大区。该地区有几百家瓷砖生产公司和釉料、瓷漆、瓷砖设备等辅助行业的公司，在世界上密集度最高。

意大利瓷砖业发展的一个重要原因在于该国的地中海气候，因为瓷砖需在温暖的天气里慢慢晾干。此外，意大利有使用天然石料的传统，使得意大利人均瓷砖使用量全球第一。而第二次世界大战后的重建带来建筑业的繁荣，对瓷砖需求旺盛，使得20世纪50—60年代萨索罗地区生产厂商剧增，1962年达到102家。

除需求旺盛外，瓷砖企业生产成本低也是一个原因。瓷砖制造商为争取到零售渠道而激烈竞争。零售商需要成本低、质量高、外观佳的瓷砖，迫使生产企业在技术、设计上不断创新、模仿，周期有的只有几周。瓷砖业的发展还诱使技术人员离开生产企业开办自己的加工设备制造企业，如窑炉、抛光机等，20世纪80年代中期有120多家。为赢得生意，他们不断进行创新，提高设备质量，降低生产成本，大大节省瓷砖生产的能源和人力成本。萨索罗地区辅助设备行业在全球处于领先水平。

20世纪70年代，意大利瓷砖工业日趋成熟，第二次世界大战后的国内需求旺盛期过去以后，生产出现过剩。于是其转而开拓国际市场，特别是北美市场。在国际市场上，这些企业比西班牙和德国的对手生产率更高、成本更低、设计更好，20世纪90年代其市场份额是西班牙的两倍。

即 测 即 练

第四章

世界市场演进与贸易新业态

> **本章学习目标**
>
> 1. 了解世界市场的演进及分类;
> 2. 了解国际贸易新业态及作用;
> 3. 了解各类世界市场价格的形成特点。

国际贸易是各国或各地区之间商品和服务的交换,而世界市场则是世界各国交换的场所。世界市场是世界范围内通过国际分工和贸易联系起来的各国间市场和各国国内市场的总和。由于全球社会经济联系的日益加强,各种类型的国家经济生活日益国际化,它们对世界市场的依赖性不断增强,统一的世界市场对所有国家的社会经济进步起着越来越大的作用。需要说明的是,广义的世界市场包括世界商品市场、世界服务市场和世界金融市场。世界商品市场是各国厂商进行商品交换的场所。世界服务市场是各国进行服务贸易(即许可证、技术诀窍、劳动力和技术人员的输出和输入,以及国际运输、广告、咨询、保险等业务)的场所。世界金融市场指的是国际上进行资金借贷、贸易结算以及金银、政府公债、外汇和有价证券买卖的场所。世界商品市场是世界市场的主体,其他两种市场是为世界商品市场的发展服务的。21世纪以来,以全球互联网为载体的跨境电子商务、市场采购贸易等新型贸易业态迅速兴起,使市场突破了传统地域限制,形成了"无国界"的全球大市场。

第一节 世界市场的演进

一、世界市场的形成

世界市场是在15—17世纪地理大发现后,随着国际贸易的发展,一些区域性的国际市场联合起来而形成的。

世界市场萌芽于资本主义生产方式准备时期。在这个时期,资本原始积累和资本主义工场手工业获得了巨大的发展。通过暴力和超经济的强制手段,西欧国家与殖民地、落后国开始形成国际分工,于是形成了世界市场。在这个时期的世界市场上,作为中介人的商人资本占主要地位。

世界市场在资本主义生产方式确立时期得到了空前的发展。从18世纪60年代到

19世纪中叶,随着英、法等国先后完成了产业革命,建立机器大工业生产,各国日益被卷入世界市场网,从而使资本主义生产方式日益具有国际的性质。这时,世界市场主要表现在:世界各国都被纳入资本主义国际分工体系;世界各国的产品都被纳入世界商品流转范围;有了为世界市场服务的现代交通运输和通信工具(如海洋轮船、铁路、电报、电话等)。可见,正是在机器大工业的建立、社会生产力的发展、资本主义生产方式占统治地位的情况下,才形成了真正意义上的世界市场。

世界市场最终形成于19世纪末20世纪初。正是这个时期,自由竞争的资本主义过渡到垄断的资本主义,世界市场的范围继续扩大。在世界市场的形成过程中,第二次科技革命、资本输出起了重要作用。在这个时期,国际分工大大深化了。在国际分工深化的基础上,通过商品交换、资本输出,借助更为完善和发达的国际交通、通信网络,资本主义把越来越密的经济关系网铺到地球的每个角落,把世界各国在经济上互相联系起来,构成了世界各国市场及其在商品流通形式中产生的经济联系的总体,世界市场最终形成了。

在当代,随着国际分工的日益深化和经济全球化进程的不断推进,世界市场的深度和广度大大扩展,国际市场与国内市场日益融合。一国产品可在国际市场上参与国际竞争,本国产品也面临来自国外产品的竞争。严格来说,现在已没有什么国际市场与国内市场之分,而只有世界市场的国际部分或国外部分与国内部分之分。改革开放以来,随着中国经济的快速增长,中国经济与世界经济高度融合,中国市场日益成为世界的市场、共享的市场、大家的市场,为国际社会注入更多正能量。跨境电子商务等贸易新业态的发展催生了基于互联网的全球大市场,进一步降低了交易成本,提高了交易效率,加深了各个国家和地区的经济与贸易联系。

二、世界市场的分类

世界市场是由十分复杂的相互关联而又相互区别的部分构成的,其中不仅有各种类型的国家和地区、身份各异的买方与卖方,还有难以数计的商品和纷繁多样的购销方式。相应地,世界市场可以按不同标准进行分类。按地区,世界市场可分为欧洲市场、北美市场、南美市场、中东市场、东亚市场、南亚市场、东南亚市场、西非市场等。按重要程度,世界市场可分为主要商品市场和次要商品市场。主要商品市场是国际贸易大量、集中进行的场所;次要商品市场是相对主要市场而言的,是规模稍小一些的交易场所。如世界天然橡胶的主要市场是东南亚市场。非洲的尼日利亚和利比亚虽然也生产并出口天然橡胶,但数量都很少,这些国家不能认为是主要市场。按商品种类,世界市场可分为生产资料市场和消费品市场。而生产资料市场又可进一步分为制成品市场(如机器设备、机床、工业装置、工具、成套设备等)、原料半成品市场(如石油、煤炭、天然气、黑色和有色金属、矿砂、铁矾土和其他矿产品、化学原料、化肥等)以及零部件等中间产品市场。随着跨国公司全球化生产所带动的垂直专业化贸易分工的发展,中间产品市场规模迅速扩大是世界市场发展的一个重要特征。消费品市场也可细分为生活必需消费品市场(如衣服、鞋、食品等)和耐用消费品市场(如电视机、电冰箱、家具、小汽车等)。

三、世界市场的形式

按照购销业务形式的不同,世界市场可分为有固定组织形式的市场和无固定组织形式的市场。

(一)有固定组织形式的市场

有固定组织形式的世界市场是指在特定地点按照一定组织规章进行交易的市场。这种市场主要有商品交易所、国际商品拍卖、工商业博览会和工商业展览会等。

商品交易所是根据货样进行大宗批发交易的场所。交易所中通常没有商品,买卖时无须出示和验看商品,而是根据规定的标准和货样进行交易。成交在交易所制定的标准合同的基础上进行。

国际商品拍卖是指经过专门组织的、在一定地点定期举行的现货市场。在这种市场上,通过公开竞购的方式,在事先规定的时间和专门指定的地点销售商品。这些商品预先经过买主验看,并且卖给出价最高的买主。在拍卖交易中出售的商品具有单批的性质,它不能代替成批的、名称相同的商品。这是因为这些商品质量、外形等有所不同。因此,在拍卖前,买主须进行验看。事先验看是拍卖贸易的必要条件,因为在商品拍卖以后,无论是拍卖的举办人还是卖主,对卖出的商品都不接受任何索赔(隐蔽缺点除外)。拍卖的重要作用在于它能将商品的价值与即期供求结合起来,从而发现真实的价格。

工商业博览会是定期地聚集在同一地点,在一年中的一定时候和规定期限内举行的有众多国家、厂商参加的展销结合的市场。其目的是使博览会的参加者展出自己产品的创新样品,以便签订贸易合同、发展业务联系。工商业博览会又称国际集市。

工商业展览会不同于工商业博览会,是不定期举行的,其目的是展示一个国家或不同的国家在生产、科学和技术领域中所取得的成就,促成会后交易。按展览会举办的方法,其可分为以下几种:短期展览会、流动展览会、长期样品展览会、贸易中心和贸易周等。

(二)无固定组织形式的市场

除了有固定组织形式的世界市场以外,通过其他方式进行的国际商品贸易都可以纳入无固定组织形式的商品市场。这种市场大致可以分为两类:一类是单纯的商品购销形式,另一类则是与其他因素结合的商品购销形式。

单纯的商品购销形式是指买卖双方不通过固定的市场进行的单纯买卖。其原则是买卖双方自由选择交易对象,对商品的规格、数量、价格以及付款条件进行谈判,谈判可通过面谈、电话、互联网等进行。在相互同意的基础上签订合同,据以执行。这是世界市场最通行的购销形式,可随时随地进行。

与其他因素结合的商品购销形式,主要是与金融和投资等相结合的贸易方式。其主要包括补偿贸易、加工贸易、租赁贸易等。

补偿贸易是与信贷相结合的一种商品购销形式。这就是买方在信贷基础上从卖方进口机器、设备、产品、技术或劳务,然后用商品与劳务支付货款。补偿贸易的方式大致有三种:一是买方以进口的设备开发和生产出来的产品去偿还进口设备的货款,称为回购(或返销);二是买方不用上述商品,而是用双方商定的其他产品或劳务偿付货款,称为互购;除上述两种补偿办法以外,买方对进口设备的货款,还可以部分用商品补偿,部分用现汇支付,这称为部分补偿,也有第三方参与,负责接收、销售补偿产品或提供补偿产品的,这称为多边补偿。

补偿贸易具有三个方面的特点:第一,它不是用货币,而是用产品作为主要的支付手段,实际上是买方向卖方提供的中长期贷款,属于商业信贷;第二,由于货款偿付是分次进行的,它不是一次性的买卖行为,而是多次才能完成的买卖行为,因而经历的过程较长、业务复杂;第三,贸易与生产相联系。由于此项业务中,买方的生产是货款偿还的基础,因此卖方为确保货款得到偿还,往往为买方提供技术指导,双方存在生产上的合作。

加工贸易是把加工与扩大出口和收取劳务报酬相结合的一种贸易方式,主要是指经营企业进口全部或者部分原辅材料、零部件、元器件、包装物料等,经加工或装配后,将制成品复出口,赚取加工费。加工贸易货物进出口无须缴纳关税,受海关监管,最终产品不得在国内销售。加工贸易包括来料加工、进料加工和来件装配。来料加工就是甲方国家按照乙方国家的要求,将乙方国家商人提供的原料、辅料加工后把成品交给乙方,收取加工费用。进料加工就是对进口原料进行加工,把成品销往国外,又被称为以进养出。进料加工与来料加工的区别在于:①前者是自进原料、自行安排加工和出口,自负盈亏;后者是按提供原料商人的要求进行加工。②前者原料与出口没有必然联系,两国商人是买卖关系;后者则密切相关,双方是委托加工关系。③前者加工方自主经营,通过进出口获得经营利润,要承担经营风险;后者加工方通过接受委托加工,获得的是工缴费,无须承担经营风险。来件装配就是甲国商人向乙国厂商提供零件与元件,由乙国厂商装配,再交给甲国商人,收取装配加工费。

租赁贸易是把商品购销与一定时间内出让使用权相联系的购销方式。这是指出租人把商品租给承租人在一定时期内专用,承租人要付与出租人一定数量的租金。租赁贸易依租期分为:长期租赁(3~5年或15~20年);中期租赁,又称租用(1~2年);短期租赁(几小时到1年)。长期租赁比较盛行。与直接购买商品相比,租赁贸易具有如下优点:由于承租人实际上只是购买使用权,可以节约直接购买商品本身的资金,又可使用比较先进的机器和运输等设备;可以缩短供货期限,解决季节性或急需性的生产设备问题。由于出租人始终对商品拥有所有权,故承担人往往不负责租用商品的维修与保养,还可避免因设备快速更新而遭受的无形磨损。

第二节 国际贸易新业态

随着电子信息技术尤其是互联网技术的不断发展,新型贸易业态快速发展。新技术、新工具在外贸领域被广泛运用,推动了传统贸易业态转型升级,促进业态融合创新,新的外贸业态和模式不断涌现。当然,贸易新业态、新模式并非固定不变,而会随着新技术、新工具的发展而不断创新发展。本节着重介绍我国认定的跨境电商、离岸贸易、市场采购贸易以及保税维修业务四种贸易新业态。

一、跨境电商

所谓跨境电商,就是指分属不同关境的交易主体,通过电子商务平台达成交易、进行支付结算,并通过跨境物流送达商品、完成交易的一种国际商业活动。跨境电商不仅冲破了国家间的障碍,使国际贸易走向无国界贸易,同时它也正在引起世界经济贸易的巨大变革。对企业来说,跨境电商构建的开放、多维、立体的多边经贸合作模式,极大地拓宽了进入国际市场的路径,大大促进了全球资源的优化配置。对于消费者来说,跨境电商使他们非常容易地获取其他国家(地区)的信息并买到物美价廉的商品。

跨境电商是基于网络发展起来的。网络空间相对于物理空间来说是一个新空间,是一个由网址和密码组成的虚拟但客观存在的世界。网络空间独特的价值标准和行为模式深刻地影响跨境电商,使其不同于传统的交易方式而呈现出自己的特点。

就具体模式而言,跨境电商主要分为企业对企业(B2B)和企业对消费者(B2C)的贸易模式。B2B模式下,企业对电子商务的运用以广告和信息发布为主,成交和通关流程基本在线下完成,本质上仍属传统贸易,已纳入海关一般贸易统计。B2C模式下,本国(地区)企业直接面对境外消费者,以销售个人消费品为主,主要采用航空小包、邮寄、快递等物流方式,其报关主体是邮政或快递公司,目前大多未纳入海关登记。

就跨境电商的具体经营方式而言,主要包括以下四种。

(1)直邮跨境电商出口:境内企业或个人通过自建、第三方跨境电商平台或其他方式向境外购买方进行商品销售,通过跨境快递包裹方式将所销售商品递送至境外购买方的商业活动。

(2)直邮跨境电商进口:境外企业或个人通过自建、第三方跨境电商平台或其他方式向境内购买方进行商品销售,通过跨境快递包裹方式将所销售商品递送至境内购买方的商业活动。

(3)备货跨境电商出口:通过自建、第三方跨境电商平台或其他方式完成商品销售,商品通过一般贸易方式出口至境外,建立"海外仓",直接从境外将商品递送境外购买方的商业活动。

(4)备货跨境电商进口:通过自建、第三方跨境电商平台或其他方式完成商品销售,商品通过一般贸易方式进口至境内,直接从境内将商品递送境内购买方的商业活动。

从跨境电商的主体看,其分为跨境电商经营主体和跨境电商服务主体两类。

跨境电商经营主体包括自建跨境电商网站或应用软件的经营主体,即经营主体利用互联网信息技术建立信息展示与交易空间,销售自有产品或服务的网站或应用软件;自有产品的经营主体,即经营主体自行生产或自有品牌的产品,以及外部采购以自己名义进行销售的产品(包含有形产品和无形产品)。

跨境电商服务主体主要是指为从事跨境电商的经营活动提供跨境商务信息处理、跨境物流仓储配送、跨境支付结算、通关报关代理等服务的经营主体。其具体包括第三方跨境电商平台经营主体,即利用互联网信息技术建立商品信息展示与交易空间,为其他企业或组织和个人提供开立账户、提供网页空间、创建虚拟交易空间(虚拟店铺)、接入供应链、撮合交易、信息发布等服务的平台,为买卖双方在其平台上的交易行为设置规则,规范和管理交易当事人及相关方行为；基于第三方跨境电商平台的经营主体，即以入驻第三方平台的形式开展跨境电商销售的企业或个人，利用第三方平台提供的功能和服务，遵守第三方平台的运营规则开展其业务。销售自有产品，或连接代发型供货渠道进行"一件代发"式的跨境电商分销。

跨境电商发展到一定程度和更高阶段，便出现了数字贸易。电子商务属于数字贸易的范畴，但数字贸易不仅包括通过电子商务进行的货物贸易，还包括与货物交付相关的服务贸易。数字贸易分为狭义的数字贸易和广义的数字贸易。

（一）狭义的数字贸易

2017年8月，美国国际贸易委员会（USITC）对"数字贸易"作出界定，数字贸易是指"通过互联网及智能手机、网络连接传感器等相关设备交付的产品和服务"，涉及互联网基础设施及网络、云计算服务、数字内容、电子商务、工业应用及通信服务六种类型的数字产品和服务。该定义属于"狭义"的数字贸易定义，强调贸易的交付模式应为"数字交付"，因此剔除了大多数实物商品贸易，如在线订购的实物商品以及通过CD（激光唱盘）或DVD（数字激光视盘）出售的书籍、软件、音乐、电影等数字化的实体商品。狭义上的数字贸易是指依托互联网，通过数字交换技术为贸易主体提供所需的数字化信息的贸易。

（二）广义的数字贸易

经济合作与发展组织（OECD）从贸易的属性（"如何"）、交易的对象（"什么"）和涉及的参与者（"谁"）三个维度对数字贸易进行拆解，得到"广义"的数字贸易内涵。根据交易方式的差异，广义的数字贸易可分为数字订购型（digitally ordered）、平台支持型（platform enabled）、数字交付型（digitally delivered）。其中，数字订购型数字贸易指直接通过专门用于接收或下订单的计算机网络进行的商品或服务交易，其支付环节及货物或服务的交付通过线上或线下完成均可。该模式不包括以电话、传真等形式达成的交易，仅覆盖通过网页、外部网、电子数据交换达成的交易。平台支持型数字贸易指间接通过中介平台进行的商业交易，中介平台为供应商提供设施和服务，但不直接销售商品，如阿里巴巴、亚马逊、淘宝、京东商城等。数字交付型数字贸易指直接通过信息及通信技术网络远程提供的服务产品，包括可下载的软件、电子书、电子游戏、流媒体视频、数据服务等，但不包括有形货物的交付。广义的数字贸易与狭义的数字贸易的最主要区别在于，前者包括通过信息与通信技术（information and communication technology，ICT）和数字方式交易的实体货物或商品，而后者不包括。

二、离岸贸易

离岸贸易是随跨国公司业务发展演化而来的一种新贸易模式。传统的离岸贸易主要包括货物转手买卖和转口贸易，具有订单货物和资金三流分离的特征，贸易中间商可跨境统一调配全球资源。举例而言，现有三个国家进行贸易往来，A为出口国，B为进口国，C为中间国。在离岸贸易业态下，通过C国的撮合，货物流直接从A国到B国不经过中间国C，C国只处理交易单据和资金结算，如图4-1所示。

中国人民银行和国家外汇管理局在发布的《关于支持新型离岸国际贸易发展有关问

题的通知》中,将新型离岸贸易定义为:我国居民与非居民之间发生的,交易所涉货物不进出我国一线关境或不纳入我国海关统计的贸易,包括但不限于离岸转手买卖、全球采购、委托境外加工、承包工程境外购买货物等。

新型离岸贸易模式主要包括以下几种。

(1) 离岸转手买卖。比如,A 公司是一家以化工产品、大豆、棉花等农产品为主的贸易企业,其农产品主要从加拿大的

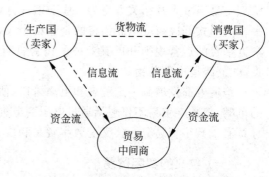

图 4-1 离岸贸易"三流分离"示意图

供应商 B 采购,在境外直接转卖给新加坡的面粉工厂 C,上下游资金结算方式为 TT(电汇),A 公司在境内银行以先收后支方式完成与 B、C 之间的资金收付,境内银行项下了解了 A 公司的经营状况、历史交易和交易价差,并通过审核 A 公司与上下游客户之间的合同、发票,以及境外海运提单等单证判断业务的真实性和合理性。A 公司从境外卖方 B 购买货物后在境外直接转卖,货物未被改变原有形态,且未进入我国一线关境,货物直接从 B 所在的产成国运抵 C 所在的消费国,中间商 A 利用价格信息不对称赚取商品价差。离岸转手买卖常见于基于提单、仓单的大宗商品买卖。对于海运提单,银行可通过承运人官方网站、船讯网、国际海事局等渠道查询物流信息,标准化的仓单也可通过仓储公司核实;对于客户提交的空运单、陆运单和铁路运单等非货权凭证的运输单据,还须通过其他方式确认单据的真实性。

(2) 全球采购贸易。比如,H 公司是中国一家传统出口制造型企业,2019 年以来,因受到贸易壁垒的影响,该企业无法将整机直接出口,于是将设备主件在国内组装后运往越南,连同向第三国(地区)定制的配件在越南完成组装后,运往最终销售国(地区),整个过程由境外母公司代办全球采购项下的资金结算。但境外母公司资金有限,大大影响了 H 公司的采购效率和利润。H 公司与总部沟通申请恢复其自身的全球采购业务,并在 SAP 系统(思爱普公司开发的企业资源管理软件系统)中开发了采购、销售和物流信息一体化的贸易跟踪功能,银行专人跟踪企业系统数据,审核交易的真实性与合规性。H 公司在银行全球采购模式下的收支结算无须事先提供物流单据等佐证材料供逐笔审核,仅须提交收付款指令即可办理。H 公司作为出口制造型企业,其出口他国(地区)的货物需在境外第三国(地区)进行组装,并在境外购买部分配件,产生了离岸全球采购的需求。上述制造型企业往往基于生产、制造、销售配套需求衍生出全球采购及销售需求。全球采购一般包括如下场景:境内公司因承担跨国公司地区总部在销售、采购、结算方面的职能,需为集团内上下游企业提供集中采购和结算;数字化贸易新业态下交易的数字化产品通过线上全球采购、集成服务后销往全球等。

(3) 委托境外加工。比如,中国某跨国企业集团在全球设有多家分公司,原先通过离岸转手买卖安排境外公司采购原材料,通过香港地区生产后销往全球。新模式下,其在上海临港新片区内新设子公司 G 并开立 FTE 账户(自由贸易区内机构自由贸易账户),FTE 账户购汇后向欧美供应商直接采购原材料,并委托东南亚的工厂生产后销往全球,资金结算均集中于上海临港新片区 G 公司。企业通过"境外料件采购+境内加工+境外

销售""境外料件采购＋境外加工"等模式开展出口委托境外加工,实现了原料、加工、成品与服务的专业化、一体化和集成,使企业最终经营产生的资金归集与利润收入集中在境内,规避了相关国别风险、政治风险和长臂管辖。按照委托境外加工下原材料供应商的不同,可将委托境外加工分为境内企业提供全部原料、境外供应商提供全部原料、境内和境外共同提供原料三种方式。

（4）承包工程境外购买货物。比如,某境内境外承包工程企业因Z国的承包工程建设,需向G国的供应商支付工程材料采购款,采购的物资用于Z国的工程项目。物资全程不经中国,直接从G国运至Z国工程所在地,资金从境内企业跨境支付至G国的供应商。通过对企业展开详细尽调,银行审核了客户提交的委托建设合同、境外设备采购合同、生产线建设进度证明、每月派遣驻场员工现场盘点和抽查等材料,确认了贸易背景的合理性和真实性,并按照境外建设服务项目进行了申报。境外承包工程企业因部分工程材料或设备需从建设工程所在国（地区）或境外第三国（地区）采购并直接运至境外工程所在地,货物不进出关境,但设备采购款从境内支付,同时从境外业主方收入工程款。

三、市场采购贸易

市场采购贸易,是指由符合条件的经营者在经国家商务主管部门认定的市场集聚区内采购的、单票报关单商品货值在一定金额以下并在采购地办理出口商品通关手续的贸易方式。

（1）市场采购贸易方式的特点。市场采购贸易方式包含适用商品与运输、简化归类申报、增值税免征不退、外贸主体个人可收结汇、出口商检闭环管理五个特点。市场采购贸易方式适用多品种、小批量、多批次的采购,一般以拼箱组柜方式进行报关和运输。以市场采购贸易方式出口的商品,每票报关单随附的商品清单所列品种在10种以上的可实行简化申报,同时直接免征增值税。以市场采购贸易方式出口的商品,既可由试点的市场采购贸易经营者收结汇,也可由其代理出口的市场经营户个人收结汇。由市场经营户个人收结汇的,符合条件的市场经营户个人首先须开立外汇结算账户,再凭代理协议、出口货物报关单正本等办理收结汇；国家外汇管理局则对试点的市场采购贸易经营者企业的贸易真实性实行主体总量核查。市场采购贸易经营者或市场经营户对市场采购的出口商品进行验收后,按照国家市场监督管理总局《出入境检验检疫报检规定》向检验检疫机构报检,报检时提供符合性声明、市场采购凭证、备案证明复印件等资料。联网申报、核销使得小商品出口报检形成闭环管理,实现商品记录的完整与可追溯。市场采购贸易方式试点单位基本形成"一划定、三备案、一联网"的管理机制,建立"信息共享、部门联动、风险可控、源头可溯"的商品认定体系和知识产权保护体系,实现"源头可溯、责任可究、风险可控"的管理目标。

（2）市场采购贸易方式的优点。市场采购贸易方式包括提升贸易便利化、降低外贸风险和成本、共享贸易平台、突破小商品出口瓶颈四个优点。以市场采购方式申报出口的小商品可享受海关24小时全程电子通关、简化申报、智能卡口验放等便利化举措,进一步提高市场采购出口商品通关便利性。市场采购贸易方式下,出口商品可在市场所在地办理出口通关手续,市场经营户无须将商品运至口岸海关再办理通关,不仅能降低物流成本,而且能提前办理通关手续,大大降低外贸风险和经营成本,为广大中小微企业提供共享式的商贸流通和对外贸易大平台,构筑对接国际市场的便利通道,激发中小微市场主体活力,增强我国小商品参与国际竞争的能力,提升国际化水平、推动外贸增长。小商品出口质量管理与追溯已成为制约我国小商品出口的问题,而贸易采购方式具有的贸易规范化、贸易主体本地化等特征,有利于建立质量溯源体系,突破小商品出口瓶颈,推动贸易发展。出口采购贸易模式能显著提高贸易便利化水平,降低贸易成本,提升贸易效率,提供的商品信息更全,客户的选择更多,相比传统贸易方式,是一种新型的、更高层次的对外贸易形式。

四、保税维修业务

保税维修业务指的是企业以"保税维修"方式将存在部件损坏、功能失效、质量缺陷等问题的货物或运输工具从境外运入境内进行检测、维修后复运出境。保税维修涉及的产品价值高、附加值高,所以它在维修过程中,技术含量也比较高,涉及人才的要求也比较高。另外,保税维修涉及产品进出口,海关管理监管方面的工作也比较多。

2021年国务院印发《关于推进自由贸易试验区贸易投资便利化改革创新的若干措施》,出台保税维修相关管理规定,推进"两头在外"保税维修业务。加快推动我国开展保税维修业务的好处在于以下几个方面。

(1) 有利于扩大出口。保税维修,既有助于我国手机、计算机、医疗器械、运输设备等出口,也有利于服务业的出口。

(2) 有助于吸引外资。举例来说,如果有一个企业,它在中国制造医疗器械,制造的医疗器械不仅满足国内市场,还要出口。在中国自己生产的,在中国维修就可以了。出口的,不便利保税维修,就没有人要你的产品。所以,保税维修也有利于吸引外资。

(3) 有利于自由贸易试验区市场主体的发展。市场主体以前开展保税维修,只能在特定的很小的海关特殊监管区域进行,现在可以在自由贸易试验区直接开展,经营的空间、发展的潜力就会大,这样市场主体就可以集聚到一起,就会有助于相关产业的集聚发展,这对自由贸易试验区产业的发展是非常有好处的。

(4) 有助于推动制造业绿色化转型。如果对高价值的资本品、高价值的消费品没有提供维修保障,它的功能丧失了,质量有缺陷,就报废了,不利于循环经济和绿色发展。提供保税维修服务,对于废物、旧物的再利用,以及节约资源、减少碳排放有着积极作用和意义。

第三节　世界市场价格

一、世界市场价格的概念

世界市场价格是指在一定条件下在世界市场上形成的市场价格,也就是某种商品在世界市场上实际买卖时所依据的价格。世界市场价格是衡量国际社会必要劳动消耗大小的标准,是国际价值的货币表现,即以货币表现的商品的国际价值。这里所说的货币是指世界货币。正是由于世界货币，各国的国内市场价格才均衡为世界市场价格。在世界市场产生、形成和发展的大部分时期，世界货币就是黄金。在当代，世界货币就是国际货币（纸币），其中包括美元、日元、欧元等。国际货币是世界市场上商品交易正常进行和世界市场价格统一的基础。

二、世界市场价格的变动及其影响因素

同国内市场一样，世界市场价格也是经常变动的，其变动不仅受价值规律的支配，而且受各国币值、不同国家政府经济政策、国际垄断等一系列国际因素的影响，因而显得更为复杂。

（一）国际价值是世界市场价格变动的基础

世界市场价格的变动归根到底是受价值规律支配的。国际价值始终是世界市场价格上下波动的中心。与在一个国家内部不同，由于世界市场上进行的是包括不同的经济制度、价格体系的国家之间或不同的贸易制度国家之间的交换关系，生产要素流动受到阻碍，资本转移形成的竞争也不能充分展开，在世界市场上不能形成生产价格范畴，因此，由国际社会必要劳动时间决定的国际价值，是国际市场价格时而向上、时而向下摆动的中心。当世界市场上某种商品供求平衡时，其世界市场价格与国际价值一致；当某种商品供不应求时，其世界市场价格会超过国际价值；而当某种商品供过于求时，世界市场价格则跌至国际价值之下。但世界市场价格的变动又会反过来影响商品的国际供求，并使之逐渐趋于平衡。从长期来说，世界市场价格和国际价值仍趋于一致。

（二）货币价值是影响世界市场价格的基本因素

世界市场价格是商品国际价值的货币表现。因此，国际市场价格的变动，不仅取决于国际价值，还依赖于货币价值，主要是世界通用货币的价值。国际通用货币的升值或贬值，会直接影响世界市场价格。在浮动汇率制下，世界主要货币间汇率的波动使世界市场价格随之变动。

（三）世界市场供求关系对世界市场价格的直接影响

世界市场供求关系是影响世界市场价格波动的直接因素。国际政治、经济、军事、自然条件等因素对世界市场价格的影响，都是通过供求机制实现的。经济学原理告诉我们：商品的供给和需求是经常变动的，且变动的方向和幅度又各不相同，从而使得供求的变动对价格波动的影响显现出不同状况。国际大宗商品特别是初级产品的价格，受供求关系的影响更大。

（四）世界市场上的竞争与垄断对世界市场价格的影响

在世界市场上，同一种商品往往包括三个方面的竞争：①各国卖主之间的竞争，即竞售。在世界市场上，同一种商品常常由许多国家的不同厂商提供，众多卖主为争夺市场，必须在商品的质量、价格、售后服务等方面展开竞争，从而促使商品价格下降。②各国买

主之间的竞争,即竞购。在世界市场上,如果众多国家的买主都对同一种商品求购心切而彼此竞争,其结果将是商品价格的上涨。③买主与卖主之间的竞争。这种竞争表现为买卖双方的讨价还价,其结果取决于商品的市场状况和买卖双方的力量对比。当某种商品供不应求、卖方力量强大时,市场属"卖方市场",价格将趋于上涨;反之,则为"买方市场",价格将趋于下跌。以上三种竞争综合作用的结果,将形成一种公认的最后成交价格,也就是这种商品的世界市场价格。

在世界市场上存在以上三种竞争的同时,垄断也对世界市场价格具有一定影响,有时这种影响甚至对世界市场价格的形成起主导作用。对此将在后面展开分析。

除以上因素以外,国际经济周期、有关国家的经济贸易政策等也是世界市场价格的重要影响因素。

三、一种商品一个价格的规律

一种商品一个价格的规律是指,在统一的市场上,在完全竞争的条件下,同一种商品不能有两个或两个以上的价格。像小麦这样一种国际贸易商品,产自美国、澳大利亚、阿根廷、法国以及其他一些国家,但在芝加哥的商品交易所和其他国家的谷物交易所里,却能卖到大致统一的价格。棉花、羊毛、橡胶、石油等的价格也是一样。各国的国内市场价格,除了关税和运费以外,基本上是统一的。

在世界市场上,同种商品的价格之所以具有这样的规律,是因为在统一市场的几个不同市场区域内,如果一种商品存在两个或两个以上的价格,那么在竞争规律的作用下,或在贱买贵卖的原则下,更多的卖者将被吸引到价格高的市场区域中去,而更多的买者将会把订单转移到价格低廉的市场区域中去。这个过程一直进行下去,直到各个市场区域的价格,不计运费或关税在内,到处保持一致为止。

一个价格的规律不仅适用于有形商品,也适用于劳动力和资本。在这一规律的作用下,劳动力和资本将分别从工资低廉或利率较低的国家或地区,转移到工资较高或利率较高的国家或地区。同时,它也适用于其他服务项目。例如,日本的出口厂商向美国海关交验单据时,经常会出现"订单日期"迟于在日本的"装船日期"的情况。这是因为日本的仓储费用较高,日本厂商只好先把商品装上开往美国的货船,然后再联系订货。一旦这些货物的订单被接受,就通知货船,货物便可卸在距买主最近的美国港口。即使货船抵达其航程最后一个港口时仍无订货,货物还可以储存在美国仓库里,而美国仓库的仓储费比日本要低得多。实际上,日本厂商进行的是国际仓储劳务的套利业务。[①]

四、世界市场价格的多元化

如果说在资本主义自由竞争时期,由于价格的形成取决于市场,世界市场有可能形成统一的市场价格,那么在当代,由于垄断、国家垄断和超国家经济组织的存在和发展,世界市场价格发生了多元化的倾向。现在至少存在三种不同的价格:调拨价格与垄断价格,国家垄断价格或管理价格,世界"自由市场"价格。世界市场价格多元化不仅表现在上述

---

① 梅基.国际贸易[M].夏申,朱刚体,武桂馥,译.北京:中国社会科学出版社,1988:3.

划分上,而且表现为同一种产品的价格,因销售地区不同或销售合同不同而不同。垄断组织和国家垄断的发展,使市场进一步分隔化,价格也差别化,因而许多同一种类的商品统一的世界市场价格不复存在。

(一)调拨价格与垄断价格

在当代国际贸易中,有很大一部分是受垄断组织控制的,与跨国公司有关的贸易中又有很大一部分是在其内部的子公司间进行的,从而绕过了正常的市场机制。在跨国公司内部的交易中采取的是调拨价格,在跨国公司的对外交易中采取的是垄断价格。

1. 调拨价格

调拨价格也称记账价格、转移价格,指跨国公司内部母公司与子公司、子公司与子公司之间交易所采用的价格。调拨价格排除了市场机制,排除了市场上供求关系的作用。

1) 调拨价格的特点

相对于正常的交易价格,调拨价格具有以下主要特点。

(1) 与成本和市场价格的偏离性。一般地,市场价格主要由成本决定,同时由于市场的分散性及价格信息的不对称性,市场价格也具有一定幅度的正常波动。但调拨价格往往人为地与成本相脱节,因而与成本因素的联系较弱。它与市场价格的偏离也较大,往往超过同种商品市场价格的波动范围。

(2) 价格实现与资源配置的二重性。在正常情况下,按公平竞争价格销售的商品直接取决于结算价格,商品价值及利润的实现由价格决定。调拨价格由于与正常交易价格不一致,实施调拨价格的商品的价值可能只是部分实现或超额实现。调拨价格对跨国公司来说是一种资源配置手段,是局部利益变动对总体利益最优化的策略。

(3) 广泛、长远的战略性目标。调拨价格是跨国公司经营战略的重要组成部分,其运用的直接目的不一定是促使一时一地产品销售量或利润的增长,而是从跨国公司的长期战略目标出发,增进公司的长远利益。

2) 调拨价格的目的

具体说来,跨国公司利用调拨价格的目的可归纳为以下几个方面。

(1) 利用调拨价格达到避税目的。跨国公司的子公司遍布世界各地,它们都要向东道国缴纳所得税。各国和各地区的税法与税率是不同的,同样的利税总额在不同的所得税率条件下所缴纳的税额不等。因此,跨国公司可以操纵公司内部交易价格,把公司的全球性纳税负担减至最低限度,以便在低税国家增加利润。当东道国政府决定对跨国公司子公司的利润增加税收时,这家子公司可以通过把输往母公司或其他子公司的产品大大压低价格的办法来减轻捐税负担。

通过调拨价格,还可以减轻其他税收负担。如一些国家对所谓消极所得,即股息、利息、租金等往往征收预提税,其税率在20%左右,而且不做任何扣除。跨国公司可以把这些所得利用调拨价格加以转化,以回避预提税。其一般做法是低价收购子公司的产品,把股息收入转为业务收入。

另外,通过调拨价格,还可以逃避进口关税、多得出口退税。具体做法是压低子公司进口产品价格,提高出口价格。但这往往受到不同东道国关税政策的影响。

在国际上,百慕大、巴哈马等地往往是跨国公司转移利润的目的地,因为这些国家和地区所得税收特别优惠。我们看到国际船舶注册地多是巴哈马、百慕大,这是跨国公司利用避税港政策的体现。

(2) 利用调拨价格来提升公司的竞争地位,或控制市场竞争。例如,通过压低原料价格,受惠公司能够按照较低的费用生产产品,从而增加它的市场份额或阻止新竞争者进入市场。这种做法虽然一时会使总公司的利润受损,但取得市场以后,可以凭借扩大的市场占有率而得以弥补。

(3) 利用较高的调拨价格把款项从一国调到其他国家。

例如,当一国即将实行货币贬值时,公司可能尽力提高进口原材料、中间产品的调拨价格以利于利润和其他现款从那个国家转移到国外。或当一国实行外汇管制时,公司采取提高进口货价格的办法,就可以增加向国外的汇款。

另外,跨国公司还通过货款的提前支付或延期支付来变相地改变价格。当预期东道国货币即将升值时,就采取货款的提前支付;当预期东道国货币即将贬值时,就采取延期支付。这样也可达到规避汇率风险的目的。

(4) 当一国实行物价管制时,跨国公司通过操纵调拨价格,就可以达到逃避管制、增加利润的目的。例如,当东道国政府要对跨国公司的暴利实行限制时,跨国公司可利用调拨价格,人为提高产品的生产成本,以逃避东道国的管制。而当东道国要限制跨国公司的低价销售甚至倾销以防止其垄断市场时,跨国公司可利用调拨价格人为降低产品生产成本,故意压低价格,又不会给东道国政府以反倾销的把柄。

(5) 在海外与当地资本合资经营企业的情况下,跨国公司可以操纵调拨价格来压低这家企业的利润水平和增加母公司的利润,也可以利用调拨价格把利润从这家海外企业转移到母国或其他国家,以减轻工会要求提高工资的压力。

此外,利用调拨价格,跨国公司还可以达到资源保全、回避政治风险等目的。如跨国公司为了保持自己在技术上的垄断优势,可以将核心技术保留在公司总部并通过调拨价格向子公司收取保管费,从而达到技术保全。

当跨国公司的子公司按内部交易的调拨价格在国外市场上出售商品给"局外"企业或消费者时,这种调拨价格就具有垄断价格的性质。这种情况在跨国公司母公司与海外子公司的内部交易中,以及子公司按内部交易价格在当地市场上出售商品时屡见不鲜。例如,1972年哥伦比亚政府对调拨价格进行了一次调查,结果发现,跨国公司对其子公司出口药品所开出的价格比其他市场上的卖价高出155%,电气用品和橡胶制品提高价格44%,化学品提价25%,个别商品的提价有时高达3 000%。

3) 调拨价格的限制条件

当然,跨国公司在运用调拨价格时也不是可以随心所欲的。调拨价格的运用往往受诸多条件的限制。其限制条件主要有以下几个。

(1) 子公司数目。实施调拨价格的跨国公司必须拥有一定数目的分支机构,方可运作自如。若子公司数目很少,则很容易被东道国相关机构发现。

(2) 子公司相对独立利益。不管跨国公司在管理体制上实行分权还是集权,每个子公司都有自己相对独立的经济利益。跨国公司调拨价格的利用可能扭曲子公司的经营业绩,损伤绩优子公司的经营积极性。因此,运用调拨价格时,总公司要正确评价各相关子公司的业绩,争取子公司的支持,并通过有关措施对利益受损的子公司予以补偿。

(3) 费用。要运用调拨价格,就需要调查有关国家产品的供求状况、税收和关税税率及其变化情况,建立收集、分析和传达有关资料的"集中控制系统",这往往既复杂又费时。

(4) 东道国。由于跨国公司调拨价格的运用会对有关子公司所在东道国的利益产生影响,因此东道国不可避免地采取措施加以限制。目前,东道国限制调拨价格的方法主要有:①统一税制。东道国对一个跨国公司在本国子公司的课税,以该公司在本国的资产规模占其全球资产规模的比例乘以其全球范围利润总额作为税基,而非仅凭该公司在本国公布的账面利润。②正常交易价格法。把该国子公司进出口产品的价格与国际正常交易价格相比较,若发现某一跨国公司子公司进口的价格过高或出口的价格过低,东道国政府即要求其按正常交易价格计算盈利并补税。

但这两种方法中,跨国公司的全球利润和可比的国际正常交易价格往往难以得到,从而影响其有效执行。另外,东道国与跨国公司母国之间的利益之争有时也影响有关国家在限制跨国公司调拨价格方面的合作,助推了跨国公司调拨价格的运用。例如,美国国内税务局通过调查发现,20世纪90年代早期,日本日产汽车公司美国分公司把从日本进口的轿车和卡车的价格定得明显高于现实的价格,从而过低地申报了其在美国的利润。于是在1993年,美国国内税务局对日产汽车公司美国分公司课以170亿日元的罚税。而在1975—1984年,该公司也曾由于同样的原因,被美国国内税务局课以620亿日元的罚税。后来,日产汽车公司向日本国税厅提出申诉,结果其在美国所交的罚税由日本国税厅全额返还,从而开创了退还罚税的先例。日方的理由是避免双重征税。这对控制日产汽车公司运用调拨价格显然是不利的。

调拨价格对东道国利益的影响是不言而喻的,但它对发达国家和发展中国家的影响程度是不同的。对发达国家而言,它们都拥有自己的跨国公司,因调拨价格遭受的损益基本能够得到平衡;而对发展中国家而言,由于自身的跨国公司较弱,它们往往因外国跨国公司运用调拨价格而净受损。加强对跨国公司运用调拨价格避税行为的管理是发展中国家长期面临的艰巨任务。

2. 垄断价格

垄断价格是垄断组织利用垄断地位规定的高于或低于正常价格的一种市场价格。在世界市场上,国际垄断价格有两种:一种是垄断高价,另一种是垄断低价。垄断以卖方身份出现时索取垄断高价,而以买方身份出现时实行垄断低价。垄断组织可以利用垄断价格取得垄断超额利润。

垄断组织操纵世界市场价格的手段主要有:组织卡特尔(即经营同种商品的若干企业签订避免相互竞争、瓜分销售市场、确定统一售价的协定),实行价格领导制等。价格领导制(即带头价制)是指由一特定公司担任价格领导,它首先变更商品价格,其他公司跟随它行动。

垄断价格与非垄断价格的区别是:①垄断价格是在垄断资本对市场控制的条件下人为确定的,垄断企业是价格的决定者。而非垄断价格是由市场的自发力量即主要由供求的自发波动决定的。在非垄断性市场上,厂商只是价格的接受者,而不能控制市场价格。

②垄断价格比较稳定,非垄断价格经常变化。垄断价格弹性很低,常常不能及时反映市场行情的变化,因为垄断企业作价着眼于长期盈利,对行情的短期变化通常不作出相应的反应。而在非垄断性市场上形成的价格,由于竞争激烈,经常随着供求的波动而波动,很不稳定。

当然,垄断价格并不能主观随意决定,而有它的客观界限。其上限取决于世界市场对于国际垄断组织所销售的商品的需求价格弹性。如果某种商品需求价格弹性比较大,价格过高会显著减少需求量,反而导致利润下降。这就迫使国际垄断组织不能规定过高的销售价格,而是采用这样的销售价格——在这种价格下,销售数量能取得最多的垄断超额利润。此外,过高的垄断价格还会刺激代用品的生产和消费,这也是限制垄断高价的一个重要因素。

垄断价格的下限取决于生产费用加国际垄断组织所在国的平均利润。如果垄断价格结构中所包括的利润长期地低于平均利润,国际垄断组织就会停止生产、退出市场。

随着科学技术发展带来产品供给能力的增强,以及全球统一市场的形成与完善,国际竞争日趋激烈,垄断价格在世界市场上的作用有所削弱,非价格竞争(non-price competition)的作用增强。非价格竞争是指通过改善商品的品质性能和包装、更新花色品种、保证及时交货和售后服务等办法来扩大商品销路。

(二)国家垄断价格或管理价格

在世界市场上,不仅国际垄断组织对商品价格进行操纵控制,各个国家的政府机构也对价格进行干预调节。事实上,一些重要商品的世界市场价格都处在国家垄断的控制管理或影响之下。各个国家除了采取财政、货币、信贷等手段来干预国内市场价格外,还采取各种国内政策和对外贸易政策手段影响世界市场价格。

国家对商品市场价格的干预可以是单方面的,也可以是双边的,还可能是国际性的。

1. 国家机构对商品市场的单方面干预

国家机构对商品价格进行垄断干预,主要是在农产品方面。国家机构对农产品价格的干预一般有以下几种方式:①收购或对农场主贷款;②限制产量;③按照保证价格与市场价格之间的差额的大小给予补贴;④管理进出口;⑤国家经营收购业务和进出口贸易。

1995年以前,在农产品贸易不受关税及贸易总协定管辖的情况下,发达国家普遍实行农产品价格支持和农场主收入支持政策,这种价格支持和收入支持计划又受到农业保护主义和鼓励农产品出口政策的保护。它们在国内农产品价格高于世界市场价格的条件下,采取高关税、差额税、数量限制、制定最低进口价格、政府经营农产品对外贸易等措施来排除外来的竞争,以保持国内市场上农产品的高价。而在国内农产品生产过剩的情况下,则提供出口补贴、差额补贴和其他形式的直接补贴,以鼓励向世界市场出口。这些国家广泛采取价格支持政策和农业保护主义政策的结果是世界市场上农产品的价格与其实际生产费用脱节。这样,世界市场价格成了各国农业政策互相竞争的产物。这种支持价格经常屈从于集团政治压力,而不是取决于市场供求关系。世界贸易组织成立后,发达国家的农业政策受到WTO《农产品协议》的规范,但美国、法国等国仍采取各种变相措施,对农产品价格施加影响。

国家政府部门除了实行农业保护主义政策和价格支持政策以外,还对商品的销售和价格采取国家垄断的其他一些干预措施。在一种商品世界市场供应量的大部分或全部来自一个国家时,这个国家就特别容易控制它的生产、出口和价格。这种自然垄断经常给生产者带来超额利润。国家垄断价格的最典型的代表是欧盟实行的共同农业政策。

2. 政府间贸易协定

在各种各样的政府间协定中,最重要的是管理特定商品的国际商品协定。它是某些食品或原料生产国(出口国)与消费国(进口国)之间,为稳定价格和保证贸易发展而缔结的政府间的多边贸易协定。

食品和原料的世界价格(主要有小麦、糖、咖啡和橄榄油等)经常发生剧烈波动,对不少国家尤其是发展中国家影响极大。因为这些国家的经济结构往往比较单一,经济发展和人民生活常常主要依靠生产和出口一两种原料商品。稳定和提高这些商品的价格,成为许多发展中国家关注的问题。国际商品协定是一些国家试图用共同力量调节供求、稳定价格和增加收入的举动,国际商品协定通常利用三种方法——缓冲库存、出口限额和签订多边长期合同来调节供求、影响价格。

利用缓冲库存控制价格,需要占用巨额资金。当市场发生过剩,需要收购过剩商品以维持价格时,常常因为资金太少,不能收购足够数量的商品,只好任其价格自由摆动。

利用出口限额稳定价格,即由生产国商定限额限制出口,以调节供求,在需求不变时可以通过减少供给以促使商品价格上涨。但在价格上涨的情况下,由于出售商品能获得更多的利润,所以参加协定的成员国常常违反规定、突破限额。

利用签订多边长期合同稳定价格,即消费国根据合同承诺在相当长的时期内以不低于规定的最低价格购买一定数量的商品,生产国则保证以不高于规定的最高价格提供一定数量的商品。利用这种方法来稳定价格的主要困难,在于选择何种价格能够使双方同意,因为当合同价格低于当时市场实际交易的价格水平时,生产国就会吃亏;高于市场价格水平时,消费国又会受损。

国际商品协定对某些商品的世界市场价格是有影响的。影响程度依赖于市场变化、协定是否被执行、参加国协调一致的情况等。但有一点是肯定的,国际商品协定无法完全控制价格。

(三)世界"自由市场"价格

所谓"自由价格",是指在不受垄断或国家垄断力量干扰的条件下,独立经营的买者和卖者间进行交易的价格。"自由价格"在供求规律的作用下得以形成。在当代世界市场上,由于垄断的存在,严格地说,已不存在一种商品价格完全由市场供求竞争决定的情况。

在大多数情况下,世界"自由市场"成为边缘性或剩余物的市场(residual market)。所谓剩余物,指的是一种商品在垄断性市场进行买卖后,或在国家垄断调节下的市场上买卖后的剩余物。这个剩余物的世界"自由市场"实际上只是平衡那个十分薄弱的善于变化的市场上剩余的供给和需求的手段。例如,在铜的世界出口中,在伦敦金属交易所进行买卖的数额只占5%。农产品、矿产品的"自由市场"也只具有边缘性或剩余物的性质。即使在这些剩余物的世界"自由市场"上,也不能完全免除垄断组织力量的影响。

在封闭的市场上,价格变动幅度很小,而在"自由市场",价格变动幅度则很大。由于世界"自由市场"的边缘性质,一切暂时性短缺和供应过剩都集中到这个市场上,投机性的买卖也经常在这个市场上进行,因而世界"自由市场"价格是不稳定的。价格剧烈波动常使一些依赖初级产品出口的发展中国家蒙受巨大的损失。

本 章 小 结

世界市场是世界各国进行商品交换的场所。本章分析世界市场的演进、世界市场的内容及其形式。世界市场的商品流通渠道按照购销业务形式的不同可分为有固定组织形式的市场和无固定组织形式的市场。有固定组织形式的市场是指在特定地点按照一定组织规章进行交易的市场,主要包括商品交易所、国际商品拍卖、工商业展览会与工商业博览会。无固定组织形式的市场是指有固定组织形式市场之外的一切交易活动。它包括最常见的单纯的商品购销形式以及与其他因素相结合的商品购销形式。后者主要包括补偿贸易、加工贸易和租赁贸易等。

随着电子信息技术尤其是互联网技术的不断发展,新型贸易业态快速发展。新技术、新工具在外贸领域被广泛运用,推动了传统贸易业态转型升级,促进业态融合创新,新的外贸业态和模式不断涌现。

世界市场价格关系到贸易双方利益的实现,它受商品国际价值、国际市场供求、币值等因素的影响。由于垄断等因素的存在,世界市场存在多元价格,包括:调拨价格与垄断价格,国家垄断价格或管理价格,世界"自由市场"价格。

复习思考题

一、名词解释

商品交易所　加工贸易　补偿贸易　来料加工　进料加工　调拨价格

二、思考题

1. 世界市场上的商品流通渠道主要有哪些?各自的功能和特点是什么?
2. 试述跨境电商、离岸贸易、市场采购贸易以及保税维修业务四种贸易新业态的内容及其特点。
3. 什么是世界市场价格?世界市场价格的决定受哪些因素的影响?
4. 试述跨国公司运用调拨价格的目的及其限制条件。

三、案例分析

结合以下材料,谈谈你对数字贸易发展趋势的看法,以及中国如何抓住战略机遇,以数字赋能促进贸易转型升级。

数字贸易是未来全球贸易增长的新动力

数字贸易是国际贸易中增长最快的类型,正成为推动国际贸易增长的新动力。据统计,全球数字贸易出口额从2005年的12 014亿美元扩大到2020年的31 376亿美元,年均增长率为6.68%,高于同期货物贸易(3.52%)和服务贸易(4.21%)的出口增长;数字贸易出口占服务贸易出口的比重从2005年的44.73%上升到2020年的63.55%。其中,信息与通信技术服务在数字贸易中的增长速度最快。全球ICT服务贸易出口额从2005年的1 833.6亿美元增加到2020年的9 267.5亿美元,年均增长达到11.41%;ICT服务贸易出口在全球数字贸易出口中的占比也在逐年增加,由2015年的10.13%增至2020年的15.83%。但也要注意到,数字贸易在不同经济体之间的差距较大。2020年,世界前十大数字贸易经济体的进出口额占全球的比重分别为65.78%和60.8%。其中美国居于首位,2020年美国数字贸易进口和出口占全球的比重分别为15.16%、18.63%。

从国别来看,美国是全球数字贸易进出口占比最高的国家,且长期保持顺差;欧盟作为整体的出口额占比虽然高于美国,但在2015年以后出现了逆差;中国数字贸易出口量位于全球第二位,2020年数字贸易出口额为1 543.8亿美元,占世界数字贸易出口的4.87%。以数据为要素、服务为核心、数字技术深度赋能为特征的数字贸易快速增长。

资料来源:中国社会科学院国家全球战略智库,中国社会科学院世界经济与政治研究所.数字贸易研究报告(2022)[R].北京:中国社会科学出版社,2023:28.

即 测 即 练

第五章

贸易条件

> **本章学习目标**
> 1. 学习和掌握贸易条件的含义；
> 2. 了解有关贸易条件决定的理论；
> 3. 了解影响贸易条件变动的因素。

国际经济关系，特别是贸易关系，是各个国家或地区为获取国际分工和国际交换利益的竞争关系。虽说在这场竞争中，一方之所得不会恰好是另一方之所失，而是双方都可能获得利益，但是谁在贸易中获益更多，则是人们所关注的。在现实的国际贸易关系中，贸易利益的分割与贸易条件息息相关。本章将在第四章介绍世界市场的基础上，从理论和实践两方面对贸易条件的决定、变动及其对贸易利益的影响做一步探讨。

第一节 贸易条件的含义

一、贸易条件的概念

所谓贸易条件，是一个国家以出口交换进口的条件，即两国进行贸易时的交换比例。它有两种表示法：一种是用物物交换表示，即用实物形态来表示的贸易条件，它不牵涉货币因素和物价水平的变动。当出口产品能交换到更多的进口产品时，贸易条件改善了；反之则贸易条件恶化了。还有一种是用价格来表示的贸易条件，这种贸易条件就是一国所有的出口商品价格与所有的进口商品价格的比率。由于现实生活中参与国际交换的商品种类很多，而且价格水平也在不断变化，所以这种贸易条件通常用出口商品价格指数与进口商品价格指数之比即贸易条件指数来表示。

二、贸易条件指数的种类及其意义

贸易条件指数主要有三种，它们分别表示不同意义的贸易条件。

（一）商品贸易条件指数

商品贸易条件指数是一定时期内一国出口商品价格指数与进口商品价格指数之比。它表示一国每出口一单位商品可以获得多少单位的进口商品。

以 P_x 代表出口商品价格指数,P_m 代表进口商品价格指数,则商品贸易条件指数 T(一般用百分数表示)为

$$T = (P_x/P_m) \times 100 \tag{5-1}$$

如果商品贸易条件指数大于100,表明同等数量的出口商品换回了比基期更多的进口商品,贸易条件得到改善;如果商品贸易条件指数小于100,则表明贸易条件恶化。可见,贸易条件的实质是国际贸易利益的分割问题。

例如,假定2012年为基准年,某国进出口价格指数均为100,商品贸易条件指数也是100。2022年底该国的出口价格指数为95,下降5%,进口价格指数为110,上升10%,那该国商品贸易条件指数则为

$$T = (95/110) \times 100 \approx 86.36$$

这意味着2012年至2022年该国的贸易条件指数下降了近14个百分点,贸易条件恶化了。

应该指出的是,商品贸易条件指数的有效性通常只局限于不发生进出口商品结构变动的一定时期之内,它是用来表示在过去一段时期内单位商品的贸易利益是增加了还是减少了,即表示贸易利益的变动,并不能表示一国获得的贸易利益总量(这是无法计算的)。而现实经济生活中,一国的进出口商品结构有时会发生较大的变动,比如以前进口的商品现在转变为出口,就可能对商品贸易条件产生很大影响。依据包含这种变化的长期的商品贸易条件指数作出某种判断是不可靠的。所以说,这种指数的有效性只限于不发生结构变动的一定时期内。还需注意的一点是,商品贸易条件指数的变动反映贸易条件是改善了还是恶化了,它并不能表示贸易条件是否合理。贸易条件合理不合理,需联系国际价值——国际交换的基础来考察才能说清楚。另外,商品贸易条件指数的下降并不一定意味着一国贸易利益的减少,这还要结合其他因素(如贸易双方的要素生产率状况等)进行具体分析,才能作出合理的判断。

(二)要素贸易条件指数

将商品贸易条件与要素生产率结合起来考察,可以得到要素贸易条件指数。如果只是考察贸易条件与一国出口商品生产部门的要素生产率的关系,那就是分析单项要素贸易条件状况;如果同时考察进出口商品生产部门要素生产率对贸易条件的影响,那就是分析双项要素贸易条件状况。

1. 单项要素贸易条件指数

单项要素贸易条件指数,是一定时期内一国出口商品生产部门要素生产率指数与同期商品贸易条件指数的乘积。

单项要素贸易条件指数的计算公式为

$$S = (P_x/P_m) \times Z_x \tag{5-2}$$

式中,S 代表单项要素贸易条件指数;Z_x 代表一国出口商品生产部门要素生产率指数。

假定该国商品贸易条件指数变化状况与前例相同,而该国出口部门的生产率从2012年的100上升到2022年的130,则该国单项要素贸易条件指数为

$$S = (95/110) \times 130 \approx 112.27$$

这意味着尽管该国的商品贸易条件恶化了,但由于这期间出口商品要素生产率提高的幅度大于商品贸易条件指数下降的幅度,从要素贸易条件看还是改善了。当然,其他贸易伙伴国与该国分享了它的出口部门生产率增加的部分。

由此可见,商品贸易条件指数下降不一定导致一国贸易利益的减少。在劳动(要素)生产率提高的基础上,一国主动地降低商品贸易条件,还可扩大市场占有率,反而有可能获得更大利益。当然,如果一国商品贸易条件指数下降的幅度超过了劳动生产率上升的幅度,该国的贸易利益就会减少,随着贸易量的扩张,实际收入水平将会下降,出现后面要论述的"贫困化增长"。这时该国就需要对国内经济结构进行调整,以改变进出口商品结构。

2. 双项要素贸易条件指数

双项要素贸易条件下不仅考虑出口商品要素生产率的变化,而且考虑进口商品要素生产率的变化。其计算公式为

$$D = (P_x/P_m)(Z_x/Z_m) \times 100 \tag{5-3}$$

式中,D 代表双项要素贸易条件指数;Z_m 代表进口商品要素生产率指数。

假定该国商品贸易条件指数和出口商品要素生产率指数仍按前例,进口商品要素生产率指数 2012—2022 年从 100 上升到 105,则该国的双项要素贸易条件指数为

$$D = (95/110) \times (130/105) \times 100 \approx 106.93$$

这说明,如果一国出口商品要素生产率指数提高的幅度大于进口商品要素生产率指数提高的幅度,就可能抵消商品贸易条件恶化而获得双项要素贸易条件的改善。这反映了进出口国的贸易竞争,实质上是劳动生产率的竞争。劳动生产率水平的高低是决定一国商品国际竞争力的关键,也是影响一国分享贸易利益多少的主要因素。实际上,当生产某种商品的世界平均劳动时间不变时,一国的劳动生产率相对他国提高更快,就意味着贸易条件得到了改善。

(三)收入贸易条件指数

收入贸易条件指数是一定时期内出口量指数与商品贸易条件指数的乘积,它表示一国用出口支付进口的能力。其计算公式为

$$I = (P_x/P_m) \times Q_x \tag{5-4}$$

式中,I 代表收入贸易条件指数,Q_x 代表出口量指数。P_x 与 Q_x 的乘积表示一国的出口总收入指数,再除以进口价格指数,则表示一国进口支付能力。

回到上述例子,如果商品贸易条件指数变化相同,而该国的出口量指数从 2012 年的 100 上升到 2022 年的 120,则该国的收入贸易条件指数为

$$I = (95/110) \times 120 \approx 103.64$$

这说明,尽管该国商品贸易条件恶化了,但由于出口能力的提升和出口收入的增加,该国 2022 年的进口能力还是比 2012 年提高了 3.64%,也就是说收入贸易条件改善了。

在现实的经济生活中往往会遇到这样的两难选择:要扩大出口、增加外汇收入,需要降低出口商品价格以扩大市场,但这显然会使商品贸易条件恶化。而要维持比较有利的贸易条件,出口量又不容易增加,不能满足支付日益扩大的进口对外汇的需求。这个矛盾

在发展中国家的经济发展较快时期尤其尖锐。解决这个矛盾的根本途径在于提高劳动生产率，不断改善出口商品结构。如果短期内难以做到，那就要保证因出口数量扩大而增加的收入超过因商品贸易条件恶化而减少的收入。但这毕竟是权宜之计，长此以往，会发生国民收入的净流出，伤害本国经济的长期发展。在这里我们进一步看到了提高劳动生产率在改善贸易条件方面的基础性作用。

上面我们探讨了贸易条件的含义，分析了衡量贸易条件状况的几种贸易条件指数的经济意义。无论何种贸易条件，总是要把出口价格指数与进口价格指数加以比较，而不是一般注意商品国际价格的变动。这是因为，国际贸易是以国家为基本经济单位的，各个国家通常既出口又进口，进口和出口的商品往往不同（即使是相同产品也是有差别的产品）。即使知道了商品国际价格及其变动，也必须考察各个国家实际的进出口商品数量及其结构，才能确定一国贸易利益的变动情况，这就要研究贸易条件。贸易条件问题不是一般的商品国际价格问题（虽然它离不开对国际价格的观察和研究），而是各国间贸易利益的分割问题。贸易条件的好坏还关系到一国国际收支的平衡和经济的长期发展，因而是国际经济学界关注的重要问题。

贸易条件指数除了可以从一国的角度来研究之外，还可以从一定的地区或整个世界范围内来进行考察。比如，可以计算出一定时期内世界上初级产品出口的贸易条件，即世界市场上初级产品与工业制造品的比价关系等。在当代国际贸易中，发展中国家初级产品的贸易条件一直趋于恶化。其中重要的原因在于工业制成品的生产率相对于初级产品提高更快，另外，初级产品的需求又相对下降。这是由各种替代品的出现、对原材料的消耗降低，以及需求的结构转变等原因造成的。

第二节 关于贸易条件决定的理论

西方经济学家关于贸易条件问题的研究，可分为三个阶段：第一阶段是英国经济学家约翰·斯图亚特·穆勒（John Stuart Mill，1806—1873）提出相互需求原理来解释贸易条件的确定问题；第二阶段是英国经济学家阿尔弗雷德·马歇尔（Alfred Marshall）在相互需求原理的基础上，进一步论证有关均衡贸易条件的理论和方法；第三阶段是当代（主要是第二次世界大战后）西方国际经济学对贸易条件理论多方面的发展。在这一阶段，引人注目的还有以劳尔·普雷维什（Raul Prebisch）等为代表的发展经济学家与西方国际经济学家关于贸易条件的理论之争。本节主要讨论关于贸易条件决定的相互需求原理及均衡贸易条件的理论和方法。

一、相互需求原理

最早从理论上探讨贸易条件问题的，是穆勒。他主要提出了相互需求原理来说明贸易条件的决定问题。

李嘉图的比较成本理论从供给方面说明，各国专业化生产具有相对优势的产品，然后相互进行贸易，都能得到贸易利益。李嘉图还提出了两国互利的交换幅度。但是对于在这一幅度范围内的实际交换比例应该是多少、是何种机制决定了这一交换比例等问题，比较成本理论并没有论及。因此,比较成本理论只是论证了互利性贸易的基础以及贸易利益之所在,而没有说明总的贸易利益如何在贸易双方之间进行分配。因为比较成本理论没有考虑需求方面的因素,所以它只能说明交换比例即贸易条件必须处于某个范围之内,无法说明具体的贸易条件怎样决定。要考虑实际交换比例的决定,就不能只看供给,而要把供给和需求结合起来分析。穆勒在比较成本理论的基础上,着重从需求方面的分析入手,探讨国际交换比例的现实决定问题。

首先必须说明的是,穆勒把自己对国际交换比例,即贸易条件的研究,称为对"国际价值"决定问题的探讨,这是不正确的。穆勒研究的不是价值实体,而是交换价值。用他自己的话来说就是:"价值是一个相对的术语,一个商品的价值不是物品本身一个内在实物的本质,而只意味着在交换中所能获得的别种东西的数量"。[①]显然,他用交换价值概念代替了价值概念,探讨的是交换比例即贸易条件问题。

相互需求原理的主要内容可概括为以下三点。

(一) 比较成本确定贸易条件的上下限

穆勒用下面的例子说明自己的论点。

假定英国和德国投入一定量的劳动生产毛呢和麻布的国内交换比例见表 5-1。

表 5-1　英国、德国两种产品的国内交换比例

国家	毛呢	麻布	国内交换比例
英国	10 码	15 码	10∶15
德国	10 码	20 码	10∶20

没有国际贸易时,英国国内 15 码麻布换 10 码毛呢,而德国国内要 20 码麻布才能换到 10 码毛呢,显然英国的毛呢便宜;德国国内 10 码毛呢能换到 20 码麻布,而英国只能换到 15 码麻布,显然德国的麻布便宜。因此,英国和德国的贸易格局必然是英国出口毛呢,进口麻布;德国出口麻布,进口毛呢。那么,两国以什么样的比例交换呢?显然,对英国来说,出口 10 码毛呢至少要换回 15 码的麻布;对德国来说,出口 20 码麻布至少要换回 10 码的毛呢。因此,以毛呢计算的国际交换比例范围如图 5-1 所示。

图 5-1　以毛呢计算的国际交换比例范围

在这一范围内,国际交换比例接近英国国内的交换比例,则德国获得更多的贸易利益;这个比例接近德国国内的交换比例,则英国获利更多。达到或超过任何一国国内交换比例上下限的国际交换比例都意味着一方获得全部贸易利益而另一方损失了利益,因而不是现实的交换比例。因此,实际的交换比例只能介于由两国国内交换比例所确定的界限之内,即比较成本确定了贸易条件的上下限。

---

① 穆勒.政治经济学原理[M].上海:世界书局,1936:459.

(二) 相互需求状况决定具体的贸易条件

在上述比较成本所确定的交换比例范围内,实际的交换比率是由什么决定的呢?穆勒认为,这取决于两国对对方产品的需求状况,当英、德两国的相互需求使贸易双方的总出口恰好支付其总进口,即双方的国际收支趋于平衡时,交换比例就被现实地确定了。这就是"国际需求方程式"。

假定英国对麻布的进口需求是17码麻布的1 000倍,愿意提供10码毛呢的1 000倍做偿付,而德国对毛呢的进口需求是10码毛呢的1 000倍,愿意提供17码麻布的1 000倍做偿付,双方对对方产品的需求正好等于对方的供给,国际交换比例遂可在10∶17的国际需求方程式中确定下来。可见,贸易双方对对方产品的需求状况决定两国现实的贸易条件。

如果相互需求不均衡,那么双方就要调整进口需求量,或者调整交换比例以达到均衡。假定英国对麻布的进口需求降低到17码麻布的800倍,按10∶17的国际交换比例,它只需提供10码毛呢的800倍做偿付。再假定德国对毛呢的进口需求仍为10码毛呢的1 000倍,并愿意提供17码麻布的1 000倍做偿付。那在国际市场上就会发生麻布供过于求和毛呢供不应求,从而导致麻布的价格下跌,英国的进口需求增加,如增加到18码麻布的900倍。毛呢的价格上涨,德国的进口需求下降,如下降到10码毛呢的900倍,这样,就会形成新的国际交换比例10∶18。在这个交换比例下,双方的相互需求又达到均衡,于是形成新的国际需求方程式。如果发生英国的进口需求不变而德国进口需求下降的情况,那么交换比例就可能变为10∶16。一方对对方产品需求增加了,当然也会影响国际交换比例。

这里的分析证明,在两国国内交换比例所限定的范围内,进行贸易的两种商品实际的贸易条件是根据双方消费者的需求偏好和强度进行调整的,调整到双方对进口产品的需求量恰好相互抵补时确定。

(三) 相互需求强度影响贸易利益的分割

相互需求原理认为,相互需求强度影响贸易利益的分割。均衡贸易条件对哪一方更有利,要看两国相互需求的强度。穆勒指出:"一个国家以它的产品和外国相交换的交换力决定于……它对这些国家的产品的需求和它们对它的产品需求的数量和需求的增加程度的比较……外国对它的商品需求越是超过它对外国商品的需求……贸易条件对它越是有利:这就是说,它的一定数量的商品将会换回更多的外国商品。"[①]

综上所述,穆勒的相互需求原理旨在说明这样一个论点:在比较成本确定的交换幅度范围内,实际的贸易条件是能使贸易双方的总出口恰好支付其总进口的那种贸易条件。它是由双方消费者对对方产品的需求所确定的。一个国家应该用多少出口商品换入一定数量的进口商品,取决于两国相互进口的需求量正好等于它们各自出口供给量时的交换比例,也即供求一致时的交换比例。这就是说,按照两国相互需求所决定的实际贸易条

---

① 范家骧.国际贸易理论[M].北京:人民出版社,1985:119.

件,是使总进口和总出口达到均衡状态时的贸易条件。实际的贸易条件也就是均衡的贸易条件。

穆勒的相互需求原理强调需求因素在决定商品的国际交换比例即贸易条件上的重要作用,以比较成本为基础阐述了商品国际交换比率的确定过程,一定程度上发展了李嘉图的交换价值理论。然而,它也存在一些明显的局限性。

(1) 这个理论以贸易收支平衡为前提来论证贸易条件即国际交换比例,而国际交换比例又是由相互需求所决定的。另外,相互需求的数量又是由国际交换比例决定的。这显然陷入某种循环论证。相互需求原理还未指出贸易收支平衡是从短期还是长期来看的贸易均衡。如果是前者,那显然不符合实际情况。如果是后者,则应当看到,贸易条件本身就是决定一国国际收支状况的一个重要因素,至少两者是相互影响的。相互需求原理以贸易收支平衡为前提来论证贸易条件,而前者又恰恰是受后者影响和制约的,显然,这里也有循环推论之嫌。

(2) 相互需求原理只能运用于经济规模相当、双方的需求都能对市场价格产生显著影响的国家。如果两个国家经济规模悬殊,小国的相对需求强度远远小于大国的相对需求强度,那么,小国就只能是价格的接受者,大国就可利用其在进出口需求方面的强大影响力,使贸易条件朝着有利于本国的方向变动。

(3) 相互需求原理以物物交换为例来论证国际需求方程式,在一次交换活动中容易求得国际收支的平衡,但一国进行的所有交易活动要想同时达到国际收支的平衡显然是不可能的。

二、提供曲线与贸易条件的均衡

马歇尔在穆勒理论的基础上,通过几何图解方法,提出提供曲线来说明供给和需求如何决定均衡的贸易条件,从而较为精确地描述了两国就两种商品进行贸易时交换比例的确定及其变化趋势。

(一) 提供曲线及其性质

提供曲线的基本含义是:在各种贸易条件下,一国为了达到最高的福利水平所愿意进行的各种进出口组合。提供曲线既可以看成一国的出口供给曲线,也可视为一国的进口需求曲线。作为出口供给曲线,它表示在不同贸易条件下,一国愿意提供的出口产品的数量。随着出口产品相对价格的上升即贸易条件的改善,一国愿意出口的商品数量会增加。作为进口需求曲线,它表示在不同的贸易条件下,一国对进口产品的需求量。随着进口产品相对价格的降低,一国愿意进口的商品数量会增加。从此意义上说,提供曲线又常常被称为相互需求曲线(reciprocal demand curve)。

假设有 A、B 两国,A 国专业化生产 X 商品,B 国专业化生产 Y 商品,两国相互开放,进行贸易。A 国出口 X,进口 Y;B 国出口 Y,进口 X。A 国的提供曲线表明在不同的贸易条件下,A 国愿意出口多少 X 商品来交换 Y 商品;B 国的提供曲线表明在不同的贸易条件下,B 国愿意出口多少 Y 商品来交换 X 商品。

从图 5-2 中可以发现，提供曲线经过某一临界点后，便会向回弯曲，形成弓形。这是边际成本递增与商品边际效用递减共同作用的结果。随着生产规模的扩大，A 国提供 X 商品的边际成本会越来越高，而随着 Y 进口的增加，其对 A 国消费者的边际效用递减，Y 对 X 的边际替代率越来越低。因此，即使外国愿意提供更高的价格，该国愿意出口的商品产量也会越来越少。

图 5-3 是 B 国的提供曲线。同样的道理，B 国的提供曲线的弯曲方向刚好与 A 国相反。

（二）以提供曲线表示的贸易条件的均衡与均衡的恢复

如果把图 5-2 和图 5-3 中 A、B 两国的提供曲线合并到一张图上，它们就会相交于一点，如图 5-4 中的 E 点。在 E 点，A 国愿意提供的 X 商品的出口量恰好等于 B 国愿意进口的数量，B 愿意提供的 Y 商品的出口量刚好等于 A 国愿意进口的数量。因此，E 点代表 A、B 两国贸易的一种均衡状态。经过均衡点 E 的贸易条件线 t_E 就是实际的或均衡的贸易条件，它代表国际市场上的均衡价格。

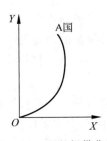

图 5-2　A 国的提供曲线

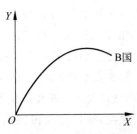

图 5-3　B 国的提供曲线

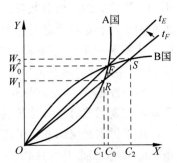

图 5-4　均衡贸易条件的决定

倘若国际市场上的贸易条件偏离了 t_E，两国的供求力量会自动使市场恢复均衡。举例来说，假定市场上现在的贸易条件是 t_F（图 5-4）。同 t_E 相比较，这时 A 国的处境比较不利，而 B 国的处境改善了。由于 t_F 与 B 国的提供曲线相交于 S 点，这里它只要增加提供 W_0W_2 量的 Y 商品，就能多交换到 C_0C_2 量的 X 商品。在 S 点，B 国愿意出口的 Y 商品总量为 OW_2，希望得到的 X 商品进口总量为 OC_2。然而 t_F 与 A 国的提供曲线却是相交于 R 点，即 A 国愿意出口的 X 商品总量为 OC_1，少于 B 国的需求；而 A 国希望进口的 Y 商品总量为 OW_1，也少于 B 国的供给。于是，国际市场上 X 商品供小于求，Y 商品供大于求。这样，市场的供求力量将促使 X 商品的相对价格上升，而 Y 商品的相对价格下降，t_F 逐渐向 t_E 移动，直到达到均衡点 E，t_F 与 t_E 重合，X 与 Y 两种商品的国际供求重新恢复平衡。

反过来，如果国际市场的贸易条件线是 t_G（图 5-5），它最终也必将回归到 t_E，因为这时的贸易条件对 A 国比较有利，而对 B 国不利，会造成新的市场不均衡。在图 5-5 中，t_G 与 A 国的提供曲线相交于 U 点，这时 A 国愿意提供的 X 商品的出口量为 OC_4，而希望得到的 Y 商品进口量为 OW_4。然而，t_G 与 B 国的提供曲线却是相交于 T 点，这就意味着 B 国愿意提供的 Y 商品出口量为 OW_3,少于 A 国的需求;而 B 国对 X 商品的进口需求量为 OC_3,也少于 A 国愿意出口的数量。其结果必然是 Y 商品的相对价格上升,X 商品的相对价格下降,贸易条件从 t_G 转移到 t_E,而国际供求重新恢复均衡。

概括起来说,只有 E 点才达到了国际市场的均衡状态。从这里可以引申出贸易条件的均衡必须满足的两个基本条件:一是各国的贸易收支平衡;二是各国商品的进口和出口需求平衡。这与相互需求原理的分析是一致的。

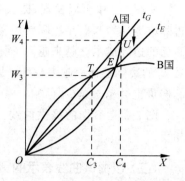

图 5-5 均衡贸易条件的恢复

(三)提供曲线的移动及其原因

前面提到提供曲线既可看作一国的出口供给曲线,又可视为一国的进口需求曲线。因此,当供给或需求发生变化时,一国的提供曲线的位置就会移动。提供曲线的移动不同于同一提供曲线上贸易数量的变动,它往往会改变一国的贸易条件,进而对一国的总福利水平和贸易利益产生显著影响。

从需求方面看,引起提供曲线移动的主要原因有社会偏好和需求构成的改变等。例如,人口年龄结构的变化,社会价值观念的改变,以及传统产品出现某种新的用途等。如果其他条件不变,需求的变化会改变一国提供曲线的形状。从供给方面看,造成提供曲线移动的主要因素有资源总量、技术水平和要素生产率的变化等。

由于供求情况的变化引起的提供曲线的移动,将会产生两种经济效应:一是对贸易条件的影响,二是对贸易数量的影响。现在,我们在假设供给情况保持不变的条件下,来分析需求变动所导致的提供曲线的移动及其效应。需求变动又可分为两种情况:其一是国内对出口商品的需求增加,其二是国内对进口商品的需求增加。

首先分析国内对出口商品需求增加时的情况。如图 5-6 所示,假设开始时 A、B 两国的贸易处于 E 点的均衡状态,贸易条件为 t_0。现在,B 国的消费偏好从购买进口的 X 商品,转为购买本国出口的 Y 商品。B 国对 X 商品的需求变得不如原先那么强烈,于是它

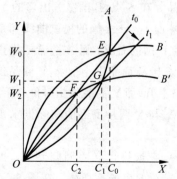

图 5-6 B 国对出口商品国内需求增加引起的提供曲线的移动

只愿意用比以前更少的 Y 来交换一定量的 X。因此,B 国的提供曲线将由 OB 移动至 OB'。根据原先的贸易条件 t_0,国际贸易将失去平衡。因为这时 A 国的供求情况没有变化,仍以 E 点表示,而 B 国的供求情况将改用 F 点表示。在 F 点,B 国只愿意进口 OC_2 的 X 商品、出口 OW_2 的 Y 商品。这就使得 X 商品供大于求、Y 商品供小于求。Y 商品的相对价格将会上升,即贸易条件将从 t_0 向右下方移动,一直移动至 t_1,两国提供曲线相交于 G,两国贸易重新恢复均衡。

由于 B 国国内对出口商品需求的增加,提供曲

线由 OB 移动到 OB' 后,将产生两种效应:一是两国间贸易数量的减少,其贸易组合由 E 点减少至 G 点,这降低了 B 国的福利水平。二是 B 国的贸易条件改善,由 t_0 变为 t_1,从而又增加了 B 国的福利。提供曲线移动对 B 国净福利的影响则取决于两者的比较。如果贸易条件改善的有利程度大于贸易数量缩减的不利程度,B 国总的贸易情况改善,净福利增加;反之,则 B 国总的贸易情况恶化,净福利减少。

下面再分析需求变动的另一种情况,即国内对进口商品需求增加时的情况。如图 5-7 所示,假定 A、B 两国开始时的贸易均衡点为 E,贸易条件为 t_0。现在由于消费选择的改变,A 国对进口商品 Y 的需求相对于商品 X 而言大幅度增加。这样,A 国愿意提供更多的 X 商品来交换 Y 商品。A 国的提供曲线由 OA 移动至 OA'。如果按原有的贸易条件,两国间贸易将失去平衡,因为按此条件,B 国对 X、Y 商品的供求不变,仍以 E 点表示,它只愿意用 OW_0 的 Y 去交换 OC_0 的 X。而 A 国的供求情况则变为 F 点,它愿意用 OC_2 的 X 去交换 OW_2 的 Y。如此,国际市场上的 X 商品供大于

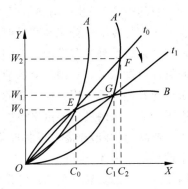

图 5-7　A 国对进口商品需求增加引起的提供曲线的转移

求,Y 商品供小于求,Y 商品的相对价格将会上涨,贸易条件相应地由 t_0 往右下方移动直至 t_1,两国贸易在 G 点恢复均衡。

A 国对进口商品 Y 需求的增加所导致的提供曲线的移动也产生两种经济效应,即在使贸易量由 E 点扩大至 G 点的同时,贸易条件却由 t_0 降至 t_1。前者增加了 A 国的福利,后者则相反。如果贸易量扩大的有利程度大于贸易条件恶化的不利程度,则 A 国总的贸易情况改善,净福利增加;反之,则总的贸易情况恶化,净福利减少。

(四) 对提供曲线理论的评价

通过以上分析可以看到,提供曲线就均衡贸易条件所得出的结论与穆勒的相互需求原理是一致的,即均衡贸易条件取决于进行贸易的两个国家各自对对方商品的相对需求强度。但提供曲线的分析比穆勒的文字叙述要精确一些。

然而,提供曲线决定均衡贸易条件的理论是以边际效用价值论为基础的。在这一点上,它与穆勒的相互需求原理相比,向后倒退了一大步,因为后者毕竟还借助劳动价值论来决定国际交换的上限和下限,而提供曲线却是纯粹以边际效用分析为根据的,这至少在方法上存在两个悬而未决的问题。

(1) 正像均衡价格论把国内的供给曲线和需求曲线看作价格的函数一样,提供曲线也是随贸易条件的变化而变化的。一方面是贸易条件决定各国愿意提供的出口数量和进口数量,另一方面是各国的相互出口和进口数量决定均衡的贸易条件。这中间显然已出现某种程度的循环推理。

(2) 提供曲线形状的决定是以国内生产资源的充分利用为前提的,这一点离实际的差距较远,因而其结论的准确性尚存疑义。例如,在一国某种生产资源并没有充分利用的条件下(闲置资源的存在本身就是走向出口的一个重要动力),贸易条件变化不仅会影响

一国的进口需求和出口需求,也会影响一国的总福利水平,但不一定会改变国内市场上的相对价格比率。现实生活中出口扩大常常没有引起出口商品的国内价格改变。此外,出口数量和进口数量及其改变也可能导致国内生产可能性曲线的变化。

但是,提供曲线决定均衡贸易条件的理论具有方法论上的意义。它可以启发我们思考如何研究贸易条件及其变化的规律。

总的来说,穆勒和马歇尔探讨的是贸易条件决定问题,它们主要是从需求方面说明,在两国进行专业化分工和贸易时,现实的交换比例是如何决定的,从而从需求角度对比较成本理论做了补充和发展。他们的研究为贸易条件理论奠定了基础,其理论阐述也不无政策性启发意义。一国公众的消费选择是倾向于本国产品还是进口产品,对该国的贸易条件起着重大的作用。在正常的情况下,适当进口有利于满足合理的消费需求、提高福利水平。但一国的进口要由出口去支付,如果出口能力一定,而人们的消费选择严重偏向于进口产品,就会形成需求扭曲现象,造成进口商品的数量猛增、国际收支失衡,使本国贸易条件恶化。因此,合理地引导人们的消费偏好,不仅是一个生活价值观念问题,而且与一国能分享到的贸易利益和经济发展都有很大关系。一国政府当然应当采取合适的消费政策加以引导。

需要指出的是,经典的贸易条件理论是建立在国际生产要素不流动的假设之下的,在这种假设下,各国的分工以产品为界限,因此,贸易条件理论能够揭示各国间的贸易利益分配。但是,随着跨国公司的发展,国际贸易和国际投资日渐融合,外国直接投资参与贸易国出口产品的生产,贸易条件的变动就很难准确说明一国贸易利益的变化了。[①] 在产品内分工即全球价值链分工条件下,各国以优势要素参与中间品的生产和出口,国际贸易利益分配机制也发生了深刻变化,传统的贸易条件理论对国际贸易利益分配的解释具有明显的局限性。

(1) 全球价值链分工条件下贸易条件不能准确反映贸易利益的分配。不论是以相对价格表示的贸易条件,还是以货币价格反映的贸易条件,在以产品为界限的国际分工中,贸易条件变动能够反映贸易利益的分配。但是在价值链分工条件下,价值链的全球分解使一国出口产品内含了来自其他国家和地区的中间品,其出口产品价格的变动并不能真实反映本国出口产品的利益,因为出口产品内含了其他国家和地区生产要素的贡献。一国的出口价格提高了,贸易条件改善了,其增加的贸易利益由在该国产品生产内含的所有生产要素分享;相反,一国的贸易条件恶化了,在该国产品生产中内含的所有生产要素的收益都会下降。在有的情况下,贸易条件的变化甚至与东道国的利益关系不大。比如,外资企业利用东道国的劳动力优势从事加工贸易,其产品出口价格的变动与东道国的利益基本上没有关系,东道国只是得到加工费形式的劳动力要素报酬。

(2) 跨国公司内部定价使很大一部分产品的进出口价格不能反映生产成本和市场供求关系。跨国公司的战略目标是全球利益的最大化,而不是某一个子公司或分公司的局部利益最大化。跨国公司在多个国家和地区拥有多个子公司和分公司,构成了跨国公司实现全球战略利益最大化的立体网络。跨国公司会采用内部转移定价的方式来逃避税

---

① 张二震,马野青,方勇. 贸易投资一体化与中国的战略[M]. 北京:人民出版社,2004.

收、转移利润,以实现经营成本的最小化和全球利益的最大化。如此,有关产品的进出口价格的变动就不能真实反映贸易利益的分配。

可见,全球价值链分工条件下的贸易与传统贸易相比,在利益分配环境方面发生了深刻变化,贸易条件的福利含义有了很大的不确定性,这就要求我们在经济全球化和全球价值链分工下对贸易条件进行重新认识。

第三节 贸易格局与贸易条件的变动

第二次世界大战后,随着经济生活的日益国际化,国际贸易在各国经济发展中起着越来越重要的作用,对贸易条件的研究也更加深入。当代国际经济学从以下几个方面对贸易条件理论做了有意义的发展。

一、经济增长对贸易条件的影响

如果说穆勒和马歇尔主要是从需求方面说明贸易条件的现实决定,那么研究经济增长对贸易条件的影响,就是从供给方面来考察贸易格局的变动对贸易条件变化的影响。

我们在第三章分析生产要素禀赋理论时,假定各国的要素禀赋是一定的、不变的。但事实上,各国的要素禀赋是处于变动之中的。生产要素的供应量随着时间的推移在不断增长,资本和技能积累得很快,劳动力也一直在增长,甚至可利用的土地面积和自然资源贮藏量也会增长。生产要素的增长必然导致经济增长,从而影响贸易格局和贸易条件。

生产要素的增长的一种情况是所有国家所有生产要素的增长率都完全相同。假设所有国家所有的生产要素都呈中性增长,即各种生产要素增长率的比率完全相同。在这种情况下,国际贸易就会按同样的比例和同样的贸易条件,继续向相同的方向流动,只是规模和数量扩大了。这种情况当然是不可能发生的。考察这种极端的例子只是为了证明,考察经济增长对国际贸易和贸易条件的影响,需要注意的不是中性的增长,而是各种生产要素增长率的差别。下面,我们来考察生产要素不平衡增长的情况。

(一)生产要素不平衡增长对生产格局的影响

假定某个国家在一定的贸易条件下,只使用劳动和资本两种生产要素,生产劳动密集型和资本密集型两种产品。如果这个国家的劳动力增加了或者资本存量增加了,那么它和其他国家的贸易关系将会发生什么样的变化呢?塔德乌什·M.罗勃津斯基(Tedeusz M. Rybczynski)首先分析了这个问题。他的结论被称为罗勃津斯基定理。这个定理指出,在两种生产要素、两种商品模型的情况下,在商品和生产要素的价格保持不变的条件下,如果其中一种生产要素的数量增加,而另一种生产要素的数量保持不变,那么密集使用了前一种生产要素的产品的绝对量将会增加,而密集使用了后一种生产要素的产品的绝对量将会减少。

这个定理假定商品价格和生产要素的价格不变,这意味着生产这两种产品的要素密集度不变。在这个前提下,如果劳动力增加了,资本未增加,而且增加的劳动力全部进入劳动密集型行业,那增加的劳动力需要配备一定数量的资本,就势必造成资本密集型行业资本的一部分向劳动密集型行业转移的情况。不仅如此,而且要把与转移过来的资本原来配备的劳动力也一并转移过来。这就是说,劳动力的增长引起了劳动和资本存量在两个行业之间的再调整。只要劳动力继续增加,就要不断地把生产要素从资本密集型行业转移到劳动密集型行业中来。这种调整的结果,必然是扩大了劳动密集型行业的生产,缩小了资本密集型行业的生产。

(二) 生产要素不平衡增长对贸易条件的影响

根据上述分析,如果劳动力增加,劳动密集型产品的绝对量就会增加,资本密集型产品的绝对量就会减少。如果劳动密集型产品是这个国家的相对优势产品即出口产品,资本密集型产品是这个国家的相对劣势产品即进口竞争产品,那么,随着劳动力的增加,该国的出口量和进口量都会增加。如果劳动密集型产品因该国增加出口而价格下跌,资本密集型产品因该国增加进口而价格上涨,那就会导致贸易条件的恶化。

如果劳动密集型产品是这个国家的进口竞争产品,而资本密集型产品是出口产品,那么随着劳动力的增加,进口竞争产品即进口替代产品的绝对量就会增加,从而减少进口;出口产品即资本密集型产品的产量就会减少,从而缩减了出口量。如果劳动密集型产品因该国减少进口而价格下跌,资本密集型产品因该国减少出口而价格上涨,那就会导致该国贸易条件的改善。

可见,经济增长对贸易条件的影响,主要取决于这种增长是出现在进口竞争行业还是出现在出口行业。通过上面的分析可以得出这样的结论:假定生产要素增长能影响商品的世界价格,那么,替代进口的经济增长会改善这个国家的贸易条件,而扩大出口的增长会使这个国家的贸易条件恶化。

(三) 贫困化增长

如果生产要素的增长使得出口产品的供给迅速增加,则有可能产生贫困化的增长。这种增长不但会严重恶化贸易条件,甚至会导致该国国民福利水平的绝对下降。经济学家贾格迪什·巴格瓦蒂(Jagdish Bhagwati)提出了这一理论。

贫困化增长的含义是:当一个国家(通常是发展中国家)传统出口产品(通常是初级产品)的供应量急剧增加时,它的国际市场价格趋于下跌,甚至跌到使这个国家受到损害的地步。这种贫困化增长的情况大多发生在生产、出口初级产品的发展中大国,其出口量已占有世界该种初级产品出口量相当大的比重,而且世界其他国家对于该国这种初级产品的需求弹性很低,不会大量增加进口,因而该国继续大量生产并扩大出口,就将导致世界市场大大供过于求、价格大幅度下跌。面对持续下跌的国际价格,该国又缺乏结构调整的能力,强烈依赖于这种初级产品的出口来支持经济发展,即使贸易条件极为不利也不敢紧缩出口,甚至为保持一定的进口支付能力而不得不增加出口,最终导致出口量增加、贸易条件持续恶化、国民福利下降的后果。

咖啡生产和出口大国巴西的例子很清楚地说明了这个问题。如图5-8所示,增长前,巴西生产可能性曲线为AB,TT为国际价格线,表示制成品和咖啡的交换比例。该国在b点生产,出口gb数量的咖啡,进口cg数量的制成品,在c点消费。现在假定该国的生产要素大量增加,特别是生产咖啡的生产要素大量增加,使得该国生产咖啡的能力迅速提高,生产可能性曲线 AB 向外扩张成 $A'B'$,新的生产可能性曲线表明该国生产咖啡的能力增强了。这种情况促使它大量增加咖啡的出口,导致咖啡的国际价格大幅度下降。以 $T'T'$ 表示咖啡相对价格的降低。假设巴西在 b' 进行生产,该点表明,咖啡和制成品的产量都增加了,但咖啡增长更快。咖啡的大量增产导致出口增加,但由于咖啡相对价格的下降,换回的制成品的数量反而比增长前少。如图 5-8 所示,增长

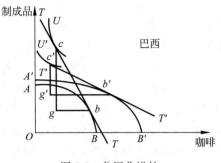

图 5-8 贫困化增长

后巴西出口 $g'b'$ 数量的咖啡,进口 $c'g'$ 数量的制成品,在 c' 点消费,消费水平反而低于增长前的 c 点。增长后贸易利益反而减少,这就是贫困化增长。

西方一些经济学家认为,贫困化增长发生需同时满足一系列条件:增长只发生在出口部门;一国极端缺乏产业结构调整的能力,以致新增资源只能进入出口部门;出口扩张减少进口竞争产品的生产;外国对本国所增长的出口产品的需求几乎无弹性。他们认为,这些条件很难同时满足,故贫困化增长发生的概率很小。但在某些特定行业,贫困化增长仍有可能发生。

二、技术进步对贸易条件的影响

(一) 技术进步的类型

技术是在商品和劳务生产中积累的知识、技巧和熟练程度。技术进步和技术创新意味着一定的投入量可以生产出更多的产品,或者说一定的产量只要较少的投入量就可以生产出来。技术进步提高了现存的劳动量和资本量的生产率,就像是在技术不变的情况下,增加了劳动的供给和资本的供给一样。

按英国经济学家约翰·希克斯(John Hicks)的定义,假定只有资本和劳动两种生产要素,生产劳动密集型、资本密集型两种商品,技术进步可分为三种类型。

(1) 中性技术进步。在这种类型的技术进步下,劳动和资本这两种生产要素的边际生产率以同比例增长,即在要素相对比率不变的情况下,生产相同数量的商品和劳务所需的资本、劳动以等比例下降,但产品中的要素密集度不变,即资本-劳动比率不变。如果用生产可能性曲线来表示,则整个国家的生产可能性曲线均衡地向右移动。图 5-9 说明了这种过程。

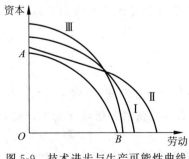

图 5-9 技术进步与生产可能性曲线

当生产要素总量一定时,原有技术条件下的生产可能性曲线为 AB。中性技术进步发生之后,单位产品的耗费降低,因而生产可能性曲线向外扩展为Ⅰ。

(2) 节约劳动型技术进步。在这种技术进步下,资本的边际生产率比劳动的边际生产率提高得快。在要素相对价格比率不变的情况下,将相对多用资本要素而少用劳动要素,即生产中一部分劳动将被

资本所替代,每单位劳动使用的资本增加,结果是所给定的产量能够用更少单位的劳动和资本生产出来,但资本-劳动比率提高了,即节约了劳动。节约劳动型技术进步能提高劳动密集型产品的产量。其生产可能性曲线如图5-9中Ⅱ所示。

（3）节约资本型技术进步。在这种技术进步下,劳动的边际生产率比资本的边际生产率提高得快,在要素相对价格比率不变的情况下,将相对多用劳动要素而少用资本要素,即生产中一部分资本将被劳动所替代,每单位资本使用了更多的劳动,结果是所给定的产量能够用更少单位的劳动和资本生产出来,但资本-劳动比率降低了,即节约了资本。节约资本型技术进步能提高资本密集型产品的产量。其生产可能性曲线如图5-9中Ⅲ所示。

（二）技术进步对贸易条件的影响

从上面的分析可以看出,技术进步产生了新的生产函数,也就是改变了原有的投入量和产出量的关系,提高了现有生产要素的生产率。这样,技术进步对国际贸易和贸易条件的影响就如同生产要素禀赋量的增加对国际贸易的影响。大体来说,节约了出口产品中密集使用的生产要素的技术进步,有助于该国贸易量的增加,但在其他情况不变时,会使该国的贸易条件恶化。相反,节约了进口竞争产品中密集使用的生产要素的技术进步,则会增加国内进口竞争产品的产量,从而减少了贸易量,如果其他情况不变,就会使该国的贸易条件得到改善。具体分析,技术进步对于贸易条件的影响可大致归纳为以下几种情况。

（1）节约劳动型技术进步会导致劳动密集型产品产量的增加。如果劳动密集型产品为出口产品,那就会因出口增加而可能导致国际市场供过于求、价格下跌,贸易条件趋向恶化;如果劳动密集型产品为进口竞争产品,则节约劳动型技术进步会导致该国进口减少,进口产品价格可能因此下跌,贸易条件趋向改善。

（2）节约资本型技术进步会导致资本密集型产品产量的增加。如果资本密集型产品为出口产品,那就会导致出口增加,有可能引起出口价格下跌而使贸易条件趋向恶化;如果资本密集型产品是进口竞争产品,那就会导致进口减少,有可能使贸易条件得到改善。

（3）中性技术进步会使得劳动密集型、资本密集型产品都增加,对一国贸易条件的影响主要看何种要素密集型产品为出口产品,其对贸易条件的影响可以根据上述两种情况加以具体推定。

当然,除了上面分析的因素外,贸易条件还受到该国对不同产品的需求弹性、供给弹性,以及外国对不同产品的需求弹性、供给弹性的影响,要综合考虑各方面因素才能作出判断。

三、商品结构与贸易条件

一个国家对外贸易的商品结构状况,是影响贸易条件的重要因素。一般来说,一国出口结构以工业制成品为主,贸易条件趋向改善,而一国出口结构过分依赖于初级产品,则贸易条件趋向恶化。

从需求方面看,随着经济发展和人均收入的增加,各种商品的需求量就会增加。但是不同商品需求增加的百分率是不同的。这可用需求的收入弹性来说明。需求的收入弹性是指对某种商品需求数量增加的百分率与引起这种需求变动的收入增加的百分率的比率。

我们用 e_{dy} 表示某种商品的需求收入弹性，$\Delta Q/Q$ 表示该种商品需求量增加的百分率，$\Delta Y/Y$ 表示引起这种需求变动的收入增加的百分率，则

$$e_{dy}=\frac{\Delta Q/Q}{\Delta Y/Y} \tag{5-5}$$

如果人们继续按相同的比例购买所有的商品和劳务，而不管其收入水平的变化，则所有商品的需求收入弹性就等于1。但事实并非如此。当收入增加时，某些商品占总需求的比重不断下降，如食品等生活必需品（其 $e_{dy}<1$）；而另一些商品占总需求的比重不断上升，如奢侈品（其 $e_{dy}>1$）。这种情况由德国19世纪经济学家、统计学家恩斯特·恩格尔（Ernst Engel）首先归纳和论证，被称为恩格尔定律或恩格尔法则。这个法则指出，如果物价和人口统计上的变量（家庭大小和组成）保持不变，收入增加会使花费在食品上的消费支出的比重减小。同理，在国际贸易中，工业制成品的需求收入弹性较高而初级产品的需求收入弹性较低。随着经济增长和人均收入水平的提高，需求会移向资本密集型产品、技术密集型产品，并使这类产品出口国享有提高产品相对价格、改善贸易条件的好处，而使那些初级产品和劳动密集型产品出口国的贸易条件恶化。

从上述分析不难得出结论：世界市场需求结构和国际贸易商品结构的变化决定了发达国家在国际竞争中处于有利地位，贸易条件趋于改善；发展中国家，特别是那些十分依赖初级产品出口的发展中国家，在国际贸易中处于不利的地位，贸易条件趋于恶化。事实上，发展中国家的初级产品，包括一般劳动密集型制成品与发达国家的工业制成品，尤其是高技术密集型产品的交换，在大多数情况下都是不等价交换，发展中国家的出口价格趋于下降，发达国家的出口价格趋于上升，从而发展中国家总的贸易条件是趋于恶化的。

四、贸易政策与贸易条件

近年来，一些发达经济体的贸易政策有逐渐向贸易保护主义转化的倾向，各国普遍运用一定的经济政策特别是外贸政策对进出口进行干预，以达到改善贸易条件的目的。

从理论上说，一国政府的经济政策在某种程度上能影响进出口价格的比率，从而有利于改善本国的贸易条件。从出口方面看，一个贸易大国能够利用其在世界市场上的垄断地位，影响本国出口产品的世界价格。当今不少国家都采取优惠政策措施，扶植本国的出口集团，如出口卡特尔、大型跨国公司等，以增强本国企业在国际市场上的影响力。从进口方面看，一国的进口需求会直接或间接地受到政府有关政策的影响，从而对进口商品的价格起到作用。一方面，不管经济制度的性质如何，政府总是最有支付能力的购买者之一，因此，一些国家政府总是通过各种技术措施，变相规定优先采购本国产品而又不违反世界贸易组织的规定，限制一些商品的过量进口，以防贸易条件恶化。另一方面，政府政策又能影响企业和个人的进口需求，如利用关税、非关税等措施有意识地限制某些商品的进口数量，引导进口商品的结构等。此外，政府还可以有目标地实施某些经济发展规划，以改变对外贸易格局等。这些都对一国的国际收支状况有很大影响。从长远看，这些因

素是决定一国贸易条件的基本力量。

在某些特定的场合,一国政府的关税政策甚至能直接改善本国的贸易条件。当代国际经济学研究了这种情形。征收进口关税会引起进口商品的国际价格和国内价格的变动,从而产生多方面的经济影响。但这种经济影响对一个小国和一个大国是不同的。

假定征收关税的是一个贸易小国,该国某种商品的进口量只占世界进口量的很小一部分。因此,该国的进口量变动不能影响世界市场价格,就好像是完全竞争的企业一样,只是价格的接受者。该国征收关税以后,进口商品国内价格上涨幅度等于关税税率,关税全部由进口国消费者负担。关税虽然会影响该国的生产、贸易、消费、收入分配方面的变动,但不会对该国的贸易条件造成影响。

如果进口国是一个贸易大国,即该国某种商品的进口量占了世界出口量的较大份额,那么该国进口量的调整就会影响世界市场价格。该国增加进口,将引起世界市场价格上涨;如果减少进口,世界市场价格就会下降。因此,大国征收关税会对该国的贸易条件产生影响。和小国一样,大国征收关税会引起进口商品国内价格上涨,那么,这里进口商品国内价格上涨的幅度是否也与小国一样总是等于关税税率呢?由于该进口国是个大国,它征收关税而引起价格上涨所必然导致的进口量的缩减相当大(假定该进口商品的需求价格弹性足够大),就可能迫使该商品的世界市场价格下降。这就是说,大国进口商品国内价格上涨的幅度不会等于关税税率,而是低于关税税率。大国征收关税,进口商品的国内价格上涨,同时,世界市场价格下跌,价格上涨部分和下跌部分加在一起才等于进口关税税额;大国进口商在进口商品时支付的进口关税,不是全部由进口国的消费者负担的,而是由进口国的消费者和出口国的生产者(通过出口商)共同负担的。大国向出口国转嫁了部分关税。

当然,大国能否将一部分关税转嫁给出口国,还要看具体商品的进口需求和出口供给状况。如果大国对一种进口商品的需求有较大的弹性,进口商品价格上涨,消费者立即大量减少消费或选择替代品,从而导致进口需求锐减,那就会迫使该种商品的世界市场价格下跌。进口需求弹性越大,就越能压低进口商品世界市场价格,将关税更多地转嫁给出口国。再从出口供给看,如果出口国的供给缺乏弹性,即使世界市场价格下跌,也无法削减生产或找不到替代市场,那么出口国就要更多地承受来自进口国转嫁过来的关税。

由于征收关税使得大国的进口商品价格下降,如果该国出口价格不变,那么就意味着该国的贸易条件得到了改善。

一般来说,小国从征收关税中遭受的福利净损失,永远等于保护成本,因为小国不能影响进口价格或世界价格。而大国征收关税对该国净福利的影响,则要把关税的保护成本与贸易条件改善而获得的利益相比较。如果该国贸易条件改善的利益超过关税保护的代价,则意味着从征收关税中获得了净利益;如果贸易条件改善利益与保护成本相等,那么该国从关税中既未获得利益,也未遭受损失;如果贸易条件改善的利益比保护成本小,那么该国就会从征收关税中遭受净损失。究竟是何种情况,要具体分析商品的进口需求弹性和出口供给弹性。

西方国际经济学认为,理论上存在一种最适当关税。所谓最适当关税,就是指通过改善贸易条件、克服由于减少贸易量而产生的负效应而使净福利达到最大化的关税。前面的分析表明,当一个大国对某种商品的进口需求量占到出口该商品国家的出口量相当大的比重时,那么它就成为一个垄断或者接近于垄断的购买者,从而具有影响进口价格的能力。该进口大国就可通过征收关税,迫使国际商品市场价格下跌,从而改善本国的贸易条件。虽然该大国征收关税会导致贸易量的下降,从而减少该国自身的福利,但贸易条件的改善又会增加该国的福利。如果该进口大国征收关税后,因贸易条件改善而增加的福利超过了因贸易量下降而损失的福利,那么,该国还是从征收关税中获得了净福利。

当然,最适当关税是从一个国家的角度来看的,没有考虑关税对其他国家(贸易伙伴)造成的福利影响,而且假定该进口大国征收关税不会招致其贸易伙伴的报复。事实上,若该进口大国征收关税而改善了贸易条件,但其贸易伙伴的贸易条件却因此而恶化了,贸易量也因此减少了,那么该贸易伙伴可能要采取报复措施并征收最适当关税,从而使双方受损。应该指出的是,当一国征收最适当关税时,即使其贸易伙伴不进行报复,征收关税的国家因此而获得的利益也比其贸易伙伴损失要小。尽管如此,对一个进口大国来说,最适当关税率还是存在的。

五、技术贸易与贸易条件

在当代,技术贸易发展迅速。特别是发展中国家,都把引进技术作为实现本国经济发展的一项重要政策。引进先进技术,可以提高现有生产要素的生产率,开发潜在的、闲置的生产要素,提高产量,生产更多的产品。那么,如果引进的技术用于出口部门,它将对该国的贸易条件产生什么影响呢?

如果引进的是偏向劳动密集型产品的技术,那么,为支付进口技术设备的费用,势必增加劳动密集型产品的出口。但如果世界市场上该类产品已经饱和,甚至供大于求,而有关国家又对劳动密集型产品进口实行保护壁垒措施(事实上如此),那么就会使本来就缺乏需求弹性的劳动密集型产品的出口变得更加困难。在这种情况下,试图通过引进偏向劳动密集型产品的技术,生产更多的劳动密集型产品以增加出口,势必导致世界市场价格的下降和贸易条件的恶化。

如果引进的是偏向资本密集型产品的技术,为支付进口技术及设备的费用,就要相应地增加出口。一般来说,与进口技术联系的是资本密集型产品、技术密集型产品的出口,或者相应地减少资本密集型产品、技术密集型产品的进口。很明显,进口替代的发展和对引进技术的消化、吸收以及创新,不仅可以改变进口结构,而且可以改变产业结构,从而改变出口商品的构成。可见,这是一种有利可图的技术引进。

综上所述,当代国际经济学从多侧面、多因素着手探讨了贸易条件的变动与贸易格局演变的关系,把注意力更多地放在贸易条件的变动对贸易利益分割的影响上,进而研究贸易条件的变动对一国经济发展和国民福利的影响,丰富和发展了贸易条件理论。

西方国际经济学关于贸易条件的理论,本质上是为发达国家的贸易实践服务的,其理论基础和体系也不完全是科学的。但是,它基本反映了国际贸易发展中的一些带有普遍性、规律性的东西,是内含科学成分较多的一种理论。在各国经济相互依赖、相互联系日益加强,国际关系相对平等化的今天,各种类型、不同经济发展阶段的国家若要加快经济发展,就不能不参与国际分工与贸易。但在国际竞争、国际交换中能否得到更多的利益,甚至避免受损,与一国的贸易条件关系甚大。因此,关于贸易条件的理论具有重要的参考价值。

第四节 关于不平等交换问题的理论

发展中国家在当代国际贸易中的作用不断加强。南北贸易即发展中国家与发达国家之间的贸易,是国际贸易的重要组成部分。据统计,经济合作与发展组织成员国对发展中国家的出口占其出口总值的40%。世界贸易组织在其年度报告中也一再指出,在推动全球贸易增长的诸多因素中,非经济合作与发展组织国家(地区)具有重要作用。

然而,南北贸易在迅速发展的同时,双方经济发展水平的差距却越拉越大,南方国家的贸易条件不断恶化。这引起了人们对南、北国家之间是否存在不平等交换及为什么会存在不平等交换问题的关注。

第二次世界大战后,国际经济学界曾发生以普雷维什为代表的发展经济学家和"正统"国际经济学家关于贸易条件的理论之争。普雷维什等人认为,由于贸易条件长期对发展中国家不利,所以国际贸易的利益实际上大部分为发达国家占有,也就是说,国际贸易利益在发达国家和发展中国家之间的分配是极其不平等的。在普雷维什看来,"中心-外围"式的世界政治和经济结构是造成发展中国家贸易条件恶化的根本原因。他的观点引起了国际经济学界的大争论。一些西方经济学家从经济结构、生产方式等经济内在因素系统地研究了发展中国家贸易条件恶化的原因,形成了一些有代表性的理论观点。

一、以普雷维什为代表的"中心-外围"论

早在20世纪50年代,一些拉丁美洲经济学家就提出依附理论,认为当今的国际经济体制是以发达国家为中心,控制着由发展中国家组成的外围地带。唯有中心国家才能够独立自主地发展,而外围地带只能顺应中心国家的发展而发展。这种依附关系在国际贸易方面则表现为贸易条件的长期恶化、经常性的国际收支逆差。阿根廷经济学家普雷维什和联合国经济专家汉斯·辛格(Hans Singer)赞同这个依附理论,并着重分析了发展中国家贸易条件长期恶化的原因和后果。

在他们之前,人们一般认为发展中国家出口的初级产品的价格相对于发达国家出口的制成品价格应不断上升,这是因为初级产品的生产依赖于自然资源等,这些资源的供给有限且具有报酬递减的趋势。而制成品生产则因规模经济作用,其成本不断下降,故价格应不断降低。但普雷维什考察了1870—1930年英国对外贸易的比价,发现发展中国家出口的初级产品的比价实际在下降。另外,在发达国家中,制造业劳动生产率的提高改善了劳动者的工资收入,增加了资本利润;而发展中国家初级产品劳动生产率的提高则只是降低了初级产品的国际价格。因此,新技术的运用和劳动生产率的提高,对发展中国家来说不是"福音",反而使其经济状况恶化。

对此,普雷维什从三个方面做了解释:①发达国家有着强大的工会组织,在经济繁荣时劳动者工资会上涨,而经济衰退时,由于工会的力量,工资也不至于下降。而发展中国家的工会组织一般都较弱。②发达国家有强大的垄断组织,它们可以操纵价格,从而保持

价格的高水平。而发展中国家的初级产品一般是在接近完全竞争的市场条件下进行交换的,因此,发展中国家劳动生产率的提高只能带来产品价格的降低。③从产品的需求收入弹性来看,初级品的需求收入弹性一般都小于1。随着发达国家收入的提高,它们对发展中国家产品的相对需求会越来越小。但与此相反,发展中国家生产力的增长又迅速扩大了初级产品的供给。其结果必然导致初级产品的国际价格下跌。

按照普雷维什的理论,如果各个国家根据资源分布和各自优势进行国际分工和贸易,发展中国家会因此而受损。发展中国家的技术改进与生产率的提高只能为发达国家提供更廉价的原料。因此,发展中国家要解决国际贸易中的不平等交换,唯一出路是实行工业化。普雷维什的理论为早期的进口替代发展战略奠定了理论基础。

关于"中心-外围"论,克鲁格曼还从规模经济、运输成本与新经济地理学的角度做了全新的发展。这也是他2008年独享诺贝尔经济学奖的原因之一。1979年,克鲁格曼提出了如下问题:如果过高的运输成本和其他障碍使得贸易无法进行时会出现什么状况?为此,他引入报酬递增中的生产要素流动。他指出在没有贸易的情形下,要素流动将替代贸易并导致集聚发生:劳动力将会集中于一个地区,至于移向哪个地区则取决于这个地区最初的人口规模。这成为新经济地理学中"中心-外围模型"的雏形。

20世纪80年代后期,规模经济和不完全竞争开始被纳入地理区位和贸易的一般均衡模型中,形成了新经济地理学或称空间经济学。在这方面最有影响力的当属克鲁格曼。1991年,克鲁格曼在《规模报酬和经济地理》一文中建立了一个"中心-外围模型",回答了为什么起初两个人口规模差不多的地区,一个地区的人口会向另一个地区流动、企业会迁移,最终一个地区变成了工业中心,另一个却成了农业外围地区。假设有两个地区,起初这两个地区的人口规模差不多。但是假定这种均衡偶然地被人口流动打破,从而使一个地区人口略大于另一个。如果本地市场效应与实际工资的影响足够强大,使人口多的国家和地区更能实现生产所需的最佳规模,从而使产品价格更低、实际支付的工资更高,就会造成劳动力进一步向人口多的国家和地区聚集。累积循环的过程、移民人口的不断增加和市场规模的不断扩大,最终使要素集聚的力量不断变得强大,并产生"瞬间突变",区域性的不平衡得以内生地形成,一个地区成了工业中心,另一个地区变成农业外围,"中心-外围"体系因此形成。"本国市场效应"所体现的较低的运输成本、较大的规模经济和较大的制造品份额,是生产要素向大的市场集中、工业中心得以维持的条件。这一模型的核心是企业愿意把生产区位选在最大的市场,从而节约销售运输成本。而市场的规模,依赖于居民的数量和收入水平。它可以通过市场进入效应和生活成本效应形成城市集聚,又会通过市场拥挤效应,使集聚在中心城市的企业竞争加剧、利润减少,迫使企业重新选择区位,搬迁到外围区域,形成"中心-外围模型"的逆转。

二、以辛格为代表的发展中国家贸易条件全面恶化论

20世纪80年代后期,辛格等人对发展中国家贸易条件恶化的问题做了进一步研究。他们发现,发展中国家贸易条件的恶化除了发生在发展中国家初级产品对发达国家制成品的贸易中外,还出现了两个新的趋向。

(1) 发展中国家初级产品贸易条件的恶化甚于发达国家初级产品贸易条件的恶化。联合国 2000 年 1 月发布的统计资料也证明了此点。1980—1999 年,发达国家和发展中国家的初级产品出口价格指数分别下降了 25% 和 58%。

(2) 发展中国家制成品贸易条件的恶化甚于发达国家制成品贸易条件的恶化。辛格等人通过部分发展中国家(地区)1965—1985 年制成品的贸易条件统计证明了这一点。

这说明,发展中国家在与发达国家贸易过程中的贸易条件恶化不仅表现在传统的初级产品对制成品贸易领域,而且表现在初级产品对初级产品、制成品对制成品贸易领域,发展中国家的贸易条件全面地恶化了。世界银行(World Bank)1997 年的统计资料也表明,1980—1995 年,低收入国家的商品贸易条件和收入贸易条件都呈下降趋势。如果以 1997 年为 100,那么这两项指标分别从 121 和 105 降至 91 和 89。这说明发展中国家试图通过进口替代、出口导向战略来改变对外贸易商品结构的努力,并不能彻底解决其贸易条件恶化问题,只是扩大了贸易条件恶化的范围。发展中国家的贸易条件存在长期恶化的趋势。[①]

辛格等经济学家将此归因于发展中国家普遍存在的债务负担。他们认为,20 世纪 80 年代国际借贷利率骤升加剧了许多发展中国家的债务负担,从而形成了扩大出口的压力。而一些国际经济组织则机械地套用小国模式,建议发展中国家效仿出口扩张的经济战略。但是,多数发展中债务国产业结构基本相似,出口产品差异性小,这使得小国模式下产品出口在国际市场上面临完全需求弹性的前提条件不复存在。结果,广大发展中国家竞相推动出口的努力导致国际市场产品供过于求,使得原先一国独自出口所得贸易利益因他国群起效仿而丧失。发展中债务国增加出口供给造成的价格倾销,不仅恶化自身贸易条件,且波及他国的贸易条件。由此,债务危机与贸易条件之间形成恶性循环:还本付息的压力迫使出口量增加并导致贸易条件恶化;贸易条件恶化又进一步加剧债务负担;贸易条件恶化造成的出口收入下降还将迫使债务国强制性压缩包括资本品和原材料在内的进口需求,而这势必降低生产能力,并最终阻碍出口增长。

这样,辛格等人将贸易条件恶化的范围从初级产品扩大到制成品,进一步强化了贫困化增长的概念。辛格在实际检验中发现,北方国家制造业劳动生产率的上升幅度显著高于南方国家,两者差距自 20 世纪 70 年代以来不断扩大。以净贸易条件衡量,南方贸易条件在恶化;若以要素贸易条件衡量,则恶化倾向更为严重。辛格等人指出,将边缘地区(南方)的出口产品更多地由初级产品转变为制成品并不能为相对于中心地区(北方)的贸易条件恶化提供一条真正的出路。

辛格等人 20 世纪 80 年代后期的研究成果虽然结论过于悲观,但在当代的国际贸易中,发达国家一直居于主导地位,攫取了国际贸易分工的主要利益,有时甚至采取损人利己的政策,发达国家与发展中国家之间收入差距不断扩大,甚至一些发展中国家日益被"边缘化",确实是不争的事实。这意味着发展中国家改善自己国际贸易分工地位的道路还很漫长,改变国际经济旧秩序的国际任务还很艰巨。

另外,特别需要强调的是,在当代知识经济迅速发展的情况下,发达国家占据人类主要的知识与技术财富,研究与开发实力雄厚,WTO 框架内对知识产权保护的加强又加大

---

① 董国辉."贸易条件恶化论"的论争与发展[J].南开经济研究,2001(3):11-14.

了发展中国家引进国外先进技术的成本。发展中国家如果不采取有效的经济发展战略，在未来制成品对发达国家知识产品的贸易中，贸易条件将进一步恶化。

三、伊曼纽尔的不平等工资理论

伊曼纽尔（Emmanuel）另辟蹊径，研究发达国家和发展中国家间的不平等交换问题。他认为，发达国家与发展中国家间的不平等交换主要来自双方的工资不平等。导致两者工资不平等的原因有两点：一是发达国家有不断扩大的工会组织，而发展中国家的工会不是不存在就是不起作用；二是在发达国家和发展中国家之间劳动力不能自由流动，而资本可以自由流动，因此资本的报酬在两种国家间应相等。他认为，发达国家强大的工会力量使其劳动者的工资保持在一个高水平上。这样一方面，发达国家的高工资形成了高消费，强大的消费需求又进一步刺激生产的扩大与技术的进步，从而带来经济增长的良性循环；另一方面，发展中国家的低工资导致贸易条件的恶化，使之处于越来越恶劣的贸易环境下。因此，他认为，为了改变国际贸易中的不平等现象，发展中国家应对出口产品征税，人为地提高初级产品的国际价格。①

四、芬德利的不平等交换与发展理论

20世纪80年代以后，随着国际贸易理论的新发展，以及人们对发展中国家和发达国家之间贸易特点认识的加深，经济学家开始用更严格的理论模型来解释国际贸易中的不平等交换问题，使这一问题的研究取得了新的发展。

1980年，美国哥伦比亚大学的罗纳德·芬德利（Ronald Findlay）教授在其论文《世界贸易中的贸易条件与均衡增长》中，把贸易条件的变化与国民经济发展速度联系起来。他运用罗伯特·索洛（Robert Solow）的新古典主义增长模型描述发达国家的经济发展，用威廉·阿瑟·刘易斯（William Arthur Lewis）的劳动力无限供给模型描述发展中国家的经济状况，还运用约翰逊的贸易条件理论把不平等贸易与经济增长联系起来。该文献集多家之长，开辟了不平等贸易问题的研究新思路。

芬德利的主要观点如下：从短期来看，国际贸易均衡取决于发达国家和发展中国家出口产品的供给与需求。发达国家的经济增长率取决于经过技术进步和劳动生产率调整的劳动力的增长率，即"自然增长率"。发展中国家的经济增长率则依赖于与发达国家的贸易比价，即贸易条件。若短期内对发展中国家出口产品的需求大于供给，其贸易条件会得到改善，发展中国家的经济也可快速增长；反之，则发展中国家的贸易条件会恶化，经济增长率也要下降。从长期来看，发达国家的技术进步或投资增长均能增加发达国家的人均收入，且不影响其贸易条件。但发展中国家的劳动生产率的提高或投资增长却可能引起贸易条件的恶化，最终导致人均收入下降。

西方经济学家对国际贸易中不平等问题的解释各有侧重，这些论述对于发展中国家对外贸易的发展具有多方面的启发意义。

---

① 汤敏，茅于轼.现代经济学前沿专题：第一集[M].北京：商务印书馆，1989：202-207.

本 章 小 结

本章在介绍有关国际贸易条件基本概念的基础上,分析了有关贸易条件决定的理论,并对发展中国家与发达国家的不平等交换问题进行了探讨。贸易条件所研究的实际上是贸易利益在贸易伙伴之间的分割问题。

由于贸易条件关系到贸易利益的分割,影响贸易参与国的经济发展与国民福利,西方经济学家对贸易条件问题的研究比较重视。最早对此问题加以研究的是穆勒。他在李嘉图比较成本理论的基础上进一步从需求的角度研究了均衡贸易条件即现实贸易条件的决定问题,得出了"国际需求方程式",并指出了相互需求强度对贸易利益分割的影响。在穆勒的基础上,马歇尔又进一步用提供曲线分析了均衡贸易条件的决定,使得关于贸易条件问题的研究更为精确。在他们之后,西方经济学家主要从供给的角度进一步分析了经济增长、技术进步、贸易商品结构、贸易政策和技术贸易对贸易格局及贸易条件的影响。在产品内分工情况下,贸易条件理论对贸易利益的分配的解释具有局限性。

对于发达国家与发展中国家之间的不平等交换问题,西方国际经济学家及一些发展中国家的发展经济学家则主要从实践的角度做了深入研究,提出了"中心-外围"论、发展中国家贸易条件全面恶化论、不平等工资理论、不平等交换与发展理论等学说。这些学说对于发展中国家在国际贸易中改进自己的贸易分工地位具有有益的启示。

复 习 思 考 题

一、名词解释

贸易条件 贸易条件指数 国际需求方程式 均衡贸易条件 提供曲线 罗勃津斯基定理 贫困化增长 节约劳动(资本)型技术进步 最适当关税

二、思考题

1. 相互需求原理的主要内容是什么?其理论上的贡献和局限性何在?
2. 什么是提供曲线?试说明提供曲线的转移及其经济效应。
3. 试述一国国内经济增长对贸易格局和贸易条件的影响。
4. 什么是贫困化增长?为什么会出现这种现象?
5. 如何分析国际贸易商品结构对贸易条件的影响?
6. 试述关税政策对一国贸易条件的影响。
7. 试述"中心-外围"论的主要内容。

三、案例分析

结合以下材料,分析在全球价值链分工条件下贸易条件理论的局限性,以及中国在全球价值链分工中的地位变化趋势。

全球价值链的秘密,藏在拆开的苹果手机里

经测算,iPhone 3G 的物料清单共计 178.96 美元,这就是该手机的生产成本。在 iPhone 3G 价值链中,中国工人承担了增加值最低的组装任务,从每部 iPhone 3G 的组装服务中获得 6.5 美元的收入,仅占 iPhone 3G 生产成本的 3.6%。由于所有的 iPhone 都是在中国组装的,按照目前的贸易统计规则,2009 年当富士康向美国运送一部 iPhone 3G 时,由于富士康是苹果公司的合同制造商,并不拥有 iPhone 3G 的所有权,所以申报的出口额为 178.96 美元,但中国从中获得的收入仅有 6.5 美元。2018 年,苹果推出了首款售价超过 1 000 美元的智能手机 iPhone X,其中的物料清单即手机的生产成本共计 409.25 美元。参与 iPhone X 价值链的中国企业,比参与 iPhone 3G 价值链的中国企业有显著增加。这些企业在 iPhone X 价值链上从事的工作的技术复杂性,也远远超出了简单的组装。根据价值拆解结果,中国所有参与 iPhone X 制造的企业,一共贡献了 104 美元的增加值,约占 iPhone X 总生产成本 409.25 美元的 25.4%。

资料来源:邢予青.中国出口之谜:解码"全球价值链"[M].上海:生活·读书·新知三联书店,2022:89.

即 测 即 练

第六章

国际贸易政策的理论分析

本章学习目标

1. 了解国际贸易政策及其演变；
2. 了解保护贸易理论及其发展；
3. 了解当代保护贸易发展新特点。

国际贸易是国家或地区之间商品和服务的交换活动。它与国内贸易的一个显著区别在于国际贸易是以国家或地区为单位的，国际贸易中的交换比率即贸易条件直接关系到一个国家或地区获取贸易利益的多少。因此，出于对本民族利益的考虑，各国政府几乎无一例外地要采取一定的政策措施来干预对外贸易。一国国际贸易政策的选择总是受一定理论指导的，本章主要分析国际贸易政策选择所依据的一般理论。

第一节 国际贸易政策及其演变

一、对外贸易政策的含义及其形式

（一）对外贸易政策的含义

国际贸易政策是各国或地区间进行商品和服务的交换时所采取的政策。国际贸易政策按其实施主体、实施范围的不同，可分为多边贸易政策、诸边贸易政策和一国的对外贸易政策。多边贸易政策是在全球范围实施的有关商品和服务交换的政策。诸边贸易政策是在两个以上的国家或国家集团间实施的政策。如果是两个国家间实施的则为双边贸易政策；地区间实施的则为区域贸易政策。从单个国家的角度出发，有关国际贸易的政策即一国的对外贸易政策。

对外贸易政策是指一定时期内一国对进口贸易和出口贸易所实行的政策。一般来说，对外贸易政策主要包括三个方面的内容：首先是对外贸易总政策，即一国在总体上采取的是相对自由的贸易政策还是保护贸易政策。对外贸易总政策通常与一国的经济发展战略相联系，会在一个较长的时期内实施。其次是商品进出口政策，如有意识地扶植某些出口部门，或暂时限制某些种类商品的输入等，它通常与该国的产业发展政策有关。最后是有关国别贸易的政策，即一国根据有关国际经济格局以及政治社会关系等，对不同的地区或国家制定不同的政策。在现实经济生活中，上述三个方面是交织的，比如商品进出口政策总是离不开对外贸易总政策的指导,而对外贸易总政策又不是纯粹抽象的东西,会通过具体的商品进出口政策来体现。

对外贸易政策是国内经济政策的延伸,与国内经济政策有着不可分割的内在联系。一般来说,一国的外贸政策的目的是维持国内的经济稳定和增长,保持国际收支平衡以及增加就业和劳动者的收入,这与一国的宏观经济目标基本一致。当然,外贸政策又和国内的经济政策有较大的区别,其制定要考虑国内外诸多因素,因此,外贸政策具有与国内经济政策诸多不同的特点。对此,我们将在下面做进一步的分析。

(二)对外贸易政策的两种基本形式

从对外贸易实践看,对外贸易政策可分为两种基本形式,即自由贸易政策和保护贸易政策。

自由贸易政策是指政府取消对进出口贸易的限制,不对本国商品和服务的进出口商提供各种特权和优待,力图消除各种贸易障碍,使商品和服务能够自由地输出和输入,在世界市场上实行自由竞争与合作,从而使资源得到最合理配置。自由贸易政策实质上是"不干预政策"。

保护贸易政策是指政府采取各种措施限制商品和服务的进口,以保护本国的产业和市场不受或少受外国的竞争。同时,政府对本国商品和服务的出口实行补贴与各种优待,以鼓励出口。保护贸易政策以增进本国、本民族利益为目的,其实质是"奖出限入"。实行保护贸易政策并不意味着完全封闭、不与别国开展贸易,而是对某些商品的保护程度高一些、对某些低一些,在保护国内生产者的同时维持与世界市场的联系。

需要指出的是,自由贸易政策和保护贸易政策都不是绝对的。一国实行自由贸易政策,并不意味着完全的自由。西方发达国家在标榜自由贸易的时候,总是或明或暗地对某些产业进行保护。例如,20世纪60年代以来,日本一直标榜自由贸易,积极参与签署绝大多数自由贸易协定。但日本同时采取各种国内措施、技术措施等对外国与本国存在竞争关系的产品或本国的劣势产业加以变相保护。日本的贸易专家也指出,如果日本取消有关技术限制措施,日本的纺织品、粮食进口将增加1倍。自由贸易口号往往是一种进攻的武器,即要求别国实行自由贸易。一般来说,只有贸易双方都同意开放市场,自由贸易政策才能付诸实施。

根据不同历史时期各国奉行保护贸易政策的目的、对象、范围和经济影响的不同,可以将保护贸易政策分为正当的保护贸易和不正当的保护贸易(即保护主义)。

正当的保护贸易是指在国际竞争中,经济实力相对弱小的国家采取适当措施保护本国某些新兴工业部门和有利于国民经济发展的部门,以促进整体经济的平稳发展。这种保护有助于弱小国家的经济发展。经济发展起来了,也有助于增加与国外进行贸易的机会,因而对世界经济的发展也有积极的促进作用。同时,由于这些国家在世界经济中处于弱势,其保护贸易政策的实施不会改变国际贸易的政策方向。因此,它在一定程度上是合理的。

不正当的保护贸易即保护主义,是指经济发达国家特别是在世界经济中居主导地位的某些国家,出于维护本国特定利益集团的利益甚至是社会政治利益(如选举政治)的需要,对本国垄断势力较强的某些衰退行业和传统生产部门、影响选举投票的部门等所实行的保护。它对经济发展起着阻碍作用,其表现有二:一是由于保护的是垄断的衰退行业和传统行业,保护的目的是维护该行业或部门垄断集团利益,因而保护程度往往较高,对该国经济结构调整阻碍较大;二是实行这种保护主义的常常是在世界经济中实力较强的国家,它们能够影响世界贸易政策的发展方向,使之偏向保护主义,从而阻碍世界经济贸易的发展,恶化全球贸易关系。这是一种以邻为壑的贸易保护政策,理应反对。2001年日本出于选举政治的需要对进口蔬菜的限制;2002年4月,美国执政的共和党政府出于保护本国钢铁集团利益、争取钢铁工人选票的需要而对进口的外国钢铁制品加征30%~40%特别关税的行为,都属于这种性质的保护主义。

总之,一个国家实行哪种形式的对外贸易政策是由国内和国外多种因素决定的,根本上都是为了更好地维护本国利益。

二、对外贸易政策的制定与执行

(一) 对外贸易政策制定与执行的组织框架

在西方发达国家,对外贸易政策是按照分权制衡的原则来制定和实施的。具体来说,就是通过国家立法机构制定或修改对外贸易政策,而由有关的行政机构来监督和管理对外贸易。

西方发达国家的最高立法机构在外贸政策方面也是最高权威机构。这类立法机构在美国是国会、在英国是议会、在法国是国民议会、在德国是联邦议会。这些拥有立法权的机构制定、修改、通过和颁布与对外贸易有关的各种法令。一般而言,这些法令是该国较长的一段时期内要实行的对外贸易的总方针和基本原则,规定某些重要的措施和授予行政机构特定的权限。例如,美国国会就授权总统在一定范围内可制定对外贸易的政策,进行外贸谈判,以至增减关税等。

立法机构在制定和修改有关外贸的法令之前,一般都要广泛地征求意见。因此,美国等国家出现了职业的"院外议员",他们是各种利益集团雇用来游说国会议员的。有关外贸法令与政策的讨论往往引起人们广泛的注意。

外贸政策的具体实施过程则由行政机构负责,政府部门根据有关的法令来制定具体的实施细则。例如,制定海关法令,通过海关对进出口贸易进行监督管理;设立各种促进出口和管理进口的行政机构;以政府名义参与各种和国际贸易有关的国际机构与组织,进行与国际贸易有关问题和政策的协调与谈判等。

(二) 对外贸易政策制定的影响因素

(1) 经济力量的强弱。一般来说,经济比较发达、国际竞争力较强的国家,总体上倾向于自由贸易政策,主张在世界范围内进行自由竞争与合作;反之则倾向于保护贸易政策,对外贸加以诸多限制。一国国际竞争力相对地位的变化,也会影响贸易政策的选择。

(2) 经济发展战略的选择。经济发展战略总体上可分为外向型与内向型两类。采取外向型经济发展战略的国家往往会制定比较开放和自由的外贸政策。对外贸易对一个国家的经济发展越重要,该国就越会主张在世界范围内进行竞争和合作。相反,实施内向型经济发展战略的国家往往会制定相对保护的外贸政策。一个国家特定的产业发展战略也会影响与该产业有关的贸易政策。例如,如果一国要重点发展某一产业,且该产业在国际竞争中处于相对劣势,则其贸易政策保护色彩可能较浓。

(3) 国际政治经济环境和一国的外交政策。外贸政策和外交政策关系密切,两者之间存在互相服务、互相促进的关系。在某些场合,对外贸易要服从外交上的需要。而在更多的场合,外交是为外贸打通道路、提供保护的。当今许多国家都奉行经济外交战略,或把经济交往作为达到政治目标的一种手段。

(三) 对外贸易政策对不同利益集团的影响

从局部均衡角度分析,对外贸易对不同利益集团利益的影响是不一样的,不同利益集团对外贸政策的需求偏好也大相径庭。

下面我们以小国为例,从局部均衡角度分析自由贸易条件下一国的出口与进口对国内不同利益集团及其外贸政策的影响。所谓贸易小国或者大国,不是以其地域面积、人口多寡作为划分依据的,而是以一国的贸易量占世界贸易的比重来衡量的。对出口而言,如果一国某种商品的出口量占世界出口总量的比重较小,其出口量的变化不能影响国际市场价格,则该国在该种产品上是出口小国。相反,如果一国某种商品的出口量占世界出口总量的比重较大,如中国的蜂蜜、钨矿砂等,其出口量的变化将会影响国际市场价格,则该国在该种产品上是出口大国。对进口而言,如果一国某种商品的进口量占世界进口总量的比重较小,其进口量的变化不能影响国际市场价格,则该国在该种产品上是进口小国。相反,如果一国某种商品的进口量占世界进口总量的比重较大,其进口量的变化将会影响国际市场价格,则该国在该种产品上是进口大国。可见,贸易小国是国际市场价格的接受者,贸易大国则能影响甚至决定国际市场某种产品的价格。

1. 一国的出口对国内不同利益集团的影响

以图 6-1 为例。在图中,横轴代表商品数量,纵轴代表商品的价格,D 代表该国国内的需求曲线,S 代表该国国内厂商的供给曲线,E 是封闭状态下的国内供求均衡点,OQ_e 是均衡的供求量,P_e 是均衡价格,P_f 为该种商品的国际市场价格。由于该种商品的国际市场价格高于该国国内均衡价格,故该国是该商品的出口国。现假设该国实行自由贸易,如果不计运输成本等费用,则其国内市场价格将与国际市场价格一致,国内价格也变为 P_f。这对国内消费者和生产者将分别产生什么影响呢?

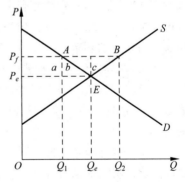

图 6-1 一国出口对国内不同利益集团的影响

首先,对国内消费者而言,价格由 P_e 变为 P_f 后,其消费量将由原先的 OQ_e 减少为 OQ_1,减少了 Q_1Q_e;消费者剩余减少了 $a+b$,其中 a 部分是由于自由贸易,国内市场价格与国际市场价格接轨后消费者增加的支出,b 部分是由于消费者因价格提高压缩消费而损失的剩余。

其次，对国内生产者而言，在自由贸易条件下价格由 P_e 变为 P_f 后，其产量将由原先的 OQ_e 增加到 OQ_2，增加了 Q_eQ_2；生产者剩余增加了 $a+b+c$ 部分，其中，$a+b$ 及 c 的左半部是国内价格与国际价格接轨后生产者相对于以前增加的收益，c 的右半部分是由于增加的产量而获得的剩余。厂商生产大于国内需求的部分 Q_1Q_2 用于出口。

可见，从封闭转向自由贸易，出口小国的国内价格将因与国际市场价格接轨而提高，国内消费者不仅压缩消费，还要向国内厂商支付更高的价格，减少的消费者剩余转变为出口厂商的生产者剩余；出口厂商则因为价格的提高而增加产量，并获取更多的生产者剩余。不仅如此，与出口厂商配套的国内其他厂商也将从中收益。因此，局部均衡条件下，一国的出口将使国内消费者受损，出口商及其配套厂商即出口集团受益。

2. 一国的进口对国内不同利益集团的影响

以图 6-2 为例。与图 6-1 相似，图中横轴代表商品数量，纵轴代表商品的价格，D 代表该国国内的需求曲线，S 代表该国国内厂商的供给曲线，E 是封闭状态下的国内供求均衡点，OQ_e 是均衡的供求量，P_e 是均衡价格，P_f 为该种商品的国际市场价格。由于该种商品的国际市场价格低于该国国内均衡价格，若实行自由贸易，该国则是该商品的进口国。与前面的分析一样，现假设该国实行自由贸易，如果不计运输成本等费用，则其国内市场价格将与国际市场价格相一致，国内价格也变为 P_f。在此价格下，国内需求为 OQ_2，国内生产为 OQ_1，OQ_2 大于 OQ_1 部分的 Q_1Q_2 由进口来满

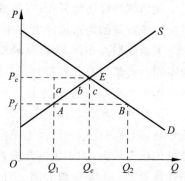

图 6-2 一国的进口对国内不同利益集团的影响

足。那进口对国内消费者和生产者产生的影响与出口有什么不同呢？

首先，对国内消费者而言，价格由 P_e 变为 P_f 后，其消费量将由原先的 OQ_e 增加为 OQ_2，增加了 Q_eQ_2；消费者剩余增加了 $a+b+c$，其中 $a+b$ 部分是由于自由贸易，国内市场价格与国际市场价格接轨后消费者减少的支出，c 部分是由于消费者因价格降低增加消费而增加的剩余。

其次，对国内生产者即进口竞争厂商而言，在价格由 P_e 降为 P_f 后，其产量将由原先的 OQ_e 减少到 OQ_1，减少了 Q_1Q_e；生产者剩余减少 a 部分，其中，a 的左半部是国内价格与国际价格接轨后，生产者相对以前减少的收益，右半部分是由于产量减少而损失的剩余。

可见，从封闭转向自由贸易，进口小国的国内价格将因与国际市场价格接轨而降低，国内消费者将增加消费，同时向国内厂商支付较低的价格，消费者剩余增加；进口竞争厂商则因为价格的降低而减少产量，市场份额下降，生产者剩余减少。不仅如此，与进口竞争厂商配套的国内其他厂商也将因进口竞争厂商市场份额的下降而受损。因此，局部均衡条件下，一国的进口将使国内消费者受益，进口竞争厂商及其配套厂商即进口竞争集团将因此受损。

以上分析表明，国际贸易在总体上增加贸易国利益的同时，会在国内不同的利益集团间产生利益再分配，不同利益集团从国际贸易中获得的损益进而对外贸政策的需求偏好

也各不相同。具体来说,一国的出口集团以及获得商业利益的进出口贸易商总是倾向于自由贸易政策;进口竞争集团则往往倾向于保护贸易政策。对于消费者则要具体分析:自由出口对消费者不利,它将消费者剩余的一部分转化为生产者剩余;自由进口则对消费者有利,它不仅增加了商品供给、降低了价格,还增加了消费者选择的机会,增强了消费者主权。因此,消费者应该是主张自由进口贸易政策的。一般而言,在利益集团对外贸政策的影响中,起主导作用的主要是出口集团和进口竞争集团,消费者集团的利益往往被忽视。其原因有二:一是一项贸易政策的损益分摊到众多消费者身上,他们往往不能明显感受到;而出口集团和进口竞争集团则相反。二是消费者分散在全国各地,难以进行有效组织,消费者有时进行游说的成本可能高于收益;而出口集团和进口竞争集团则往往可以通过行业协会得到良好的组织。

需要指出的是,虽然各国采取的贸易政策措施大都是从本国国情、不同利益集团的诉求及其力量对比出发的,但在世界经济相互依赖、相互联系日益加强的今天,一味采取"以邻为壑"的政策,很难行得通。如果每个国家都只从自己的利益出发来制定和实施贸易政策,那么国际贸易就会陷入无序和混乱状态,各国贸易分工的基础将会受到破坏。一项对其他国绝对不利的贸易政策很难长期地起到对本国绝对有利的作用,因为这个国家的外贸政策必然遭到其贸易伙伴的报复。由此看来,一国外贸政策的制定固然是从本国和本民族利益出发的,但也要考虑到他国的利益,这样才能使互利性的贸易长远发展。实践证明,各国制定外贸政策的"天平"总是倾向于本国利益,因此,要真正体现互惠互利,就必须有贸易政策的国际协调,以使贸易遵循某些共同的"竞赛规则"。贸易政策的国际协调要求把各国的外贸政策当作世界贸易总体政策的不同组成部分,考虑到各方利益。关税及贸易总协定就是协调各国(地区)贸易政策的一项多边贸易协定,1995年为世界贸易组织所代替。因此,一国外贸政策的制定不能不考虑其他国家的利益,不能不考虑国际规则。这是外贸政策的一个重要特点。

总之,一国选择什么样的外贸政策,不仅取决于国内因素,还受制于某些共同的原则和国际规则。既要积极参与国际贸易分工,又要把获取贸易分工利益的代价降到最低限度,是各国制定外贸政策的出发点。

三、对外贸易政策的演变

在国际贸易形成和发展的不同阶段,西方国家对外贸易政策有明显的不同。外贸政策的演变一定程度上反映了经济发展过程的要求。

(一)中世纪时期:鼓励进口的政策

封建时代的对外贸易政策与资本主义时代不一样,11—13世纪,西欧各国大都奉行鼓励进口、限制甚至禁止出口的政策,这是与当时许多国家的物资短缺情况相适应的。农业社会的总供给相当有限。鼓励进口的政策是出于这样几个方面的考虑:第一,维持国内生活必需品的供给,特别是粮食的供应。这种想法被称为"丰裕的政策",导致许多国家的政府采取措施来鼓励粮食和其他必需品的输入,严格限制出口。第二,建立强大的军事力量。这促使许多国家竞相贮藏各种战略物资,如木材、生铁、硝石、马匹等,而对这类物资的出口则加以限制。第三,增加财政收入。一方面,政府对外来的商人和进口货物征税;另一方面也对出口货物征税,对外贸易成为财政收入的主要来源之一。总的说来,这一时期西欧国家主要是在进口方面相互竞争,各国普遍设立市场、集市和中心贸易城镇来吸引外国商人。

(二)资本主义生产方式准备时期:贸易保护政策

16—18 世纪是资本主义生产方式准备时期,也是西欧各国开始走向世界市场的时期。在这一时期,为了促进资本的原始积累,西欧各国在重商主义思想的影响下,实行强制性的贸易保护政策,通过限制货币(贵金属)的输出和扩大贸易顺差的办法来积累财富。重商主义最早出现于意大利,后来在西班牙、葡萄牙和荷兰实行,英国、法国和德国也先后实施,其中英国实行得最彻底。对此,将在本章第二节加以详细分析。

(三)资本主义自由竞争时期:自由贸易政策

在资本主义自由竞争时期,资本主义生产方式占统治地位,自由贸易政策是这一时期国际贸易政策的基调。自由贸易的政策主张是从 18 世纪末开始形成的,19 世纪 70 年代达到高峰。

由于各国资本主义发展的不平衡,西方国家在这一时期实行的贸易政策有差别。最早完成工业革命的英国和航海业发达的荷兰是全面实行自由贸易政策的国家。这一时期英国采取的自由贸易政策措施主要有以下几点。

(1)逐步降低关税税率,减少纳税的商品项目和简化税法。在重商主义时期,英国有关关税的法令在 1 000 件以上,不同的法令经常对同一商品规定不同的税率。1825 年,英国开始简化税法、降低税率,对制成品进口税的平均税率规定在 30% 左右,原料进口税为 20%,而对出口的限制大部分废除。1841 年英国征收进口税的商品项目有 1 163 种,1853 年减少到 466 种,1882 年再减至 20 种。而禁止出口的法令都被废除了。

(2)取消外贸公司的特权,对广大私营企业开放外贸经营领域。1813 年和 1834 年,英国先后废止了东印度公司对印度和中国贸易的垄断权,从此对外贸易向所有英国人开放。

(3)废除航海法。从 1824 年起,英国在与其他国家订立的贸易条约中,逐步放松了对外国船只运输商品到英国的限制,最后于 1854 年把外贸商品的运输开放给一切国家。

(4)与外国签订贸易条约。1860 年,英、法两国签订了《科伯登条约》,这是以自由贸易精神签订的第一项贸易条约,其中列有最惠国条款。条约规定英国对法国的葡萄酒和烧酒降低进口税,并承诺不禁止煤炭的输出。法国则把对英国制成品的关税降至 30% 以下。随后英国又与其他国家缔结了一系列这种形式的条约。在这个时候,欧洲各国形成了一张完整的贸易条约网。

与此同时,一些后进的资本主义国家如美国和德国等,由于经济发展起步较晚,则先实行一段时期的贸易保护政策,待本国经济有了较大发展之后,才转向自由贸易政策。但从总体上说,资本主义自由竞争时期,西方国家的对外贸易政策是以自由贸易为特征的。

(四) 第二次世界大战前的垄断资本主义时期：超保护贸易政策

当垄断代替了自由竞争以后，市场问题日益尖锐。各主要资本主义国家纷纷转向侵略性的保护贸易政策。这种政策与以前的保护贸易政策有明显的不同：它不是保护国内的幼稚工业，而是保护国内高度发展起来或正出现衰落的垄断工业；它不是为了培养自由竞争的能力，而是巩固和加强对国内外市场的垄断；它不是防御性地限制进口，而是在垄断国内市场的基础上向国外市场进攻；它的保护措施不只限于关税和贸易条约，还广泛采用各种非关税壁垒(non-tariff barriers)和奖出限入的措施。简而言之，保护政策成为争夺世界市场的手段，成为攻击而不是防卫的武器。因此，这种侵略性的贸易保护政策又称超保护贸易政策。

从19世纪70年代末到20世纪30年代，资本主义世界出现过两次保护主义的浪潮。

第一次保护主义浪潮是1875年前后开始，除比利时、荷兰和美国之外，西方工业国家都较大幅度地提高了关税。德国在这方面起了带头作用，它在1879年首先提高进口关税，随后又于1885年、1887年、1902年连续三次提高关税，使农产品的平均进口税率达到36%，工业品达到25%。大约同一时期，法国也连续三次修订关税。英国在这一时期却仍然奉行自由贸易的政策，因为英国内部的垄断形成较晚，伦敦是国际贸易和国际金融的中心，又拥有广大的殖民地，实行自由贸易比较有利。然而在保护主义浪潮的冲击下，英国也不得不逐步扩大关税的征收范围。

这次保护主义势头形成的主要原因有：首先，垄断资本的发展一方面表明生产力有了较大的发展，另一方面使各国的内部市场受到了垄断企业的控制。市场饱和的矛盾日益突出，垄断企业迫使政府加强了对国际贸易的干预。其次，世界经济进入一个相对缓慢的增长时期，需求不足，各国的发展又很不平衡，导致许多国家实行保护主义政策。最后，竞争的对手增加。这一时期进入世界市场竞争的国家更多了，如西欧国家普遍感到农产品方面竞争不过俄国、美洲国家等。

第二次保护主义浪潮是在1929年的世界大危机之后。空前严重的经济萧条使市场问题进一步尖锐化，导致许多国家大幅提高关税，并广泛采用外汇管制、数量限制等手段，阻止外国商品的输入。另外，英国和德国等都加强了奖励出口的政策。在激烈的商品战中，各国政府在对外贸易方面无所不用其极，禁止性关税、外汇战争等纷纷登场。1930年，美国把关税税率首先提升到极高的水平，进口商品的平均税率达53.2%，由此引发世界主要国家间的一场关税战。与此同时，世界主要国家间也爆发了一场货币战，1931年英国放弃金本位之后先后形成了几个排他性的货币集团，如英镑集团、德国双边清算集团等。国际经济中各种矛盾激化是第二次世界大战爆发的重要原因之一。

(五) 2008年后金融危机时期：贸易保护政策新发展

2008年发端于美国的次贷危机最终演变为全球金融危机。从本质上看，这一轮金融危机是世界经济长周期规律作用的结果，即前一轮技术革命和产业革命所形成的推动经济全球化发展动能基本衰竭，而新一轮技术革命和产业革命尚在孕育之中。由于中国的崛起，贸易格局发生了"东升西降"的变化，西方在前一轮经济全球化发展过程中积累的问题集中爆发,逆全球化思潮抬头,单边主义、保护主义明显上升,贸易保护政策出现了新特点。

(1) 基于所谓"公平贸易"的贸易保护政策。经济全球化虽然总体对各方有益,但并非对所有人都有利。收入分配失衡问题是经济全球化进程中出现和积累的突出矛盾之一。比如,在收入分配里,越来越多的收入给了资本,而不是劳动。根据法国经济学家皮凯迪 2018 年的研究,超过 70% 的财富由整个社会里面收入最高的 10% 的群体所把持。而根据 2021 年美国财政部的一项研究,2/3 的财富被整个社会里收入最高的 10% 的群体所把持。收入分配不公平很容易让一个国家的贸易政策走向民粹主义。另外就是主要经济体之间的贸易不平衡,美国奥巴马、特朗普、拜登政府先后对中国采取了一系列的贸易保护主义措施,但到 2021 年,美国对中国的贸易逆差仍然达到了 3 900 亿美元,占整个美国贸易逆差的 1/3。美国内部收入分配的失衡,以及它与其他国家的贸易不平衡,使得它越来越强调所谓的公平贸易,而不是自由贸易。由于所谓的"公平贸易"无视形成的历史背景和各国的差异性,否认现行国际贸易秩序有合理性的一面,认为现有的国际贸易治理秩序越来越不符合西方发达国家利益,抛弃了 WTO 的公平贸易观,进而抛出了一种扭曲的、向西方发达国家绝对标准看齐的"公平贸易观",因此本质上属于贸易保护主义。

(2) 基于所谓"安全化贸易"的贸易保护政策。在以往各种多边的贸易谈判中,都是基于推动贸易便利化而开展的。但 2008 年全球金融危机后,尤其是世纪疫情之后,安全越来越成为各种谈判或贸易协定(trade agreement)的主要议题。以前的产业链、供应链安排追求的是效率。近年来,发达经济体产业链、供应链的安排更加注重安全因素。拜登在他 2021 年的一个行政命令里就提出,要有一个有韧性的、多元化和安全的供应链。这也就意味着国际贸易不再以效率为首要目标,而是强调兼顾安全甚至是安全优先,并由此导致安全议题被泛化和滥用,成为贸易保护主义的口实。

(3) 基于所谓"价值观贸易"的贸易保护政策。美国、欧盟、日本,还有印度,都在尝试建立所谓的"价值观贸易"。比如,美国推出的所谓"印太经济框架",声称要建立自由、开放、包容的新秩序,但究其本质,是美国试图把经济事务也政治化、武器化,甚至意识形态化,把正常的商品贸易用是否符合美式价值观来衡量,倡导基于"价值观贸易",构筑"小院高墙",实施贸易保护主义。

这些贸易保护主义新表现违背了基本经济规律,给自由市场戴上镣铐,与优势互补、互利共赢的经济全球化潮流背道而驰。

第二节 保护贸易政策理论的演进

自由贸易政策和保护贸易政策的选择都有各自的理论基础。自由贸易政策的理论基础是国际贸易分工理论,对此已在第三章做了详细分析。本章对国际贸易政策的理论分析实际上是对保护贸易政策理论的分析。

西方国际贸易理论的发展是以自由贸易理论为主线的,但是,西方国际贸易理论史上最早的学说——重商主义,却是典型的保护贸易理论。其后经亚历山大·汉密尔顿(Alexander Hamilton),由弗里德里希·李斯特(Friedrich List)创立了完整意义上的保护贸易理论。在当代,保护贸易理论在新的历史条件下又得到了多方面的发展。

一、重商主义的保护贸易学说和政策主张

(一) 重商主义的保护贸易学说

重商主义是15—17世纪欧洲资本原始积累时期代表商业资本利益的经济思想和政策体系。重商主义者认为,货币是财富的唯一形态,一切经济活动的目的就是获取金银货币,一国金银货币拥有量多寡反映了该国的富裕程度和国力的强弱。那么,怎样才能尽可能多地获取金银货币呢?重商主义者认为,除了开采金银矿藏外,只有发展对外贸易才是增加一国货币财富的真正源泉。因此,所谓重商主义,实际上是重国际贸易主义。

很明显,要通过对外贸易来积累金银货币财富,就必须保持贸易顺差。重商主义者在国际贸易学说史上首创了国际贸易收支差额理论,并着重分析了这个问题。重商主义者认为,在金属货币时代,只有发生贸易顺差,才能使外国的金银财富流入国内。他们还认为,只有通过对外贸易使金银货币发生净流入,才算是获得了贸易利益。

重商主义经历了两个发展阶段:大约从15世纪到16世纪中叶为早期重商主义阶段;16世纪下半叶至17世纪为晚期重商主义阶段。

早期重商主义者主张国家采用行政或法律手段禁止货币出口以防止货币外流。在对外贸易上反对进口,鼓励出口,多卖少买,最好是只卖不买,以便既保有国内原有的货币又增加从国外输入的货币。由于早期重商主义学说把眼光盯在货币收支上,因此又称重货币主义、重金主义或货币差额论。

晚期重商主义者则和以"守财奴"眼光看待货币的早期重商主义者不同,他们已经能用资本家的眼光看待货币,认识到货币只有在运动中、在流通中才能增值。因此,晚期重商主义者不反对对外贸易,不但主张多卖,而且主张多买,以扩大对外贸易。但是有一个底线必须守住,即一定要保持贸易顺差,以使金银的净流入成为可能。所以,后期的重商主义被称为"贸易差额论",是名副其实的重商(即重国际贸易)主义。

(二) 重商主义者的政策主张

重商主义者根据自己对财富和贸易的理解,提出了一系列关于贸易政策方面的主张。可以说,重商主义对后世的深远影响,与其说是理论方面的"成就",倒不如说是外贸政策方面的主张。由于当时西欧各国的具体情况不同,各国所奉行的政策也不尽一致,但综观这些政策,都有一个特点,即都属于奖出限入的贸易保护政策。这些政策措施主要有以下几个方面。

(1) 由国家管制对外贸易的政策。一是管制金银货币。早期重商主义者严禁金银出口,这个禁令流行于16—17世纪的西班牙、葡萄牙、荷兰、英国、法国等国。西班牙执行最久,也最严格,输出金银币或金银块者甚至可以判处死刑。政府还通过法令规定外国商人必须将出售货物所得的全部金银用于购买当地商品,以避免金银外流。二是实行对外贸易的垄断。例如葡萄牙和西班牙在16世纪实行的贸易垄断。葡萄牙国王直接掌握并垄断对东方的贸易。西班牙则垄断它和美洲殖民地的贸易,不许外国人插手经营。1600年,英国给予东印度公司贸易独占经营权,以发展并控制其海外殖民地的贸易。三是制定发

展本国航运业的法律,禁止外国船只从事本国沿海航运和本土与殖民地之间的航运。

(2)奖出限入的政策。为了实现贸易顺差,重商主义者大都提倡奖出限入政策。反对进口奢侈品,对一般制成品的进口也采取严格的限制政策,对进口货无一例外地征收重税,往往高到使人不能购买的地步。但对原料则免税进口。在出口方面,重商主义者主张阻止原料或半成品出口,奖励制成品出口,对本国商品的出口给予津贴,降低或免除对一些商品的出口关税。实行出口退税,即对出口商品的原料所征捐税,当出口后,把原征税退给出口厂商。例如在英国,如果本国货在国际或国内不能与外国货竞争,可以退还对原料征收的税款,必要时国家给予津贴。

(3)管制本国工业,鼓励和扶植幼弱工业的政策。重商主义者主张政府对本国工业的发展进行严格管制,并采取包括保护关税等措施来扶植本国幼弱工业的发展,以达到实现贸易顺差的目的。根据当时的制造业还是以手工劳动为主的情况,重商主义者提出了鼓励工业发展的一些具体建议,比如奖励增加人口,以增加劳动力的供应;实行低工资政策以降低生产成本;高薪聘请外国工匠,禁止本国熟练技工外流和工具设备的出口;给本国工场手工业者发放贷款和提供各种优惠条件以扶持工业发展。

(三)对重商主义的评价

不难看出,重商主义的理论体系和政策主张,属于保护贸易的范畴。重商主义的学说是建立在对国际贸易作用的错误看法基础上的。它把货币看作财富的唯一形态,认为开展对外贸易的目的就是获取金银货币,而通过对外贸易,并不能使双方互利,一方之所得必然是另一方之所失。因此,重商主义的保护贸易政策也必然是以损人利己为目的的奖出限入。重商主义的保护贸易学说,财政思想重于经济思想,一心只想着通过对外贸易积累货币财富。这是重商主义者只注重考察流通领域而忽略生产领域所必然出现的现象。

重商主义的理论和政策在历史上曾起过进步作用。这种理论和政策促进了资本的原始积累,推动了资本主义生产方式的发展。马克思对重商主义的保护贸易政策曾经有这样的评价:"保护关税制度是制造工厂主剥夺独立劳动者、使国民的生产资料和生活资料变成资本、强行缩短从旧生产方式向现代生产方式过渡的一种人为手段。"[①]不仅如此,重商主义的思想和政策主张一直影响后世的经济学家和各国的对外贸易政策。人们从凯恩斯主义的外贸理论和政策主张中,从当代日本等发达国家的外贸政策中,不难窥见重商主义思想的影子。

二、汉密尔顿的保护关税思想

汉密尔顿是美国独立后第一任财政部部长。当时,美国在政治上虽然独立,但经济上仍属殖民地经济形态,国内产业结构以农业为主,工业方面仅限于农产品加工和手工业品的制造,处于十分落后的水平。美国北方工业资产阶级要求实行保护关税政策,以独立地发展本国的经济。南部种植园主则仍主张实行自由贸易政策,继续向英国、法国、荷兰等

---

① 马克思,恩格斯.马克思恩格斯全集:第28卷[M].北京:人民出版社,2018:540.

国出售小麦、棉花、烟草、木材等农林产品,用以交换这些国家的工业品。①

汉密尔顿提出《关于制造业的报告》时,自由贸易学说仍在美国占上风,因而他的主张遭到不小的反对。随着英、法等国工业革命的不断发展,美国的工业遇到了来自国外越来越强有力的竞争和挑战,汉密尔顿的主张才在美国的贸易政策上得到反映。1816年,美国提高了制造品进口关税,这是美国第一次实行以保护为目的的关税政策。1828年,美国再度加强保护措施,工业制造品平均税率(从价税)提高到49%的高度。

与旨在增加金银货币财富、追求贸易顺差,主张采取保护贸易政策的重商主义不同,汉密尔顿的保护贸易思想和政策主张,反映的是经济不发达国家独立自主地发展民族工业的正当要求和愿望,它是落后国家进行经济自卫并通过经济发展与先进国家进行经济抗衡的保护贸易学说。汉密尔顿保护关税学说的提出,标志着保护贸易学说基本形成。

三、李斯特的保护贸易理论

19世纪德国最进步的资产阶级经济学家李斯特,于1841年出版了他的名著《政治经济学的国民体系》,发展了汉密尔顿的保护关税学说,建立了一套以生产力理论为基础、以保护关税制度为核心、为后进国家服务的保护贸易理论。

(一) 李斯特对自由贸易理论的批判与自己的理论主张

在历史上,由于封建势力的强大和顽固等原因,德国是资本主义起步较晚的国家。当19世纪上半期英国已完成工业革命、法国近代工业也有长足发展时,德国还是一个政治上分裂、经济上落后的农业国。当时德国内部对实行什么样的贸易政策主张意见尖锐对立:一派主张实行自由贸易政策,其理论基础是斯密的绝对成本理论和李嘉图的比较成本理论;另一派则主张实行保护关税制度,主要是德国工业资产阶级的愿望,但缺乏强有力的理论基础。李斯特代表德国资产阶级的利益,在与流行学派,即英国古典学派的论战中提出了自己系统的保护贸易理论。其主要观点如下。

(1) 普遍的自由贸易理论是无边无际的世界主义经济学,它完全忽视了国家的存在,不考虑如何满足国家利益,而以所谓增进全人类利益为出发点。

李斯特认为,在不存在一个"世界范围的共和国"和一个包括一切国家在内的世界联盟作为持久和平的保证时,国家之间、民族之间充满了利益冲突以致战争。因此,对每一个国家来说,民族利益高于一切。英国古典学派所论证的自由贸易理论只有利于英国的利益而不利于其他国家,尤其不利于工业发展较为落后的国家。当时英国工业发展水平高,而其他国家因经济落后而不具备自由贸易的条件。在这种情况下,推进自由贸易对落后国家无疑是场灾难。因此,自由贸易制度和政策不适合经济落后国家,它们应当实行保护贸易制度,使本国的经济赶上或超过先进国家,才能使自由贸易成为可能,并从中获得利益。②可见,英国古典学派的世界主义经济学是不合时宜的,而要以国家经济学代替它。国家经济学的任务就是"研究如何使某一指定国家(在世界当前形势下)凭工农商业取得

---

① 菲特,里斯.美国经济史[M].司徒淳,方秉铸,译.沈阳:辽宁人民出版社,1981:196-298.
② 李斯特.政治经济学的国民体系[M].陈万煦,译.北京:商务印书馆,1961:113.

富强、文化和力量"①。

（2）流行学派（即自由贸易理论）只考虑交换价值，即通过对外贸易增进财富，而没有考虑到国家的精神和政治利益、眼前和长远的利益以及国家生产力。发展生产力是制定国际贸易政策的出发点。

李斯特认为，斯密、李嘉图从他们的价值理论出发，提出绝对成本理论和比较成本理论作为自由贸易学说的基础。李斯特否认英国古典学派的价值理论也适用于经济落后国家，提出了生产力理论来代替古典学派的价值理论，并以此为其保护贸易学说的理论基础。

在李斯特看来，财富本身和财富的生产力是有重大区别的。财富本身固然重要，但发展生产力更为重要。他写道："财富的生产力比之财富本身，不晓得要重要多少倍；它不但可以使已有的和已经增加的财富获得保障，而且可以使已经消失的财富获得补偿。个人如此，拿整个国家来说，则更加是如此。"②李斯特还强调："生产力是树之本，可以由此而产生财富的果实，因为结果子的树比果实本身价值更大。力量比财富更加重要，因为力量的反面——软弱无能足以使我们丧失所有的一切，不但使我们既得的财富难以保持，就是我们的生产力量，我们的文化，我们的自由，还不仅是这些，甚至我们国家的独立自主，都会落到在力量上胜过我们的那些国家的手里。"③因此，一国在对外贸易中实行什么样的外贸政策，首先必须考虑的是国内生产力的发展，而不是从交换中获得多少财富。

根据生产力理论，李斯特鲜明地反对英国古典学派的自由贸易学说，主张德国和一些经济落后国家实行保护贸易政策，认为这是抵御外国竞争、促进国内生产力成长的必要手段。李斯特承认，在保护贸易政策实行之初，会使国内生产率有所降低、物价上涨、消费者利益受到损害，但这是发展本国工业的一个条件。为了生产力的发展，暂时在消费上作出牺牲是必要的、值得的。当本国产业发展起来之后，价格会下降，人们的损失会得到补偿而有余。短期的损失所赢得的力量永远可以生产出难以估量的价值。

（3）普遍的自由贸易理论是狭隘的本位主义和个人主义，完全抹杀了国家和国家利益的存在。

李斯特认为，鼓吹狭隘的个人主义，抹杀国家利益，是导致古典学派反对国家干预国际贸易的原因之一。他认为私人利益与国家利益总是一致、国家不应对经济包括外贸活动进行干预的看法是错误的。李斯特指出，国家利益独立于私人利益具有十分重要的意义，私人利益应当服从国家利益。个人知道最清楚的和所促进的只是他自己的利益，追求私人利益不一定必然促进整个社会的利益，有些在私人经济中也许是愚蠢的事，在国家经济中却会成为聪明之举。古典学派把私人利益与国家利益混为一谈，用以提倡自由贸易、反对任何贸易限制，从经济强国的角度看是正确的，是符合它自身的利益的。但是如果把自由竞争原则强加到落后国家身上，反对任何保护贸易的做法，就是非常荒谬的了。在经济落后国家实行贸易保护政策，实际上是为个人投资提供保护，为本国商品提供市场，这

---

① 李斯特.政治经济学的国民体系[M].陈万煦，译.北京：商务印书馆，1961：106.
② 李斯特.政治经济学的国民体系[M].陈万煦，译.北京：商务印书馆，1961：118.
③ 李斯特.政治经济学的国民体系[M].陈万煦，译.北京：商务印书馆，1961：47.

才符合个人利益。因此,在经济落后国家,高度的保护政策是可以与最大限度的个人自由并行不悖的,是落后国家发展经济的一种十分必要的工具。

(4) 保护贸易政策只是一种手段,而不是目的。李斯特明确提出:"国际贸易的自由和限制,对于国家的富强有时有利,有时有害,是随着时期的不同而变化的。"[①]因此,一国采取何种贸易政策,要根据本国经济发展的不同情况而定。

李斯特把各国的经济成长分为五个阶段:原始未开化时期、畜牧业时期、农业时期、农工业时期、农工商业时期。当一个国家由未开化阶段转入畜牧业,转入农业,进而转入工业与海运事业的初期发展阶段时,应当与先进的城市和国家进行自由贸易。这样,将会对经济发展和社会进步起到强有力的刺激作用。当一个国家已经越过工业发展的初级阶段,已经具备建成一个工业国的精神和物质上的必要条件,只是由于还存在一个比它更先进的工业国家的竞争力量,使前进的道路发生阻碍时,那才有理由实行保护贸易政策,以便建立并保护本国的工业。而当一个国家进入农工商业的发展阶段以后,已经具备了对外自由竞争的能力,就应当实行自由贸易政策。

根据李斯特的观察,当时英国已经实现了工业化并处于世界垄断地位,主张自由贸易理所当然。而英国为了发展本国的工业,也曾经使用过保护贸易制度。德国当时则处在第四阶段即农工业时期,工业尚处于建立和发展时期,还不具备自由竞争的能力,因此必须实行保护贸易政策。

(二) 李斯特关于贸易保护的具体政策主张

李斯特不仅在与流行学派的论战中提出了以生产力理论为基础的保护贸易理论主张,而且对比较具体的保护政策的设计也有一系列独到的见解。

1. 关于保护对象的选择

李斯特认为,保护的对象主要是国内的工业。他在论著中反复强调,工业发展会给一国带来巨大的利益,并从国民经济协调发展的角度,阐明保护工业发展的重要意义。他指出,发展本国的工业对农业的利益,较之即使有最发达的国外贸易而没有工业,不知要大多少倍。这是因为这样就可以使它自己获得保证,不至于因战争、外国在贸易上的限制、商业恐慌等变动而受到影响;这样就可以节省输出农产品与输入工业品的运输费用和商业费用的绝大部分;这样就因本国工业的发展而使交通运输有改进的机会,从而获得极大利益,并且由于同一原因,原来没有发掘的大量人力和物力可以得到利用的机会。尤其重要的一点是,工业和农业彼此靠得越近,则工业与农业交流的量越大,在各种产品交流过程中获得共同发展的机会也越大。

李斯特虽然把工业作为保护对象,但并不主张对所有的工业品都采取高度保护措施,而要区别对待,对不同的工业部门采取不同程度的保护措施。他认为,对于高贵奢侈消费品,只需征很低的保护关税。因为这类产品需要高度的技术,进口总值不大,一旦发生战争等情况而影响其进口也不致扰乱大局,征税过高反而会刺激走私。而对那些对国民经济有重要意义的部门,即建立与经营时需要大量资本、大规模机械设备、高度技术知识和

---

① 李斯特.政治经济学的国民体系[M].陈万煦,译.北京:商务印书馆,1961:15.

丰富经验以及人数众多的、生产最主要的生活必需品的部门,要特别注意保护。因为这类产品的价值在国民生产总值中的比重很大,发展这类产品的生产能带动一国生产力的巨大进步;创办这类工业时需要大量的投资,这会刺激本国的资本积累和人才培养,甚至吸引外国的资本和人才流入;这类工业的发展必然有力地促进国内农业的繁荣,为增加的人口提供出路,还有利于与世界上的其他国家发展外贸关系。最后,这类工业品的总值巨大,特别有利于一国保持国际收支平衡,实行保护关税不像高贵消费品那样易遭走私的扰乱。至于对机器等的进口,则应放宽。如果一个国家的专门技术和机器制造业还未获得高度发展,应该对国外输入的一切复杂的机器设备免税,即使征税,税率也要定得极低,因为机器是工业的工业,限制外国机器的输入,实际上会阻碍国内工业的发展。国内不能生产的工业原料也应免税或低税进口。

在选择保护对象时,李斯特强调受到保护的应当是国内幼稚的但有发展希望的工业,受保护对象通过一段时间之后能够成长起来。在一般情况下,如果某种产业不能在比原来高40%~60%的保护关税下长期存在下去,这种产业就缺乏保护的基本条件,因而不应该给予保护。保护期应当以30年为最高界限,在这个期限内仍然不能成长起来的产业,政府就不应当继续保护下去。

2. 关于保护关税的运用

在如何运用关税来进行贸易保护上,李斯特也提出了一些具体设想。他指出,要达到保护目的,对某些工业品可以规定禁止性关税,杜绝进口,或税率比禁止性关税略低,从而对输入发挥限制作用。所有这些保护方式,没有一个是绝对有利或绝对有害的。究竟采取哪一种方式最为适当,要看国家特有环境和它的工业情况来决定。

一般来说,在从自由竞争过渡到保护制度阶段初期,决不可把税率定得太高,只能定得相当轻微。因为税率太高会中断与外部的经济联系,妨碍资金、技术和企业家精神的引进,这必然对国家不利。正确的做法是从国内工业起步开始逐步提高关税,并且应当随着国内或从国外吸引来的资本、技术才能和企业家精神的增长而提高。在从禁止政策变化到温和的保护制度阶段过程中,采取的措施恰恰相反,应当由高税率逐渐降低而过渡到低税率。总之,一国的保护税率应当有两个转折点,即由低到高然后由高到低。税率的增减程度是不能从理论上来决定的,而要由比较落后国家在它对比较先进国家所处关系中的特有情况以及相对情况来决定。

李斯特强调指出,进口税提高的尺度应当事先决定,使国内或由国外吸引来的资本家、技术人员和工人的报酬获得可靠保护。而且,这种关税尺度一经确定就不要轻易变动,以免引起混乱。政策反反复复就会失去保护作用。

(三)对李斯特保护贸易理论的评价

如果说汉密尔顿第一个明确提出保护幼稚工业的政策主张,那李斯特则是第一个从理论上探讨在面临国际竞争的条件下,如何运用保护贸易的政策与措施来促进本国的经济发展,建立了具有完整体系的保护贸易理论。

李斯特保护贸易理论的提出在国际贸易理论史上无疑具有重要的地位,并在很长一段时期内对指导发展中国家发展民族生产力、实行经济自卫起了积极的作用。在当代各国经济联系日益密切、各国市场不断融合的情况下，一国已不可能完全根据自己经济发展所处的阶段、经济的国际竞争力状况来独立自主地确定保护的对象、保护的水平，否则，必将招致别国的报复。但是，考虑到经济发展所处的国际环境，李斯特的理论对当代发展中国家仍然有重要的参考价值。在新技术、新产业层出不穷的今天，实行完全的自由贸易政策是不现实的，特别是发展中国家的战略性新兴产业，更需要一定程度上的产业保护。

第三节　保护贸易政策理论的发展

李斯特以后，经济学家对保护贸易理论又从以下几方面做了一些补充和发展：一是对李斯特的幼稚产业保护论进行了较为深入的研究，在如何确定幼稚产业方面做具体探讨；二是为对本国失去优势地位的产业提供保护寻找"论据"，可称为停滞产业保护论；三是为实施保护主义措施寻找其他经济论据和非经济论据；四是20世纪七八十年代西方国际经济学家提出的战略性贸易政策。

一、幼稚产业选择的标准

幼稚产业如何确定是保护贸易理论中一个比较棘手的问题。李斯特之后的经济学家提出了许多关于幼稚产业确定的不同标准，其中以下经济学家的观点比较具有代表性。

（一）穆勒等的选择标准

英国经济学家穆勒是自由贸易论者，但他赞成李斯特的幼稚产业保护论，认为这是保护贸易可以成立的唯一理由。那么，确定受保护对象的标准是什么呢？穆勒提出，确定幼稚产业应注意以下三点：①正当的保护只限于从外国引进产业的学习掌握过程，过了这个期限就应取消保护；②保护只限于那些被保护的产业，在不久之后，没有保护也能生存的产业；③最初为比较劣势的产业，经过一段时间保护后，有可能变为比较优势产业。[①]

穆勒的保护幼稚产业的选择准则发表以后，查尔斯·巴斯塔布尔（Charles Bastable）又补充了两个选择准则：①受保护的产业在一定时期以后，能够成长自立；②受保护产业将来所产生的利益，必须超过现在因为实行保护而必然受到的损失。巴斯塔布尔上述选择标准的第一项与穆勒的选择准则相同。他补充的第二项准则考虑了保护的成本与收益问题，比起穆勒仅考虑如何能由进口竞争产业转变为出口产业，更进了一步。

肯普则把他们的准则结合起来，称之为"穆勒、巴斯塔布尔选择准则"。[②] 另外，他又补充了一个更严格的标准，即只有先行企业在学习过程中取得的成果具有对国内其他企业也有好处的外部经济效果时，这种保护才是正当的，因为开创一种新的幼稚产业，先行企业本身的投资大、成本高，这要冒很大的风险，而成功之后很容易被其他企业模仿，后来进入该产业的企业也可享用最早的幼稚工业所开发的知识与经验，导致市场竞争激烈，原先的先行企业无法获得超额利润以补偿学习期间所付出的代价。对于这种幼稚产业，政

---

① 山西繁卓. 贸易政策与理论[M]. 东京：东洋经济新报出版社，1973：39.
② KEMP M C. Mill-Bastable infant-industry dogma[J]. Journal of political economy，1960，68：65-67.

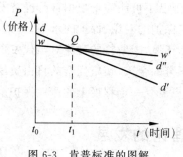

图 6-3 肯普标准的图解

府应当采取保护措施,否则企业就不愿投资这种具有外部经济效果的行业。

图 6-3 说明了这种情况。如图所示,dd' 线为本国某种产品的平均成本(亦即国内供给价格),ww' 线为外国企业同种产品的平均成本(外国产品价格)。横轴表示时间,纵轴表示价格。在时间为 t_0 时,进口税率为 dw/t_0w,然后税率逐渐下降,至 t_1 时进口税率为零。t_1 以后,国内该种商品价格当在 Qd' 线与 Qw' 之间。

如果该先行企业的学习过程属于内部,即该企业在学习过程中获得的知识与经验,只是留在该企业内部而不能让其他企业分享,那么该企业成功后(即 t_1 以后)能通过超额利润获得补偿。如图 6-3 所示,因其他企业无法进入,该先行企业则可在 Qd' 与 Qw' 之间自由决定价格,使之高于边际成本。假定价格取决于 Qd'',那么 Qd'' 与 Qd' 之间的差额就是超额利润。因此,该先行企业不需要政府保护。但如果该先行企业投资的幼稚产业具有外部经济效果,t_1 以后新加入的企业与先行企业的生产费用相同,任何企业的国内价格均等于 Qd' 线,而且存在激烈的市场竞争。在这种情况下,先行企业初期学习过程的损失无法补偿,因此政府应予以适当的扶植与保护。保护的方法,似以补贴为好。①

(二) 小岛清的选择标准

日本经济学家小岛清对穆勒、巴斯塔布尔、肯普等人的幼稚产业选择准则提出了自己的看法,认为这只是根据个别企业或个别产业的利弊得失来寻求正当合理的保护标准,这种研究方法是不正确的。他提出新的标准:根据要素禀赋比率和比较成本的动态变化,选择一国经济发展中应保护的幼稚产业。②小岛清认为,只要是有利于国民经济发展的幼稚产业,即使不符合巴斯塔布尔或肯普的准则,也是值得保护的。至于怎样确定这种幼稚产业,则要从一国要素禀赋状况及其变化,从幼稚产业发展的客观条件方面来考察这一问题。

(1) 所保护的幼稚产业要有利于潜在资源的利用。如果保护政策促使该国创造出利用潜在资源的国内外市场等条件,从而带动经济增长,那么保护政策就是正当的。图 6-4 对此做了说明。

在这里,该国初期的生产可能性曲线为 AB。在既定的社会消费偏好条件下,国内的生产均衡点为 P_0,如果这时世界市场的贸易条件为 α,则消费均衡点为 C_0。该国需进口 Y 商品(在国内为新生产业),而出口 X 商品(成熟产业)。现该国对 Y 产业实施保护,借助各种措

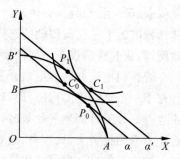

图 6-4 被保护产业生产可能性曲线的变动

---

① 叶权仪.国际贸易政策[M].台北:六国出版社,1985:81-83.
② 小岛清.对外贸易论[M].周宝廉,译.天津:南开大学出版社,1988:307.

施使生产可能性曲线扩张成 AB'。在同样的贸易条件下（α' 与 α 平行），该国的生产均衡点和消费均衡点就分别转移到 P_1 和 C_1，于是贸易格局发生变化，受保护的 Y 产业转变为出口产业。

在这一过程中，对 Y 产业的保护和发展实质上是对一国潜在资源的开发和利用。因为在初期，该国由于投资、技术或市场方面的限制，其自然资源或劳动力等未能得到充分利用。当补充了必要条件后，生产可能性曲线便由 AB 扩展到 AB'。相对于 AB' 而言，P_0 点实际上是停留在生产可能性曲线内的一点。可见，存在闲置资源时的保护贸易政策往往能产生较好的效果。

（2）对幼稚产业的保护要有利于国民经济结构的动态变化。一国的要素禀赋比率是动态的、变化的。比如，如果资本积累率超过劳动力增加率，资本与劳动的比率就会转变。如果资本密集型产业是幼稚产业，那么对资本密集型产业的保护，就有利于国民经济结构的动态转变。

（3）保护幼稚产业，要有利于要素利用率的提高。开发一种新的产业也就意味着引进一种新的生产函数。如果一种幼稚产业在保护下成长起来以后，能对其密集使用的要素加以大规模的节约，从而在既定的资源下维持其产量的增长，那么该产业就能实现自给甚至出口。这里主要存在两种情况：一是新兴产业部门能迅速实现技术进步，使单位产品的要素消耗下降很快，从而比较优势的格局出现变化；二是在新兴产业部门获得规模经济效益，而且这种效益明显比其他产业部门大，于是生产可能性曲线发生偏于该部门的扩张。

总之，在小岛清看来，要从要素禀赋比率和比较成本的动态变化，着眼于经济成长来选择幼稚产业和确定保护政策。他还指出，各种保护措施本身不可能具有促进经济发展的根本效果，但它们对贸易关系的干预，可以作用于市场、资本、技术、资源等因素，从而影响经济发展。[1]

（三）开放经济条件下对幼稚产业标准的评价

应该说，保护幼稚产业是实行贸易保护的一个有力的论据，以上关于幼稚产业的标准在其提出的年代也都有各自的合理性。但 20 世纪 80 年代以来，经济全球化趋势不断加强，各国的经济联系日益密切，经济的国家、民族界限不断被打破。在这样的环境下，保护幼稚产业的可操作性下降，保护效果也难以确定。

幼稚产业保护论的初衷是一些落后国家，包括 19 世纪初的德国、美国，第二次世界大战后新独立的发展中国家等想借助保护发展民族产业，实现经济自立。这在国际投资还没有充分发展、各国经济联系还不是很强的条件下是可行的，因为那时企业和产品的民族界限非常明晰，保护对象的确定比较容易，通过贸易限制就可以隔断来自国外的竞争。

但在当代，随着贸易投资一体化的发展和国际生产网络的形成，各国企业已成为国际生产的一个环节。在这种情况下，一国政府如果对某一幼稚产业加以保护，最后保护的可能是进入该产业的外资企业。这种保护限制了竞争，使外资企业能够在东道国市场以过

---

[1] 小岛清. 对外贸易论[M]. 周宝廉，译. 天津：南开大学出版社，1988：305.

时的技术生存,甚至获得高额垄断利润,最终反而损害民族利益。例如中国的轿车业,20世纪80年代中期之后在中国市场上有竞争力的企业基本上是合资企业。在高度保护的20世纪90年代中后期之前,严格的进入许可使少数外国厂商由于缺乏国外同行的激烈竞争,只要转移在发达国家早已过时但在中国尚属"幼稚"的技术与车型,就能赢得中国市场并高度盈利。这种保护虽然一定程度上保护了中国的一些汽车厂商,但同时也保护了外国公司免受国外同行的竞争,中国轿车制造业的发展则因此受损。相反,在中国于20世纪90年代后期逐渐放宽外资的进入许可后,中国市场上国际汽车厂商间竞争加剧,为赢得市场,它们竞相向中国转让先进的技术与车型,有的甚至与发达国家同步,从而使中国轿车业自20世纪90年代中期迅速发展。可见,在经济全球化条件下,"民族产业"、幼稚产业需要通过开放、竞争和合作才能得到发展,过度保护只能造成落后。

应当指出的是,尽管幼稚产业保护论的作用条件和范围发生了很大的变化,但它仍是当今发展中国家实行适度贸易保护的理由之一,关键在于选择适合本国国情的合适保护对象,采取合适的保护政策。世界贸易组织也同意发展中国家(地区)因发展幼稚产业而进行适当保护。

二、实行保护贸易政策的论据

当代保护贸易理论的发展,除上述对幼稚工业保护论的深入探讨外,还包括为实行保护贸易寻找各种论据。这些论据形形色色,有经济的,也有非经济的,不下数十种。这里介绍其中的一些主要论据。

(一) 经济方面的论据

1. 保护贸易政策有利于保护和增加就业机会

从理论上讲,国际贸易的扩大有利于增加世界的总产量,从而扩大生产规模、增加就业机会。然而,在一国存在就业不足的条件下,国际贸易有可能使失业在国家之间转移。开展贸易固然能使出口部门(一般是具有相对优势的部门)的生产扩大,创造出一些就业机会,但进口竞争部门(尤其是失去比较优势的传统工业部门)则会受到外国竞争的冲击,有一些企业甚至可能被淘汰,从而使一些人丧失工作岗位。转换工作需假以时日,有人还要蒙受"摩擦失业"之苦。这时,政府就会在社会压力下采取保护贸易政策,以保护本国劳动者的就业。

另外,实行"奖出限入"的保护政策,保持贸易顺差,有利于输出失业,增加本国就业机会。英国经济学家约翰·梅纳斯·凯恩斯(John Maynard Keynes)在《就业、利息和货币通论》中论述了这个问题。他认为,一国的总投资包括国内投资和国外投资。国内投资额由资本边际效率和利息率决定,国外投资额由贸易顺差大小决定。贸易顺差可为一国带来黄金,可以增加支付手段、压低利息率、刺激物价上涨、扩大投资,从而创造就业机会。不仅如此,在就业不足时期,贸易顺差犹如增加政府支出或投资,对生产和就业会产生刺激效应,并通过"乘数"作用使这一结果进一步扩大。

保护就业论在当代一些西方国家政府和部分学者中很有市场。其理由是:自由贸易关于要素在国内不同部门之间能自由流动的假设前提是该理论致命的缺陷。在自由贸易过程中,由于资产专用性的存在,要素并不能总是像李嘉图所讲的从比较劣势部门转向比较优势部门。自由贸易的结果有时会使比较劣势部门的劳动力要么失业,要么转向收入更低的行业。就西方发达国家而言,纺织服装等劳动密集型产业仍是吸纳劳动力就业的重要部门,如果根据比较优势原理,这些产业应该让渡给发展中国家,但问题是这些部门的劳动者很难全部转入资本密集型产业、技术密集型产业,从而将不可避免地遭受失业的痛苦。应该说这种观点有一定的合理之处。实践表明,随着国际分工的不断深化,发达国家跨国公司不仅不断地将劳动密集型行业与劳动密集型环节向发展中国家转移,大量传统的资本密集型行业、标准化的资本密集型环节以及服务业中的某些环节向发展中国家转移,也给发达国家带来了一定的就业压力。

2. 实行保护贸易可以促进本国产业多样化

这种论点认为,如果一国高度专业化生产一种或几种产品,国内其他需求依赖进口,这样就会形成比较脆弱的经济结构。一旦国际市场发生变动,国内经济就难以适应和调整。通过贸易保护,可以促进落后产业的发展,形成产业多样化格局,保持国民经济结构的平衡,减小对外依赖的脆弱性,因此应该使用关税保护政策来促进本国产业的多样化。

3. 因反对不公平贸易而采取保护政策

因反对不公平贸易而采取的保护政策又可以分为下列几种情况。

(1) 抵制外国廉价劳动力竞争。这一论点在美国颇为流行。这种论点认为,各国工资水平不同,一些工资水平低的发展中国家所生产的商品成本也低,而工资水平高的发达国家的商品成本则高。如果发达国家自由进口那些发展中国家的低价商品,则本国产品势必难与之竞争,其结果会使本国难以维持较高的工资水平与生产水平,从而构成"不公平竞争"。因此,为了维持本国较高的工资水平,避免廉价劳动力成本的产品竞争,必须实行保护措施。

(2) 反对倾销和补贴而采取保护措施。所谓倾销,就是指在控制国内市场的条件下,以低于国内市场甚至低于商品生产成本的价格,向进口国抛售商品。这时,进口国就有理由对低价倾销的外国商品征收反倾销税,以抵消其倾销效果,保护国内产业。补贴是指出口补贴,即出口国为了降低出口商品价格,增强出口商品在国外市场上的竞争能力,在出口某种商品时给予出口厂商的现金补贴或财政上的优待。这样,进口国的同类商品明显地处于不利地位,造成不公平竞争。因此,进口国有理由采取保护措施,对进口商品征收反补贴税,以抵消补贴效果。

(3) 将关税作为报复手段与谈判手段。当一国的出口因其他国家课征关税而受到损害时,该国可对其他国家的进口商品也征收关税,这就是报复关税。报复关税的目的在于,使对方国家了解关税对相互贸易的损害,从而促使彼此互相取消或减让关税,即把关税作为谈判的手段。此外,一国在发生贸易收支或国际收支恶化时也有理由采取征收关税等限制进口的措施,同时通过各种手段鼓励出口,以求得国际收支的基本平衡。

(二) 非经济方面的论据

(1) 保障国家安全。早在17世纪,英国重商主义者就利用国防论据来论证限制使用外国船舶和海运服务是正当的,因为如果英国只购买英国船舶和海运服务,就会促进英国造船工业和商船的增长,这对加强英国的经济实力和军事实力是十分重要的。甚至斯密也改变了他原来对贸易壁垒的严厉攻击,赞许为国家安全而进行贸易保护。他认为,一个国家的国防所需用品依赖外国供应不利于增强国防力量,因而必须通过征收关税给生产这类物品的外国产业加上若干负担,以保护本国同类产业。他说:"航海条例对于国际贸易是不利的,然而当作防御工具,却非常重要。"[①]当代经济学家继承和发展了这一思想。一些经济学家从国防观点出发,强调保护扶植基础产业,强调保全维护农业、国防工业以及防止自然资源枯竭。这虽然没有经济上的正当理由,但作为实际问题它却有着不可忽视的重要性。有些生产部门,如粮食、棉花、武器等,并非所有国家都具有比较优势,然而这些部门具有非常重要的意义,必须保持必要的生产规模。这是因为,虽然在平时通过国际贸易来获得这些商品很方便,价格也低,但一旦发生战争或出现敌对状态,就会面临缺乏生存必需品供应的危险。因此,对这一类产业加以保护,对于保证国家安全是非常重要的。

(2) 调整社会收入的分配。不少经济学家认为,自由贸易在给整个国家带来好处时,并不会自动地、均匀地将利益分配给全体社会成员,而是"几家欢乐几家愁"。出口集团由于出口商品相对价格高于国内市场而增加了企业和个人的收入;进口竞争集团则会因进口商品的增加而受损,使某些企业和个人的收入减少,有些企业甚至会因此而破产,工人失业。很明显,自由贸易会引起本国经济结构的调整,从而导致社会的收入分配格局发生变化,由此可能衍生出一系列的社会矛盾。为了"公平的收入分配",防止因自由贸易带来收入分配格局变动而引起社会震荡,对某些产业(尤其是停滞产业)实行保护贸易政策,就被认为是正当和合理的了。

(3) 保护国民身体和动植物健康。有些商品的质量问题直接关系到人体和动植物的健康与安全,如食品、医药制品等。如果自由进口和销售,就有可能传播疾病。因此,政府对威胁国民与动植物健康和卫生的贸易产品加以管制的做法是明智的,这也是世界贸易组织有关协议所允许的。但实践中,有些国家对其加以滥用,从而将其变成实施贸易保护主义的手段。例如,在 20 世纪 70—90 年代,日本以防止一种害虫蠹蛾的入侵、保障国内植物安全为由,长期对进口水果实行严格的检验检疫,变相限制了美国等国水果的进口,引起他国不满,最终被诉诸世界贸易组织。

总的来说,实施贸易保护的上述论据都有一定的合理性,但一国出于某种需要实施贸易限制时必须保持在适度的范围内,兼顾贸易伙伴的利益,并遵守相关国际贸易惯例和多边贸易规则。

三、保护贸易政策理论的评价

第三章介绍的国际贸易分工理论表明,自由贸易最有利于促进生产资源进行合理的国际配置,从而促进各国的经济增长、增进各国的物质福利,因此,自由贸易政策才是最好的政策。从纯理论的角度看,自由贸易理论是能够成立的,也为国际贸易不断扩大的实践所证实。那么,保护贸易的理论和政策主张是不是没有任何经济学根据呢?并非如此。保护贸易理论在以下几个方面,具有明显的经济学上的合理性。

---

① 姚贤镐,漆长华.国际贸易学说[M].北京:中国对外经济贸易出版社,1990:71.

（1）保护贸易政策的立足点在于保护和促进本国的经济增长、发展生产力，以增强本国经济的国际竞争力。这种观点本身是正确的。自由贸易论者认为，只有无条件实行贸易开放，才能促进增长，那是站在经济发达国家立场上得出的结论，而对发展中国家来说，则不是这样。在经济发展水平悬殊的情况下，后进国家无条件地开放市场，无异于听任外国廉价的商品占领本国市场，让外国先进的生产力摧毁本国的经济基础，而使本国永远处于落后的地位。国际贸易是两国之间互有进出口的贸易，不是一国只把对方国看作自己的产品市场，而不考虑到别国也有产业。这样的贸易也是不能持久的。国际贸易不像国内贸易那样，优胜劣汰，绝对竞争，而是要贯彻相对竞争原则，平等互利，共同发展。这样，发展中国家采取贸易保护措施来保证本国工业尤其是幼稚产业的发展，通过本国工业的发展来增强国际竞争力，从而最终达成自由贸易、平等竞争的条件，无疑是合理的要求。李斯特的保护贸易理论的学术价值正在于此。他认为，一国在国际贸易中实行什么样的政策，首先必须考虑到是否有利于国内生产力的发展，而不是从交换中获得的财富增加多少，这种见解是极其深刻的。从国际经济关系和世界经济的发展看，后进国家经济发展了，能平等地参与国际分工、国际竞争和国际交换，对发达国家的经济发展也有刺激和推动作用。从这个角度看，先进国家应当容许后进国家采取适当的保护措施，以保证后进国家经济的发展尤其是幼稚工业的发展。

值得提出的是，幼稚产业保护理论中还有一个重要观点，即保护是为了不保护，保护本身不是目的，而只是手段。一旦时机成熟，幼稚产业成长起来以后，就撤销这种保护。不仅如此，即使在保护期间，也不排斥国外的竞争，只是要把这种竞争限制在适当的、本国工业可以承受的范围内。有限度的国外竞争对本国工业的发展是有益无害的。李斯特就反复强调过这一点。这种思想比起抽象的、不问具体情况的自由贸易主张要实际得多，也符合经济学的一般原理。

（2）实行保护贸易政策着眼于资源的动态优化配置，考虑的是经济成长的长远利益。资源在某一时点上的最佳配置和在一个较长时期内的合理配置是不同的。自由贸易论者主张按现在一个国家的资源禀赋状况和生产技术水平等比较优势来参与国际分工和国际交换，即生产本国目前具有比较成本优势的产品以供出口，进口本国目前处于比较成本劣势的产品，并以此来进行资源的再分配以提高资源配置效率。而保护贸易理论则主张保护那些现在没有比较优势，但将来有希望成长起来并具有国际竞争力的产业，或主张保护那些有利于国民经济发展的重要产业或部门，如前面刚刚介绍的有关幼稚产业选择的几个标准。应该认为，出于资源动态优化配置，着眼于国内经济成长所带来的长远利益而对幼稚工业实行保护是合理的选择，特别是一国的幼稚主导产业，联系效应大，提供的就业机会多，对国民经济的发展有特别重要的作用，对此加以保护更是一国贸易政策的应有之义。这不只是一个单纯的外贸政策问题，它直接关系到一个国家的经济独立和经济发展，因而这也是发展经济学的重大课题。从保护贸易政策只是走向自由贸易的手段看，保护贸易理论与自由贸易理论之间并非截然对立的，而是有着某些共同之处。

（3）为了保证国内经济结构调整的平稳性，维护本国经济运行的稳定而实行保护政策。一国产业结构要作出适应国际贸易需要的调整，就要集中发展本国具有比较优势的产业，压缩或淘汰本国没有比较优势的产业。这种产业结构的大调整必然带来经济运行方面的震荡和摩擦。不仅如此,当国际、国内出现新的经济技术变化时,旧的相对优势和效率格局不可避免地瓦解,新的格局将会产生。以前也许是实力雄厚的国内产业面临进口产品的激烈竞争而逐渐失去优势,新的产业脱颖而出,其他一些产业在新的国际需求中得到扩展,国内经济面临新的调整。为了降低结构调整的代价,保证产业结构的平衡转换,对一些停滞产业在一段时期内进行适当保护,是可以理解的,也是必要的。

一国对外开放,就会面临来自国际市场的激烈竞争。在技术进步飞速发展的条件下,国际分工和国际贸易的格局变化很快,各国的比较优势往往会较快地出现转移。这些对各国的经济结构和发展速度不能不产生巨大的冲击,为保证本国经济运行的稳定,有必要采取适当的贸易保护措施。另外,在一国实行较自由的贸易政策后,由于国外廉价商品大量涌入而给某个产业带来根本性侵害时,采取临时性的保护措施也被认为是合理的。由此看来,为反倾销、反补贴而采取的保护措施也属正当。在一国国际收支恶化或出现大量失业时,其也会痛感实行贸易保护政策的必要。

人们对幼稚产业保护论一般持肯定态度,但对停滞产业保护论则持否定态度,称其为"贸易保护主义"。的确,对停滞产业的保护,尤其是发达国家对停滞产业的保护,具有明显的损人利己的性质。它们要求别国开放市场,却不向他国开放市场,尤其是对本国已失去比较优势的停滞产业,采取种种措施极力加以保护,这当然是不公正的。但在国际竞争日趋激烈的今天,不仅是落后国家完全敞开国门不行,发达国家也要在一定程度上采取保护措施,以防止外来的冲击妨碍本国经济的平稳运行,尽量避免或缓解本国停滞产业过快衰落而导致的种种社会经济问题。这就是说,对停滞产业实行有限度的保护,并非没有任何经济学上的根据。

(4) 考虑到贸易利益的分配以及贸易对各利益集团收入分配的影响而适当采取保护措施,在一定程度上是正当的、合理的。在第二章已经提道,虽然就经济整体而言,一国会因为国际贸易而获得广泛的利益,总收入和总产出会随着贸易的扩大而增加,但这种利益不会自动地在全体社会成员之间合理地进行分配,而往往是一部分人获益,另一部分人受损,而且这种利与害的分布往往是不对称的。对出口集团来说,会因出口增加而获利,自由进口原材料等又可降低成本,从而提高产品的国际竞争力。对于广大消费者,会因购买到价廉物美的商品或享受到更优质的服务而获得实惠。而对进口竞争集团来说,则在进口产品强大的竞争压力下,被迫减少生产、解雇工人、降低商品价格。一些工厂则会因此而关门。对于专业技术人员、建筑物和不具备其他用途的专用设备而言,几乎没有别的选择。这些资本只得停留在原有的产业中,获取较低的报酬。在进口竞争中失去工作的劳动者,转业也比较艰难,往往不得不接受较低的报酬而从事自己不熟悉的工作,有的甚至失业。劳动者及其生产资料从处于困境的、低效率的产业部门转向扩展中的、高效率的产业部门的过程,是缓慢、艰难而痛苦的。

由此可见,贸易带来的利益往往只是分散到无数消费个人和充满活力的生产行业中,甚至受益者不容易感受到这种利益。而由贸易所产生的代价和痛苦,虽然其总和小于贸易利益,但却集中在数量相对少得多的人身上。这种利益和代价之间的不平衡,使得进口竞争集团尤其是其中的传统产业寻求政府保护,政府对此不能不认真考虑。采取关税、补贴等保护手段,可以减少进口竞争部门中有些行业或企业可能遭到的损害,同时又可以使政府发挥收入再分配的作用,为已经遭到损害的部门提供补偿。

其他种种保护贸易政策的论据,诸如国防、国民健康等,虽然没有经济上的正当理由,但作为实际问题却有着不可忽视的重要性,不能一概认为是"贸易保护主义的口实"。

上面的分析证明,保护贸易政策有其深刻的经济根源。虽然自由贸易能给各国带来种种利益已不容置疑,但这种利益的获得受各种客观经济条件的制约,而且获取贸易利益也是要付出一定代价的。这就是即便发达的经济强国也要采取某种程度的保护政策的根本原因。

当然,对保护贸易政策也不能一概而论,而要分清正当的保护贸易政策和贸易保护主义政策。如果说"正当的"保护贸易政策有其合理的经济、非经济理由,那么,贸易保护主义就完全是一种以邻为壑的贸易政策。在当代,发展中国家为扶持本国幼稚工业、维护民族经济的平稳发展而采取的保护贸易的政策和措施,不能说是贸易保护主义。贸易保护主义专指发达国家为争夺世界市场而采取的损人利己的超贸易保护政策,其奖出限入的本质与重商主义一脉相承,故又称为"新重商主义"。

总之,从一个国家的角度出发,选择什么样的贸易政策主要服从本国经济发展的需要。从宏观经济的角度分析,在国际经济关系相对平衡的今天,无论是发达国家还是发展中国家,扩大对外经济贸易关系、趋向相对自由贸易的政策,应该是发展的方向。封闭的、自给自足的时代已成过去。国际贸易、国际分工的发展使各国经济相互依赖、相互联系日益加强,各国的经济生活客观上已经国际化、全球化了。在这种情况下,谁开放,谁就进步,就发展;谁封闭,谁就落后,就停滞。从这种意义上说,在宏观方面,不存在自由贸易和保护贸易的问题,而只有以何种形式、何种程度参与国际分工、国际竞争和国际交换的问题。当然,具体到商品进出口政策,哪些商品可自由进口,哪些商品需限制出口,哪些产业需要扶植和保护,应采取哪些具体的政策措施等,应完全视本国各类产业、各类商品的国际竞争力而定,没有现成的公式可以套用。一句话,各国都应掌握好参与贸易分工竞争的"度",根据本国国民经济发展的需要,选择合适的参与形式,在竞争中增强国际竞争力。

四、战略性贸易政策

20世纪七八十年代,在以规模经济和不完全竞争为基础的新贸易理论发展过程中,一些西方国际经济学家提出了战略性贸易政策,随即引起理论界的关注和西方发达国家政府的重视。

(一)战略性贸易政策的概念及其理论基础

战略性贸易政策,是指一国政府在不完全竞争和规模经济条件下,可以凭借生产补贴、出口补贴或保护国内市场等政策手段,扶持本国战略性工业的成长,增强其国际市场上的竞争能力,从而谋取规模经济之类的额外收益,并借机劫掠他人市场份额和工业利润,即在不完全竞争环境下,实施这一贸易政策的国家不但无损于其经济福利,反而有可能提高自身的福利水平。[①]

---

① 夏申.论战略性贸易政策[J].国际贸易问题,1995(8):34-39.

战略性贸易政策的创始者是加拿大不列颠哥伦比亚大学的教授詹姆斯·布朗德(James Brander)和芭芭拉·斯宾塞(Barbara Spencer)。他们认为传统国际贸易理论是建立在规模收益不变和完全竞争的理想境界上的，他们用国家之间在自然环境、技术、劳动生产率和要素禀赋等方面的差异来解释国际贸易的发生。由于贸易能改善双方的资源配置状况并使双方的国民福利得以提高，因此自由贸易政策也就是最优的选择。但是在现实经济生活中，不完全竞争和规模经济却是普遍存在的现象。在规模收益递增和不完全竞争的情况下，市场本身的运行处于一种"次优"的境界，这种"次优"的境界并不能保证潜在的收益一定实现，适当的政府干预或许有可能改进市场的运行结果。由于工业制成品的世界市场是不完全竞争的，产品的差异性使各国厂商都可能在某些工业产品上具有一定的垄断力量，并凭借这种力量将产品价格定在高于其边际成本的水平上，以获得超额利润。显然，这种利润是通过操纵价格从消费者身上赚取的，在国际贸易中则是进口国的消费者支付的。由于不完全竞争的上述性质，特别是本国进口产品被外国厂商所垄断时，政府应该运用关税将外国厂商从本国消费者身上赚取的超额利润转移到国内；再者，由于不完全竞争和规模经济的存在，市场份额对各国厂商变得更为重要，市场竞争变成了一场少数几家企业之间的博弈，一些产品特别是高科技产品具有"领先一步"的优势，谁能赢得主动，谁就能占领市场，从而获得超额利润。在这场博弈中，政府能够通过提供补贴或关税保护来帮助本国企业在国际竞争中获胜。这里，贸易政策通过影响本国厂商及其竞争对手的决策行为而产生了转移经济利益和扩大本国市场份额的效果，政府政策起到了如同许多寡头竞争模型中的战略性行动——如投资于超额生产能力或研发部门的作用。因此，这种贸易政策被称为"战略性贸易政策"。

另外，外部经济也是一国政府实施战略性贸易政策的重要原因。通过鼓励出口或限制进口，发展本国的高科技产业，并使之成为主导产业，可以带来产业关联效应和技术外溢效应，这也许比贸易本身的利益重要得多。

(二) 战略性贸易政策的种类

战略性贸易政策按其扶植的对象和采取的政策工具，可以从总体上分为战略性进口关税和战略性出口补贴。

1. 战略性进口关税

战略性进口关税是指对于一些具有规模经济效益和不完全竞争特性的产业内的产品征收的关税。由于技术或资金等方面的原因，一国因缺乏该产品的生产能力而只能从国外进口时，外国出口商凭借产品的不完全竞争和规模经济特性在本国市场上取得垄断地位，从而将产品的价格定得高于边际成本，获得超额利润。对于进口国而言，每从国外进口一单位这样的产品就意味着向国外厂商支付一笔这样的"经济租"，造成本国福利的损失。进口国政府为减少这种超额利润的对外支付，可以对该产品征收进口关税，以迫使外国出口商降低价格，从而改善本国福利。此关税不要求征收国一定是一个进口大国，只要它通过征税后价格的提高有效地影响国内需求，就能达到迫使外国厂商降低价格的目的。在此情况下，外国厂商将和进口国政府展开博弈。战略性进口关税也由此得名。两者的博弈分两种情况。

（1）当本国缺乏必要的生产技术条件、本国厂商无力进入或无意进入时，进口国政府征收进口关税则纯粹是为了减少对外支付。征税的多少主要取决于产品的需求价格弹性。显然，如果需求价格弹性高，税率就可以高一些，因为在此情况下，为了不致因价格的提高而过大影响消费者需求，外国出口商就不得不较大幅度地降低出口价格；相反，如果进口商品的需求价格弹性较低，甚至呈刚性，则进口国政府实施战略性进口关税的余地就较小。

（2）当本国厂商初步具备了生产技术条件、准备进入市场，但只是由于外国出口商对本国市场的垄断使本国厂商面临因市场份额不足而亏损时，进口国政府可通过征收进口关税迫使外国厂商向本国厂商让渡市场份额。只要进口国政府有效地通过价格提高影响国内需求，外国出口商就不得不这样做。

对战略性进口关税，西方经济学家描述了一个栩栩如生的"战争场面"：外国出口商依靠规模经济和不完全竞争，步步为营、且战且退；进口国进口竞争厂商依靠战略性关税步步紧逼、节节向前，直至最后冲出国门，染指他人地盘。

2．战略性出口补贴

战略性出口补贴是指对一些具有规模经济效益的产业提供出口补贴。一些特殊的具有规模经济递增效益的行业，哪个国家拥有较高的国际市场份额，就可以从国际市场上获得较多的超额利润。在此情况下，一国政府将对本国出口厂商实施出口补贴，鼓励其到国际市场上劫掠他人的市场份额，增进本国福利。

新贸易理论通常用一个假想的例子来说明战略性出口补贴。假定规模经济在某个行业（如飞机制造业）中如此之大，以至在作为一个整体的世界市场上只容得下一个能获利的进入者（不管是美国波音公司还是欧洲空中客车公司），也就是说，如果两个厂商都进入，它们都会遭受损失。那么，不管哪一个厂商，若设法让自己在该行业中立足，就能够获得竞争失败者不能得到的超正常利润。图6-5是波音公司和空中客车公司在各种情况下假设的损益。

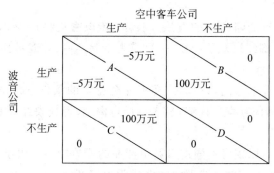

图6-5 没有补贴时的损益

波音公司和空中客车公司都只有两种选择：要么生产，要么不生产。假定在没有政府干预的情形下，波音公司由于历史原因而先于空中客车公司生产并占领了世界大型宽体客机市场，此时的结果是方格 B 所示的情形，即波音公司生产获得 100 万元利润，空中客车公司不生产。若空中客车公司硬要挤入这个市场，则结果是两败俱伤，波音公司和空中客车公司都亏损5万元,即方格 A 所示情形。

由于空中客车公司在投入生产前已认识到会亏损5万元,故空中客车公司不会进入竞争。现在假设欧洲政府采取战略性贸易政策,补贴空中客车公司25万元进行生产,这种补贴使这两家的损益情况发生了变化。如果只是空中客车公司生产,总利润达到125万元。即使两家都生产,空中客车公司在减去亏损后,仍能有20万元的盈利,而波音公司没有补贴,其利润与亏损没有变化。图6-6说明了这一情况。

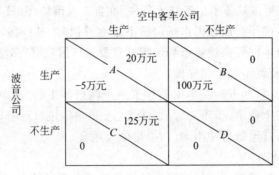

图 6-6　政府对空中客车公司予以补贴时的损益

在新的情况下,空中客车公司只要生产就有利润,而不管波音公司是否生产。对空中客车公司来说,不生产的选择已经被排除。而波音公司则处于一种两难困境:若生产,则要亏损5万元;若不生产,原先的市场则完全被空中客车公司夺走。不论如何,波音公司已无获得利润的可能,最后只有退出竞争。

从这个假设的例子可以看到,在某种不完全竞争市场结构的情况下,积极的政府干预政策可以改变不完全竞争厂商的竞争行为和结果,使本国企业在国际竞争中获得占领市场的战略性优势,并使整个国家获益。

通过上面的分析可以发现,战略性贸易政策是新贸易理论在贸易政策领域的体现,它具有强烈的应用性。

(1) 政府大力支持战略产业的发展。技术、知识密集型产业,如计算机和信息产业等,产业关联极强,外部经济效益明显,一旦成为主导产业,就能对社会经济发展起到巨大的推动作用。

(2) 政府协助企业争夺出口市场。在不完全竞争的条件下,政府对本国出口企业的鼓励,能够增强企业的国际竞争优势,扩大市场份额,获得规模经济效益,争得更多的出口利润。

(3) 政府限制进口以培育本国进口竞争产业的竞争能力。由于垄断和规模经济的存在,贸易保护可以促使本国的进口竞争产业成为出口产业。

(三) 战略性贸易政策简评

战略性贸易政策有其积极的方面。

(1) 它是以20世纪80年代发展起来的新贸易理论为基础的,是新贸易理论在国际贸易政策领域的反映和体现。不同于正统的自由贸易理论,战略性贸易政策精巧地论证了一国可以在不完全竞争条件下实行贸易干预政策,通过转移他人经济利润来提高自身的福利水平。

(2) 战略性贸易政策从现实世界经济中普遍存在的不完全竞争市场状况出发,试图设计出适于产业内贸易的干预政策,以改善扭曲的竞争环境,使市场运行处于次优境地,因而具有一定积极意义。

(3) 从方法论上看,战略性贸易政策理论广泛借鉴和运用了产业组织理论与博弈论的分析方法和研究成果,特别是博弈论的运用是国际贸易理论研究方法上的突破。

但是,战略性贸易政策理论也有不完善甚至消极的地方。

(1) 该理论未就政府的贸易干预和补贴给出任何总的通用的解决方法,其成立依赖于一系列严格的限制条件。除了产业必须具备不完全竞争和规模经济这两个条件外,还要求:政府拥有齐全可靠的信息,对实行干预或补贴可能带来的预期收益心中有数;接受补贴的企业必须与政府行动保持一致,且在一个相对较长的时期内保持自身的垄断地位;产品市场需求旺盛,被保护的目标市场不会诱使新厂商加入,以保证企业的规模经济效益不断提高;别国政府不会采取针锋相对的报复措施。一旦这些条件得不到满足,战略性贸易政策就不会取得理想的效果。

(2) 战略性贸易政策背弃了自由贸易传统,采取了富于想象力和进攻性的保护措施,劫掠他人市场份额与经济利益。这往往使它成为贸易保护主义者加以曲解和滥用的口实,从而恶化全球贸易环境。因此,许多严肃的经济学家包括新贸易理论学派的一些学者都指出,对这一政策必须深刻理解和正确把握,切不可片面夸大或曲解其功效,以防止贸易保护主义泛滥。一般认为,在技术、知识密集程度最高,与国家利益和声望关系最大的高新技术产业中,战略性贸易政策最有用武之地,政府的人为干预也是最值得的。对高新技术这类战略性产业的战略性保护还可通过外部经济效应使全世界从中受益。

(3) 在研究方法上,该理论还缺乏不完全竞争条件下政策干预效应的统计分析,需要进行更多的定量分析和实证研究。

(4) 即使通过战略性贸易政策的实施,使某个产业取得了成功,但另一个问题是该产业的发展是否以其他行业的受损为代价、是否造成了国内资源配置的扭曲,也是应予关注的。

(四)战略性贸易政策在发达国家贸易实践中的应用

战略性贸易政策理论提出后引起了西方经济理论界的高度重视。西方经济学家曾于1986年专门为此召开研讨会,并出版了由克鲁格曼主编的论文集《战略性贸易政策与新国际经济学》。该书1986年出版后到1995年就重印6次,足见西方经济理论界对它的关注。

同样地,西方发达国家政府对此也高度重视。在上述研讨会中,就有不少西方国家政府官员参加。在西方国家,诸多产业的发展都离不开战略性贸易政策的支持。例如,空中客车公司成立于1970年,它由英国、法国、德国和西班牙的四家公司联合组成。当其在20世纪70年代中期开始生产商用飞机时,其在世界市场的份额还不足5%。但到1990年,此比率已超过30%,并对主导厂商波音公司产生威胁。对空中客车公司为何发展如此迅速,美国政府认为,欧洲四国政府向其提供了135亿美元的补贴。如果没有这样的补贴,空中客车公司不可能成功打入国际市场。而1980年前后,日本政府在半导体产业则通过战略性贸易政策,帮助日本企业既从国外获得必要的生产技术和产品诀窍,又保护国内市场,最终使日本企业打败享有先发优势的美国企业并在该行业获得领先地位。

美国政府在高科技产业领域也广泛地实施战略性贸易政策,以获取高额的经济收益,并实现特定的政治和军事目的,以至西方一些经济学家将其称为高科技新重商主义。例如,欧盟2002年就指出,美国飞机和计算机之所以能大量出口,是因为它们至少接受了美国政府40亿美元的补贴。美国的高科技新重商主义体现在以下四个方面。

(1) 对军事科技实行民间承包,然后再向民用转化。美国的许多民用技术如宇航技术、核电技术等都是由军事科技转化而来的。对军事科技的研发,美国政府以承包的方式交由民间公司进行,资金由政府提供,失败的风险由全国的纳税人而并非公司承担。这样极大地提高了民间公司从事研发的积极性。

(2) 政府对基础研究、R&D(科学研究与试验发展)予以大力支持。美国崇尚自由竞争,政府对具体的经济运行较少干预。但在基础研究、R&D领域,美国政府则高度参与,实行"官产学研"相结合的体制,对高校的基础研究、企业的研究与开发,要么提供直接的资金支持,要么实施优惠税收政策,将企业研发费用作为当期开支列入成本,抵减利润税。为了促进高科技的发展,1993年11月,克林顿政府还成立了国家科技委员会,由时任总统克林顿亲自担任主席。

(3) 加强对知识产权的保护。由于知识产品具有外溢效应,如果被扩散、模仿,将使其社会收益大于知识产品拥有者的个人收益,从而影响创新者的积极性。作为以创新赢得国际竞争优势的国家,美国特别强调对知识产权的保护。

(4) 利用高科技产品达到特殊的军事、政治目的。由于高科技产品在市场上替代品少,具有市场独占性,所以美国常常以此为手段,动辄采用高科技产品的出口禁运措施,来迫使需要其产品的国家在社会政治、军事等领域向美国屈服,从而达到自己的特定目的。

当今,为了确保在未来国际竞争中的地位,世界主要国家纷纷对关系到国民经济发展的支柱产业,具有全局性、引领性、长远性和动态性特征的战略性新兴产业和未来产业,如新能源、新材料、生命科技、数字经济和智能产业等,实施扶持措施。这是战略性贸易政策在现实经济中的运用。

本 章 小 结

自由贸易政策和保护贸易政策都有各自的理论基础。自由贸易政策的理论基础是国际贸易分工理论,本章对国际贸易政策的理论分析实际上是对保护贸易政策理论的分析。

保护贸易政策理论的发展大致经历了四个阶段:一是重商主义的保护贸易学说和政策主张。二是汉密尔顿的保护关税思想,汉密尔顿主张落后国家从保护本国工业、实行经济自立的角度,通过关税等政策措施实施保护,代表了落后国家经济自卫的要求,标志着保护贸易理论的初步形成。三是李斯特在汉密尔顿的基础上,进一步提出了以发展生产力为出发点、以保护关税为核心的保护贸易理论,是保护贸易理论的集大成,确立了保护贸易理论在国际贸易理论中的地位。在李斯特之后，西方经济学家又从幼稚产业标准的确立、实施贸易保护的经济论据与非经济论据两个方面对保护贸易理论做了进一步发展，提出了一系列的理论观点和政策主张。四是战略性贸易政策的提出，其主要从规模经济、外部经济和不完全竞争的角度，主张政府对高科技产业实施进口限制、生产补贴或出口补贴等保护政策。

复习思考题

一、名词解释

自由贸易政策　保护贸易政策　重商主义　幼稚工业　战略性贸易政策

二、思考题

1. 什么是国际贸易政策？与国内经济贸易政策相比，它有哪些特点？
2. 试述重商主义保护贸易思想的主要内容，并加以评论。
3. 试评述李斯特的保护贸易理论。
4. 试述实行贸易保护的经济论据与非经济论据。
5. 如何正确评价保护贸易理论的政策主张？在哪些方面它是合理的？
6. 什么是战略性贸易政策？对其如何加以正确认识和评价？

三、案例分析

结合补贴和反补贴、产业保护等理论，对下述案例进行分析。

中国首起农产品反补贴案例

对农业提供巨额补贴仍然是目前一些发达国家农业政策的基本出发点。在相当长的一段时期内，我国农业仍面临较为不利的国际补贴环境。因此，应积极稳妥实施反补贴措施，改善国际农产品贸易环境，维护我国农业生产经营者的合法权益。2010年4月28日，中国商务部发布了《关于白羽肉鸡产品反补贴调查初裁的公告》。此案是中国首例对外国进口农产品实施的反补贴案例。

根据《中华人民共和国反补贴条例》的规定，商务部应国内产业代表中国畜牧业协会的申请，于2009年9月27日发布公告，对原产于美国的进口白羽肉鸡产品进行反补贴立案调查，涉案金额超过7亿美元；产品范围界定为白羽肉鸡产品，从美国进口的白羽肉鸡产品数量占我国总进口量的70%以上。立案后，美国政府、美国禽蛋品出口协会以及35家美国白羽肉鸡生产商、出口商登记应诉。商务部对被调查产品是否存在补贴和补贴金额、被调查产品是否对中国国内白羽肉鸡产业造成损害和损害程度以及补贴与损害之间的因果关系进行了调查。根据调查结果，商务部依据《中华人民共和国反补贴条例》第二十五条规定作出初裁认定，在本案调查期内，原产于美国的进口白羽肉鸡产品存在补贴，中国国内白羽肉鸡产业受到了实质损害，而且补贴与实质损害之间存在因果关系。美国应诉公司被裁定 3.8% 至 11.2% 不等的从价补贴率,未应诉公司从价补贴率为 31.4%。国务院关税税则委员会根据商务部的建议作出决定,自本公告列明之日起,采用临时反补贴税保证金的形式对原产于美国的进口白羽肉鸡产品实施临时反补贴措施。

资料来源:中国首起农产品反补贴案例法律评析[EB/OL].(2010-07-09). https://www.chinacoop.gov.cn/HTML/2010/07/09/49082.html.

即 测 即 练

第七章

国际贸易政策措施

本章学习目标

1. 了解关税及其效应；
2. 了解非关税壁垒及其效应；
3. 了解出口鼓励等其他贸易政策及其作用。

第六章着重从理论上对国际贸易政策做了分析。在实践中，一国（地区）的对外贸易政策总要通过具体的措施加以体现。本章，我们来具体介绍国际贸易政策得以实现的各种措施，并分析这些政策措施的经济效应。

第一节 关 税

一、关税的含义及其作用

关税是一个国家（地区）的海关对进出其关境的物品所征收的一种税。

海关是设在关境上的国家（地区）行政管理机构，它是贯彻执行本国（地区）有关进出口政策、法令和规章制度的重要工具。征收关税是海关的重要任务之一。关境是海关征收关税的领域，是执行统一海关法令的领土。一般来说，关境和国境是一致的，但有些国家的国境内设有自由港（free port）、自由贸易区（free trade zone）或海关保税仓库（bonded warehouse），这些均不在关境范围之内，这时关境小于国境。有些国家间缔结关税同盟，参加关税同盟的国家的领土即成为统一的关境，这时关境大于国境。

关税具有四个方面的特点：①强制性。它是海关凭国家权力征收的，纳税人须无条件服从。②无偿性。海关代表国家从纳税人方面征收，国家无任何补偿。③预定性。海关据预先规定的法律与规章加以征收，双方不得随意变动。④间接税。关税的纳税主体为进出口商，但它们将关税打入商品价格，最终承担者为消费者。

征收关税的目的主要有两个：一是增加财政收入；二是保护本国（地区）生产。以增加一国（地区）财政收入为主要目的而征收的关税称为财政关税（revenue tariff）。财政关税的税率视国库的需要和对贸易数量的影响而制定。财政税率不宜过高，否则便会阻碍进口，达不到增加财政收入的目的。目前，财政关税在一国（地区）财政收入中的重要性相对降低。以保护国（地区）内生产和市场为主要目的而征收的关税就是保护关税。关税的保护程度主要取决于税率的高低。低税率所起的保护作用小,高税率所起的保护作用大。一般而言,进口商品的优势在于包括运费和进口杂费在内的成本比国(地区)内同种产品的成本低,两者之间有一个差额。如果关税税率超过这一差额,进口商品的优势就会丧失。这样,关税就达到了完全保护的目的。这种禁止性关税在现实经济生活中较少见。在绝大多数情况下,关税起着部分保护的作用。如今各国(地区)征收关税很难再区分财政关税与保护关税。以财政收入为目的的关税客观上也可以起到保护作用;以保护为目的的关税,其税率只要不高到禁止关税的程度,也会增加财政收入。

保护关税是当代各国(地区)保护贸易政策的重要措施之一,也是一些发达国家(地区)在贸易中实行歧视政策的重要工具。第二次世界大战后,经过关税及贸易总协定主持下的八轮多边贸易谈判,发达国家(地区)的平均关税水平已降到3.8%左右,发展中国家(地区)的已降到13%左右。关税对进口国市场的保护作用已大大减小,非关税措施在保护政策中的作用日益加强。但即便如此,关税仍是各个国家(地区)实行贸易保护的一种重要手段。

二、关税的种类

一般来说,关税依据征收方向可分为进口税(import duties)、出口税(export duties)、过境税(transit duties)。进口税按差别待遇,又可分为进口附加税(import surtaxes)、差价税(variable levy)、特惠关税(special preferences)和普遍优惠制(generalized system of preferences,GSP)关税。

(一)进口税

进口税是进口国家(地区)的海关在外国(地区)商品输入时,对本国(地区)进口商所征收的正常关税(normal tariff)。这种进口税在外国(地区)货物直接进入关境或国境时征收,或者外国(地区)货物由自由港、自由贸易区或海关保税仓库等提出运往进口国(地区)的国(地区)内市场销售,在办理海关手续时征收。

正常进口税通常可分为最惠国税和普通税两种。最惠国税适用于与该国(地区)签订有最惠国待遇原则(most favored nation treatment,MFNT)的贸易协定的国家或地区所进口的商品,普通税适用于与该国(地区)没有签订这种贸易协定的国家或地区所进口的商品。最惠国税率比普通税率低,二者税率差幅往往很大。当代大多数国家或地区都加入关税及贸易总协定(现世界贸易组织)或者签订了双边的贸易条约或协定,相互提供最惠国待遇。因此,正常进口税通常指最惠国税。

征收进口税提高了进口商品的国(地区)内价格,从而削弱了这些商品的价格竞争力,起到了限制进口的作用。所谓关税壁垒,就是指进口税对商品输入的阻碍。

发达国家(地区)对进口税率的规定,一般是工业制成品相对较高、半制成品相对较低、原料性商品最低甚至免税。在工业制成品中,加工程度越高,关税率就越高。发展中国家(地区)为了保护本国(地区)经济和国(地区)内市场,一般对国(地区)内已能生产并满足市场需要的商品或者非生活必需品以及奢侈品,征收较高进口税,而对于目前国(地区)内暂时不能生产或供不应求的生活必需品和机器设备等资本品,征收较低的进口税或者免税。

(二) 出口税

出口税是出口国(地区)的海关在本国(地区)商品输往国(地区)外时,对出口商品征收的一种关税。

征收出口税会提高出口商品的销售价格,削弱出口商品在国(地区)外市场上的竞争能力,不利于扩大出口。但在特殊情况下,如一种商品在国际市场上居垄断地位或支配地位,或者为限制本国(地区)资源外流,一国(地区)会征收出口关税。发达国家(地区)一般都不征收出口税,除非出于政治或特殊目的。征收出口税的主要是一些发展中国家(地区)。

一国(地区)政府征收出口税的原因主要有以下几个。

(1) 保护本国(地区)购买者的利益,使本国(地区)市场不致受到国(地区)外购买者的冲击,以防止在本国(地区)内出现较高的国际价格。为保证本国(地区)生产和本国(地区)消费而征收出口税,税率一般较高,还可辅之以出口许可证之类的数量限制,在极端情况下,甚至可征收禁止性出口关税,使出口税高到国(地区)外购买者无力购买的程度。

(2) 改善贸易条件,提高出口效益,防止"贫困化增长"。我们知道,如果生产要素的增长使得出口产品的供给迅速增加,则可能产生贫困化增长。这种增长不但会恶化贸易条件,甚至会使一个国家(地区)的经济状况恶化。在这种情况下,通过出口税等形式适当控制出口,有助于防止出口增加导致效益反而下降的情况发生。如果是本国(地区)在国际市场上具有垄断地位或居支配地位的商品,那么征收出口税以控制出口数量,就会迫使国际市场价格上涨,从而改善该国(地区)的贸易条件(假定进口价格不变),增加出口收入。

(3) 取得财政收入。不管出于什么目的,征收出口税,无疑会取得财政收入。对于那些由于政治或组织上存在障碍,难以执行收入税、货物税或其他税的初级产品或原材料出口国(地区)而言,征收出口税是一种具有吸引力的税制。只要出口税不至于高到禁止性出口税的地步,国家(地区)就可通过出口税增加财政收入。一般来说,当逐步增加一种出口税的单位数额时,被纳税的出口数量会下降,纳税收入先是上升,当达到最大值后,便开始下降。在征收出口关税的情况下,终究会在出口量为零和自由贸易量之间存在一点,出口纳税收入在该点上最大。理论上存在一个最佳出口关税,就像在理论上存在一个最佳进口关税一样。

(4) 一些发展中国家(地区)利用出口税作为与发达国家(地区)的跨国公司博弈的工具。发达国家(地区)往往通过跨国公司在对外贸易中采取垄断价格,在发展中国家(地区)低价收购初级产品及其他原材料,使发展中国家(地区)蒙受重大损失。发展中国家(地区)为了反对发达国家(地区)垄断组织的低价收购,往往对某些初级产品和原材料等的出口征收出口税。

(5) 在当代国际贸易中,为了改善对外贸易关系,一些出口大国(地区)有时也对某些出口商品征收出口税,以适当控制出口,减小或避免本国(地区)产品对贸易伙伴市场的冲击。

(三) 过境税

过境税又称通过税,它是一国(地区)对于通过其关境的外国(地区)商品征收的关税。在中世纪,欧洲一些国家征收通过税,以增加财政收入。这种关税在资本主义生产方式准备时期最为盛行。随着经济的发展,交通运输事业日益发达,各国(地区)在货运方面竞争激烈。同时,过境货物对本国(地区)生产和市场没有影响,所征税率低,财政意义不大。因此,过境税相继被废除。第二次世界大战后,大多数国家(地区)都不征过境税,仅仅在外国(地区)商品通过时征收少量的准许税、印花费、签证费和统计费等。

(四) 进口附加税

一些国家(地区)对进口商品,除了按公布的税率征收正常进口税,还往往根据某种目的再加征进口税。这种对进口商品在征收正常关税外,再加征的额外关税,就称进口附加税。征收进口附加税是限制商品进口的一种临时措施。其主要目的是:应对国际收支逆差,维持进出口平衡;防止外国(地区)商品的出口补贴和低价倾销;对某个国家(地区)实行歧视或报复等。因此进口附加税又称特别关税。

进口附加税往往针对个别国家(地区)或个别商品征收,这主要有以下两种。

1. 反补贴税

反补贴税(counter-vailing duties)是一种抵消性关税,而非惩罚性关税,反补贴税税额不得超过补贴数额,因为反补贴税涉及WTO的一系列规则,我们将在第八章对反补贴税进行详细介绍。

2. 反倾销税

反倾销税(anti-dumping duties)是对实行倾销的进口商品所征收的一种进口附加税。其目的在于抵消商品倾销的影响,保护本国(地区)商品和国内市场。

所谓倾销,就是指一国(地区)出口厂商以低于国(地区)内市场甚至低于商品生产成本的价格,向国(地区)外销售商品的行为。WTO《反倾销协议》第2条第1款明确规定:如一产品自一国(地区)出口至另一国(地区)的出口价格低于在正常贸易过程中出口国(地区)供消费的同类产品的可比价格,即以低于正常价值的价格进入另一国(地区)的商业,则该产品被视为倾销。同类产品是指与被考虑的产品在各方面都相同的产品,或者具有与被考虑的产品极为相似特点的另一种产品。正常价值是指在正常的市场条件下,出口国(地区)供国(地区)内消费的国(地区)内市场可比的批发价格,它要求两种价格在时间上和销售规模上可比;如果不存在可比的国(地区)内价格,则采用同类产品出口至一适当第三国(地区)的最高可比价格,或由产品在原产国(地区)的生产成本加合理数额的管理、销售和一般费用及正常利润所构成的结构价格,作为正常价值。对上述三种价格必须依次使用。

为防止反倾销税被滥用,WTO《反倾销协议》规定,征收反倾销税必须满足三个基本条件:一是外国(地区)出口商存在倾销行为;二是倾销对国(地区)内同类产业造成重大损害或重大损害威胁,或对国(地区)内同类产业的兴建产生严重阻碍;三是倾销和损害之间存在因果关系。其他因素造成的损害不能归于倾销。根据这三个条件,如果外国(地区)出口商有倾销行为,但未对本国(地区)同类产业造成重大损害或重大损害威胁,进口国(地区)政府不得征收反倾销税。

WTO《反倾销协议》还就与反倾销有关的其他一些主要问题做了规定。

(1) 关于损害问题。协议规定,在确定倾销对本国(地区)工业部门造成重大损害或产生重大损害威胁时,该国(地区)应对倾销品进口的数量、价格以及给本国(地区)同类产业生产者带来的影响进行客观的调查,其他因素给工业部门带来的损害不能归于倾销。调查一定要以事实为依据,不得以推测作出判断。具体来说,根据 WTO《反倾销协议》第 3 条的规定,在确定倾销对进口国(地区)同类产业的损害时应包括对下列几方面的客观审查:①倾销进口产品的数量是否大量增加,它包括绝对数量的大量增加和相对于进口国(地区)生产和消费数量的大量增加。②倾销进口产品对进口国(地区)国(地区)内市场同类产品价格的影响。这一方面是通过对倾销进口产品与进口国(地区)同类产品价格的比较,看倾销进口产品是否大幅度削低价格;另一方面看此类进口产品是否在很大程度上抑制了进口国(地区)同类产品本应在其他情况下发生的价格上涨。③倾销进口产品对进口国(地区)同类产品生产者造成的影响。审查倾销的进口产品对国(地区)内同类产业的冲击程度应包括对有关产业状况的所有经济因素和指标的评估,包括销售、利润、产量、市场份额、生产力、投资收益、设备利用率实际或潜在的下降,影响国(地区)内价格的因素,倾销幅度的大小,对现金流动、库存、就业、工资、增长率、筹措资金或投资能力等的实际或潜在的负面影响。

(2) 关于倾销调查。协议规定,受倾销影响的生产部门如要对倾销进行调查,应事先提出书面申请。申请书中要有充分的根据说明存在倾销与造成损害以及损害与倾销之间的因果关系。在特殊情况下,如没有生产部门提出申请调查,而有关当局已经掌握构成倾销的条件以及造成损害的程度,也可以调查。如果有关当局确定倾销幅度小于正常价值的 2%,或倾销进口的数量在该产品总进口量中的比例小于 3%,且小于 3%的国家(地区)累积的进口份额小于 7%,则应立即停止反倾销调查。反倾销调查不应妨碍办理海关手续,并且要在一年内结束。

(3) 关于反倾销措施。协议规定,在反倾销调查当局已作出倾销存在和对国(地区)内相关产业造成损害的肯定性初步裁定后,如果调查当局认定采取临时措施对防止在调查期间继续发生损害是必需的,则可以采取临时反倾销措施,包括征收临时反倾销税、采用担保或支付保证金等方式。临时反倾销税和保证金的幅度不得高于初步裁定的倾销幅度。在反倾销调查当局最终裁定中作出肯定性的倾销和损害存在的结论时,征收反倾销税则是最主要的反倾销措施,但是是否征收,由进口成员自己决定。反倾销税征收的原则有二:一是征收金额不得大于倾销幅度,即反倾销税是一种抵消税,而非惩罚性关税。二是多退少不补,即如果最终确定的反倾销税额高于临时反倾销税,则差额部分不能要求进口商补交。如果最终确定的反倾销税额低于临时反倾销税,则进口商多交的部分税款应当退还。

对反倾销税的征收,协议还规定了"日落条款"。它规定,反倾销税应自征收之日起 5 年内结束,但如果在 5 年期限到来之前的一段合理时间内,国(地区)内相关厂商提出了复审要求,则在得到复审结果之前,反倾销税应继续征收。如果复审结果表明损害已不存在或不存在重新发生损害的可能,则反倾销税应当停止征收;如果复审结果表明损害依然存在,或者停止征收反倾销税将导致倾销和损害继续发生或重新发生,则原有的反倾销税可以继续维持。

尽管世界贸易组织对反倾销做了一系列规定,但实践中并没有得到切实遵守。例如,在确定外国出口商的出口价格是否存在倾销行为时,西方国家一般将一切国家分为市场经济国家与非市场经济国家两类,对其分别采用不同的确定产品正常价值的方法。对市场经济国家,它们认为这些国家有完善的市场体系,因而采用出口国国内销售价格作为正常价值;而对非市场经济国家,它们则认定这些国家存在价格扭曲,因而在WTO规定的价格标准之外,采用"替代国或类比国的类似产品的价格作为正常价值",即所谓的替代国价格。由于替代国的选择和替代国价格的选用具有很大的随意性,往往不公平、不合理、不科学,带有很强的歧视性,这直接影响这些"非市场经济国家"出口商品正常价值与出口价格比较的基础,从而使之成为反倾销调查中确定倾销是否存在的核心问题。如欧盟对华反倾销中往往选择劳动力成本高于中国的国家作为替代国,这样中国劳动密集型产品在对欧盟出口中一旦遭遇反倾销诉讼,几乎肯定会被判倾销成立。1988年,欧洲共同体在对华彩电反倾销调查和后来在1995年进行的临时复审中就分别采用韩国和新加坡作为替代国,而新加坡劳动力价格是中国的20倍,最终导致中国彩电长期难以进入欧盟市场。

实践中,反倾销已成为一些国家(地区)特别是发达国家(地区)实行贸易保护主义和歧视政策的一种工具。一些发达国家(地区)不仅利用征收反倾销税来阻止外国(地区)商品进口,而且借助征税前的反倾销调查来暂时停止某种商品的进口。从反倾销调查开始,这项商品至少一年内不能进入该国(地区)市场。

中国长期以来是世界上最大的反倾销受害国。根据WTO的统计,截至2012年底,我国连续18年成为全球遭受反倾销最多的国家。我国每年遭受的反倾销立案调查数与反倾销肯定性仲裁数都是世界最多的。其原因主要有:①中国1978年改革开放后,比较优势的发挥导致出口增长迅速,引起别国恐慌与不满,有些产品在目标市场上的占有率也确实较高。②西方国家对中国的歧视。比如,1998年7月1日以前,中国被欧盟列为非市场经济国家。1998年4月,欧盟将中国从该名单中去掉,但并没有将其加入市场经济国家名单,而是新增"特殊市场经济国家"。直至2018年,欧美国家仍然拒绝给予中国市场经济地位。在反倾销调查中,中国的企业只有证明其受调查产品的生产、销售完全符合市场经济条件,才可用自己产品的销售价格或成本作为可比的正常价值,否则仍适用非市场经济国家待遇,采用替代国价格。实践中在欧盟进行有关调查时,中国绝大多数企业仍被视为"非市场经济国家"的企业。③中国出口产品的商品结构与地理方向比较集中,差异化小,难免产生低价竞争。此外,对国外进口产品反倾销不力,没有使反倾销成为对外谈判的筹码;出口厂商缺乏经验,缺乏精通外国法律、国际惯例的国际型人才,也是中国频繁遭受国外反倾销诉讼的原因之一。

(五) 差价税

差价税又称差额税。当某种本国(地区)生产的产品的国(地区)内价格高于同类进口商品的价格时,为了保护国(地区)内生产和国(地区)内市场,按照国(地区)内价格与进口商品价格间的差额征收的关税,就叫差价税。由于差价税随着国(地区)内外价格差额的变动而变动,所以它是一种滑动关税(sliding duty),能较好地起到限制进口作用。

差价税的典型是欧盟对农产品进口规定的"闸门价格",即最低限价,它规定进口产品的边境交货价不得低于闸门价。闸门价经常定得偏高。如果按闸门价进口,进口商就无利可图或利润很小。如果进口商以低于闸门价的价格进口,欧盟则对该项进口商品加征进口附加税,其税额为进口价与闸门价的差额。欧盟的这一措施大大限制了别国农产品的进入。

(六) 特惠关税

特惠关税是指某一国家(地区)或者经济集团对某些国家(地区)的所有进口商品或一部分商品在关税方面给予的特别优惠的低关税或免税待遇。这种关税优惠待遇有互惠的,也有非互惠的。特惠关税开始是在宗主国和殖民地之间的贸易中实行。宗主国的产品输出到殖民地享受特惠关税的待遇,殖民地产品输出到宗主国则不能享受相应待遇,这被称为非互惠的特惠关税。后来,宗主国与殖民地之间以及同一宗主国的殖民地相互之间都适用特惠关税,称为互惠的特惠关税。

目前实施特惠制的主要有欧盟成员国给予非洲、加勒比和太平洋地区60多个国家和地区的特惠关税,这是一种非互惠的单向优惠关税。因这一优惠关税协定是在西非多哥首都洛美签订的,所以又称洛美协定国家和地区之间的优惠关税。第一个洛美协定签订于1975年2月。洛美协定的主要内容为:①这60多个国家和地区的全部工业产品和99.5%的农产品进入共同体,给予免税待遇,而不要求这些发展中国家和地区给予"反向优惠"(reverse preference)。②建立"稳定出口收入制度"。若由于一些主要农产品跌价或减产而遭受损失,共同体给予这些国家和地区补偿。第一个洛美协定规定共同体对18种农产品和铁矿砂(共计34种商品)实行补偿制度,第二个洛美协定增加了橡胶、胡椒、棉籽等10种产品,这样,总共有44种产品列入补偿范围之内。此外,洛美协定还规定了欧盟国家与这些国家和地区之间的经济合作。

洛美协定国家和地区间实行的这种优惠关税是世界上最优惠的一种关税:一是优惠商品范围广,除极少部分农产品外,几乎所有工业产品和农产品都在优惠范围之内;二是优惠幅度大,列入优惠的产品全部免税进口。它有力促进了欧盟与这些国家和地区之间经济贸易关系的发展。

(七) 普遍优惠制关税

普遍优惠制简称普惠制,它是发达工业国家(地区)对来自发展中国家(地区)的某些产品,特别是工业制成品和半制成品给予的一种普遍的关税减免优惠制度。普惠制的原则是普遍性、非歧视性和非互惠性。普遍性是指发达国家(地区)应对发展中国家(地区)出口的制成品和半制成品给予普遍的优惠待遇。非歧视性是指应使所有的发展中国家(地区)都不受歧视,无一例外地享受普惠制待遇。非互惠性是指发达国家(地区)应单方面给予发展中国家(地区)关税优惠,而不要求发展中国家(地区)提供反向优惠。

普遍优惠制的目标是：扩大发展中国家(地区)工业制成品和半制成品出口,增强其产品的竞争能力,增加外汇收入；促进发展中国家(地区)的工业化以及加速发展中国家(地区)的经济增长。普惠制是国际贸易中一项重要的贸易政策,是发展中国家(地区)长期努力的结果。目前,实施普惠制的工业发达国家即给惠国有28个,享受普惠制待遇的受惠国(地区)有170多个发展中国家和地区。

需要指出的是,普惠制对发达国家(地区)而言,并不是法定义务,也不是在WTO框架下统一实施的,而是由各个给惠国自主制订方案,各自实施的。因此,出于维护自己利益的需要,实行普惠制的国家(地区)在提供关税优惠待遇的同时,还规定了种种限制措施。这些限制主要有以下几个方面。

(1) 对受惠国家或地区的限制。普惠制在原则上应对所有发展中国家或地区都无歧视、无一例外地给予优惠待遇。但是各给惠国从各自的政治、经济利益出发,对受惠国或地区进行限制。例如美国公布的受惠国名单中,不包括某些与其政治制度不同的国家、石油输出国组织(OPEC)的成员国。

(2) 对受惠商品的限制。普惠制原应对受惠国或地区的制成品和半制成品普遍实行关税减免,但实际上许多给惠国在公布的受惠商品名单中却把对发展中国家(地区)出口有利的一些"敏感性"商品,如纺织品、鞋类、某些皮革制品及石油产品排除在受惠商品的范围之外。纺织品服装直到2005年1月1日才被纳入世界贸易一体化框架。

一些发达国家和国家集团自1980年以来,还在普惠制的实行中引入"毕业"的概念。一旦它们认为受惠国(地区)或受惠国(地区)的某种商品经过发展已具备一定竞争力,也就"毕业"了。前者为"整体毕业",即整个国家(地区)不再享受普惠制待遇。如美国1984年开始在普惠制中实行毕业制度,先后停止给予韩国、中国台湾地区普惠制。后者为"部分毕业",对"毕业"的商品不再给予普惠制待遇。例如从1998年1月起,欧盟确定中国的皮革制品、鞋、帽、伞、部分金属制品、玩具、杂项制品"毕业"。通过"毕业制度",给惠国(地区)不断缩小受惠国(地区)和商品的范围。

(3) 对享受优惠程度的限制。发展中国家(地区)有些出口商品即使已被列入优惠计划,也要受到种种规定的限制。当受惠国(地区)商品的进口量增加到对其本国(地区)同类产品或有竞争关系的商品的生产者造成或将造成严重影响时,给惠国保留完全取消或部分取消关税优惠待遇的权利。对受惠商品预先规定限额,在限额数量以内给予优惠待遇,超过限额的取消优惠待遇,按规定征收较高的关税予以限制等。

(4) 原产地规则。原产地规则是GSP的主要组成部分和核心。为确保普惠制仅给予发展中国家(地区)生产并来自发展中国家(地区)的商品,各给惠国都制定有详细的原产地规则,其主要包括原产地标准、直接运输规则和证明文件三个部分。

原产地标准通常采用整件生产标准和实质性改变标准两种形式：①整件生产标准。其也称完全原产品,即产品完全在受惠国生产和制造,不含进口原料和部件。符合这一标准的产品为原产品不会引起歧义。②实质性改变标准。其也称含有进口成分的产品,它是对两个或两个以上国家(地区)参与制造的产品确定其原产国(地区)的标准。其基本概念是货物必须在出口国(地区)经过最后一道实质性加工或生产,使该产品得到其特有的性质和特征。实质性改变包含三种具体标准。

① 最后改变标准。此即在原产地完成了产品的最后一道加工程序。这种加工使原产品性质发生实质改变,从而具备新产品特征。但这种加工不是仅仅为了改变原产地以谋取关税优惠。

② 加工标准。此即该货物在原产地必须经过给予该产品的基本特征的加工程序。它包括两层含义:一是加工后税则项目发生了改变;二是经过合格的加工,即给惠国规定某些产品在原产地生产时须达到的加工要求。欧盟、日本、挪威采用这种标准。

③ 百分比标准。其又称增值标准,即出口产品在生产中所使用的非生产国(地区)原料或部件的价格在该产品出厂价格中所占的比例不得超过一定百分比,或规定在该产品生产中本国(地区)原料和生产费用总和所占的比例必须达到一定标准,才认为该产品有实质性改变。澳大利亚、加拿大、美国采用这种标准。2002年美国取消了原产地规则中的最后改变标准,全部采用增值标准,实际上提高了给惠的门槛。

(5) 直接运输规则。原产品必须从出口受惠国(地区)直运至给惠国(地区),不得中途转运,其目的在于确保运至给惠国(地区)的商品就是受惠国(地区)原产品。受惠国(地区)必须向给惠国(地区)提交原产地和托运的书面证书,即原产地证明书,才能享受普惠制待遇。

普惠制的实行在一定程度上改善了发展中国家(地区)的产品进入发达国家(地区)市场的条件,有利于提升发展中国家(地区)出口产品的竞争能力,扩大发展中国家(地区)工业制成品的出口。但是,发达国家(地区)为其自身利益,在普惠制的实施上设置了不同程度的障碍和限制。发展中国家(地区)获得真正普遍的、非歧视的、非互惠的关税优惠待遇并非易事。

三、关税的征收依据和征收方法

(一) 关税的征收依据

1. 海关税则及其商品分类

各国(地区)征收关税的依据是海关税则。海关税则是一国(地区)对进出口商品计征关税的规章和对进口、出口的应税商品、免税商品以及禁止进出口的商品加以系统分类的一览表。海关税则一般包括两个部分:一部分是海关课征关税的规章条例及说明;一部分是关税税率表。关税税率表的内容主要包括税则号列、商品名称、计算单位、税率等项目。

税则中的商品,有的是按商品的加工程度分类,如原料、半制成品、制成品等;有的是按商品的性质分类,如水产品、农产品、畜产品、矿产品、纺织品、机械等;也有的是按商品的性质分成大类,再按加工程度分成小类。最初各个国家根据自身需要和习惯编制税则商品分类目录。由于分类方法不同、口径各异,各国(地区)海关统计资料缺乏可比性,并给多边贸易谈判带来不便。为此,一些国际经济组织开始制定国际通用的商品分类目录,以解决这一矛盾。其中较权威的有以下三个。

(1) 1952年制定的布鲁塞尔税则目录。其是以商品的性质为主,结合加工程度等来划分商品类别的。它把全部商品分为21类(section)、99章(chapter)、1 097项目号(heading)。其中前4类(1~24章)为农副产品;5~21类(25~99章)为工业制成品。商品来自同一原料,一般划归一章,具体税目再根据加工程度、制造工序逐项排列,加工程度越复杂,税则号就越大。如第55章的棉花,就是从原棉(55.01)—短绒棉花(55.02)—棉纱

(55.05)—棉纱罗(55.07)等,一直排列到棉织品(55.09)的。布鲁塞尔税则目录中的税则号皆用四位数表示,中间用圆点隔开,前两位数表示商品所属章次,后两位数表示该章项下的税则号。该目录曾被140多个国家和地区用来编制本国(地区)的税则,确定具体商品的进出口税率,依次征收关税。

(2)联合国经济及社会理事会于1950年制定并公布的《国际贸易标准分类》。该目录在1960年和1972年先后修订两次。1972年修订本将国际贸易商品分为10类、63章、233组、786个分组、1 924个基本项目,各国可根据需要增设子目。联合国建议各国政府在进行贸易统计和研究对比时采用这种分类体制。该标准曾被100多个国家采用。

尽管有相互对照表,但以上两种商品分类目录在国际上同时存在还是给很多工作带来了不便。于是,1983年海关合作理事会协调制度委员会主持制定了《商品名称及编码协调制度》[以下简称《协调制度》(HS)]。

(3)《协调制度》目录将商品分为21大类、96章、1 241个项目号和5 019个子目(subheading)。商品项目的号列编号仍为四位数,前两位为章的顺序号,第三、四位为每章内的项目位置。项目以下,第五位数字为一级子目(one-dash subheading)表示在项目中的位置,第六位数字为二级子(two-dash subheading)编码。各缔约方可以在子目之下增设分目(additional subheading)。《协调制度》目录与布鲁塞尔税则目录的分类总则相似,但增加了对子目一级的规定,能同时满足关税统计和国际贸易其他方面的要求。该目录于1988年1月1日正式实施,中国于1992年正式采用该目录。

2. 海关税则的种类

海关税则按同一税目下税率的数目可分为单式税则(single tariff)和复式税则(complex tariff)。

单式税则又称一栏税则。这种税则,一个税目只有一个税率,适用于来自任何国家(地区)的商品,没有差别待遇。

复式税则又称多栏税则,一个税目下订有两个或两个以上的税率。其中,普通税率(或称一般税率)是最高税率,特惠税率是最低税率。在这些税率之间,还有最惠国税率、协定税率、普惠制税率等。发达国家(地区)多数使用二栏、三栏、四栏甚至五栏的不同的多栏税则。如欧盟实施五栏税则:第一栏特惠税率,实施对象是其关系国(地区),即签订洛美协定的非洲、太平洋及加勒比地区65个国家或地区,还有根据欧盟与土耳其、摩洛哥、突尼斯等签订的协议,对于这些国家(地区)的部分产品的进口,给予特惠关税。第二栏是协定国(地区)税率,实施对象是与欧盟签订了优惠贸易协定的国家(地区),如以色列、埃及等。第三栏是普惠制税率,实施对象是77国集团及其他一些发展中国家(地区)。第四栏是最惠国税率,实施对象是世界贸易组织成员以及与欧盟签有双边最惠国待遇协议的国家(地区)。第五栏是普通税率,是最高的税率,实施对象是上述国家(地区)以外的国家和地区。

在海关税则中,按照制定者的不同,其又可分为国定税率和协定税率两种。凡是一个国家独立制定并有权变更的税率为国定税率或自主税率(autonomous or statutory tariffs),一般适用于没有签订双边或多边贸易条约或协定的国家。凡一国与其他国家通过贸易谈判,以条约或协定方式制定的关税税率,称为协定税率(conventional tariffs)。协定税率一般适用于协定的商品,非协定商品仍适用国定税率。

（二）关税的征收方法

关税的征收方法也称征收标准，主要有从量税（specific duties）和从价税（ad valorem duties）两种。在这两种主要征收方法的基础上，又有混合税（mixed or compound duties）和选择税（alternative duties）。

1. 从量税

从量税是按照商品的重量、数量、长度、容量和面积等单位征收的关税。世界上多数国家（地区）是以商品的重量为单位来征收从量税的。但各国（地区）对应纳税商品重量的计算方法各有不同。有的国家（地区）按商品的净重计征，有的国家（地区）按商品的毛重（包括商品的全部包装的重量）计征，有的按法定重量（商品净重加上销售包装）计征。

从量税有三个方面的优越性：手续简便，无须考虑货物的规格、价格差异，可以节约征税成本；当进口价格下跌时，关税仍保持一定水平，从而不影响保护作用；可防止进口商谎报进口价格以逃避关税。

其缺点在于：对同税目的商品不论等级、品质、价格的不同一律按同一税率征税，税负显然不合理；由于按数量征税，因而税率固定无弹性，税额不随物价涨落而变化，失去税收的价格调节机能。

按从量税计征关税，对发展中国家（地区）的出口不利，因为发展中国家（地区）出口的制成品和半制成品大多属于低档的。如进口国（地区）仍按一定数量征收关税，与同一种商品中的高档货相比，等于提高了关税税率。

2. 从价税

从价税是以进口商品的价格为标准计征的关税，税率表现为货物价格的一定百分率。从价税的优点体现在：按商品价格征税，价格高的纳税高，价格低的纳税低，税负相对公平。其缺点在于：对进口应税商品需要专业人士进行估价，征税成本较高。当进口商品价格上涨时，国（地区）内进口竞争产业面临的竞争压力减轻，但实际进口税额却随物价上涨而增加；当进口商品价格下降时，国（地区）内进口竞争产业面临的竞争压力增加，需要提高保护程度，但实际进口税额却随物价下降而下降，可见，从价税对保护的调节作用与国（地区）内进口竞争厂商的保护要求方向相反，保护性相对较差。另外，从价税额随物价涨落而增减，对物价不能发挥调节作用。

在征收从价税时，如何确定进口商品的完税价格呢？世界各国（地区）所采用的完税价格标准很不一致，大体上可概括为以下三种：出口国（地区）离岸价格（FOB）、进口国（地区）到岸价格（CIF）和进口国（地区）的海关估价（customs value）。按 WTO《海关估价协议》的规定，海关征税应以"正常价格"为完税价格。正常价格是指正常贸易过程中，充分竞争条件下某一商品或同类商品的成交价格。如果出口商品发票中载明的价格与正常价格一致，即以发票价格为完税价格；如果发票价格低于正常价格，则根据海关估价作为完税价格。海关估价是指进口商申报后，海关按本国（地区）关税法令规定的内容加以审查，估定其完税价格。由于各国（地区）海关估价规定的内容各异，有的国家（地区）借此变相提高进口关税，使之成为一种非关税壁垒。

3. 混合税

混合税又称复合税，是对某种进口商品采用从量税和从价税同时征收的方法。这里有两种情况：一种是以从量税为主加征从价税；另一种是以从价税为主加征从量税。

征收混合税的好处在于：当物价上涨时，所征税额比单一从量税大；当物价下跌时，所征税额比单一从价税小，增加了关税的保护程度。其缺点是：手续繁杂，征税成本高，从量税与从价税的比例难以确定。

4. 选择税

选择税是对一种进口商品同时规定有从价税和从量税两种税率，在征税时选择其税额较高的一种征税。有时为了鼓励某种商品的进口，也有选择其中税额较低的征收。选择税可以根据经济形势的变化及政府的特定需要进行选择，灵活性较强。但征税标准经常变化，会使外国（地区）厂商无所适从，容易引起贸易纠纷。

需要指出的是，在 WTO 框架下，关税的征收越来越规范、透明。混合税与选择税的使用容易造成 WTO 成员对自己所承诺的关税义务的违背，因而使用的余地越来越小。WTO 成员必须按关税减让表中自己承诺的关税义务征收关税。

四、关税的经济效应

征收关税会引起进口商品的国际价格和国内价格的变动，从而影响出口国（地区）和进口国（地区）在生产、贸易和消费等方面的调整，引起收入的再分配。关税对进出口国（地区）经济的多方面影响称为关税的经济效应。这里主要分析进口关税对进口国的经济影响。

（一）关税对贸易小国的经济效应

先来分析进口关税对进口小国的经济影响。假定该进口国是个贸易小国，即该国某种商品的进口量占世界进口量的很小一部分。因此，该国的进口量的变动不能影响世界市场价格，就好像是完全竞争的企业一样，只是价格的接受者。这样，该国征收关税以后，进口商品国内价格上涨的幅度等于关税税率，关税全部由进口国消费者负担。

具体说来，该贸易小国对某种进口商品征收关税以后，将产生如下经济效应。

(1) 消费效应。征收关税引起进口商品价格上涨，对消费者造成直接损害。一方面，如果该进口产品的进口需求弹性比较小，价格的上涨不能通过减少需求来调整，那么消费者就要支付较高的价格。如果进口产品是具有需求刚性的资本品，将增加最终产品的生产成本，导致价格上涨，增加消费者的负担。另一方面，如果该进口产品的进口需求弹性比较大，那么国内消费者将减少需求量，从而降低福利水平。

(2) 生产效应。对于与进口商品相竞争的国内生产者来说，显然是可以从保护关税中获得利益的。我们知道，外国商品之所以会输入，其根本原因在于国际市场价格比国内市场价格低，或在价格相同的情况下，国外产品质量优于国内产品。如果自由进口，进口竞争厂商会被迫降低价格，并把自己的产品调整到边际成本等于价格的水平。征收关税提高了该商品的国内价格（国际价格则保持不变），使国内生产者得以根据上涨的价格扩大生产量、增加利润。该种商品国内生产量的增加，会带来对生产该商品提供的投入品（如原料）需求的增加，同时也会提高同类产品或可替代产品的国内价格，使生产者集团获得利益。但从整个国家来看，由于征收关税，一些国内资源从生产更有效率的可出口商品转移到生产较缺乏效率的可进口商品，由此造成该国资源配置效率的下降。

(3) 贸易效应。征收关税提高了进口商品的价格，导致进口减少，从而使经营进口商品的公司和个人损失了部分市场，减少了收入。

(4) 财政收入效应。只要关税不提高到禁止关税的水平，它就会给进口国带来财政收入，这项收入等于每单位课税额乘以征收的进口商品的数量。在小国情况下，征收关税带来的收入实际上是由国内消费者支付的。应该看到，关税收入的一部分要用来支付征收关税这一行为的费用，如海关官员的报酬，因此，关税收入只有一部分成为财政收入。

(5) 收入再分配效应。关税会造成收入从国内消费者向国内生产者的再分配。关税引起国内商品价格上涨，生产者增加了利润，其中一部分是从消费者支付的较高价格中转移过来的。

国际经济学用图形形象地表达了上述分析得出的结论。

在图 7-1 中，D_X 是进口国 X 商品的需求曲线，S_X 是该国 X 商品的供给曲线。在没有贸易的情况下，D_X 和 S_X 的交点就决定了均衡点 E。在这一点，该国以 OF 的价格生产和消费 OQ_3 数量的 X 商品。在自由贸易情况下，该贸易小国面对的是具有无穷弹性的 X 商品的供给曲线 AB 线。这时，世界市场价格（也是国内价格）为 OA，国内需求量增加到 OQ_5，其中 OQ_1 为国内生产，Q_1Q_5 为进口。

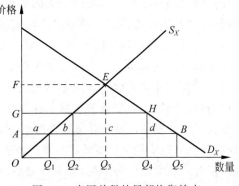

图 7-1 小国关税的局部均衡效应

如果该国对进口的 X 商品征收幅度为 AG 的从价关税，那么 X 商品的价格将上升至 OG。在这个价格水平上，该国将消费 OQ_4，其中 OQ_2 为国内生产，其余 Q_2Q_4 从外国进口。GH 代表有关税时外国对该进口小国的 X 商品供给曲线。这样，关税的消费效应（即减少国内消费）为 Q_4Q_5，生产效应（即征收关税导致国内生产扩大）为 Q_1Q_2，贸易效应（即减少进口）为 $Q_1Q_2+Q_4Q_5$，财政收入效应为面积 c（即 $GA \times Q_2Q_4$）。消费者剩余（即消费者愿意为每一单位商品所支付的价格和他们所实际支付的价格之间的差额）的损失为 $ABHG$，即 $a+b+c+d$，生产者剩余（即价格超过边际成本的部分）增加为面积 a。因此，总的来说，征收关税的代价和利益是：消费者剩余减少 $a+b+c+d$，生产者剩余增加 a，政府增加财政收入 c，$b+d$ 则是贸易保护的代价，或是经济的净损失。其中 b 是净损失的生产部分，与生产资源从更有效率的部门转移到效率较低部门所引起的损失相联系；d 是净损失的消费部分，代表由于征收关税引起价格上涨而导致的消费量的减少，从而造成实际收入的损失。

（二）关税对贸易大国的经济效应

上面考察的是小国的关税局部均衡效应。如果进口国是一个贸易大国，即该国某种商品的进口量占了世界进口量的较大份额，那么该国进口量的调整就会影响世界市场价格。该国增加进口，将引起世界市场价格上涨；如果减少进口，世界市场价格就会下降。因此，大国征收关税虽然也有上述小国的种种关税的经济效应，但由于大国能影响世界市场价格,因此从局部均衡分析所得的征收关税的代价和利益对比的净效果,就与小国情况不同了。

在大国假定下,该进口大国征收关税而引起价格上涨必然导致进口量缩减得相当大,就可能迫使该商品的世界市场价格下降。这就是说,大国进口商品价格上涨的幅度不会等于关税税率,而是低于关税税率。大国征收关税,进口商品国内价格上涨,同时世界市场价格下跌,价格上涨部分和下跌部分加在一起才等于进口关税税额;大国进口商在进口商品时支付的进口关税,不是全部由进口国的消费者负担的,而是由进口国消费者和出口国生产者(通过出口商)共同负担的,大国向出口国转嫁了部分关税。

由于征收关税,大国进口商品的国际价格下降,如果该国出口价格不变,那么该国的贸易条件得到了改善。但与小国相比,在其他条件不变的前提下,大国关税对本国生产者的保护作用相对较小。这是由于大国关税引起的价格上涨,部分地被出口国下降的价格所抵消,因此进口的数量下降不像小国情况那么多。由此也可以看出,与小国相比,大国征收关税能获得较多的收入,其中一部分收入是"剥削"出口国得到的。一般来说,小国从征收关税中遭受的净损失永远等于保护成本,因为外国出口价格或世界市场价格不受其影响。而大国征收关税对该国净福利的影响,则要把关税的保护成本与贸易条件改善而获得的利益相比。如果该国贸易条件改善利益超过关税保护的代价,则意味着从征收关税中获得了净利益;如果贸易条件改善利益与保护成本相等,那么该国从关税中既未获得收益,也未遭受损失;如果贸易条件改善利益比保护成本小,该国将会从征收关税中得到净损失。究竟是何种情况,要具体分析商品的进口需求弹性和出口供给弹性。

以上结论可由图 7-2 形象地表示出来。① 在图 7-2 中,S_H 是该大国 X 商品的国内供给曲线,S_{H+F} 是包括外国供给在内的总供给曲线。自由贸易价格 $P=2$ 美元,$20X(AC)$ 由国内供应,$30X(CB)$ 从外国进口,供求在 B 点达到平衡。在该点,总消费量为 $AB=50X$。如果该国现在对 X 商品征收 50% 的从价进口关税(T),总供给曲线上移 50%,变成曲线 S_{H+F+T}。D_H 与 S_{H+F+T} 在 H 点相交,因而 $P_X=2.50$ 美元,国内消费量为 $GH=40X$,其中 $GJ=25X$ 由国内生产者供给,$JH=15X$ 由外国厂商供给。由于征收关税,消费者剩余损失为 $a+b+c+d=22.50$ 美元,其中面积 $a=11.25$ 美元是国内生产者获得的生产者剩余,$c=7.50$ 美元是政府从国内消费者那里征收的关税,$b+d=3.75$ 美元是该国的保护代价或净损失。但是,该大国征收关税迫使外国出口商降低价格,从自由贸易时的 $P_X=2.00$ 美元降低到 1.67 美元,使该大国从外国出口商手中获得 $S_{长方形IKMN}=e=4.95$ 美元的收入。$e-(b+d)=4.95-3.75=1.20$ 美元,是该大国从关税中获得的净利益。很清楚,这个国家贸易条件的改善利益,就是外国出口厂商的损失。进口小国征收关税,外国厂商只失去一部分出口量;而在大国进口的情况下,它们不但要失去一部分出口量,还要被迫降低出口商品价格。

上述考察的只是关税的局部均衡效应,其分析带有短期的、静态的特征。事实上,关税还会带来种种动态影响。比如,关税对幼稚产业的保护,可以带来国(地区)内产业发展的长期利益;对某些停滞产业的保护,能够保护国(地区)内就业,维护国(地区)内经济的

---

① 萨尔瓦多.国际经济学[M].张二震,仇向洋,译.南京:江苏人民出版社,1992:174-175.

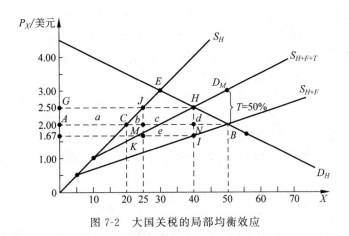

图 7-2　大国关税的局部均衡效应

稳定等。关税对国(地区)内经济也会产生消极的影响,如过度保护使得国(地区)内企业不思进取、技术进步缓慢、劳动生产率低下等。因此,考察关税的经济效应和关税对本国(地区)净福利的影响,必须结合经济发展的动态来看。

五、关税结构和有效保护率

上面对关税保护作用的分析,是按关税税则规定的(从价)税率,即名义税率来计算的,并且假定征收关税的对象只是进口的最终产品。但是,在实际的进出口商品中,不仅是最终产品,而且包括大量中间投入品,如原料、机器设备等。稍做进一步的分析就会发现,对一种最终产品征收进口关税,不但保护了该进口竞争商品的生产行业,而且保护了为这个行业提供原材料等投入的其他行业。比如,对小汽车征收进口关税,不但保护了小汽车行业的生产,而且保护了为汽车生产提供投入的钢铁、机械、橡胶、仪表等行业的生产。另外,进口竞争(即进口替代)行业中的企业,不但受到对进口商品征收关税的影响,而且受到对所使用的原材料等中间投入品征收关税的影响。比如,假定一国小汽车生产企业是靠进口原材料来维持生产的,对进口钢材等原材料征收关税就要影响小汽车的生产成本,对该国小汽车的国际竞争力产生影响。这就产生了研究关税结构的理论。对最终产品的进口的税率,显示的是对同类进口竞争商品提供的名义保护率;而一整套关税结构的综合效果,才表明对某一最终产品国(地区)内生产者提供的实际保护或有效保护率。

有效保护率是 20 世纪 60 年代以后产生和发展起来的一个概念,后被广泛应用于分析一整套关税结构对某一产业的最终产品生产者的保护作用。

有效保护率,是指征收关税后使受保护行业每单位最终产品附加价值增加的百分比。附加价值是最终产品价格减去用来生产该商品的进口投入品成本。设最终产品 A 在不征收关税时的单位产品的附加价值为 V,征收关税以后的附加价值增加到 V',那么附加价值的增加率,即有效保护率 g 为

$$g = \frac{V' - V}{V} \tag{7-1}$$

例如,假定在自由贸易情况下,一辆汽车的国内价格为 10 万元,其中 8 万元是自由进口的钢材、橡胶、仪表等中间投入品的价格,那另外 2 万元就是国内生产汽车的附加价值。

现在假定对每辆汽车的进口征收10%的名义关税,而对钢材等仍然免税进口,同时假定进口汽车价格上涨的幅度等于名义税率,即10%。这样,国内汽车的价格上涨到$10+10\times 10\% = 11$(万元)。保护关税使国内制造的汽车的附加价值增加到$11-8=3$(万元)。这时,国内汽车附加价值的增加率即有效保护率为

$$g = \frac{V' - V}{V} = \frac{3-2}{2} = 50\%$$

如果现在在对进口投入品钢材等征收5%的名义关税,而汽车仍为10%的名义关税,则钢材等中间投入品的国内价格上涨到8.4万元,汽车的附加价值V减少为$11-8.4=2.6$(万元),有效保护率为

$$g = \frac{V' - V}{V} = \frac{2.6-2}{2} = 30\%$$

如果对汽车和钢材等同时征收10%的名义关税,那么成本和汽车价格将按同一比例上升,实际保护率也是10%。

由此可见,当最终产品的名义税率大于原材料等中间产品的名义税率时,最终产品的有效保护率大于对它征收的名义税率。只有当最终产品和中间产品的名义税率相同时,最终产品的有效保护率才和名义税率相同。

如果进口汽车的名义税率仍然是10%,而进口钢材等中间投入品的名义税率增加到20%,则钢材等中间投入品的国内价格将上涨到9.6万元,汽车的附加价值减少为$11-9.6=1.4$(万元),这时,有效保护率则变为

$$g = \frac{V' - V}{V} = \frac{1.4-2}{2} = -30\%$$

对最终产品汽车的有效保护率为负数。这是由于对钢材等征收的名义税率超过了对最终产品汽车的名义税率,使得钢材等中间产品价格上涨的数额(1.6万元)超过了对汽车征税后附加价值增加的数额(1万元)而造成的。

在现实经济生活中,由于一个产业部门(如汽车)的投入要素是多种多样的,因此,有效保护率通常用式(7-2)计算:

$$g = \frac{t - \sum_{i=1}^{n} a_i t_i}{1 - \sum_{i=1}^{n} a_i} \tag{7-2}$$

这里,g是对某部门最终商品生产者的有效保护率,t是对最终商品征收的名义关税率,a_i是自由贸易条件下各种进口投入品成本与最终商品价格的比率,t_i是对各种进口的中间投入品征收的名义关税率。下面做一简要推导。

假定一种商品(如汽车)自由贸易下的价格为P,各种进口投入品(如钢材、橡胶、仪表等)的总成本价格为$a_1 P + a_2 P + a_n P = \sum_{i=1}^{n} a_i P$(这里,$i$指任何$n$种进口投入品,$a_i P$是用于国内一辆汽车生产的进口投入品$i$的成本),那么,自由贸易下该国生产一辆汽车的国内附加价值$V = P - P\sum_{i=1}^{n} a_i = P\left(1 - \sum_{i=1}^{n} a_i\right)$。由于对汽车进口和用于国内汽车生产

的进口投入品征收关税,因此汽车国内附加价值增加到 $V' = P(1+t) - P\sum_{i=1}^{n}a_i(1+t_i)$。这样,有效保护率的公式为

$$g = \frac{V'-V}{V} = \frac{P(1+t) - P\sum_{i=1}^{n}a_i(1+t_i) - P\left(1-\sum_{i=1}^{n}a_i\right)}{P\left(1-\sum_{i=1}^{n}a_i\right)}$$

$$= \frac{1+t-\sum_{i=1}^{n}a_i - \sum_{i=1}^{n}a_i t_i - 1 + \sum_{i=1}^{n}a_i}{1-\sum_{i=1}^{n}a_i}$$

$$= \frac{t - \sum_{i=1}^{n}a_i t_i}{1 - \sum_{i=1}^{n}a_i} \tag{7-3}$$

研究关税结构,区别名义保护率和实际保护率,具有重要的意义。当最终产品名义税率一定时,对所需的原材料等中间投入品征收的名义税率越低,则最终产品名义税率的保护作用(即有效保护率)就越大。因此,如果要对某种产业实行保护,不仅要考虑该产业最终产品的关税率,而且要把整个关税结构与该产业的生产结构结合起来考虑,再来制定相应的政策措施。

基于有效保护率的考虑,工业发达国家常常采用逐步升级的关税结构:对原料进口几乎完全免税,对半制成品征收适度关税,但对制成品特别是劳动密集型的制成品征收较高关税。日本经济学家山泽逸平的研究表明,日本 1962 年关税的实际保护率大致等于名义保护率的 2~2.5 倍。例如,棉织品的名义税率为 16%,实际保护率为 36.2%;粗钢的名义税率为 12.5%,实际保护率为 47%。① 发达国家(地区)逐步升级的关税结构对发展中国家(地区)是不利的。它吸引发展中国家(地区)扩大原料等出口,而阻碍制成品、半制成品出口,从而影响发展中国家(地区)的工业化。

那么,发展中国家(地区)能不能也采用这种逐步升级的关税结构呢?这要做具体分析。如果为实现进口替代而对最终消费品维持比中间产品和资本品高得多的有效保护率,那么就会使得资本集中于消费品生产部门,阻碍制造中间产品和资本品行业的建立与发展,最终妨碍进口替代工业发展的基础。如果为了促进制造中间产品和资本品行业的建立与发展而对这类产品征收高额关税,那么就会提高最终消费品的生产成本和价格,削弱最终消费品的国际竞争力,导致进口增加,使(地区)内产业特别是幼稚产业和新兴产业受到进口竞争的冲击。发展中国家(地区)在关税结构选择上的两难处境表明,不能简单地套用逐步升级的关税结构,而应根据本国(地区)工业发展水平的实际情况来选择合适的保护政策。

---

① 小岛清.对外贸易论[M].周宝廉,译.天津:南开大学出版社,1988:301.

有效保护率问题是在世界多边贸易体制中发达国家(地区)与发展中国家(地区)争论的焦点问题之一。虽然有关多边贸易谈判没有明确提出降低有效保护率问题,但在谈判削减总体关税水平时,也常常涉及削减"关税高峰"问题,其实质就是降低有效保护率。

第二节 非关税壁垒

非关税壁垒是指除关税以外一切限制进口的措施。非关税壁垒可分为直接非关税壁垒和间接非关税壁垒两大类。前者是由进口国直接对进口商品的数量和金额加以限制或迫使出口国(地区)直接限制商品出口,如进口配额制、进口许可证制等。后者是对进口商品制定严格的条例,间接地限制商品进口,如进口押金制、进口最低限价、烦苛的技术标准、卫生安全检验和包装、标签规定等。据世界贸易组织统计,目前世界上采取的非关税壁垒措施有 3 500 多种。

非关税壁垒在当代的国际贸易中正逐渐取代关税成为限制进口的主要手段,这在发达国家(地区)的进口贸易中表现尤为明显。其原因除了关税水平下降外,还在于非关税壁垒相对于关税壁垒而言具有多方面的优越性,主要表现在:①关税征收受一国(地区)关税法律制度的管理及世界贸易组织有关原则的约束,世界贸易组织成员关税率的变动(主要是提高)还要通过政府协商,因而比较稳定,不能轻易变动。而非关税措施由政府行政部门制定实施,灵活性较强。②关税的税率公开,便于国际比较。而非关税措施经常变化,且因各国(地区)的特殊性,往往不便进行国际比较,隐蔽性强。③关税在世界贸易组织范围内要贯彻最惠国待遇原则,对不同国家(地区)的商品一视同仁。而非关税措施往往表面上遵循最惠国待遇原则,只针对商品不针对国家(地区),但实践中常常针对特定的商品和国家(地区),更有针对性和歧视性。例如,2001 年日本限制大葱、香菇和灯芯草的进口,表面看来针对商品不针对国家,但日本的这些进口商品主要来自中国,其实质是针对中国,因而遭到中国的强烈反对。

下面介绍几种主要的非关税壁垒措施。

一、进口配额制

(一) 进口配额的概念及种类

进口配额又称进口限额,是一国(地区)政府在一定时期(如一个季度、半年或一年)内,对于某些商品的进口数量或金额加以直接限制。在规定的期限内,配额以内的货物可以进口,超过配额不准进口,或者征收较高的关税或罚款。它是众多国家(地区)实行进口数量限制的重要手段之一。

进口配额制主要有以下两种。

1. 绝对配额

绝对配额(absolute quotas)即在一定时期内,对某些商品的进口数量或金额规定一个最高数额,达到这个数额后,便不准进口。这种进口配额在实施中主要有以下两种方式。

(1) 全球配额(global quotas; unallocated quotas)。它属于世界范围的绝对配额,对

于来自任何国家或地区的商品一律适用。主管当局通常按进口商的申请先后或过去某一时期的进口实际额批给一定的额度,直至总配额发放完为止,超过总配额就不准进口。

(2) 国别配额(country quotas)。此即在总配额内按国别和地区分配给固定的配额,超过规定的配额便不准进口。实行国别配额可以使进口国家(地区)根据它与有关国家和地区的政治经济关系情况,分别给予不同的配额。国别配额又可分为单方面配额和协议配额。单方面配额是由进口国(地区)单方面规定在一定时期内从某个国家或地区进口某些商品的配额;协议配额是由进口国(地区)与出口国(地区)双方通过谈判达成协议规定的某种商品的进口配额。

2. 关税配额

关税配额(tariff quotas)即对商品进口的绝对数额不加限制,而对在一定时期内,在规定的关税配额以内的进口商品给予低税、减税或免税待遇,对超过配额的进口商品则征收较高的关税或附加税。可见,这种配额与征收关税直接结合起来了。

关税配额与绝对配额的明显区别在于,关税配额在超过配额后仍可进口,但得征收一种较高的关税;而绝对配额在超过配额的情况下就一概不得进口。中国2001年加入世界贸易组织后,对小麦进口实施关税配额。加入WTO后第五年关税配额为2100万吨,配额内低关税,超过配额后仍可进口,但要征收较高关税。

(二) 配额的经济效应

进口配额是通过对进口数量的直接限制来影响国(地区)内市场的价格,从而起调节进口和保护国(地区)内生产作用的。如果实行进口配额的是一个贸易小国,那么该国由于配额而减少进口不会影响世界市场价格,而只会引起本国价格的上涨。如果配额使进口商品价格上涨的幅度与征收进口关税相同(等效关税),那么配额所产生的消费效应、生产效应、贸易效应与关税的局部均衡效应完全相同。假定政府在竞争性市场上把进口许可证拍卖给最高出价者,那么财政收入效应也和等效关税相同。如果实行进口配额的国家是个贸易大国,那么该国由于配额限制了外国产品进入本国市场,就会造成国际市场商品充斥,导致国际市场价格下跌。这样,该国会不会因此而改善贸易条件,产生贸易条件效应?这要做具体分析。在实行配额的条件下,即使国际市场价格下跌,该国也不会增加进口,因此,外国出口商就不会也无法通过降价的办法来扩大出口,对该进口国就会维持原有的价格水平,甚至可以借机提价,在外国出口供给弹性较大的情况下,尤其会这样做。但是如果外国出口供给弹性较小而又十分依赖于该大国的市场,那么该大国实行配额控制进口,就可能改善该国的贸易条件,致使出口国贸易条件恶化。

下面,通过图7-3来说明进口配额对贸易小国的经济效应。

图7-3为小国配额经济效应的局部均衡。图中 D_X 和 S_X 分别是该国 X 商品的

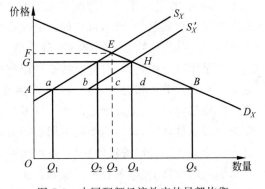

图7-3 小国配额经济效应的局部均衡

需求曲线和国内供给曲线。在封闭条件下，D_X 和 S_X 的交点 E 为国内供求均衡点。在 E 点，该国生产和消费 OQ_3 数量的 X 商品，价格为 OF。在自由贸易条件下，该贸易小国面对的是具有无穷弹性的 X 商品的供给曲线 AB 线，其国内生产、消费及进口数量与图 7-1 相似。

现在，如果该国对 X 商品的进口实行配额限制，规定只允许进口 Q_2Q_4 数量的 X，其余的由国内生产予以满足，则此时该国 X 商品的供给曲线就会变为 S'_X，在国际市场价格 OA 之上，不管价格如何变化，它总是在国内供给的基础上加一个固定的进口量。S_X 和 S'_X 之间的距离即配额的数量。这时国内市场的均衡点变为 H，价格为 OG。在此价格水平上，该国消费 OQ_4，进口 Q_2Q_4，其余 OQ_2 由国内生产。这样，配额的消费效应（即国内消费的减少）为 Q_4Q_5，生产效应（即由于配额限制国内生产得到保护而增加的产量）为 Q_1Q_2，贸易效应（即进口的减少）为 $Q_1Q_2+Q_4Q_5$，配额持有者收入（如果通过拍卖则转化为政府的财政收入）为面积 $c(Q_2Q_4 \times GA)$。配额限制的利益和代价为消费者剩余减少 $a+b+c+d$，生产者剩余增加 a，配额持有者收入增加 c，$b+d$ 为配额保护的代价，代表经济的净损失。简单地说，如果配额使进口商品提价的幅度与进口关税相同（等效关税），则两者的经济效应在数量上基本一致。

（三）配额与关税的比较

尽管进口配额与等效进口关税的经济效应在许多方面基本相同，但其间仍存在明显的区别。

（1）关税只是改变市场机制的作用，配额则完全替代了市场机制。征收关税时，国内价格和国际市场价格之差不会超过关税税率。在进口关税一定的情况下，进口国需求的增加不会引起价格变化和国内生产的增加，但会引起进口增加，以满足增加的需求。如果消费者愿意多支付相当于关税的价格（假定价格上涨幅度等于关税税率），进口可以无限制地增加。而在进口配额一定的情况下，进口国（地区）需求的增加，只会引起国（地区）内价格的上涨，外国（地区）低价格的商品无法进入该国（地区）市场，被配额人为地阻隔了。也就是说，国内市场价格和国际市场价格之间的差额是无限制的。由于增加的需求无法通过增加进口而只能借助增加国（地区）内供给来满足，如果本国（地区）供给无法增加，那么增加的需求就会表现为国（地区）内市场价格的上涨。总之，当一国（地区）需求和供给发生变动时，在进口配额的情况下发生的是国（地区）内价格的调整，而在进口关税情况下发生的是进口数量的调整，进口配额完全排除了市场机制的作用。

（2）进口关税的贸易效应是不确定的，从而对生产者提供的保护是不确定的；而进口配额是由政府确定的，对进口数量的限制也是明确的，因而对生产者提供的保护也是确定的。在进口关税情况下，由于对外国（地区）商品的供给弹性和本国（地区）的需求弹性很难准确估计，因此很难确定需要多高的进口关税率才能把进口限制在所期望的水平上。而且，外国（地区）出口厂商既可以用提高劳动生产率、降低成本的办法来降低出口价格，部分或全部抵消进口关税的作用，也可用降低盈利率的办法来降低出口价格，抵消进口关税所引起的价格上涨。结果，关税的保护作用被大大削弱了，国（地区）内企业仍时时面临国（地区）外企业的有效竞争；但在进口配额的情况下，外国（地区）厂商就不可能利用降价来扩大出口,因为允许出口到该国(地区)的商品数量是由配额决定的。配额对国(地区)内生产者提供了确定的保护。

(3) 进口关税在发挥保护作用时,由于不能完全隔绝来自国际市场的竞争,从而限制了生产者对本国(地区)市场的垄断权力,生产者不可能无限制地提高价格,因为只要价格超过了国际价格和关税之和,消费者就会无限制地购买进口商品。但实行进口配额时,由于与国(地区)内竞争的进口商品不可能超过配额,所以国(地区)内生产者就可以非常容易地确定为获取最大利润应该增产的目标。当国(地区)内需求缺乏弹性时,国(地区)内企业就可趁机以抬高价格的方式而非降低成本的办法来获取利润,它们成了市场的主人,有了某种垄断权力。另外,一国(地区)实行进口配额后,如果国(地区)内外市场差价扩大,外国(地区)出口厂商就可协调行动,抬高出口价格,在不增加出口数量的前提下提高利润率,而在进口税情况下就不可能这样做。

(4) 进口配额和进口关税的一个重要区别就是管理方法的差异。在实行市场经济体制的情况下,关税的管理在一定程度上是自动进行的,因为关税并没有排除价格机制的作用。征收进口关税,带动进口价格的变动,出口国(地区)的供给和进口国(地区)的需求相应地得到调节,关税收入流进了国库;而配额则牵涉进口许可证的分配。如果政府不在竞争性市场上拍卖这些许可证,接受这些许可证的厂商将获得垄断利润。在这种情况下,政府官员选择一个基期年份以各进口商的进口配额为标准进行分配,而不考虑进口商经营效率的变化。由于进口许可证会带来垄断利润,进口商难免采用各种手段包括贿赂来获得它,"寻租"现象会造成腐败。

以上分析表明,如果从保护效果的角度看,进口配额比进口关税更好,因此,进口配额受到进口竞争行业的欢迎。在世界贸易组织成立以前,发达国家(地区)多用它来保护本国(地区)缺乏竞争力的行业和部门,特别是用来保护已失去比较优势的纺织、服装等成熟产业以及农业。发展中国家(地区)也广泛利用进口配额以限制进口数量,保证进口替代工业的发展和用于国际收支平衡的目的。但是,如果从生产效率、消费者主权和社会经济影响来看,进口配额则比等效关税有害:其一,进口配额只考虑保护生产者利益,一般由政府主管机构硬性规定,很难考虑消费者需要,使消费者遭受更大的福利损失;其二,进口配额取代了市场机制的作用,失去了对进口竞争产业的刺激,使生产效率降低,并可能引发腐败。

世界贸易组织成立以后,进口配额的使用受到越来越多的限制与规范。如 2005 年,发达国家(地区)取消了原先对纺织品服装的进口配额限制,改为关税限制。对进口限制措施,世界贸易组织鼓励优先采用价格措施,只有在价格措施达不到目的时,才可采用配额措施。进口配额的发放则要求遵循公开、透明、非歧视的原则。

二、直接生产补贴

直接生产补贴是政府为了促进本国(地区)工业化进程,对国(地区)内某些过去必须依赖进口产品的生产部门即进口竞争部门给予补贴,使之不断扩大生产规模,并能以与同类进口产品相同的价格在国(地区)内市场销售,以达到排挤(或减少)此类进口产品的目的。

直接生产补贴的形式有两种：一是对受保护的产品直接提供补贴，二是对该产品的一种或几种投入提供补贴。很明显，无论采取何种形式，其结果都是降低受保护产品的供给成本，使进口替代生产得以发展，进口减少。直接生产补贴或者进口竞争补贴政策旨在促进本国（地区）新兴产业的发展壮大，是一国（地区）进口替代发展战略的组成部分。在世界贸易组织框架内，按照《补贴与反补贴措施协议》，成员提供直接补贴给进口竞争厂商以替代进口，属禁止性补贴，是不合法的。因此，直接生产补贴主要指第二种形式，如政府兴建完善的基础设施、加强基础产业的发展、提供便捷优质的服务、实施优惠金融制度等。

下面用图 7-4 来分析对进口竞争部门提供生产补贴的经济效应。

图 7-4 中，S 曲线为进口竞争部门（即进口替代部门）的供给曲线，D 曲线为本国对进口竞争部门和进口产品的需求曲线。在自由贸易情况下，该国产品的价格水平与世界市场价格一致，为 P_1，国内总需求量为 OQ_3，其中 OQ_1 为本国生产，Q_1Q_3 为进口部分。现假定该国为鼓励进口替代的生产，决定为本国产品提供生产补贴。这种补贴可以是对该产品的生产者提供直接补贴，也可以是对生产该产品的主要投入品提供补贴（即人为降低投入品价格）。

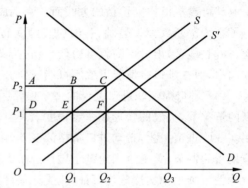

图 7-4 直接生产补贴的局部均衡分析

不管采取何种形式，其结果都使本国产品的生产成本下降、产量增加，在图中表现为进口竞争部门的供给曲线右移，即新的受补贴影响的供给曲线为 S'。很明显，在本国生产者获得生产补贴以后，它们在市场上根据不同价格而提供的产品数量就由 S' 曲线来反映。

由于本国生产者获得了补贴，它们就有能力在价格水平不变的情况下增加生产。由图 7-4 可知，在价格仍为 P_1 的情况下，产量从 OQ_1 增加到 OQ_2，进口则从 Q_1Q_3 下降到 Q_2Q_3，实现了部分产品的进口替代。生产者则有可能因接受补贴而增加收入。当然，出于不同的考虑，政府可以提供不同数额的补贴，使本国产量由 OQ_1 增至 OQ_2：如果只对该部门新增产量成本给予补贴，补贴为 $S_{\triangle CFE}$；如果对该部门新增产量的成本和利润两者进行补贴，补贴为 $S_{长方形CFEB}$，这样，该部门可从增加生产中获得 $S_{\triangle CEB}$ 的超额利润；如果对该部门的全部产品的成本和利润进行补贴，即对每单位产品提供数额为 P_1P_2 的定额补贴，则补贴为 $S_{长方形ACFD}$，该部门获得的超额利润为 $S_{梯形ACED}$。

总之，直接生产补贴的效果是促进了本国进口替代部门的发展。由于这种补贴旨在增加本国生产，所以不会影响产品价格。在小国情况下，消费者面对的仍然是 P_1 的价格。从理论上讲，该国的消费者利益不会受到补贴的冲击。如果实施生产补贴的是一个大国，其进口替代产业的发展减少了进口量，从而引起该产品的世界价格下跌，消费者则会因此而受益。

如果对补贴和等额关税进行比较，可以得出以下两点结论。

(1) 如果以平衡国际收支为目标，进口关税的效果比补贴大，因为在征收进口税的时候，不仅国（地区）内的生产量会上升，而且消费者的总需求会减少。但补贴仅仅是刺激国

(地区)内产量的上升。所以,前者能在更大程度上减少对外支付。

(2) 如果以增加国(地区)内生产、鼓励进口替代为目标,补贴比关税更有效,国民的福利损失也比较少一些。因为补贴没有提高国(地区)内市场的价格,消费者不受影响;而生产者则比征收关税时更有保障,也更愿意增加生产。倘若说鼓励国(地区)内生产是保护贸易政策的根本目标,那么补贴优于关税是确定的。

三、汇率政策

汇率作为更为广泛的贸易政策工具,在调节进口方面有着重要作用。汇率作为外汇的价格,是联结国内价格和国际价格的桥梁。汇率的变动直接影响进口商品的成本和价格,对进口起着积极的调节作用。

一般来说,汇率政策大致有三种选择:汇价高估、汇价低估和采用均衡汇率。

(1) 汇价高估指的是高估本币价值。汇价高估降低了进口产品的价格,其经济效应类似于对进口产品提供了相当的补贴,起到鼓励进口的作用。很多发展中国家在工业化初期都采用汇价高估来鼓励进口替代行业所需原材料和技术设备的进口,对促进其基本消费品工业的发展起了积极的作用。汇价高估虽然支持进口替代行业所必需的原材料和技术设备的进口,但却严重影响出口的发展,降低了资源配置效率,引起国际收支恶化。为了保证国际收支平衡,在采取汇价高估政策的同时,往往辅之以数量限制和高额关税保护,以限制其他一些商品尤其是高档消费品的进口。因为汇率高估引起的进口商品价格的下降是普遍的,对一切商品都适用。它既鼓励进口替代行业所必需的原材料和技术设备的进口,也鼓励其他商品诸如高档消费品进口。这样,具有高度选择性的政策手段,如对某些产品征收高额关税或加以数量限制,就成为汇价高估政策的一个辅助工具。

(2) 汇价低估是指低估本币价值,有意识地使本国(地区)货币对外币贬值。汇价低估提高了进口产品的价格,其经济效应类似于对进口产品征收相应的关税,起着限制进口的作用。在一国(地区)的进口需求弹性较大而国(地区)外的出口供给弹性较小的情况下,汇价低估对一国(地区)外汇收支的平衡是有利的,也有利于保护本国(地区)民族工业的发展。但是,汇价低估对进口的限制是隐蔽和无选择性的。它在限制本国(地区)需要限制的产品如高档消费品等最终产品进口的同时,也限制本国(地区)急需的技术设备和原材料的进口,妨碍本国(地区)经济的发展。汇价低估还会形成对本国(地区)工业的过度保护,使企业对产品成本的降低和质量的提高失去国际竞争的刺激。如果本国(地区)某些产品如技术设备、原材料等的进口具有刚性,那么更会提高企业的生产成本、推动价格上升,这不仅会导致国际竞争力的下降,还会诱发通货膨胀。为了保证必要的进口,在采取汇价低估政策的同时,可以选择对某些产品实施进口补贴,以保证本国(地区)经济发展和人民生活必需的重要产品的进口。

(3) 均衡汇率是由市场供求关系决定的汇率。均衡汇率对进口的调节作用是中性的,既不鼓励,也不限制。也就是说,在汇率政策上,采取类似自由贸易的政策主张。

在当代,虽然西方发达国家(地区)实行的都是市场自由汇率政策,但并不意味着它们就放弃了使用汇率作为限制进口的手段。20世纪90年代以来,随着发达国家(地区)之间经济领域竞争的加剧,其汇率政策的运用出现了一些新的动向。

(1) 发达国家(地区)为自身利益,在汇率变动对自己有利时,往往任由汇率波动,联合干预行动及其力度大不如前。例如,1997年东南亚金融危机期间,日元汇率也相应贬值,东南亚国家的经济雪上加霜,世界舆论都呼吁日本政府加以干预,阻止日元贬值,以增加从东南亚国家的进口、帮助东南亚国家渡过难关。但日本政府从自身利益出发,并没有采取必要的行动。2008年全球金融危机爆发,美国也放任美元贬值。

(2) 西方发达国家(地区)政府服务于本国(地区)特定的利益,往往在汇率变动时通过政府要人讲话施加于己有利的影响。例如,1999年欧元启动后,人们本预期其将成为强势货币,但由于其时欧盟经济形势不佳,欧元流通后对美元汇率一路走低,一度跌至近1欧元=0.8美元。舆论呼吁欧盟中央银行加以干预,但欧盟央行行长却表示这样的汇率是正常的。其目的不排除欧盟政府想借助欧元汇率的走低来促进欧盟出口、限制进口,以给当时欧盟缓慢的经济增长增加一点起色。

(3) 西方发达国家(地区)从自身利益出发,往往要求经济贸易发展迅速的国家(地区)实行货币升值(其本币因此相对贬值),以限制来自对方的进口。如20世纪70—80年代初,日本外贸顺差不断增加,以美国为代表的西方国家(地区)通过《广场协议》迫使日元升值50%。

四、技术性贸易壁垒

在当代国际贸易中,由于关税壁垒不断下降、保护作用日渐式微,而配额、进口许可证等数量性非关税壁垒的使用也受到世界贸易组织日益严格的限制,所以借助技术性措施设置进口障碍成为一些国家(地区)特别是发达国家(地区)限制进口的重要手段。这类措施即技术性贸易壁垒(technical barriers to trade, TBT),对当代国际贸易影响广泛。下面重点分析当今发达国家(地区)通常采用的技术性贸易壁垒的主要措施。

(一) 技术性贸易壁垒的含义及类别

技术性贸易壁垒是指进口国(地区)通过颁布法律、法令和条例,对进口商品建立各种严格、繁杂、苛刻而且多变的技术标准、技术法规和认证制度等方式,对外国(地区)进口商品实施技术、卫生检疫、商品包装和标签等标准,从而提高产品技术要求,增加进口难度,最终达到限制外国(地区)商品进入、保护国(地区)内市场的目的。

WTO《技术性贸易壁垒协议》将技术性贸易壁垒分为技术法规、技术标准和合格评定程序。

技术法规是规定强制执行的产品特性或其相关工艺和生产方法,包括可适用的管理规定在内的文件,如有关产品、工艺或生产方法的专门术语、符号、包装、标志或标签要求。技术标准是经公认机构批准的、规定非强制执行的,供通用或反复使用的产品或相关工艺和生产方法的规则、指南或特性的文件。技术法规与技术标准的关键区别是前者具有强制性,后者是非强制性的。但由于符合技术标准特别是国际公认的技术标准的产品往往较易得到各国(地区)消费者的认可,所以,技术标准虽非强制性的,但对促进出口非常重要。技术性贸易壁垒发展的趋势之一是一些国际标准陆续转化为一些发达国家(地区)的强制性技术法规。

合格评定程序根据国际标准化组织(ISO)的规定,是指根据技术规则和标准对生产、产品、质量、安全、环境等环节以及对整个保障体系的全面监督、审查和检验,合格后由国家或国外权威机构授予合格证书或合格标志,以证明某项产品或服务是符合规定的标准和技术规范的系列活动。它包括产品认证和体系认证。产品认证主要指产品符合技术规定或标准的规定;体系认证是指确认生产或管理体系符合相应规定。当代最流行的国际体系认证有 ISO 9000 质量管理体系认证和 ISO 14000 环境管理体系认证。

虽然 WTO 对技术性贸易壁垒的使用做了一系列原则规定,但这些原则中又包含不少"灰色"成分。例如,它允许各成员采取必要措施,保护人类、动物或植物的生命或健康,保护环境,防止欺诈行为,保护根本安全利益。这些条款很难明确界定,使发达国家(地区)能够大打"擦边球",通过制定各种严格的技术法规和标准来限制外国(地区)产品的进口,并且披上了合法的外衣。

(二) 技术性贸易壁垒的主要措施

综观西方国家(地区)的技术性贸易壁垒,其限制产品进口方面的技术措施主要有以下几种。

1. 严格、繁杂的技术法规和技术标准

利用技术标准作为贸易壁垒具有非对等性和隐蔽性。在国际贸易中,发达国家(地区)常常是国际标准的制定者。它们凭借在世界贸易中的主导地位和技术优势,率先制定游戏规则,强制推行根据发达国家(地区)的技术水平作出的技术标准,使经济落后国家(地区)的出口厂商望尘莫及。而且这些技术标准、技术法规常常变化,有的地方政府还有自己的特殊规定,使发展中国家(地区)的厂商要么无从知晓、无所适从,要么为了迎合其标准就付出较高的成本,削弱产品的竞争力。

以美国食品和药物进口为例,美国食品和药物管理局(FDA)制定有一系列法规,如《食品、药品、化妆品法》《公共卫生服务法》《公平包装和标签法》《婴儿药法》《茶叶进口法》《婴儿食品法》等,对进口的食品、药品进行严格的检验检疫。对进口食品的管理,除了市场抽样外,主要在口岸检验,不合要求的商品将被扣留,然后以改进、退货、销毁等方法处理。2002 年,美国规定所有进口商品都要通过 ISO 9000 质量认证,否则不许进口。

欧盟是目前世界上技术壁垒最多、要求最严、保护程度最高的地区,其技术标准有 10 多万个。进入欧盟市场的产品至少需要满足以下三个条件之一:①符合欧洲标准(EN),取得欧洲标准化委员会(CEN)认证标志;②与人身安全有关的产品,要取得欧盟安全认证标志(CE 标志);③区外出口厂商,要取得 ISO 9000 合格证书。不仅如此,欧盟成员国也有各自的标准,它们对进口商品可以随时选择对自己有利的标准,如德国就有 1.5 万多个自己的标准,这使外国(地区)厂商应接不暇。由于经济技术发展水平的差距,发展中国家(地区)根本无法达到欧盟在进口方面的一些技术要求、环保要求,其产品相应地被拒之门外。

2. 复杂的合格评定程序

国际社会越来越充分认识到质量认证和合格评定对于出口竞争能力的提升和进口市场的保护有很大作用。目前,国际社会最有影响的质量认定标准是 ISO 9000 系列标准。

此外,美、日、欧盟等还有各自的技术标准体系。

日本是通过合格认证和合格检验等对进口商品设置重重障碍的典型代表,其认证体系有 25 个,进口手续复杂、检验苛刻。美国有 55 种认证体系。欧盟在合格评定程序方面有 9 个统一的认证体系。欧盟以外国家的产品要进入欧盟市场,必须符合欧盟指令和标准(CE 标志)。

3. 严格的包装、标签规则

为防止包装及其废弃物可能对生态环境、人类及动植物的安全构成威胁,许多国家(地区)颁布了一系列包装和标签方面的法律和法规,以保护消费者权益和生态环境。从保护环境和节约能源来看,包装制度确有积极作用,但它增加了出口商的成本,且技术要求各国(地区)不一、变化无常,往往迫使外国(地区)出口商不断变换包装,失去不少贸易机会。

例如,发达国家(地区)基本禁止使用传统包装材料如稻草、秸秆、原棉、麻袋、木材等的商品进口,因其容易夹带、隐蔽和滋生病虫害而危害进口国(地区)的森林和农作物的安全,若需进口则要进行特殊处理。对容器的包装及废弃物的处理方式,发达国家(地区)也出台了技术保障条款,有的国家(地区)规定啤酒、软饮料、矿泉水一律使用可再装的容器,以达到减少污染、节约能源的目的,并通过强制性地征收产品包装税、废弃物处置费等方式鼓励使用再生包装。

在进口标签方面,美国是世界各国食品标签法规最为完备、最严谨的国家,新法规的研究制定处于领先地位。FDA 要求大部分的食品必须标明多少种营养成分的含量,仅在该领域处于领先地位的美国制造商每年为此就要多支出 10.5 亿美元,其给落后国家(地区)出口商带来的成本压力就可想而知了,特别对那些没有条件进行食品成分分析的国家(地区)而言构成了事实上的禁止进口措施。欧盟及其成员国一直通过产品包装、标签的立法来设置区外产品的进口障碍。CE 标志是欧盟(当时的欧洲共同体)1985 年开始制定的系列安全合格指令,世界任何国家(地区)的产品要想进入欧盟市场就必须加贴 CE 标签,以证明产品已通过相应的安全合格评定程序,它成为产品进入欧盟市场的通行证。

4. 绿色壁垒

随着经济发展所带来的环境污染加剧、某些资源的日益枯竭以及人类环境意识、健康意识的提升,环境保护、可持续发展成为各国(地区)特别是发达国家(地区)关注的话题,这本是人类发展进步的表现。但发达国家(地区)假借环保之名,对其他国家(地区)特别是发展中国家(地区)设置"绿色技术壁垒",并逐步成为它们在国际贸易中使用的主要技术壁垒。其内容包括以下几个方面。

(1) 绿色标准。发达国家(地区)在保护环境的名义下,通过立法,制定严格的强制性技术标准,限制国(地区)外商品进口。这些标准都是根据发达国家(地区)技术水平制定的,发展中国家(地区)很难达到。

例如,在 WTO 推动服装和纺织品贸易自由化后,欧盟对纺织品和服装的环保要求,主要是对有害化学品的限制和禁止的管理力度不断加大。绿色壁垒正成为欧盟限制进口的最重要手段。欧盟推行的国际环保纺织品——Oeko-Tex Standard 100,除禁用染料外,还要求严格检测甲醛、五氯苯酚、色牢度(六种)、重金属残留物(九种)、农药兽药残留量(九种农药),限制柔软剂、增白剂的使用,并对包装原料的使用和处置提出了要求。对不同类纺织品规定不同的有害物质检测项目、最高残留量标准和相应的检测鉴定程序,极大地阻碍了发展中国家(地区)纺织品的出口。

(2) 绿色环境标志。它是在产品或其包装上标明该产品不但质量符合标准,而且在生产、使用、消费、处理过程中符合环保要求,对生态环境和人类健康均无损害的图形。发展中国家(地区)产品为了进入发达国家(地区)市场,必须提出申请,经批准才能得到"绿色通行证",即"绿色环境标志"。这不仅需要花费一定的成本,而且从提出申请到拿到标志要经历一定的时间,加大了发展中国家(地区)产品进入发达国家(地区)市场的困难。

美国、德国、日本、加拿大、法国、澳大利亚等发达国家都建立了环境标志制度,如德国的"蓝色天使"、加拿大的"环境选择"、日本的"生态标志"、欧洲环境标志等,并趋向于相互协调和承认。

(3) 绿色卫生检疫制度。WTO《实施动植物卫生检疫措施协议》建议使用国际标准,规定成员政府有权采取措施,保护人类与动植物的健康,如确保人畜食物免遭污染物、毒素、添加剂影响,确保人类健康免遭进口动植物携带疾病而造成的伤害。但各国(地区)有很高的自由度。发达国家(地区)往往将此作为控制从发展中国家(地区)进口的重要工具。它们对食品的安全卫生指标十分敏感,尤其对农药残留、放射性残留、重金属含量的要求日趋严格。由于生产条件和水平的限制,发展中国家(地区)很多产品达不到标准,其出口到发达国家(地区)市场的农产品和食品受到很大影响。

(4) 绿色补贴。迫于发达国家(地区)对进口产品环保要求的提高及自身可持续发展的需要,发展中国家(地区)日益重视环境和资源的保护,产品成本中开始计算环境和资源费用。但这加大了企业的成本负担,有的企业甚至无力承受。为此,发展中国家(地区)政府往往给予一定的环境补贴。但发达国家(地区)一方面加紧将污染企业、污染环节向发展中国家(地区)转移,让发展中国家(地区)承担环境污染的成本;一方面又认为发展中国家(地区)政府的这种"补贴"违反 WTO 的规定,并以此限制后者产品的进口。

(5) 内在化要求。其主要包括两方面的内容。

① 加工和生产方法(PPM)内在化:限制或禁止采用不利于环境保护的方法生产产品。如 1990 年美国限制墨西哥金枪鱼的进口,认为墨西哥大量捕杀金枪鱼影响了其海域海豚的食物链,对海豚的生存构成威胁。[1]

② 环境成本的内在化:要求污染者彻底治理污染并将治污费用计入成本,否则就是生态倾销,征收生态反倾销税。

加工和生产方法、环境成本的内在化都有其合理性,但问题是其要求往往超出发展中国家(地区)所能达到的水平,从而影响发展中国家(地区)产品出口竞争力。

除以上五个方面以外,绿色壁垒还包括前面已经分析过的绿色包装制度。

根据中国外贸部门的调查统计,技术性贸易壁垒给当今国际贸易带来的障碍占关税等各种壁垒总和的比重已由原来的 20% 上升到 80% 左右。随着中国外贸的快速发展,外贸出口遭遇的技术壁垒日益增多。中国产品出口面对的技术壁垒主要有:食品中的农药

---

[1] 夏友富.技术性贸易壁垒体系与当代国际贸易[J].中国工业经济,2001(5):14-20.

残留量、添加剂,陶瓷产品的含铅量,皮革的PCP(五氯苯酚)残留量,烟草中有机氯含量,机电产品、玩具的安全性指标,包装物的可回收性指标,纺织品染料指标,保护臭氧层的受控物质等。

中国在对外贸易中遭遇的技术性贸易壁垒固然有外国贸易保护主义的原因,但也有我国自身长期以来产品技术标准不高、执行不严、企业技术标准意识不强等诸多因素。例如,在农产品化学污染物控制标准方面,我国农产品质量标准只涉及62种化学污染物,而联合国粮食及农业组织相关限制标准达2 522项,美国更有4 000多项。与发达国家(地区)标准及国际标准相比,我国存在巨大差距。加强对国际标准和发达国家(地区)技术壁垒的研究,借鉴发达国家(地区)经验建立和完善中国的质量、技术标准体系,并尽量使自己的产品按国际标准进行生产,是确保中国对外贸易可持续发展所必须采取的措施。

五、其他几种主要非关税措施

(一)进口许可证制

进口许可证制是指商品的进口,事先要由进口商向国家(地区)有关机构提出申请,经过审查批准并发给进口许可证后,才可以进口,没有许可证,一律不准进口。它是众多国家(地区)限制进口的一项重要措施。

从进口许可证与进口配额的关系看,进口许可证可以分为两种:一种为有定额的进口许可证,即商品进口国(地区)的有关机构预先规定有关商品的进口配额,然后在配额的限度内,根据进口商的申请对每一笔进口货发给进口商有关商品一定数量的进口许可证。一般来说,进口许可证是由进口国(地区)有关当局向提出申请的进口商颁发的,但也有将这种权限交给出口国(地区)自行分配使用的。另一种为无定额的进口许可证,即进口许可证不与进口配额相结合,商品进口国(地区)有关政府机构预先不公布进口配额,颁发有关商品的进口许可证,只在个别考虑的基础上进行。因为它是个别考虑的,没有公开的标准,所以就给正常的贸易活动带来更大的困难,起到更大的限制进口的作用。

从进口商品的许可证程度看,进口许可证一般又可分为两种:一种为公开一般许可证,又称公开许可证或一般许可证。凡列明属于公开一般许可证的商品,进口商只要填写公开一般许可证后,即可获准进口。因此这类商品实际上是"自由进口"的商品。另一种为特种进口许可证,进口商必须向政府有关当局提出申请,经政府有关当局逐笔审查批准后才能进口。这种进口许可证,多数都指定进口国别或地区。这两种许可证相当于关税及贸易总协定乌拉圭回合谈判中定义的自动许可证和非自动许可证。

进口许可证作为限制进口的数量措施,是WTO主张要加以取消的。但WTO并不完全禁止其使用。如果有关成员因特殊情况要采用,WTO要求使用公开的自动许可证,发放程序要透明。

(二)外汇管制

外汇管制是指国家(地区)根据一定法令,对外汇买卖所实行的限制性措施。

对外贸易与外汇有密切的关系,出口可收进外汇,进口要付出外汇,因而外汇管制必然直接影响进出口贸易。进口外汇管制是限制进口的一种手段。

进口外汇管制就是进口所需的外汇,必须向外汇管制机关申请。外汇申请往往与签发进口许可证结合在一起,申请到了进口许可证后,外汇管制机关就按许可证上商品数量之金额批给外汇,以此直接掌握商品的进口数量、国别(地区)与商品的类别。

目前,西方发达国家(地区)基本上取消了外汇管制,实行货币的自由兑换。发展中国家(地区)一般还实行不同程度的外汇管制。

(三) 进口和出口的国家(地区)垄断

进出口的国家(地区)垄断是国家(地区)对某些重要或特殊商品的进出口规定由国家(地区)直接经营,或者是把某些商品的进口或出口的垄断权给予某个垄断组织。

主要发达国家(地区)进出口的国家(地区)垄断主要集中在三类商品上面:第一类是烟和酒,从烟和酒的进出口垄断中,政府可以取得巨大的财政收入。第二类是农产品,农产品的对外垄断销售一般是发达国家(地区)国(地区)内农业政策措施的一部分。第三类是武器,多数国家(地区)的武器贸易由国家(地区)垄断。

(四) 歧视性的政府采购政策

歧视性的政府采购政策是指国家(地区)制定法令,规定政府机构在采购时必须优先购买本国(地区)产品,从而导致对国(地区)外产品歧视的做法。许多国家(地区)都有这种制度。例如,英国政府规定其机构使用的通信设备和电子计算机必须是英国产品;日本有几个省规定,政府机构需用的办公设备、汽车、计算机、电缆、导线、机床等不得采购外国产品;美国实行的"购买美国货法案"规定,凡是美国联邦政府所要采购的货物,应该是美国制造的,或是用美国原料制造的,只有在美国自己生产的数量不够,或者国内价格过高,或者不买外国产品就会损害美国利益的情况下,才可以购买外国产品,美国国防部和财政部往往采购比外国产品贵 50% 的美国产品。

由于政府有国家(地区)税收做保证,因而它是最有力的购买者。对政府采购,关税及贸易总协定乌拉圭回合谈判中,有关国家(地区)达成了《政府采购协议》。协议规定政府采购指的是政府日常使用的商品采购,不是为了商业性的再出售,也不能用于商业性再出售商品的生产。在政府采购中对国(地区)内外产品和服务要一视同仁。但《政府采购协议》是一个诸边协议,只对签字加入方有效。在政府采购中优先购买国产品是严重的非关税壁垒。

(五) 各种国内税

世界上众多国家,特别是西欧国家,广泛采用国内课税制度来限制进口。这是一种比关税更加灵活和更隐蔽的贸易政策与手段。国内税的制定和执行是本国政府机构有时甚至是地方政策机构的权限。有些国家巧妙采用商品分类的方法,将进口商品和国内产品归入不同的类别,征收不同的税率,加重进口商品的税赋。

不少国家利用征收国内税的办法来限制国外商品。例如,韩国和日本曾长期借助产品分类使进口酒精饮料的消费税都大于本国制品。虽然国内税的使用越来越多地受到

WTO国民待遇原则(principle of national treatment)的限制,但一些国家往往采取巧妙的措施加以规避。

(六) 最低限价

最低限价是指进口国(地区)对某一商品规定最低价格,进口价格如低于这一价格就征收附加税。例如,规定钢材每吨最低限价为 320 美元,进口时每吨为 300 美元,则进口国(地区)要征收 20 美元的附加税,以抵消出口国(地区)的补贴或倾销。目前最低限价的典型是欧盟限制农产品进口的"闸门价格"。

六、当代国际贸易中的新型贸易壁垒

随着当代国际贸易的发展,非关税壁垒的种类不断增加,新型贸易壁垒不断涌现。下面介绍两种 20 世纪 90 年代以来发展起来的新型贸易壁垒。

(一) 企业社会责任与 SA 8000

"企业社会责任"运动于 20 世纪 80 年代在发达国家(地区)悄然兴起,并逐渐成为发达国家(地区)限制国(地区)外商品进口的有力手段。

对企业社会责任,世界企业永续发展委员会的定义为:企业承诺持续遵守道德规范,为经济发展作出贡献,并且改善员工及其家庭、当地整体社区、社会的生活品质。广义而言,企业社会责任是指企业对社会合于道德的行为,企业在经营过程中,特别是在进行决策时,除了要考虑投资人的利益或企业本身的利益之外,还应适当考虑与企业行为有密切关系的其他利益群体及社会的利益。企业不再是纯粹意义上的经济组织,利润最大化不再是其唯一的追求,企业在社会活动中同样应该扮演重要角色。

国内外经验表明,企业发展与社会发展、社区建设相适应是现代企业成功的重要因素。企业作为社会的一员,有责任、有义务和其他社会成员一起为社会的进步作出贡献。对此,"现代管理学大师"彼得·德鲁克(Peter Drucker)曾指出,单纯追逐利润最大化的企业会忽视非常重要的领域,如研究、培训和福利,只要它的竞争对手在这些领域倾注全力,就会轻易将它击败,赢得广阔的市场。除了直接的市场机会之外,长期奉公守法、善待社会、勇于承担社会责任的企业还可以提升自己的形象,增加无形资产,这有利于企业的长远发展。

20 世纪 90 年代以来,企业社会责任已逐渐成为跨国公司广泛认可的商业惯例和企业家精神的重要内容,并正在成为各国企业进入国际市场的通行证。在全球范围内,由社会责任国际组织在 1997 年 10 月制定的全球第一个社会责任认证标准 SA 8000 是欧美发达国家公认的企业行为准则以及限制进口的重要工具。SA 8000 以一致的标准规定了 9 个领域内企业的社会责任最低要求。其核心劳工标准的内容包括童工、强迫性劳动、公司应尊重所有员工的结社自由和集体谈判权、歧视以及惩戒性措施;其工时与工资标准包括工作时间、公司支付给员工的最低工资标准、健康与安全以及管理系统。SA 8000 关注的不是产品和环境,而是企业内部劳工的权利,以及企业必须承担的对社会和利益相关者的责任。其目标是通过有道德的采购活动改善全球工人的工作条件,确保供应商所提供的产品符合社会责任标准的要求,最终达到公平而体面的工作条件。

在当今,西方跨国公司纷纷以 SA 8000 为蓝本制定自己的企业社会责任守则,并要求发展中国家供货商严格遵守,否则便撤销订单。就发展中国家而言,由于企业还处在发展过程中,尚没有太大力量来承担社会责任,相比发达国家较为成熟的企业社会责任体系而言,还存在巨大差距,突出的问题大体表现在以下几个方面:一些企业无视自己在社会保障方面应起的作用,尽量逃避税收;较少考虑社会就业问题,将其甩向社会;较少考虑环境保护,将利润建立在破坏和污染环境的基础之上;一些企业唯利是图,提供不合格的服务产品或虚假信息,与消费者争利;依靠压榨企业职工为资本所有者谋利;缺乏公平竞争意识,垄断企业大量侵吞垄断利润,极力排斥市场竞争;缺乏回报社会的意识,淡漠公益事业。全面强化企业社会责任是发展中国家企业打破发达国家跨国公司贸易壁垒、确保对外贸易可持续发展所面临的重要课题。它无论是对企业自身发展还是对参与经济国际化进程都非常重要。

对应当承担的社会责任,企业应认识到:在短期内,履行企业社会责任会加大企业成本,企业利益与社会责任有冲突;但长期,企业将从中受益,愿意承担更多社会责任的企业最终会得到国内外合作企业和消费者的青睐,赢得基业长青的回报,增强企业永续发展的能力。

(二) 动物福利

在发达国家于国际贸易中关注劳工权益的同时,20 世纪 90 年代以来,动物的"福利"也日益受到关注,并成为西方国家限制发展中国家动物产品进口的新型贸易壁垒。世界上有 100 多个国家(地区)制定了"动物福利"法规,在这些法规中,动物被公认应享有五大自由,即不受饥渴的自由、生命舒适的自由、不受痛苦伤害和疾病威胁的自由、生活无恐惧的自由以及表达天性的自由。通俗地讲,在动物饲养、运输、宰杀过程中,应尽可能地给动物创造有利的条件,使其免受虐待,减少痛苦。例如,猪在运输途中应享有以下福利:保持运输车清洁,按时喂食和供水,运输时间超过 8 小时就要休息 24 小时等;猪在被宰杀时,应使用高压电快速击中其致命部位,以减少宰杀的痛苦,并且必须隔离屠宰,以防被其他猪看到而产生不安和恐惧感。2003 年,乌克兰一批生猪经 60 多小时的长途运输抵达法国,却被拒之门外,理由是没有考虑动物福利。

总体上看,非关税壁垒是自由贸易的障碍。但是,一些非关税壁垒具有两重性,应对得当,有一定积极意义。比如绿色壁垒、社会责任标准等,反映了经济高质量发展的要求。

第三节 出口鼓励的政策措施

在一国(地区)的贸易政策中,出口政策比进口政策处于更加重要的位置。以世界市场为背景的发达国家(地区)固然十分重视通过各种出口政策来刺激出口的扩大,奉行外向发展战略的新兴工业化国家和地区以及其他发展中国家和地区,也高度重视出口政策的运用和调节,以促进工业化和经济成长。本节将对主要的出口鼓励政策措施进行分析。

一、作为出口鼓励政策的补贴

（一）出口补贴及其形式

出口补贴是政府对该国（地区）的出口厂商或潜在的出口厂商所给予的直接或间接资助，旨在降低本国（地区）厂商的出口成本，鼓励扩大本国（地区）产品的出口。尽管出口补贴违反世界贸易组织的精神，被指责为"不公平竞争"，但许多国家（地区）仍以各种形式提供出口补贴。出口补贴主要有以下几种方式。

1. 直接的现金补贴

这一补贴使出口商能以较高的价格购买国（地区）内商品，然后以较低的价格出售到国（地区）外。事实上它也是对出口商品生产者的一种间接资助，因为它们接受了较高的价格支付。这种补贴因为直接造成了价格、成本的扭曲，属WTO所规定的禁止性补贴。

2. 对出口厂商提供财政性优惠和其他方面的优惠

财政性优惠包括对出口产业的投资减免税收、减免法人税、加速折旧、出口减税等。其他方面的优惠包括向出口厂商提供低价和快捷的运输、低廉的仓储费用和保险费用等。至于出口退税是否形成补贴，要做具体分析。如果是退还投入生产出口产品的进口原材料的关税负担额，退还额在实际关税额的范围内，则不能视为出口补贴，这也是世界贸易组织所允许的。按国际惯例，对本国（地区）生产的供出口的商品可退还在国（地区）内生产、仓储、调拨等环节交纳的产品税、增值税和营业税等，使出口产品以不含税的价格进入国际市场。这里，退税是为了正确反映出口成本，不属于出口补贴。如果退税超过一定范围，超过部分则被视为出口补贴。

3. 出口优惠金融制度

出口优惠金融制度主要是指通过提供出口信贷，向本国（地区）出口厂商或外国（地区）进口厂商或进口方银行提供优惠利率低息贷款，以鼓励增加本国（地区）出口。它是一个国家（地区）的出口厂商利用本国（地区）银行的贷款扩大商品出口，特别是金额较大、生产期限较长的商品如飞机、船舶、成套设备等出口的一种重要手段。出口信贷主要有两种。

（1）卖方信贷（suppliers credit）。它是出口方银行向出口厂商（即卖方）提供的贷款，这种贷款合同由出口厂商与银行签订。卖方信贷通常用于成套设备、船舶等的出口。这是由于这些商品出口所需的资金较多、时间较长，外国（地区）进口厂商一般都要求采用延期付款办法。出口厂商为了加速资金周转，往往需要取得银行贷款。因此，卖方信贷是银行直接资助出口厂商向外国（地区）进口厂商提供延期付款，以促进商品出口的一种方法。

（2）买方信贷（buyers credit）。它是出口方银行直接向进口厂商（即买方）或进口方银行提供的贷款，其附带条件是贷款必须用于购买债权国（地区）的商品。这就是约束性贷款（tied loan）。当出口方贷款银行直接贷款给国（地区）外的进口厂商时，进口厂商用本身的资金，以即期付款的方式向出口厂商交纳买卖合同金额15%~20%的订金，其余货款以即期付款的方式将银行提供的贷款付给出口厂商。当出口方贷款银行贷款给进口方银行时，进口方银行也以即期付款的方式向进口厂商支付贷款，并按贷款规定期限向出口方银行归还贷款和利息等。至于进口厂商与本国（地区）银行的债务关系，则按双方商定办法在国(地区)内结算清偿。买方信贷不仅使出口厂商可以较快地得到贷款,风险较小,而且进口厂商对货价以外的费用比较清楚,便于其与出口厂商进行讨价还价。因此,这种方法在出口信贷中比较通行。

为了做好出口信贷,主要发达国家一般都设立专门银行办理此项业务。例如,美国的"进出口银行"、日本的"输出入银行"和法国的"对外贸易银行"等都对成套设备、船舶等商品的进出口提供国家出口信贷。这些专业银行的资金从政府预算中拨付,它们除了直接提供出口信贷外,还向本国私人商业银行提供低利率贷款或给予贷款贴补,以资助它们的出口信贷业务。中国提供出口信贷的是作为政策性银行的中国进出口银行。

为了保障为出口提供融资和信贷的银行资金得到偿还,发达国家的政府通常实行出口信贷国家担保制。这是一国政府为了扩大出口,对本国出口厂商或银行向外国进口厂商或银行提供的信贷,由国家的专门机构出面担保的一种制度。在外国债务人拒绝付款时,国家担保机构按照承保的金额,支付给出口厂商或银行。

国家机构担保的项目,通常是私人商业保险公司不承保的出口风险项目。这种风险可分为两类:一类是政治风险,例如,进口国发生政变、战争以及政府实行冻结资金或限制对外支付等原因所造成的经济损失;另一类是经济风险,例如,由于进口厂商或借款银行破产倒闭无力偿还或通货膨胀等原因造成的损失。担保金额方面,政治风险的承保金额一般为合同金额的65%~85%,经济风险承保金额一般为合同金额的70%~80%。为了扩大出口,有时对某些出口项目的承保金额达100%。

出口信贷国家担保制有利于扩大出口。但由于出口商要向国家保险机构交纳保险费及其他有关费用,所以其货价一般要比用现汇购买的高,这笔费用实际上均转移到了外国进口商身上,有时为信用担保额的35%~40%。

出口优惠金融制度是在政府的支持下开展的,是对本国(地区)出口的一种间接补贴。

(二) 出口补贴的经济效应

出口补贴对于出口国(地区)的生产者和消费者、进口国(地区)的生产者和消费者乃至进出口国(地区)的经济发展和收入分配都会产生一系列的深刻影响,远不是出口补贴引起的直接反应——扩大出口所能概括的。出口补贴的具体方式不同、产品的供求弹性不同、采取出口补贴政策的国家(地区)的出口额占世界出口值的比重不同[是大国(地区)还是小国(地区)],出口补贴的经济效应也会有差别。

1. 作为商品出口国所提供的补贴

下面用图 7-5 对此加以分析。这里假定实施出口补贴的是一个小国,补贴的形式是固定的出口补贴,表现为出口厂商在输出有关产品时获得的直接现金补贴。这种分析也适用于其他间接补贴的情形。

在图 7-5 中,S 曲线为该国 X 商品的供给曲线,D 曲线为需求曲线,封闭条件下产品价格为 OA,在 E 点达到均衡。假定开放自由贸易条件下 X 商品的世界市场价格为 OB,那么该国将生产 OQ_3 的 X 商品,其中本国消费 OQ_2,出口为 Q_2Q_3。这就是说,当国际价格超过 OA 时,该国是 X 商品的出口者而不是进口者。

如果该国政府为每一单位出口的 X 商品提供金额为 BF 的补贴,对国内生产者和消费者来说，X 商品的价格上升到 OF。这是由于出口厂商受出口补贴的刺激，竭力扩大出口量，所以促使出口产品的国内价格上涨。在 OF 的价格水平上，该国生产 OQ_4 的 X 商品，其中本国消费为 OQ_1，出口为 Q_1Q_4。

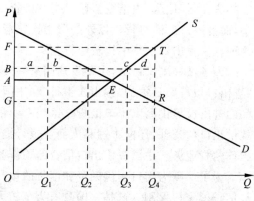

图 7-5　出口补贴的局部均衡效应

具体来说，这一补贴行为的经济效应是：①本国生产由于受到补贴引致的价格上涨的刺激而扩大了 Q_3Q_4，该部门生产者剩余增加了 $a+b+c$ 的面积（在给定资源条件下，其他部门的生产则会下降）；②出口因得到补贴而扩大，从 Q_2Q_3 增加到 Q_1Q_4，增加了 $Q_1Q_2+Q_3Q_4$（注意：这时世界市场价格仍为 OB）；③政府补贴为单位出口商品补贴额乘以出口量，即 $BF \times Q_1Q_4 = b+c+d$ 的面积（这部分开支是从纳税人的钱袋里征集来的，表现为财政补贴）；④本国消费者由于商品价格上涨而减少了消费，由 OQ_2 减少到 OQ_1，消费者剩余损失了 $a+b$ 的面积。此外还产生了 $b+d$ 的社会净损失：Q_1Q_2 的产量以 OF 的价格补贴出口而不是以 OB 的价格用于国内消费，所以是消费者剩余的损失。而面积 d 代表的是生产更多 X 商品上升的国内生产成本，而不是增加的生产者剩余的一部分。由于增加的产量 Q_3Q_4 在世界市场上只能卖 OB 的价格，所以是该国的效率损失，它反映的是当资源从别的部门转移到受补贴的 X 生产时，整个社会产值的净损失。

在此需注意两点：第一，如果 X 商品进口国不对该国的出口补贴行为实施诸如征收反补贴税的报复，那么进口国的消费者将因此而获益，他们以 B 的价格买到了 Q_1Q_4 的商品，而以前只能买到 Q_2Q_3 的商品。可见，出口国的财政补贴实际上补贴了进口国消费者的消费。如果 X 商品的进口国对出口国征收相当于补贴率的反补贴抵消关税，那么出口国的财政补贴就会转化为进口国的财政收入。根据美国国际经济学家彼得·林德特和查尔斯·金德尔伯格的分析，无论怎样，一国为促进出口而支付的财政补贴都会转变为进口国的收入。① 从这种意义上说，出口补贴无疑恶化了出口国的贸易条件。第二，出口国因采取出口补贴政策而把国内商品价格提高到国际市场价格水平之上时，都必须采取贸易限制措施压缩同类产品及其替代品的进口。否则相同的或类似的产品就会流入该国国内，因为该国国内价格比国际市场价格高。该国政府就会发现它正努力提高整个世界的国际价格，这样的代价将是难以承受的。

2. 作为商品进口国所提供的补贴

在图 7-5 中，如果自由贸易条件下该小国面临的世界价格是 OG，那么该国是 X 商品的进口国而非出口国。如果该国对 X 商品实施保证价格政策，并以财政补贴来保证这个政策的实现，那么，在补贴的作用下，该国就会由 X 商品的进口国变为 X 商品的出口国。

如图 7-5 所示，假定该国政府对 X 商品确定的保证价格为 OF，并通过出口补贴和适

---

① 林德特，金德尔伯格. 国际经济学[M]. 谢树森，沈锦昶，常勋，等译. 上海：上海译文出版社，1985：173—176.

当的进口控制来维持政策的运行。在这里,保证价格大大高于该国供求均衡时的价格 OA。不难看出,当国内价格低于 OA 时,该国是 X 商品进口国,其生产量小于国内需求量。而当国内价格高于 OA 时,就会出现超额供给,其生产量超过了本国的需求。如果不存在别的政策措施干预,这部分超额供给就必须用于出口。在图 7-5 中,超额供给量为 Q_1Q_4,要使这部分产品流入国际市场,该国政府就需提供总额为 $S_{长方形FTRG}$ 的出口补贴。由于该国实施了补贴政策,贸易格局发生了逆转。

仔细分析,这类价格保证政策中的财政补贴,实际上可以分为两个部分:将国内价格从自由贸易时的价格 OG 提升到国内均衡价格 OA 时的补贴,可视为进口替代补贴;将价格提升到 OA 以上的补贴,属出口补贴。

上面分析的为小国情形。如果实施出口补贴政策的国家是个大国,那么该国的补贴行为不仅会对该出口国的贸易条件产生很大影响,而且对进口国乃至其他出口国产生一系列的重大影响:其一,由于该国是个大国,其出口量占世界出口总额的很大比重,如果该出口大国因出口补贴而使出口量超过自由贸易时的出口量,就会使世界市场价格下跌。如果该大国原是个进口国,由于实施出口补贴政策而使贸易发生逆转,也会使得世界市场价格下跌。不管什么情况,该出口大国都要蒙受双重损失——出口补贴转移到国外和出口价格的下跌,这当然意味着该国贸易条件的恶化。其二,由于该大国扩大出口或由进口国变成出口国,压低了世界市场价格,替代了未受补贴产品的生产和销售,进口国和其他出口国的生产者受到了不同程度的损害。由此可见,一个国家的贸易政策对其他国家会产生明显的影响。

(三) 出口补贴政策的经济分析

既然一国(无论是小国还是大国)采用出口补贴政策都会使本国的贸易条件下降,那么,为什么几乎所有国家都采取出口补贴政策以鼓励出口呢?

(1) 考虑动态贸易利益。出口补贴虽然会恶化本国贸易条件,但并不意味着不能获得贸易利益,甚至不意味着贸易利益的减少。我们知道,贸易条件通常用出口商品价格指数与进口商品价格指数的比率即商品贸易条件指数来表示。但是,考察贸易条件还必须与该国出口生产部门的劳动生产率状况联系起来。只要劳动生产率上升的幅度大于商品贸易条件下降的幅度,一国从贸易中获得的净利益就不会减少。如果一国补贴出口的产品供给弹性大,劳动生产率提高快,且国际市场的需求弹性大,虽然商品贸易条件会下降,但随着出口扩张的实现,就会增加外汇收入,带来更多的贸易利益。同时,通过出口市场的扩大而引进的国外需求,还会有力地推动国内闲置资源的利用,由此带来就业和收入的进一步增加。对于实行出口导向战略的发展中国家来说,为了开拓国际市场,出口补贴不失为一种可选择的政策。只要产品选择得当,即鼓励本国供给弹性较大、国际市场需求弹性也较大、劳动生产率提高快的产品的生产和出口,即使贸易条件有所下降,还是能从贸易中获得较大利益。

值得注意的是,出口补贴所引起的贸易条件恶化,对发展中国家可能产生较大的不利影响。因为在发展中国家的出口结构中,原材料等附加价值低、需求收入弹性小的初级产品占了很大的比重,与发达国家科技含量高、需求收入弹性大的产品交换已是不等价交换，贸易条件还存在不断恶化的趋势，再加上为扩大出口创汇而实行出口补贴，对发展中国家的不利影响是很明显的。一般来说，发展中国家经济的基本态势是供给不足，因而其出口产品的供给一般弹性不足。在这一经济环境下，为了多换外汇而努力促进出口，就会造成出口品的国内供给紧张，从而导致其价格上涨；在价格上涨的条件下促进出口，又必须为出口提供更多的财政补贴。如此反复不已，就会引起出口品价格上涨和财政补贴增加的恶性循环。进一步分析，出口品国内价格的不断提高，将诱导有限的经济资源过多地转入出口生产部门，而这些部门的产品又不能形成国内供给，如果在进口产品的选择上再发生失误，就会导致供求结构失衡。因此，发展中国家在选择出口补贴政策时，必须从产品的国内供给弹性、国际市场的需求弹性、本国的经济承受力等方面做深入的考虑，避免出口扩大、效益下降的"贫困化增长"现象的发生。

（2）考虑本国战略产业的扶植培育，争取动态比较优势。战略性产业是"能成为未来主导产业的新兴产业"，这类主导产业的特性有三：一是引入创新，获得与新技术相关联的新的生产函数；二是具有大大超过国民经济总增长率的持续高速增长的部门增长率；三是其效果超出了该部门本身，对其他部门乃至整个经济的增长有重要的、广泛的影响。这三个方面是有机的整体，缺一不可。① 这类主导新兴产业在产业结构高级化演进中起着重大作用，因而成为各国政府扶植培育的战略产业。从开放的经济系统角度看，扶植培育未来的主导产业是为了争取动态比较优势，其政策手段可以是关税保护、生产补贴或出口补贴。如该产业处于幼小时期，则关税保护和生产补贴是主要的政策手段；若该产业已有一定的成长，但缺乏国际竞争力，则生产补贴加出口补贴更为有效。虽然出口补贴使该国丧失一部分国民收入，但换来的是产业发展和出口的长远利益和全局利益。

该政策最典型的例子是日本对本国汽车制造业的出口补贴政策。20世纪50年代前期，一般轻工业品的国际市场价格较低，而重化学工业品的国际市场价格却很高。如果从静态比较优势的角度出发，那么日本就应该专门输出纺织品等轻工业品，输入汽车等重化学工业品，以获取比较利益。当时日本的汽车年产量还不到3万辆，生产成本比美国高得多，没有什么国际竞争力。但日本政府却对汽车业实行积极扶植与培育政策，通过出口补贴支持本国汽车的出口。虽然在出口补贴中用去了日本纳税人不少钱，但日本汽车占领世界市场后，给日本带来的收益已远远超过当初的损失。

（3）考虑本国经济发展和动态的结构平衡。出口补贴就其最直接的意义而言，是增加外汇收入，从而进口本国经济发展和人民生活的必需品。如果一国补贴出口产品的国内供给和国外需求都有充分的弹性，而其进口产品又是国内所必需的，那么出口补贴就有利于该国的经济发展和改善国内供求结构的吻合程度。由于资源禀赋、地理位置和气候、技术水平等的不同以及劳动生产率存在差异，一国不可能拥有经济发展所必需的一切要素。即使能获得这些要素，也还有一个成本问题。如果通过出口补贴增加外汇收入，进口本国没有或获取成本很高的资源，满足本国经济发展的需要，整体而言还是有利的。

出口补贴促进了出口，虽然在一定程度上减少了国内市场上的有效供给，加之进口投资品要形成生产能力尚需一段时间，并且短期内还要从市场上吸收原料和消费品，因而也

---

① 周振华.产业政策的经济理论系统分析[M].北京：中国人民大学出版社，1991：206-207.

不能立即产生有效供给,但是从长期看,因出口补贴而增加的投资品的进口,将有效地改善该国的投资结构,有力地促进该国的经济发展。投资形成的带动作用,还有利于进一步促进该国闲置资源的利用,改善资源配置结构,提高资源利用效率,带来就业水平的提高和收入的增加。

(4) 一国实行出口补贴政策也可能迫于某些利益集团的压力,出于社会政治、经济、文化等方面的种种考虑。美国和欧盟国家在农产品贸易中的出口补贴,就是典型的例子。农业属基础产业部门,由于农产品供应的不稳定性以及农产品需求较低的价格和收入弹性,必须受到国家的干预和保护,以保证本国的食品需求和安全保障,并带动本国农机工业和化学工业的发展。许多发达国家通过对本国农业的支持政策,人为地把国内农产品价格固定在国际市场价格上,同时高筑农产品贸易壁垒,使国外廉价农产品难以进入本国市场。这种做法使农民依据国内保护高价不断扩大生产规模并提高劳动生产率,从而导致国内农产品过剩。这样,政府被迫对出口实行巨额补贴,以保护本国农民的利益。尽管在许多发达国家,农业人口在总人口中的比例已经缩小到15%以下,但农业生产者及其代言人仍然具有很强的政治影响力,迫于这一利益集团的压力,政府也要对农产品及其出口采取补贴政策。

需要指出的是,出口补贴是 WTO 所反对的,乌拉圭回合的《补贴与反补贴措施协议》对其做了严格的规定。一国(地区)出于国(地区)内经济发展的需要实施出口补贴,必须符合 WTO 的有关规则,尽量避免在进出口环节实施。

二、商品倾销

默许或鼓励本国(地区)厂商低价向国(地区)外市场销售商品以获取更大的市场,是促进出口的一项贸易政策。由于低价,所以其又常被称为"倾销"。低价倾销一般包括两种情况:一是出口国(地区)以低于其国(地区)内市场的价格向国(地区)外销售商品;二是出口国(地区)以低于其生产成本的价格向国(地区)外销售商品。由于无法确切了解一国(地区)企业的生产成本,所以国际贸易中对倾销的指责也就主要指第一种情况。商品倾销本是出口商的微观行为,之所以将其也作为出口鼓励措施,是因为有的经济学家认为,出口商背后如果没有所在国(地区)政府的支持,根本不可能长期从事亏损的出口倾销。

对出口国(地区)来说,低于国(地区)内价格向国(地区)外销售商品似乎是一种"损失",它为什么要这样做?对进口国(地区)来说,它只要支付较低的价格就可以得到需要进口的商品,为什么还要指责出口国(地区)"不公平贸易",而要进行报复,征收反倾销税呢?这要进行具体分析。

倾销一般分为以下三种:一是持续性倾销,即企业一贯以低于国(地区)内市场的价格向国(地区)外倾销商品。二是掠夺性倾销,即为了侵占和垄断特定国家(地区)市场,企业暂时以大大低于竞争对手甚至大大低于商品成本的价格在国(地区)外销售商品,以便把外国(地区)生产者逐出市场。等到竞争胜利,对手被挤垮,占领了市场后,就反过来重新提高价格,并在国(地区)外获得新的垄断力量。三是零星的倾销,即企业偶然以低于成本的价格或低于国(地区)内的价格在国(地区)外销售商品,以便在不降低国(地区)内价格的情况下,抛售暂时过剩的商品。

无论哪种形式的倾销,都会对国(地区)外生产者造成损害。对本国(地区)消费者来说,则意味着需要支付比国(地区)外消费者更高的价格。因此,倾销无一例外地会受到国(地区)外生产者和本国(地区)消费者的反对。倾销者无一不是国(地区)内市场的垄断者,倾销造成的国际价格歧视违反了公平竞争的自由贸易原则,形成了某种形式的贸易壁垒。但从实际情况分析,不同形式的倾销所发生的原因和动机是不同的,在经济性质上是有所区别的。

一般来说,掠夺性倾销应受到谴责和抵制,对这种倾销采用包括征收反倾销关税等加以限制,是正当的。零星的倾销虽然也会对外国(地区)生产者造成损害,但国(地区)外消费者从低价中获得的利益也许实际上要超过生产者在生产上的可能损失。持续性倾销发生的原因是垄断企业在获得规模经济的情况下,产品的边际成本递减。如果机器设备等固定成本国(地区)内销售部分即可补偿,那么该企业就有可能在国(地区)外市场以较低的价格出售商品,以获得产量增加、成本递减的利益。这虽然是一种倾销形式,但也是一种企业经营和销售战略,并非完全违反经济学原理。当然,这对国(地区)外生产者来说,是一种不公平竞争。对国(地区)外消费者来说,未尝不是一种利益。在某种情况下,国(地区)外消费者所得到的利益可能会超过生产者在生产上所遭受的损失。在实际经济生活中,要确定倾销的形式是比较困难的。国(地区)外生产者出于保护自身利益的目的,对任何倾销行为都是坚决反对的。

三、外汇倾销

倾销行为还可通过汇率变动政策来实现,这就是外汇倾销,即利用本国(地区)货币对外贬值来扩大出口。同时,这种手段也能起到限制进口的作用。这是因为本币对外币贬值,出口商品用外币表示的价格就会下降,从而提升了商品的竞争能力,有利于扩大出口。例如,假定原来的汇率是 4 美元兑换 1 英镑,那么,英国价值 1 英镑的商品在美国要卖 4 美元,才能换 1 英镑回来。当英镑贬值、变成 2.4 美元兑换 1 英镑时,则这种商品运输到美国,只要卖 2.4 美元就可换回 1 英镑,比原来的 4 美元便宜多了,这就会刺激别国进口,从而增加出口。

不仅如此,一国(地区)货币对外贬值,还会使外国(地区)商品处于相反的情况,使外国(地区)商品在本国(地区)市场上的价格上涨,从而限制其进口。仍按上例,原来的汇率是 4 美元兑换 1 英镑,那么,美国价值 4 美元的商品在英国市场上只要卖 1 英镑,就能换 4 美元回来。当英镑贬值,变成 2.4 美元兑换 1 英镑时,价值 4 美元的商品如果在英国仍卖 1 英镑,就只能换回 2.4 美元,低于它的国内价格 4 美元。因此,美国出口商不得不提高价格,从而导致出口商品的竞争力下降。对货币贬值的英国来说,这显然起到了限制美国商品进口的作用。可见,一国货币对外贬值能起到促进出口和限制进口的双重作用。因此,外汇倾销是争夺国(地区)外市场、保护本国(地区)市场的一种重要手段。

但是,外汇倾销并不能无限制和无条件地进行。外汇倾销对出口的促进作用受诸多因素的制约:①货币贬值迟早会引起国(地区)内价格的上涨,当国(地区)内价格上涨的程度赶上或超过货币对外贬值的程度时,外汇倾销的条件就不存在了。②如果其他国家(地区)也实行同幅度的货币贬值或采取提高关税等其他报复性的措施,外汇倾销的作用将被抵消。③受出口商品供给和进口需求弹性的限制。如果外汇倾销创造了外国(地区)的进口需求,但本国(地区)厂商生产能力有限,不能相应地增加供给,外汇倾销就达不到目的。如果"倾销"的商品外国(地区)需求收入弹性及需求价格弹性低,降低价格并不能大量增加需求,则外汇倾销也难以成功。④受出口生产结构的影响,如果出口生产中使用的进口原材料、中间部件比例较高,则外汇贬值会提高进口成本,抵消外汇倾销的促进作用。⑤对外资企业的影响。外汇贬值会影响外资企业的收益,往往造成外资抽逃。而开放经济条件下,外资企业是出口的重要力量。当然,国内物价上涨也好,其他国家(地区)报复也好,各种因素的作用都要有一个过程,不会与一国(地区)货币的对外贬值同步进行。因此,在一定时期内,外汇倾销还是能够起作用的。

四、经济特区

经济特区是一个国家或地区在其关境以外所划出的一定的特殊经济区域。在这个区域内,通过实行更加灵活开放的政策和措施,用降低地价、减免关税、放宽海关管制和外汇管制、提供各种服务等优惠办法,吸引外国(地区)货物,发展转口贸易;或鼓励和吸引外资,引进先进技术,发展加工制造业,以达到开拓出口贸易、增加外汇收入、促进本国或本地区经济发展的目的。可见,设置经济特区的主要目的在于扩大出口,是一国或地区为开拓国际市场而采取的重要的对外贸易政策。

经济特区作为实行特殊开放经济政策的经济区域,由于设置的目的、规模、组织形态和功能等不同,存在不同的类型,名称繁多。有人统计,有自由港、自由贸易区、对外贸易区、保税区(bonded area)、出口加工区(exportprocessing zone & manufacture and export zone)、投资促进区、经济技术开发区、过境区(transit zone)等40余种。但从总体上看,可以大致归纳为自由港、自由贸易区、出口加工区和综合性经济特区四种主导模式。

(1) 自由港。自由港又称自由口岸,指全部或绝大多数外国商品可以豁免关税自由进出口的港口。这种港口划在一国关境以外,实行贸易自由化和投资自由化政策。外国商品除进港时免缴关税外,还可以在港内自由改装、储存、展览、加工、拣选和销售等。外国商品只有在进入所在国海关管辖区时才纳税。但外国船舶进出港时仍须遵守主权国家的有关卫生、移民、治安等方面的政策法规。

最完整形态的自由港是自由港市,它包括港口及其所在的城市地区。自由港市把港口的全部地区都划为非关税区,外商可以自由居留和从事有关业务,所有居民和旅客均享受关税优惠,如新加坡和中国香港。但也有些自由港仅包括港口或其所在城市一部分,而且不像自由港市那样允许外商自由居留,有人称其为"自由港区",如汉堡、哥本哈根自由港等。中国海南全岛批准为自由贸易区,目的是建成自由港。

自由港的主要特点是:它必须是港口或港口的一部分,其开发目标和营运功能与港口本身的集散作用密切结合。

(2) 自由贸易区。自由贸易区指划在关境以外,准许外国商品豁免关税自由进出口的地区,一般设在一个港口的港区或邻近港口的地区。它实际上是采取自由港政策的关税隔离区。

自由贸易区实行贸易自由化和投资自由化政策,可分为商业自由区和工业自由区。

前者不允许货物的拆包零售和加工制造；后者允许免税进口原料、元件和辅料，并指定加工作业区，但所有进口部件和运出区外的成品均须按海关规定记账，以供核查。

自由贸易区的主要特点是：自由贸易区从自由港发展而来，其主要目的是方便转口和对进口货物进行简单加工，并以转口邻近国家和地区为主要对象。

(3) 出口加工区。出口加工区又称加工出口区，它是专门为生产出口产品而开辟的加工制造区域，生产的产品全部出口或大部分供出口。出口加工区一般设置在一个国家的港口或港口附近的地方。在那里划出一定的范围，新建或扩建码头、车站、道路、仓库和厂房等基本设施以及提供免税等优惠待遇，鼓励外国企业在区内投资设厂。

出口加工区产生于20世纪50年代，其雏形是1959年爱尔兰香农机场附近出现的以出口加工为主的自由贸易区，60年代后期在亚洲的一些发展中国家（地区）获得巨大发展。其目的在于吸引国（地区）外投资，引进先进技术与设备，促进本国（地区）的生产技术和经济的规模，扩大加工工业和加工出口的规模，增加外汇收入。

出口加工区一般有两种类型：一种是综合性出口加工区，即在区内可以经营多种出口加工工业，如菲律宾的巴丹出口加工区所经营的项目包括服装、鞋类、电子或电器产品、食品生产、光学仪器和塑料产品等；另一种是专业性出口加工区，即在区内只准经营某种特定的出口加工产品。目前世界各地的出口加工区大部分是综合性出口加工区。

出口加工区采用了自由港和自由贸易区的一些做法，但它又与自由港和自由贸易区有所不同。一般来说，自由港或自由贸易区是以发展转口贸易、取得商业方面的利益为主；而出口加工区是以发展出口加工工业、取得工业方面的利益为主，是面向工业的。

为了鼓励国（地区）外企业在出口加工区投资设厂，许多国家（地区）对外国（地区）企业在区内投资设厂有一系列优惠的规定。例如，对在区内投资设厂企业所需的生产设备、原料、零件、元件及半制成品一律免征进口税，生产的产品出口时一律免征出口税。不少出口加工区还对国（地区）外投资的企业提供减免所得税、营业税等优惠待遇。有的出口加工区允许在区内的外资拥有100%的投资比率，所得利润可以自由汇出国（地区）外，另外，对报关手续、外商出入境手续也给予方便等。

(4) 综合性经济特区。它是在前面几种形式的基础上发展起来的，兼有两种职能，既提供了自由贸易区的某些优惠待遇，又提供了发展工业生产所必需的基础设施，是三者的结合体。在这种特区中，还可以发展商业、金融、旅游等各种事业。如新加坡的裕廊工业区，它是一个工业区，区内有工厂企业900多家，占全国工厂总数的30%；又是一处重要的转口贸易港，港口有大型泊位10个；另外，它还是一个旅游区，拥有蜚声海内外的观光景点。

除以上四种"主导类"特区外，常见的经济特区还有以下三种。

(1) 保税区。保税区又称保税仓库区，它是海关所设置的或经海关批准注册的特定地区和仓库。外国（地区）商品存入这些保税区内，可以暂时不缴纳进口税，如再出口不缴纳出口税。运入区内的商品可进行储存、改装、分类、混合、展览、加工和制造等。因此，它起到类似自由港或自由贸易区的作用，主要是为了发展转口贸易，增加各种费用收入，并给予贸易商经营上的便利。保税区的仓库有的是公营的，有的是私营的；有的货物储存期限为1个月到半年，有的期限可达3年；有的允许进行加工和制造，有的不允许加工和制造。日本的经济特区主要是保税仓库区。

(2) 自由边境区(free perimeter)。自由边境区过去也称为自由贸易区,它一般设在本国的一个省或几个省的边境地区。对于在区内使用的生产设备、原材料和消费品可以免税或减税进口。如从区内转运到本国其他地区出售,则须照章纳税。外国(地区)货物可在区内进行储存、展览、混合、包装、加工和制造等业务活动,其目的在于利用外国(地区)投资开发边境区的经济。

(3) 过境区。它是指沿海国家为了便利邻国的进出口货运,开辟某些海港、河港或国境城市作为货物过境区。过境区对过境货物,简化海关手续,免征关税或只征小额的过境费用。过境货物一般可在过境区做短期储存,重新包装,但不得加工。

设立经济特区是世界上不同发展水平的国家(地区)发展经济贸易的重要手段。虽然经济全球化和贸易自由化使国际贸易壁垒逐渐降低,但由于自由贸易港区、出口加工区之类的经济特区在吸引外资、扩大对外贸易、引进国外先进技术、吸纳劳动力就业等方面的重要作用,经济特区无论是在发达国家(地区)还是在发展中国家(地区)都方兴未艾。经济特区对经济发展水平不同的国家(地区)经济贸易的发展皆具有不可替代的作用。在经济特区内,发达国家(地区)先进的技术、资本和服务可以与发展中国家(地区)的劳动力、土地及优惠政策相结合,充分发挥双方的比较优势;经济特区具有诸多外溢效应,随着特区的发展,不仅其资本、技术会向周边地区乃至全国扩散,而且其政策、体制等也会对区外产生示范效应,从而带动国内经济贸易的发展;经济特区的建立还可以加深不同国家(地区)之间的了解与合作,为世界自由贸易的发展减少体制上的障碍。

当代经济特区在不断发展的同时,也表现出一些新的趋势。这突出表现为以转口贸易为主的自由贸易港区和以加工制造为主的出口加工区的功能日益融合,经济特区的功能日益趋向于综合化。目前,世界上大多数经济特区都同时具有转口贸易、仓储、加工制造、商品展示、国际会议、金融服务等综合功能。功能的完善有助于提高经济特区运营的效率、降低特区发展的风险、保持其可持续发展的能力。

2013年,我国在上海设立自由贸易试验区,截至2023年9月,陆续批准了21家自贸试验区,设立了海南自由贸易港。中国商务部数据显示,2022年,21家自贸试验区(港)占国土面积不到千分之四,贡献了占全国1/6以上的进出口总值和吸收外资总量,为中国培育经济发展新动能、巩固国际竞争新优势,提供了强大的助力。各自贸试验区(港)还通过一系列制度创新为中国提供更多的发展潜力。截至2022年底,中国各自贸试验区(港)推出了改革举措累计3 400多项,向全国或特定区域复制推广的制度创新成果超过200项,充分发挥了自贸试验区(港)高水平开放的窗口示范和引领带动作用。2023年11月11日,我国西北沿边地区首个自由贸易试验区——中国(新疆)自由贸易试验区喀什片区揭牌,并迎来首批35家企业入驻,签约落地项目资金超过176亿元,涵盖商贸物流、电子信息、新材料、汽车加工等领域。

第四节 其他国际贸易政策措施

本章前面三节分析了限制进口和鼓励出口的贸易保护政策措施。这些政策措施旨在保护和促进国(地区)内生产,增进本国(地区)福利,但在现实生活中,各国(地区)政府为了达到其特定的经济或政治目的,往往还采用一些其他国际贸易政策措施。

一、出口限制措施

出口政策一般是指出口鼓励政策。因为在一国(地区)的对外贸易中,出口处于关键地位。但一些国家(地区)在对外贸易中,往往出于经济、政治、对外政策等种种原因,对本国(地区)某些产品的出口采取限制政策。

出口限制是指国家(地区)通过法令和行政措施,对本国(地区)商品出口进行管理和控制,以达到一定的经济、政治和军事目的。出口限制的商品主要有以下几类。

(1)战略物资及其有关的先进技术资料。例如,美国、英国等国家规定,武器、军事设备、飞机、军舰、先进的电子计算机及有关技术资料等,必须领取出口许可证,才能出口。这类商品出口的控制很严,主要是针对一些"敌对的""不友好的"或政治制度不同的国家,以政治为目的。

(2)国(地区)内生产所需的原材料、半制成品及国(地区)内市场供应不足的某些商品。

(3)某些古董、艺术品。例如,英国规定古董或艺术品的生产或制作的年代比出口日期早100年以上者,必须领取出口许可证,方能出口。

此外,也有不少国家(地区)为了增加政府财政收入而对大宗出口商品征收出口税,从而间接地限制商品出口。而一些出口组织国际卡特尔如石油输出国组织则对具有垄断优势的出口商品限制产量和出口,以增加利润总量。

实行出口限制的方式有单边出口限制和多边出口限制。

(1)单边出口限制,即一国(地区)根据本国(地区)的法案设置专门的执行机构,对本国(地区)某些商品的出口进行审批,实行出口限制。其实出口限制的决定完全由一国(地区)自主作出,不对他国(地区)承担义务。美国凭借其强大军事和经济实力,是为了达到其政治目的而实行单边出口限制最多的国家。

(2)多边出口限制又称共同出口限制,指几个国家(地区)的政府或组织通过一定的方式建立国际性的多边出口限制机构,规定出口限制办法,以协调彼此的政策,达到共同的政治和经济目的。如OPEC是以经济目的为主的多边组织。以政治目的为主的多边出口限制组织则首推1994年解散的巴黎统筹委员会。巴黎统筹委员会简称"巴统",是冷战时期在美国主导下,于1949年11月在巴黎成立的一个国际多边出口管制机构,是未经签订条约而成立的一个专门针对当时的社会主义国家(主要是苏联和中国)的非正式国际组织,由17个资本主义国家组成。其目的是防止和限制西方的战略物资和高新技术输出到苏联、东欧国家和中国。后来随着苏联的解体和冷战的结束,巴黎统筹委员会于1994年3月31日宣布解散,并以先前的17个国家为主组成一个"新机制",继续对其确定的所谓危险地区、敏感地区、核不扩散地区、遭受国际贸易制裁的国家和地区实行高精尖技术及设备的出口管制。

二、进口鼓励措施

对于某些商品,政府有时也采用鼓励进口的政策。鼓励进口的商品一般是国(地区)内缺乏、进口价格偏高而又关系到国计民生的商品,如粮食、重要原材料等。有时鼓励进口是为了保护国（地区）内稀缺资源，尤其是那些不可再生的具有战略意义的资源，在能进口时尽量使用别国（地区）的。

进口鼓励的政策措施有进口补贴和消费补贴。进口补贴是政府为了某种目的，对进口商品实施财政补贴。该国（地区）从国（地区）外按世界市场价格购买商品，在本国（地区）低价销售，其差价（购销倒挂差价）由财政进行补贴。进口补贴可以用两种形式支付：一是对进口商的补贴。进口商"贵买贱卖"、明显亏损，这种"政策性亏损"只能由政府来承担，否则进口商就不会从事此类进口活动。二是政府的直接支出。如果政府是进口补贴商品的购买者，情况就会是这样。它影响进口商品的国（地区）内市场价格和本国（地区）的生产。消费补贴则是通过给消费者补贴，增强其购买力，从而间接地鼓励进口，它对进口商品的国（地区）内市场价格及本国（地区）的生产没有什么影响。这里重点分析进口补贴。

按照国际贸易的一般法则，一国（地区）的进口活动应该是有利可图的。进口商进口本国（地区）相对价格比较高的商品[即在国（地区）外相对价格比较低的商品]在本国（地区）销售，"贱买贵卖"，获得利益。因此，进口商品应有一个加价。为什么会发生进口补贴这种情况呢？原因有以下几点。

(1) 一国（地区）政府为保障低收入阶层的基本生活需要，对一些重要产品如大米、小麦等实行进口补贴，这在本国（地区）供给不足时尤为必要。这种进口补贴实际上是一种收入再分配，使纳税人的一部分收入转移到低收入阶层中去。这对于社会政治稳定的意义是不言而喻的。粮食的进口和消费补贴常常是低收入且粮食不足的发展中国家（地区）需要思考的问题。许多从事技术或经济援助的国家（地区），常常从资金上部分地或全部地帮助发展中国家（地区）实施这类计划。

(2) 为鼓励本国（地区）某些产业的发展，降低产品成本、提高某些产品在国际市场中的竞争力，对某些生产资料诸如机器设备、原材料、中间产品等实施进口补贴。

(3) 在一国（地区）国（地区）内价格体系扭曲的情况下，当国（地区）内价格低于国际市场价格，为满足国（地区）内必需，在进口这些产品时，不得不对此实施进口补贴。

从更深、更广的层次来分析，进口补贴可以作为调整国（地区）内供给结构的费用。一国（地区）的供给结构与需求结构一旦发生失衡，就需要对本国（地区）的价格结构从而产业结构进行调整。在这种调整时滞过长或者摩擦过大的情况下，调整的代价会很高。在开放经济条件下，可以通过对外贸易来改善供给结构。假定补贴进口的产品在国（地区）内是短缺的，而且无法在短期内由本国（地区）增加供给来满足市场急需，那么通过进口补贴来适当扩大进口，对于提高本国（地区）供给结构与需求结构的吻合程度具有重要作用。

但需注意的是：第一，采用进口补贴必须同时对出口加以管制。因为国（地区）内受到补贴的商品价格低于国际市场价格，如果不对出口加以管制，本国（地区）厂商就会以比较低的国（地区）内价格购买商品，然后在国际市场上按较高的价格出售。第二，用补贴手段鼓励扩大进口，固然能迅速改善国（地区）内供给结构，但也有限制国（地区）内进口竞争部门发展的作用。如果一国（地区）长期依靠进口来维持国（地区）内某种产品的供给，那么就会影响这些产品的国（地区）内生产者的利益，使这些部门萎缩。因此，长期依靠进口补贴来保证国（地区）内某种产品的供给，可能成为危害一国（地区）经济均衡发展的政策因素。特别是当进口品为国(地区)内关系国计民生的重要产品时,将长期供给的来源托付给变幻莫测的国际市场,危害和风险更大。可见,进口补贴作为一种调节进口国(地区)供给结构失衡的手段,只能用来解决短期均衡问题,不能长久地依赖它。进口补贴对价格体系的扭曲所造成的信号失真,对资源配置结构从而产业结构的优化,会产生明显的消极作用,这也是在运用进口补贴政策手段时必须考虑的问题。

三、贸易制裁

国际贸易政策有时成为服务于政治的工具,用来作为对别国(地区)的政治或经济政策进行干预或报复的手段。最典型的做法就是通过进出口抵制、商品禁运等手段实行贸易制裁。

贸易制裁的目标主要是通过进出口的减少使被制裁国(地区)蒙受经济损失,从而被迫改变其国(地区)内外政策。历史上最具近代意义的贸易制裁是19世纪初法国拿破仑为了牵制敌对的英国而发出的禁止欧洲大陆各国与英国进行贸易的大陆封锁令。而真正使用频繁的是在当代,世界上使用贸易制裁最多的是美国,多数制裁源于政治目的。

贸易制裁也服务于经济目的。例如,在乌拉圭回合谈判过程中,由于欧洲共同体拒绝放弃对农产品生产和贸易采取保护政策,美国曾扬言要对欧洲共同体实行贸易制裁。威胁的结果使双方达成妥协。

当然,贸易制裁是把"双刃剑"——在使被制裁者遭到损害的同时,制裁者自身也难免受到伤害。即使制裁能起到作用,制裁者也得为此付出代价。有时制裁往往不能使被制裁者屈服,而制裁者自己反倒深受其害、作茧自缚。随着经济全球化的发展,各国(地区)经济日益融合,制裁者在制裁别国(地区)的同时,往往其本国(地区)经济也一并受到损害。

本 章 小 结

本章主要分析了一国(地区)为了实现对外贸易政策目标通常采取的政策措施。对外贸易政策措施按实施的目的主要分为限制进口的政策措施和鼓励出口的政策措施。

进口限制措施分为关税措施和非关税措施。随着全球关税水平不断降低,非关税措施逐步成为主要的进口限制措施。相对于关税措施,非关税措施更灵活、更隐蔽、更具针对性和歧视性。虽然如此,关税仍然是一种限制进口的重要措施。

关税按征收方向可分为进口税、出口税和过境税。进口税按征收过程中的差别待遇可分为正常进口税(包括最惠国税和普通税,主要指最惠国税)、进口附加税(包括反补贴税和反倾销税)、差价税、特惠关税和普通优惠制关税。

非关税措施按其是否直接限制进口商品的数量和金额,分为直接和间接两大类,使用较多的有进口配额制、直接生产补贴、汇率政策和技术性贸易壁垒。此外,还有进口许可证制等。进口配额制直接对进口商品数量或金额加以限制,超过就不允许进口或征收较高关税。非关税措施正逐步成为发达国家(地区)限制进口的重要手段。

出口鼓励措施主要包括出口补贴、商品倾销、外汇倾销和经济特区。在现实生活中,各国(地区)政府为了达到其特定的经济目的或政治目的,往往采用一些其他国际贸易政策措施,如出口限制、进口限制等。

复习思考题

一、名词解释

倾销　补贴　有效保护率　技术性贸易壁垒　出口信贷

二、思考题

1. 什么是关税？其作用是什么？
2. 试述进口关税的主要种类及其作用。
3. 如何确定进口关税对进口国最终产品国内生产者的实际保护程度？
4. 什么是非关税壁垒？与关税壁垒相比,它有什么特点？
5. 试述进口配额的种类及其与进口关税的区别。
6. 什么是技术性贸易壁垒？其主要措施有哪些？
7. 什么是经济特区？它有哪几种类型？各自特点如何？

三、案例分析

以下是有关贸易技术壁垒的一则案例,结合所学知识,谈谈你的看法及其对我国的启示。

西门子家电：贸易壁垒会成为企业发展的动力

最近家电业——中国最具国际竞争力的优秀行业的国际化进程遇到了不小的麻烦。尽管原定于2005年8月全面推行的欧盟WEEE指令(《报废电子电气设备指令》)有望延期,但面对中国家电出口的最大市场——欧盟正一天天建起的绿色壁垒,面对即将出台的比WEEE指令更加难以突破的欧盟RoHS指令(《关于限制在电子电气设备中使用某些有害成分的指令》),一直依靠低廉价格取得竞争优势的中国企业将面临沉重打击。但欧洲著名家电品牌西门子家电却认为,贸易中的壁垒只会成为企业发展的动力。100多年来,正是越来越严格的法规促进了欧洲家电技术的进步。如今,正在融入全球经济的中国,在适应世界统一的法规、标准的过程中,固然要付出些代价,但是代价过后,必然迎来企业迅速成长的未来。

西门子家电集团深信,企业经济效益的成功与社会和环保息息相关,也取决于如何将社会和环保完美地融入长期的发展战略中。承担起国际性大企业的责任就意味着在全世界范围之内严格执行统一的标准。西门子家电集团在下属42个生产地设立了环保管理系统,每一个产品创新都要经过环保检测方能批量生产。旗下所有企业都要做当地人的好邻居。弃用氟氯化碳是最好的体现。20世纪90年代初,科技工作者发现氟氯化碳是破坏臭氧层的罪魁祸首,西门子家电集团立即开发新科技,用无害于环境的碳氢化合物取代了氟氯化碳。当时,集团不但决定在德国使用新科技,在全球范围之内也同时采用新工艺。此举成为行业的开山之作,推动了整个行业的发展。今天,西门子生产的冰箱全是无氟冰箱。

西门子的产品政策是,所有产品在使用阶段应当节能,在回收利用阶段应当环保、低耗。产品对环境产生的影响大约90%发生在使用阶段。就环保而言,节能是关键。因此,节能是集团在此领域环保思想的核心内容。在德国,集团生产的80%的产品可以达到节能A类标准,同时具有稳定优秀的性能。2004年,欧盟制冷家电指导性能耗标识生效,为行业立下了更为严格的标准,并推出了新的节能类别A+和A++。目前A类产品必须再节能25%方能成为A+。西门子所生产的600个型号的产品中,10%的产品已经达到这些苛刻的要求。

西门子家电集团认为,能源在当今已成为影响全球经济健康、持续发展的关键因素,人类在节能家电上所寄予的期望和已经取得的巨大成就,使节能技术逐渐成为未来家电企业成败的决定因素。虽然严格的法规和标准会使企业成本增加,但从长远看来,环保、安全、节能是国际电器发展不可阻挡的趋势。它将给家电企业一个重新定位的机会。谁能抓住机会,谁就有可能实现从价格优势到技术优势的转化。从1970年到2004年,经过不断研究和创新,西门子冰箱百升24小时耗电量从1.7 kW·h降到了0.09 kW·h,下降幅度达95%。

在西门子看来,真正的节能技术革新是在不改变原有产品性能的前提下寻找有害物质的替代品,让产品满足环保法规和标准的要求。在冰箱的耗电量、洗衣机的洗涤容量等指标的标注上,西门子家电等品牌都表现得极为"保守"。譬如洗衣机的容量必须和洗净度、用水量等联系在一起考察,否则标注得再大也是一串毫无意义的数字。对市场的敏锐感知和长期积累起来的强大技术研发能力,决定了西门子家电不仅不被法规、标准所牵制,反而成了行业发展的一面旗帜。

资料来源:根据《国际商报》2005年6月27日的文章内容整理。

即 测 即 练

第八章

从 GATT 到 WTO

> **本章学习目标**
> 1. 了解 GATT 的发展历程及基本原则；
> 2. 了解 WTO 基本知识；
> 3. 理解全球贸易新规则与 WTO 改革方向。

对外贸易能够促进一国(地区)的经济增长、增加就业、提高收入水平。但是,就一国(地区)而言,出口贸易比进口贸易对本国(地区)经济发展更为有利。因为出口的扩大、市场的开拓,会给国家(地区)带来更多的收入,并通过外贸乘数带动整体经济发展。而进口虽然给消费者带来价廉物美的商品并由此而增加福利,但它对本国(地区)市场的冲击则会使生产者蒙受损失。外来的竞争虽然可以促使本国(地区)生产者改进技术、转变结构,进口还可带来技术外溢,但这往往需要假以时日并付出一定的代价。因此,各国(地区)在制定外贸政策时,几乎都奉行"奖出限入"的信条,以从国际贸易中尽可能多地受益。这样必然引起国际贸易纠纷,阻碍世界经济的平稳发展。针对这种状况,有必要加强国际磋商与协调,签订贸易条约和协定,制定各国(地区)都能遵守的国际贸易准则,以减少和平息各种纠纷。1995年成立的世界贸易组织及其前身关税及贸易总协定,就是适应这种需要而产生的。本章从对外贸易政策协调的角度,阐述多边贸易体制从 GATT 到 WTO 的历史演进,探讨全球贸易新规则演进趋势与 WTO 的改革方向。

第一节 贸易条约和协定

一、贸易条约和协定的含义

贸易条约和协定(commercial treaties and agreements)是两个或两个以上的主权国家或独立关税区为确定彼此的经济关系,特别是贸易关系所缔结的书面协议,如通商航海条约、贸易协定、支付协定(payment agreement)等。

贸易条约按照参加国(地区)的多少,可分为双边贸易条约和多边贸易条约两种。两国(地区)之间签订的,称为双边贸易条约;两个以上国家(地区)之间签订的,称为多边贸易条约,如国际商品协定、关税及贸易总协定、洛美协定等。

贸易条约和协定的条款,通常是在"自由贸易、平等竞争"的原则下签订的。但实际上,缔约方在经济上的利益往往是靠经济实力来保证的。因此,缔约方之间从贸易条约和协定中获得的利益是不一样的。

二、贸易条约和协定的种类

(一) 贸易条约

贸易条约的名称很多,如"通商条约""友好通商条约""通商航海条约""友好通商航海条约"等。贸易条约的内容比较广泛,常涉及缔约国经济和贸易关系各方面的问题,如关税的征收、海关手续、船舶航行、双方公民和企业组织在对方国家(地区)所享受的待遇,还有特种所有权(如专利权、商标和版权等)、进口商品应征收的国(地区)内捐税、铁路运输和转口问题等。这种条约一般由国家(地区)首脑和其特派的全权代表来签订,并经双方的立法机构讨论通过,最高权力机构批准才能生效。条约的有效期限也较长。

(二) 贸易协定和贸易议定书

贸易协定是缔约方间为调整和发展彼此的贸易关系而签订的书面协议。与贸易条约、通商航海条约比较,贸易协定所涉及的面比较窄,内容比较具体,有效期较短,签订的程序也较简单,一般只需签字国(地区)的行政首脑或其代表签署即可生效。

贸易协定的内容一般包括贸易额、双方的出口货单、作价办法、使用的货币、支付方式、关税优惠等。没有签订通商航海条约的国家(地区)间,在签订贸易协定时,通常把最惠国待遇条款列入。

贸易议定书(trade protocol)一般是对已签订的贸易协定的补充或解释。它的内容和签订程序更简单,只经签字国(地区)有关行政部门的代表签订即生效。在国际贸易中,贸易议定书的形式为许多国家(地区)采用,它既可以用来修改、补充和解释贸易协定的某些条款,又可以在两国(地区)还没有签订贸易协定的情况下,先签订贸易议定书作为两国(地区)贸易的临时依据。如果两国(地区)订有长期贸易协定,则可以通过贸易议定书来确定年度贸易的具体安排。

(三) 支付协定

支付协定是两国(地区)间关于贸易和其他方面的债权债务结算办法的协定。支付协定是在外汇管制情况下产生的。在外汇管制的情况下,一种货币往往不能自由兑换成另一种货币,对一国(地区)所具有的债权不能用来抵偿对第三国(地区)的债务,这样,结算就只能在双边的基础上进行,因而需要通过缔结支付协定来规定两国(地区)间的债权债务结算办法。这种通过相互抵账来清算两国(地区)的债权债务的办法,有助于克服外汇短缺的困难,促进双边贸易的发展。

支付协定的主要内容包括:①规定清算机构,开立清算账户;②两国(地区)间一切债权债务结算,统一在双方清算机构中进行;③债权债务抵偿后余额,用可兑换货币支付或用双方同意的其他不可兑换货币支付,或转入下年度由逆差国(地区)用出口商品来清偿;④规定信用机动额,只要抵偿后的金额不超过这一额度,债务国(地区)不给债权国

(地区)利息,超过时则需支付利息。

支付协定以双边支付协定为主,但也有多边支付协定。自 1958 年以来,主要发达国家(地区)相继实行货币自由兑换,双边支付清算逐渐为多边现汇支付结算所代替。至于一些因外汇短缺而仍然实行外汇管制的发展中国家(地区),有时还需要用支付协定规定对外债权债务清算办法。

(四) 国际商品协定

国际商品协定(international commodity agreement)是指某项商品的主要出口国(地区)和进口国(地区)就该项商品购销、价格等问题,经过协商达成的政府间多边贸易协定。

国际商品协定主要对象是发展中国家(地区)所生产的初级产品。这些产品由于受到世界市场行情变化影响,价格波动的幅度较大,贸易量也不稳定。发展中国家(地区)为了保障自身利益,希望通过协定维持合理的价格。而作为主要消费国(地区)的发达国家(地区)则希望通过协定保证初级产品价格不至于涨得太高,并能保证供应。国际商品协定用来稳定价格的办法,主要有以下几种。

(1) 设立缓冲库存。协定执行机构建立缓冲库存(包括存货与现金两部分),并规定最高价格、最低价格。当市场价格涨到最高限价时,就利用缓冲库存抛出存货;当市场价格跌至最低限价时,则用现金在市场上收购,以达到稳定价格的目的。国际锡协定就是采用这种办法。按照国际锡协定的规定,如果锡价低于锡理事会规定的最低限价,锡的缓冲存货机构就从市场上买进锡,支持市场;如果锡价高出最高限价,就从缓冲存货中抛出锡,以压低市价。

(2) 签订多边合同。这种合同,一方面要求进口国(地区)保证,在协定规定的价格幅度内,向各出口国(地区)购买一定数量的有关商品;另一方面要求出口国(地区)保证,在规定的价格幅度内,向各进口国(地区)出售一定数量的协定商品。国际小麦协定采用这种办法来稳定小麦价格。

(3) 规定出口配额。先规定一个基本的年度出口配额,再根据市场需求情况做相应的增减。如当市场价格超过最高限价时,配额自动增加;当市场价格跌到最低限价以下时,配额自动减少。这样,可通过控制商品供应量的办法来稳定价格。国际上咖啡、糖的协定采取这种办法。

国际商品协定除了出于价格原因外,也有的是进口国(地区)为了保护国(地区)内市场而与出口国(地区)签订的,以对某一时期某种商品的进出口数量作出安排。如 2004 年 12 月 31 日终止的国际多种纤维协定(MFA),就是在多边的基础上管理纺织品和服装的出口和限制这些商品的市场准入,它包括出口国(地区)和进口国(地区)。

三、贸易条约和协定所依据的法律原则

贸易条约和协定所依据的法律原则最基本的主要有两个:最惠国待遇原则和国民待遇原则。

(一) 最惠国待遇原则

最惠国待遇原则是缔约国(地区)一方现在和将来所给予任何第三国(地区)的优惠和豁免,必须同样给予对方。这是贸易条约和协定中的一项重要条款。

最惠国待遇条款适用的范围有大有小。在贸易协定中,其适用范围一般包括:①有关进口、出口、过境商品的关税和其他捐税;②商品进口、出口、过境、贮存和转运方面的有关海关规定、手续和费用;③有关进出口商品国(地区)内管理和使用的法律、规章。

最惠国待遇原则按照有无条件,分为有条件和无条件两种。无条件最惠国待遇原则,即缔约国(地区)一方现在和将来所给予任何第三国(地区)的优惠和豁免,立即无条件无补偿地自动地适用于对方。无条件的最惠国待遇可以无须签订新约,就将双边优惠自动转化为多边优惠。有条件的最惠国待遇原则,即如果缔约国(地区)一方给予第三国(地区)的优惠和豁免是有条件的,那么另一方必须提供同样的条件,才能享受这些优惠和豁免。有条件的最惠国待遇原则已极少在国际上使用。

在贸易条约和协定中有时采用"无歧视待遇原则"。无歧视待遇原则是要求缔约国(地区)之间在实施进口数量限制或其他限制及禁止措施时,不对缔约国(地区)对方实施歧视待遇。如果缔约国(地区)一方根据合法的理由而采用某种限制或禁止措施,这些措施在同样情况下普遍实施于订有这项原则的所有缔约国(地区),这就符合无歧视待遇原则。相反,如果这些措施单独对某缔约国(地区)实行,而对另一个缔约国(地区)不实行,就违反了无歧视待遇原则。无歧视待遇原则实际上是最惠国待遇原则从限制角度所做的理解。

在贸易条约中,一般还规定有不适用最惠国待遇的例外情况。如缔约国(地区)一方给予邻国(地区)有关边境贸易上的特别优惠待遇,缔约关税同盟国家(地区)之间或在特定国家(地区)之间的特惠待遇,以及目前工业发达国家(地区)给予发展中国家(地区)的普遍优惠制的关税优惠待遇等,这些都作为适用最惠国待遇的例外,而不适用最惠国待遇。

(二)国民待遇原则

国民待遇原则,从商品贸易角度就是缔约国(地区)一方保证缔约国(地区)另一方的公民、企业和船舶在本国境内经济上享受与本国公民、企业和船舶同等的待遇。它适用的范围通常包括:外国公民的私人经济权利(私人财产、所得、房产、股票)、外国产品应交的国内税、利用铁路运输和转口过境的条件、船舶在港口的待遇、商标注册、版权、专利权等。但沿海贸易权、领海捕鱼权、土地购买权等均不包括在内。随着服务贸易的发展,各国(地区)市场准入的障碍大大减少,国民待遇原则也在越来越大的范围内得以实施。

第二节 GATT 的发展历程

一、GATT 的产生

GATT 是第二次世界大战后美国从其自身经济利益出发,联合世界上其他 22 个国家于 1947 年 10 月 30 日在日内瓦签订的一个临时性的国际多边贸易协定。

第二次世界大战结束后,曾作为主战场的欧洲,经济遭受重创。不仅作为战败国的德国、意大利和日本战时耗尽了财力,战后又被搬走了机器,经济面临崩溃,而且作为战胜国的英、法等盟国为应付战争也几乎耗尽了人力、物力,以致战后资金短缺、生产萎缩。各国为了实现经济重建,纷纷实行贸易保护主义,以保护本国生产和就业。而同为战胜国的美国由于战争远离本土,加之受到战时军需品贸易的刺激,经济急剧膨胀而成为战后最强大的国家。第二次世界大战后,美国拥有西方世界1/2以上的生产能力,出口贸易的1/3和黄金储备的3/4。凭借雄厚的经济实力,美国积极倡导自由贸易,以便为自己谋取更多的利益。

为了打破其他国家的贸易保护,美国在战后积极推动建立一个其战争结束前就拟订的全球性国际贸易组织,在国际经济领域专门协调各国间的贸易关系。1945年12月,美国发表了《扩大世界贸易与就业法案》,呼吁召开一次联合国贸易与就业会议,以便缔结一项国际贸易条约并建立一个世界性贸易组织。在美国的提议下,联合国经济及社会理事会于1946年2月召开了第一次会议,通过了由美国提出的召开"世界贸易和就业会议"的决议草案,并成立了由19国组成的筹备委员会,着手筹建国际贸易组织。由于当时关税壁垒盛行,建立正式的国际贸易组织又需要一段时日,为了尽快解决各国在贸易中的摩擦,包括美、英、法、中、印度等23个国家便主张将在联合国经济及社会理事会第二次筹委会通过的由美国起草的《国际贸易组织宪章草案》中的贸易政策部分,和它们各自在双边谈判基础上达成的关税减让协议加以合并,形成关税及贸易总协定,以此作为国际贸易组织成立之前各国相互处理贸易纠纷的临时性根据,等国际贸易组织生效后,再用《国际贸易组织宪章》来取而代之。因此,关税及贸易总协定的绝大部分条款都与《国际贸易组织宪章》相同。关税及贸易总协定于1947年10月30日在日内瓦由23个缔约国签署。但鉴于《关税及贸易总协定》根据《国际贸易组织宪章》生效尚待时日,1947年11月15日,美国联合英国、法国、比利时、荷兰、卢森堡、澳大利亚、加拿大等签署了关税及贸易总协定《临时适用议定书》,使关税及贸易总协定于1948年1月1日提前在上述八国实施,另外15个国家可于1948年6月30日前签署。

后来,由于在1947年11月哈瓦那联合国贸易与就业会议上通过的《国际贸易组织宪章》对美国原先的草案做了大量修改,与美国的利益相去甚远,美国国会没有通过,美国政府也就放弃了成立国际贸易组织的努力。其他国家受美国影响也持观望态度,致使建立国际贸易组织的努力流产。这样,GATT便作为一个临时性的协定一直沿用至1994年底。

二、GATT的主要职能

1995年1月1日,WTO成立,GATT1947成为GATT1994的主要组成部分,是WTO管理和协调各成员货物贸易政策的主要依据。GATT的宗旨是通过促进自由贸易而提高生活水平,保证充分就业和实际收入及有效需求的持续增长,扩大世界资源的充分利用。在其存在的47年间,GATT的宗旨主要通过以下职能而实现。

(一)组织多边贸易谈判,尽力消除各种贸易壁垒

贸易壁垒包括关税壁垒和非关税壁垒两种。各国(地区)通过各种关税障碍和非关税障碍阻碍别国(地区)产品的进口,对此,GATT通过组织多边贸易谈判打破这些障碍。从成立到被WTO取代,GATT共组织了八轮多边谈判,使发达国家(地区)的平均关税率从1948年的36%降至20世纪90年代中期的3.8%,发展中国家和地区同期降至12.7%,关税壁垒的作用大为降低。从东京回合起,非关税壁垒也被纳入减让谈判的范围,并达成了《技术性贸易壁垒协议》《进口许可证手续协议》等一系列协议,非关税壁垒的使用受到一些限制。

（二）协调缔约方之间的贸易关系，解决各种贸易纠纷

由于国际贸易关系各国（地区）的切身利益，难免存在各种冲突和纠纷。GATT 通过主持冲突各方的谈判、协商，努力化解这些纠纷，避免冲突各方的利益一损俱损。一般来说，GATT 虽然是一个临时协定，其条文不具法律强制性，但由于其协调机制的权威性，它能使绝大多数的贸易纠纷得到解决。

（三）根据国际贸易发展的新情况，制定国际贸易的新规章

在 1948—1994 年的 47 年间，随着世界经济、科技的发展，国际贸易的领域不断扩展，服务贸易、投资及环保等领域的问题日益突出，为此，GATT 不断制定新的规章以明确各方的权利和义务。如乌拉圭回合谈判首次涉及与贸易有关的投资和知识产权、服务贸易等领域，并纳入纺织服装、农产品等长期游离于 GATT 之外的部门。所通过的"一揽子协议"包括《服务贸易总协定》《与贸易有关的投资措施协议》《与贸易有关的知识产权协定》等前所未有的内容，有利于国际贸易的发展。

（四）研究和促进缔约各方经济和贸易的发展

GATT 随时关注各缔约方经济和贸易的发展情况，并及时发表各种年度经济数据和经济发展报告，以便为缔约方的经济发展提供决策参考。同时，GATT 还通过一定的优惠安排，促进发达国家（地区）协助发展中国家（地区）的经济发展。

GATT 的这些职能在其存在的 47 年间得到了充分的体现，对世界经济和国际贸易的发展起到了巨大的推动作用。

三、乌拉圭回合多边贸易谈判

GATT 对国际贸易争端的解决主要是通过谈判来完成的。1947 年至 1993 年底，GATT 共主持了八轮多边贸易谈判，其中以第八轮乌拉圭回合多边贸易谈判涉及范围最广，对世界经济和贸易影响最大。这里我们对其加以重点分析。

（一）乌拉圭回合谈判发起的背景

乌拉圭回合是在前七轮多边贸易谈判后，世界经济和贸易形势发生较大变化的情况下发起的。GATT 前七个回合贸易谈判简况见表 8-1。

表 8-1　GATT 前七个回合贸易谈判简况

谈判名称	时间	地点	参加成员数	谈判内容
第一回合	1947 年 4—10 月	日内瓦	23	关税减让
第二回合	1949 年 4—10 月	法国安纳西	33	关税减让
第三回合	1950 年 9 月至 1951 年 4 月	英国托奎	39	关税减让
第四回合	1956 年 1—5 月	日内瓦	28	关税减让
第五回合（狄龙回合）	1960 年 9 月至 1962 年 7 月	日内瓦	45	关税减让降低非关税
第六回合（肯尼迪回合）	1964 年 5 月至 1967 年 6 月	日内瓦	54	关税减让降低非关税
第七回合（东京回合）	1973 年 9 月至 1979 年 4 月	东京	99	关税减让降低非关税

通过前七轮谈判,特别是第六、第七回合的谈判,20世纪30年代大萧条时期构筑的关税壁垒大为削减。发达国家(地区)的平均关税水平从40%降至5%左右,发展中国家(地区)同期也降低至13%左右,关税的保护作用大大下降。这有力地促进了第二次世界大战后国际贸易的自由化和世界经济增长与繁荣。

然而,20世纪70年代中期以后,世界经济从高速增长转入停滞,加上两次"石油危机"的雪上加霜,世界经济更是长期低迷。在此情况下,国际贸易领域出现了"新贸易保护主义"浪潮。一些国家(地区)的政府纷纷绕过GATT的规则,利用其某些条文不够具体的缺陷大打"擦边球",运用各种隐蔽的行政性保护措施构筑非关税壁垒(到1988年非关税壁垒达2500种之多),同时一些国家(地区)还滥用出口补贴之类的鼓励出口措施以提高本国(地区)产品的国际竞争力。"新贸易保护主义"的泛滥使GATT原则受到侵蚀,贸易摩擦愈演愈烈,多边贸易体制笼罩在一片"灰色"阴影之中。

面对这种形势,各缔约方认识到,为了维护GATT的宗旨,扩大世界贸易,努力打破形形色色的贸易壁垒、净化国际贸易环境已迫在眉睫。于是,1986年9月15日至20日,在乌拉圭埃斯特角城举行的GATT缔约方部长级会议上,决定正式发起第八轮多边贸易谈判,由此拉开了乌拉圭回合多边贸易谈判的帷幕。

该轮谈判的目标反映在《埃斯特角部长会议宣言》中,主要内容是:①通过降低和取消关税、数量限制及其他非关税措施与壁垒来促进世界贸易的扩大。通过进一步推进贸易自由化,给所有缔约方尤其是欠发达缔约方带来利益。②加强关税及贸易总协定的作用,改进建立在关税及贸易总协定原则基础上的多边贸易体制,把更大范围的世界贸易置于缔约方约定的、有效的、切实可行的多边纪律之下。③增强关税及贸易总协定的体制对不断变化的国际经济环境的适应能力,通过必要的结构调整,加强与有关国际组织的关系,并考虑贸易形态和前景的演变,包括高科技产品贸易不断增长的重要性、商品市场的严重困难以及改进贸易环境的重要性,特别要协助发展中国家(地区)解决债务危机。④促进影响经济增长和发展的国际经贸政策和国(地区)内经贸政策的合作,努力改进国际货币体制的职能,促进金融与投资向发展中国家(地区)流动。

(二) 乌拉圭回合谈判的特点

乌拉圭回合原定于1991年底结束。由于有些缔约方在一些重要问题(主要是农产品问题)上分歧尖锐,谈判几近破裂。后来在GATT的努力下,才于1993年12月15日达成妥协,使谈判得以结束。

与前几轮谈判相比,该轮谈判具有以下特点。

(1) 谈判的范围广。乌拉圭回合的参加方和涉及的议题都是空前的。从表8-1可以看到,前七个回合参加方最多的为99个,而乌拉圭回合则有多达117个国家和地区参加了谈判。其议题也多达15个,大致可分为三大类:第一类是有关进一步促进货物贸易的自由化议题,包括关税、非关税措施、热带产品、自然资源产品、纺织品和服装、农产品六个议题;第二类为与强化GATT多边贸易制度功能及作用有关的议题,包括关税及贸易总协定条款、保障条款、多边贸易谈判协议和安排、补贴和反补贴措施、争端解决、总协定体制作用六个议题;第三类为新增的与贸易有关的知识产权(包括冒牌货贸易)问题、与贸易有关的投资措施、服务贸易三个议题。它们几乎涵盖了各方所关心的议题。

（2）时间长。乌拉圭回合谈判从 1986 年 9 月开始,到 1993 年 12 月 15 日结束,历时 7 年有余,是 GATT 历史上持续时间最长的一次马拉松式的谈判。

（3）难度大。该轮谈判涉及大量国际贸易中的新旧议题,其中有的议题非常棘手,同时参加各方又都有着不同的利益,都想"最大索取,最小付出",致使谈判纷繁复杂,难以协调和妥协。特别是在农产品贸易自由化问题上各方利益尖锐对立,使谈判几度陷入僵局,以致使这一问题的谈判成为乌拉圭回合成败的关键。农产品问题之所以如此复杂,主要是因为对于农产品补贴,当时的欧洲共同体提出以 1986 年为基数,到 1996 年削减 30%。而美国则拒绝这一方案,要求在 10 年内,削减农产品生产补贴 70% 和出口补贴 70% 以上。此外,由澳大利亚、新西兰、加拿大、阿根廷和巴西等 14 个重要粮食贸易国组成的"凯恩斯集团"也提出了不同要求。各方利益的冲突使得农产品问题迟迟达不成协议,直到时任 GATT 总干事彼得·萨瑟兰(Peter Sutherland)规定的最后期限前夕,欧美才达成妥协。

（4）责任全。这次谈判的最终结果采取的是一揽子协议,是一揽子议题的总体解决。各缔约方就所产生的一系列多边协议,要么全部同意全部签署,要么全不同意全不签署,而非像过去那样可以部分同意、承担部分责任和义务。这样就增强了 GATT 权利和义务的整体协调性。

（5）影响深。该轮谈判不仅就众多议题达成协议,而且决定成立世界贸易组织以取代 GATT。这样,具有国际法主体资格的 WTO 将使 GATT 的各项原则得到更好的贯彻和完善,这对世界经济和贸易具有深远影响。对此,后面将详加分析。

（三）乌拉圭回合谈判的主要成果及其对世界经济贸易的影响

1993 年 12 月 15 日,随着欧美在农产品补贴问题上达成谅解,乌拉圭回合多边谈判终于在最后期限前于日内瓦国际会议中心结束,并产生了几经修改的《乌拉圭回合最后文件》。该文件长达 550 页,包括 45 个独立文件。它们不仅涉及 GATT 原则和规则下的关税、非关税等原有问题及其延伸,而且增加了农产品、纺织品和服装、服务贸易及知识产权等新内容。

根据《乌拉圭回合最后文件》,在传统的关税减让方面,各参加方的关税总水平削减近 40%,减税产品涉及的贸易额高达 1.2 万亿美元,其中近 20 个产品部门实行零关税。在工业品方面,发达国家(地区)的加权平均税率从 6.4% 降至 4%;在非关税措施方面,通过了《原产地规则协议》《装船前检验协议》《技术标准协议》等一系列文件,对原产地规则、装船前检验、海关估价、反倾销、技术壁垒、进口许可证等非关税壁垒进行了规范。此外,对具体的贸易活动及其相关问题,该回合还达成了《农产品协议》《纺织品和服装协议》《服务贸易总协定》《与贸易有关的投资措施协议》《与贸易有关的知识产权协议》《保障措施协议》《总协定体制的作用》《争端解决规则与程序的谅解》等一系列协议,它们构成了 WTO 的重要内容。特别是《乌拉圭回合最后文件》中《关于建立世界贸易组织的协定》,宣布建立一个更具权力、更权威的"世界贸易组织"取代 GATT,以在国际贸易领域发挥更大的作用。

在全球"新贸易保护主义"盛行的情况下,117 个参加方经过 7 年零 3 个月艰苦谈判达成的乌拉圭回合一揽子协议,确立了世界贸易的新规则,无疑对世界经济和贸易具有深远的影响。这些影响可简略地概括为以下几点:①它为世界经济注入新的活力,有利于促进全球经济和贸易的增长。乌拉圭回合达成的协议对贸易保护主义起到了一定的遏制作用,从而有利于维护 GATT 所确定的多边贸易体制,并使之更加开放和更具生命力。②在市场准入方面,通过大规模地削减关税和非关税壁垒关税化,以及纺织品和服装配额的逐步取消,有利于在更加公平的竞争氛围中开展国际贸易。③就服务贸易、与贸易有关的投资、知识产权等达成的协议,有助于推动国际经济、技术和劳务合作,促进国际贸易结构的改善。③对国际贸易竞争规则的修改与完善,争端解决机制的重新安排,特别是世界贸易组织的成立,有助于建立和维护正常的世界贸易秩序,确保世界经济和贸易的稳定发展。

当然,由于 GATT 主持的多边贸易谈判一直是各方的讨价还价与相互妥协,因此,乌拉圭回合的一揽子协议也不可能是完美无缺的,而是存在许多明显的不足。首先,这些协议中仍存在众多的模糊规定及例外,容易引起不同缔约方理解上的差异,引发贸易争端。其次,在谈判达成协议的过程中,经济实力强的发达国家(地区)仍处于主导地位,造成利益分配的不均。根据当时测算,发达国家(地区)可从总体上获利 2/3,发展中国家(地区)只能获利 1/3,最不发达国家(地区)甚至会遭受净损失。而在不同的领域,各方获利是不同的。比如发达国家(地区)会从服务贸易自由化和知识产权保护中获得主要好处,并可从农产品、工业品、投资等领域获得可观的利益。而发展中国家(地区)能普遍受惠的项目只有纺织品和服装贸易的自由化。在其他方面,不同水平的发展中国家(地区)得失则差别很大,如巴西、阿根廷等农产品出口国能从农产品自由化中受益,新兴工业化国家(地区)能从工业品市场准入中得利,而一些落后的国家(如非洲许多国家)却会遭受严重损失。

尽管最后协议不可避免地存在一些缺陷,但总的来说是有利于促进世界经济和贸易的发展的。WTO 运转后的实践也证明,其在遏制新贸易保护主义、促进全球贸易自由化方面的作用比 GATT 有所加强。

四、GATT 的历史贡献及其缺陷

GATT 作为一个临时性的协定,不是一个权力机构,在国际法上没有法人资格,但它在第二次世界大战后的国际贸易中发挥了重要作用。其缔约方从成立之初的 23 个发展到 1993 年底的 115 个,此外还有近 30 个非缔约方按其规则运作,几乎大部分具有经济活动能力的国家和地区都位于该体系之内。这使得 GATT 在世界贸易中具有举足轻重的作用。GATT 对国际贸易发展的历史贡献,主要表现在以下几点。

(1) 减让关税促进了国际贸易的迅速发展。在总协定主持下,经过多轮的多边贸易谈判,无论是西方发达国家(地区)还是发展中国家(地区),其平均关税税率都大幅度地下降,这大大促进了国际贸易的发展,为贸易自由化创造了有利条件。

(2) 为发展中国家(地区)提供与发达国家(地区)对话的场所,使它们从总协定中获得贸易实惠。1948—1993 年,随着加入总协定的发展中国家(地区)逐渐增多,总协定中增加了专门处理发展中国家(地区)贸易和发展问题的条款,使发展中国家(地区)处于特殊的、可享受优惠的地位,有利于促进发展中国家(地区)经济和贸易的发展。

(3) 有利于及时磋商、调解缔约方的贸易争端,从而加强各缔约方的贸易合作,促进国际贸易的发展。当然,总协定及其协议不能从根本上解决贸易矛盾。一旦总协定及其协议不符合某些国家(地区)垄断资本的利益,它们就往往采用总协定的"例外"规定或要求修订某些条款,甚至采取某些背离总协定原则的做法。20世纪70年代贸易保护主义的重新抬头,就说明了这一点。

(4) 通过GATT,各缔约方可互相了解贸易情况,取得有关贸易政策的资料,从而有助于国际贸易的顺利进行。

正是由于GATT的上述作用,GATT/WTO才与世界银行和国际货币基金组织一起被称为驱动世界经济的"三驾马车",它们各自在贸易、投资和金融领域影响世界经济的发展。在国际贸易方面,当时全球90%以上的贸易量受到GATT的制约。

但是,由于GATT不是一个正式的国际组织,所以它在体制上具有多方面的重要缺陷,兹列举几点如下。

(1) 非法人主体的身份使其只能以协调者的身份,依靠其权威性来监督各项规则的履行和调解各种贸易争端。由于其法律约束力不足,所以难以对违规者作出制裁。

(2) 作为一系列双边协定组成的总协定,其责任不全面,对有些协定其缔约方可以拒绝签署,各方的权利和义务并不平衡。如民用航空协定,其签字方寥寥无几。

(3) GATT的争端解决程序分散于各个别协定和总协定中而不具系统性。原则中有例外,例外中有原则,难以形成具有实效的全盘性多边争端解决程序,缺乏能确保规则有效实行的全球性监督机构。而且对GATT专家组就贸易纠纷作出的裁定,需要缔约方全体一致同意才能通过。这使裁定的通过易受个别大国的操控,GATT的原则有时难以得到有效贯彻。正因为如此,在GATT存在的47年间,它总共才受理了缔约方之间196起贸易纠纷。

有鉴于此,虽然1948年在哈瓦那通过的《哈瓦那宪章》没有得到各方批准,国际贸易组织胎死腹中,但GATT生效后40多年间,关于建立世界贸易组织的呼声从未中断。

第三节　WTO基本知识

一、WTO的成立

(一) WTO成立的背景

作为一个常设的国际组织,同时也是世界上最大的多边贸易组织(MTO),世界贸易组织的成立是国际贸易发展史上的一个大事件。WTO的成立是多种因素综合作用的结果。

1. 发达国家(地区)和发展中国家(地区)经济发展的需要

20世纪70年代中期以后,由于经济周期及"石油危机"等因素的影响,发达国家(地区)经济增长进入一个相对缓慢的时期。加上新贸易保护主义的盛行,发达国家(地区)经济总体上形势低迷。为摆脱经济衰退和经济危机的困扰,20世纪80年代中期,发达国家(地区)纷纷主张放松国家(地区)间的经济管制,打破各种保护主义壁垒;而发展中国家(地区)通过20世纪六七十年代的实践也认识到,进口替代等封闭型的经济发展战略对经济发展具有很多弊端。为加快经济发展,它们纷纷开放市场,实行外向型发展战略,为此,也需要减少国际贸易中的种种壁垒。乌拉圭回合谈判正是在这样的背景下开始的。

2. 经济全球化进程加快,需要确保其顺利发展的规则

经济全球化的迅速发展是国际分工不断深化的产物。为了确保全球化进程中国际生产的链条不致中断,需要有法律效力的国际规范来约束各国和地区的经济贸易行为。20世纪70年代以来经济全球化的加速主要源于以下几个方面的原因:①20世纪70年代布雷顿森林体系解体以后,国际货币体系呈现多元化发展趋势,国际资本的流动性极大增强,大大推进了经济全球化的进程。②跨国公司经济实力迅速扩张,其投资和贸易活动将世界各国(地区)的经济更紧密地联系在一起,国际分工细化和贸易网络扩展进一步把全球经济变成一个整体。③20世纪90年代以来,以信息技术为核心的新技术革命缩短了时空距离,加快了各国市场的融合。

3. GATT本身存在缺陷,已不能适应经济全球化的需要

前面已经指出,WTO的前身GATT是一个由各缔约方政府签署的关于贸易问题的临时性多边协定。通过推动双边和多边关税减让谈判,并对非关税措施加以约束,GATT在近半个世纪的发展史上,为加强世界经济联系和交流、促进国际生产要素的自由流动以及国际贸易规则的制定,作出了重要贡献。但20世纪80年代以来,国际服务贸易迅速发展,国际贸易形式和国际投资方式日趋多元化,而GATT主要依靠其权威性管辖商品贸易,并且存在缔约方权利与义务不平衡的现象,从而导致各缔约方之间经济纠纷、贸易摩擦不断增加,国际贸易秩序受到干扰。为此,需要建立一套能够更为各国(地区)广泛接受的、有法律约束力的、涵盖面更广的、权利与义务更平衡的争端解决机制来对错综复杂的国际贸易加以调节与仲裁。适应以上需要,WTO对GATT的取代就成为历史发展的必然。

(二) WTO的成立

早在20世纪50年代后期,联合国经济及社会理事会就重新提出建立国际贸易组织的构想。1955年7月,苏联在第20届联合国理事会上提出了一项决议草案。在1962年的开罗会议上,其倡议得到发展中国家的支持。1963年7月,苏联在经济及社会理事会第36届会议上提出了关于国际贸易组织主要规定的初步设想备忘录。同时,东欧国家也就该组织问题提出了一份草案,建议成立一个联合国主持下的处理贸易问题的单一国际组织。1964年,联合国第一届贸易和发展会议审查了建立国际贸易组织的可能性。专家小组认为GATT因缺乏执法权力而有严重缺陷,它既不能涉及整个国际贸易,又不能调节处于不同经济发展阶段的国家(地区)间的贸易问题,需要"建立一个没有这些缺陷的新国际贸易组织"。此后的几届贸易和发展会议又提出了不少有关该组织的体制、原则等的设想。1983年,鉴于东京回合多边贸易谈判的成果及其对国际贸易制度的影响,第六届贸易和发展会议专门研究了国际贸易制度的发展,提出了加强和改进这个制度的政策建议。但尽管联合国范围内对建立国际贸易组织的讨论非常热烈,GATT在1989年前却从未就此进行商讨。直到1990年,随着乌拉圭回合谈判的进展,加拿大、瑞士、欧洲共同体和美国等才先后提出有关成立这样组织的设想,以管理GATT范围内的谈判议题。经过多次谈判,终于在乌拉圭回合中达成了《关于建立世界贸易组织的协定》,宣布成立

WTO,取代 GATT。

在关税及贸易总协定乌拉圭回合谈判中,世界贸易组织的建立大致经历了以下过程。

1990 年初,时任欧洲共同体轮值主席国意大利首先提出建立多边贸易组织的倡议,并且后来以欧共体 12 国的名义正式推出,得到加拿大、美国的支持。

1990 年 12 月,"乌拉圭回合"布鲁塞尔部长级会议正式作出决定,展开建立多边贸易组织的谈判。

1991 年 12 月,关税及贸易总协定经过 1 年谈判,形成《关于建立多边贸易组织的协议》的草案。

1993 年 11 月,就《关于建立多边贸易组织的协议》的草案进行的谈判结束,形成了《关于建立多边贸易组织的协定》。

1993 年 12 月 15 日,乌拉圭回合结束前,根据美国的提议,将"多边贸易组织"改名为"世界贸易组织"。

《关于建立世界贸易组织的协定》于 1994 年 4 月 15 日在马拉喀什部长级会议上获得通过,构成"乌拉圭回合"一揽子成果之一。

二、WTO 的主要内容

(一) 有关 WTO 机构本身的规定

《关于建立世界贸易组织的协定》包括序言、条款和附件三部分,其对 WTO 的宗旨、职能、主要组织机构、决策方式、成员资格等都作出了明确规定。

1. WTO 的宗旨

WTO 的宗旨体现在序言部分,它规定:WTO 全体成员在处理贸易和经济领域的关系时,应以提高生活水平、确保充分就业、大幅稳定地增加实际收入和实际需要、持久地开发和合理地利用世界资源、拓展货物和服务的生产和贸易为准则;必须积极努力,确保发展中国家(地区)在国际贸易增长中得到与其经济发展相适应的份额;通过签订旨在大幅削减关税和其他贸易壁垒以及在国际贸易关系中取消这些歧视待遇的议定书和互惠安排,为这些目标作出贡献;维护关税及贸易总协定的基本原则和进一步完成关税及贸易总协定的目标,发展一个综合性的、更加有活力的、持久的多边贸易制度,包括经过修改过的关税及贸易总协定和它主持下达成的所有守则和协议,以及乌拉圭回合多边贸易谈判的全部成果。

世界贸易组织的宗旨体现了其所奉行的一系列基本原则:提倡市场经济,以提高资源的配置效率;考虑到不同成员经济发展水平的差距,在提倡自由贸易的同时,又允许适度保护,即实行并非彻底的自由贸易;强调成员之间贸易利益的协调,以促进共同发展。另外,世界贸易组织强调对资源的最佳利用(optimal use),而非关税及贸易总协定的充分利用(full use),体现了它对可持续发展的关注。

2. WTO 的职能

在协定的有关条款中规定了 WTO 的职能:对世界贸易组织协定及其附件中协议的贯彻与运行进行监督、管理;为实施上述协议提供统一的体制框架;为多边贸易谈判提供论坛和场所;主持综合性贸易争端的解决和对成员方贸易政策的审议;与国际货币基金组织和世界银行等国际机构合作,以协调全球经贸政策。

3. WTO 的主要组织机构

(1) 部长级大会。由全体成员代表组成,是 WTO 的最高权力机构,拥有对重大事务的决策权,至少每两年召开一次。

(2) 总理事会。由各成员代表组成,负责日常监督各项协议和部长级会议所做决定的贯彻执行情况,并作为统一的争端解决机构和贸易政策评审机构发挥作用。总理事会下设货物贸易、服务贸易和知识产权三个分理事会,负责监管各自领域内协议执行情况,并履行总理事会所赋予的其他职责。此外,总理事会还设立若干负责处理相关事宜的专门委员会,如监督委员会、贸易与发展委员会、与贸易有关的投资措施委员会等。三个分理事会也设立其相应的附属机构——次一级专门委员会,以处理更为具体的专门问题和监督协议的履行。总理事会、分理事会及专门委员会视需要还可设立临时性工作组或专家小组。

(3) 秘书处和总干事。秘书处由总理事会设立,以处理 WTO 日常事务,其领导人由总理事会指派一名总干事担任。总干事的权限、任期等由总理事会决定。总干事根据总理事会的规定任命秘书处的工作人员。作为秘书处的首脑,总干事不是多边贸易政策的决策者,而是各成员集体利益的维护者。其任期为 4 年,可以连任。总干事和秘书处工作人员都是国际职员,应不受世界贸易组织之外任何政府或机构指示的影响。但现实中要确保完全中立是比较困难的,所以 WTO 总干事的人选一直比较敏感,往往要经过协商一致,才能确定。世界贸易组织第一、二任总干事分别是北爱尔兰人萨瑟兰和意大利前贸易部部长瑞纳托·鲁杰罗(Renato Ruggiero)。在 1999 年第三任总干事的选举中,新西兰前总理迈克·穆尔(Mike Moore)和泰国前副总理素帕猜·巴尼巴滴(Supachai Panitchpakdi)同时竞选,其背后分别有发达国家(地区)和发展中国家(地区)的支持,最后相持不下,达成妥协:两者各任 3 年,不得连任。这在国际组织中是很少见的。

4. WTO 的决策方式

WTO 采用投票表决方式,改变了 GATT 须一致通过的方式,这有助于避免 GATT 决议受大国主导的弊端。每一成员方都在部长级会议和理事会上各拥有 1 票,欧盟票数与其会员数相同。除另有规定外,部长级会议及理事会记录都采用投票形式经半数以上票数通过;部长级会议与理事会对 WTO 协定及多边协定的解释和决议,经 3/4 以上票数通过;成员方如欲豁免 WTO 协定多边的义务,必须在 90 天内以理事会全体同意的方式达成协议。

5. WTO 的成员资格

协定规定,凡接受 WTO 协定和多边贸易协议的 GATT 缔约方和欧洲共同体,包括按 GATT 议定条件接受者,为 WTO 创始成员;凡接受该协定及附件1、附件 2 和附件 3 的多边贸易协议者,均可根据它与总理事会约定的条件加入本协定;WTO 的任何成员方均可退出该协定,一旦退出即不再是 WTO 的成员。

(二) WTO 的法律框架

WTO 的法律框架主要体现在《关于建立世界贸易组织的协定》的第四部分附件中。

它主要由该附件所列的货物贸易方面的多边协议、服务贸易总协定、与贸易有关的知识产权协定、争端解决机制、贸易政策审议机制、四项诸边贸易协议等23项协议,以及28项部长决定与宣言、谅解组成。其中包括以下内容。

附件一第一部分是货物贸易多边协议,包括1994年关税及贸易总协定及有关谅解、农产品协议、实施卫生与动植物检疫措施协议、纺织品与服装协议、技术性贸易壁垒协议、与贸易有关的投资措施协议(TRIMs)、关于实施1994年关税及贸易总协定第6条的协定(它主要是在反倾销方面对1947年关税及贸易总协定的进一步修改)、关于实施1994年关税及贸易总协定第7条的协定(它主要是有关海关估价的进一步规定,也称"海关估价协议")、装运前检验协议、原产地规则协议、进口许可程序协议、补贴与反补贴措施协议、保障措施协议13条协议。

附件一第二部分是《服务贸易总协定》及其附件。

附件一第三部分是《与贸易有关的知识产权协定》。

附件二是争端解决规则与程序的谅解及其附件。

附件三是贸易政策审议机制。

附件四是诸边贸易协议,包括民用航空器贸易协议、政府采购协议、国际奶制品协议和国际牛肉协议四项。

另外,GATT主持下制定的各项正式文件也继续有效,WTO成立后所进行的谈判中达成的有关协议也都构成其法律框架的组成部分,如1996年达成的《信息产品协议》、1997年达成的《金融服务协议》等。

总的来说,WTO的法律框架体系庞大,但大体上可将其分为规定各成员具体权利与义务的实体法(附件一、附件四、继续有效的GATT1947)、规定WTO对世界贸易进行管理的两项程序法(争端解决规则与程序的谅解、贸易政策审议机制)以及其他附属协议。

(三)WTO的特点

从WTO协定的框架看,与GATT相比,它具有以下四个方面的特点。

(1)从法律上来讲,WTO是一个具有法人地位的机构,对其所有成员方都具有严格的法律约束力。现行达成的协定都具有法律效力,所有成员方都必须"一揽子参加",改变了东京回合采用自由选择参加方法造成的各成员方权利和义务不平衡的状况。

(2)管辖的范围明显扩大。根据协定,WTO的管辖范围为GATT和在GATT指导下所缔结的所有协议与安排,以及乌拉圭回合的全部成果。其中包括原来不受GATT管辖的农产品贸易、与贸易有关的投资问题、与贸易有关的知识产权以及纺织品和服装贸易等。而且东京回合达成的另外三个诸边贸易协议(民用航空器协议、国际奶制品协议、牛肉协议)应签约方要求也置于WTO的统领之下接受WTO的指导。

(3)建立了贸易政策审议机制。WTO协定规定:贸易额居世界前4名的成员每2年审议一次;排在5~20名的成员每4年审议一次;20名以后的成员每6年审议一次。这套机制不仅促进了各成员贸易政策的透明化,还有利于成员方之间改善关系,有助于WTO在整个国际经济贸易领域发挥重大作用。

(4)争端解决机制更为完善。WTO的争端解决机制建立在一整套严谨的条款之上,对争端的解决和监督履行都有明确的程序和时限的规定,而且 WTO 的法人资格也使其对争端的调解更具法律约束力,从而争端解决机制的运行更为有效。

三、WTO 的基本原则①

为了有效地实现其宗旨,WTO 的全部内容贯穿了一系列基本原则,它们体现在 WTO 的协议之中,并为后来在多边贸易谈判中所达成的协议所补充。这些原则及其例外构成了 WTO 法律框架的基础,制约 WTO 成员方的贸易活动。

WTO 的基本原则可以归纳为以下几点。

(一) 非歧视原则

这是 WTO 最基本、最重要的原则,它体现了 WTO 多边互惠互利的特点。本着这一原则,各成员方都可以同等地分享降低贸易壁垒所带来的利益。非歧视原则主要体现为最惠国待遇原则和国民待遇原则。

1. 最惠国待遇原则

WTO 中的最惠国待遇原则是多边、无条件的,它要求一个成员方给予另一个成员方或非成员方的贸易优惠、特权和豁免,必须自动地、无条件地给予所有其他成员方。这一原则对货物、服务、知识产权都适用。也就是说,各成员之间只要进出口的产品或者提供的服务是相同的,就应该享受相同的待遇。该原则可以使有关成员方之间的双边互惠自动地变为多边互惠,促进自由贸易。

就货物贸易而言,最惠国待遇主要适用于以下几个方面:①进口关税。②对进出口本身征收的费用,如进口附加费、出口税等。③与进出口有关的费用,如海关手续费、质量检验费等。④对进出口国际支付及转账征收的费用。⑤征收上述税、费的方法。⑥与进出口相关的各种规则和手续。⑦对进口货物直接或者间接征收的税、费,如销售税等。⑧有关进口产品在境内销售、购买、运输、分销等方面的法律、法规、规章和政策措施,如对进口产品的品质证书的要求、对产品包装的要求等。

最惠国待遇原则主要体现在 GATT1947 第 1 条、GATS 第 2 条和 TRIPs 第 4 条。

GATT1947 第 1 条第 1 款的最惠国待遇条款规定,各缔约方之间对进出口货物及其有关的关税、征收方法、规章手续以及运输销售等方面,一律适用此原则,并规定"一缔约方对来自或运往其他国家的产品所给予的利益、优待、特权或豁免,应当立即无条件地给予来自或运往所有其他缔约方的同类产品"。第 2 条的减让表条款规定"一缔约方对其他缔约方贸易所给的待遇,不得低于本协定这一缔约方的有关减让表中相关部分所列的待遇"。

为了加深对最惠国待遇的理解,我们列举一个日本对来自外国的紫菜进口实行歧视、违背最惠国待遇原则的案例。紫菜在我国东部沿海地区大量种植,江苏是主要产地。与

---

① 由于 WTO 是 GATT 的有效延续,GATT1947 及其有关协议也成为 WTO 的组成部分,原 GATT 的一系列原则在 WTO 中仍然适用,所以,在这一部分,WTO 的基本原则主要来自 GATT1947 及其有关协议。另外,下面援引 GATT 有关条款中的所提的"缔约方",在 WTO 中称"成员",为严谨起见,在分析涉及 GATT 及其条款时,我们仍使用"缔约方"的提法。WTO 成员有主权国家,也有没有政治主权、但有经济贸易自主决策权的独立关税区,但为简便起见,我们不特别指出。

日、韩两国相比,中国同类紫菜无论是种植加工方式,还是产品规格基本上没有任何差异可言。但在价格方面,日本紫菜是我国3倍,一旦对我国开放进口,其紫菜业将不可避免地面临中国紫菜的有力竞争。为此,在2005年以前,日本政府对紫菜进口实行配额限制,而且每年只向韩国发出1亿多张紫菜配额,对中国同类紫菜则一直拒绝给予。根据WTO最惠国待遇原则,一成员给予其他成员的优惠应同时给予所有其他成员的同类产品。日本给韩国配额,却不给予中国同类产品,明显违背了WTO的这一原则。后来,经过我国江苏省紫菜协会的努力,我国政府对日本的贸易限制启动了贸易壁垒调查,并经过中、日两国政府的多轮磋商,最终达成协议。2005年2月21日,日本经济产业省发布通告,取消了对进口紫菜配额原产国的限制。

2. 国民待遇原则

国民待遇原则就货物贸易而言,是指在贸易方面成员之间相互保证对方的公民、企业、船舶在本国境内享有与本国公民、企业、船舶同样的待遇。

国民待遇主要包括以下内容:①不能直接或者间接地对进口产品征收高于对境内相同产品征收的税、费。②给予进口产品在境内销售、购买、运输、分销等方面的待遇,不得低于给予境内相同产品的待遇。③不得直接或者间接地对产品的加工、使用规定数量限制,不得强制规定优先使用境内产品。④不得用税、费或者数量限制等方式,为境内产业提供保护。

国民待遇原则主要体现在GATT1947第3条、GATS第2条和TRIPS第3条。

GATT1947第3条规定:一缔约方领土的产品输入另一缔约方领土时,不应对它直接或间接征收高于对相同的本国(地区)产品所直接或间接征收的国内税或其他国内费用。在关于产品的销售、推销、购买、运输、分配或使用的全部法令、条例和规定方面,所享受的待遇应不低于相同的本国(地区)产品所享受的待遇。可见,WTO中的国民待遇原则是指在国(地区)内税及有关销售和使用的商业规章方面,一成员方对来自另一成员方的进口应给予与本国(地区)同类产品同等的待遇。它还包括另一成员方在本国(地区)设立的企业要求享受本国(地区)企业在捐税和有关法规上的同等待遇。国民待遇原则是非歧视原则对进口产品在国(地区)内措施方面的体现,防止进口产品享受的最惠国待遇因为歧视性的国(地区)内规章而削减,确保进口产品与本国(地区)产品平等竞争。

在国民待遇方面,对什么是同类产品有时在不同成员间会产生争议,从而引发贸易争端。例如,韩国曾根据1949年酒类税法,对酒进行多种分类,并实施不同的税赋政策。根据该税法,韩国对不同种类的酒征收不同的税率:烧酒的税率是35%～50%,其他酒的税率一般是80%～100%(酒精含量在25%以下的税率是70%)。另外,根据1982年教育税法,韩国对酒类的销售以其应征收酒税的一定比例征收教育附加税:对酒税率超过80%的,征收酒税的30%为教育附加税;对酒税率在80%以下的,征收酒税的10%为教育附加税。1990年,韩国修改了教育税法,对所有酒类销售征收附加税。由于韩国进口的酒类大多不是烧酒,所以,进口酒的实际税率都在80%以上,为此还要加征30%的教育附加税。对此,欧洲共同体和美国认为,韩国对伏特加的税率高于对烧酒的税率,给予国产烧酒的待遇比给予某些进口蒸馏酒(包括威士忌、白兰地、法国白兰地、金酒等)的待遇优惠,因此,韩国的酒类税法和教育税法为其国产烧酒提供了保护,违反了国民待遇原则。

由于磋商无果,应欧洲共同体和美国请求,世界贸易组织于1997年12月正式成立专家组,最终专家组认为韩国的国产酒和进口酒是直接竞争或可替代产品,韩国对其采取了不公平的差别待遇,事实上构成了对国产酒的保护,因而违反了国民待遇原则。根据世界贸易组织专家组的实践,同类产品不仅是各方面都相同的产品,还包括存在竞争关系的可替代产品。

需要指出的是,国民待遇的实施不像最惠国待遇都是无条件的,它必须是对等的,不得损害对方国家的主权,并只限定在一定范围内。

对货物贸易,GATT1947第3条规定,国民待遇对货物贸易是无条件的。

对服务贸易,GATS第17条规定,对服务产品国民待遇仅适用于一国(地区)作出具体承诺的部门。一旦一国(地区)允许外国(地区)企业在其境内提供服务,则在对待外国(地区)企业和本国(地区)企业时,不应存在歧视。可见,对服务贸易国民待遇不是无条件的。

对知识产权,TRIPS第3条规定,在知识产权保护方面,每个成员给予其他成员的国民待遇不应低于它给予本国公民的待遇,除非其他有关国际知识产权公约另有规定。

最惠国待遇原则和国民待遇原则是国际贸易中平等与无歧视原则的重要体现,其目标都是实现贸易自由化、减少市场扭曲和贸易障碍。两者的差别体现为,前者不对来自不同国家(地区)的产品实行歧视待遇,后者不对外国(地区)产品和本国(地区)产品实行歧视待遇。

非歧视原则还包括相反角度的含义,即一成员方在实施某种限制或禁止措施时,不得对其他成员方实施歧视待遇。就是说,实行限制或禁止的应是产品本身,而非产品的来源地。当一国(地区)实行某种贸易限制时,也应对所有其他成员适用。

3. 非歧视原则的例外

世界贸易组织的法律框架由若干原则和相关例外构成,其有关例外的条款和文字是"原则"规定的两倍以上。它体现了世界贸易组织的灵活性。这些例外有的有明文规定,有的只体现在原则精神和具体实践中。了解这些例外,实际上在某种程度上更为重要,只有这样才能更灵活地运用WTO规则。

非歧视原则在WTO中存在诸多例外。受这些例外的冲击,最惠国待遇原则和国民待遇原则的实施往往大打折扣,并非只要身为WTO一员就能自动享受各种优惠待遇。

1) 最惠国待遇例外

有关最惠国待遇例外,主要体现在以下方面。

(1) 边境贸易的例外。WTO成员方为方便边境贸易而给予邻近国家(地区)的某些利益不适用最惠国待遇原则。

(2) 关税同盟和自由贸易区的例外。对于自由贸易区、关税同盟内的优惠安排和可能导致建立自由贸易区或关税同盟的临时安排,WTO允许不必同时给予非区内或非同盟内成员方。这是因为WTO认为自由贸易区和关税同盟虽然与全球多边贸易体系相悖,但它们又会在一定程度上促进自由贸易,而且其成员在区内承担一定义务。

以上两点主要体现在GATT1947第24条。GATS也有经济一体化的例外,精神与此相近。

(3) 普遍优惠制的例外。普惠制是发达国家(地区)单方面承诺给予发展中国家(地区)的普遍的、非互惠的、非歧视的优惠关税待遇,它主要考虑到发达国家(地区)和发展中国家(地区)间经济发展水平的差异,允许仅对发展中国家(地区)或发展中国家(地区)之间实行优惠,而不将优惠扩及发达国家(地区),从而通过形式上的不平等,实现真正的平等。1979年11月28日"东京回合"中的"授权条款",给此以法律依据。

(4) 国际条约已有规定的例外。TRIPs第4条规定,对有关国际条约已作出的最惠国待遇方面的例外规定不在当事国义务范围内。

2) 国民待遇例外

(1) 一般例外。GATT1947第20条规定:一国(地区)为了维护公共道德、保护人类和动植物生命与健康、保证与GATT并无抵触的法规的实施、保护本国(地区)文物、确保低于国际价格的原料的国(地区)内供应、保护可枯竭的自然资源,以及对金银、罪犯产品,可以实施进出口限制。

(2) 安全例外。GATT1947第21条规定:一国(地区)为了国家(地区)安全利益,对裂变材料或提炼裂变材料的原料、武器、弹药和军火等可以实施限制。

GATS和TRIPs均有类似规定。

此外,GATT1947还通过一些特别条款,允许成员方基于保护国(地区)内特定工业、保证收支平衡等理由,暂时免除或不履行总协定中的有关义务。

(二) 关税保护原则

关税保护原则包括两层含义:一是将关税作为各成员方唯一的保护手段。这是因为关税能使各国(地区)的保护状况和程度一目了然,便于对各国(地区)的保护水平进行比较和监督。二是各成员方应遵循互惠互利的原则,通过关税减让谈判,逐步降低关税水平,以促进国际贸易的开展。通俗地讲,就是关税水平只能降,不能升。

GATT1947第28条第2款规定:"有关缔约方应力求维持互惠互利减让的一般水平。"各成员方通过谈判确立的关税减让幅度需列入减让表中,不得随意提高,从而使谈判达成的税率成为有关成员方的最高税率。如果减税方要求升高税率,必须3年后经过谈判以其他产品的税率减让相补偿,从而确保总体关税水平不致提高。

关税的总体原则之所以只能降低不能提高,目的在于确保贸易的约束性和可预见性,为贸易、投资、消费提供一个稳定的环境,以使关税不断递减,最终向自由贸易迈进。

在WTO框架内,关税减让谈判一般首先在成员方双边或诸边之间进行,经过一个或若干个主要供应者就某一或若干产品逐项、对等地进行减让关税的谈判。谈判的结果列为分表,然后根据最惠国待遇原则对其进行汇总,得到一张适用于所有各方的总表,即关税减让表,它具有法律效力。

关税减让原则也存在例外,它主要表现在:①有关成员方在某些条件下,可借助"保障条款",不遵守此原则。②发展中国家(地区)由于其自身与发达国家(地区)间的经济差距,根据GATT1947第四部分,可在关税减让方面享受非对等的优惠待遇,如普惠制。

(三) 取消数量限制原则

数量限制是一种最为普遍的非关税措施,它通过限制外国(地区)产品的进口数量来保护本国(地区)市场,从而妨碍竞争,与 WTO 对各成员方只能通过关税来保护本国(地区)相关产业的规定直接相违背,因此 WTO 将其列入取消之列。

该原则主要体现在 GATT1947 第 11 条。根据该条的规定,任何成员方除征收税捐或其他费用以外,不得设立或维持配额、进口许可证或其他措施以限制或禁止其他成员方领土产品的输入,或向其他成员方领土输出或销售出口产品。

乌拉圭回合谈判则要求将既有配额转化为等效关税,然后再逐步降低关税。

GATT 和 GATS 等协议中也规定有此原则的例外。

(1) GATT1947 第 11 条规定,成员方为了确保国(地区)内短缺的农产品供应可限制出口;为了消除能直接替代进口的、产量不大的国产农渔产品的过剩,可限制进口。

(2) GATT1947 和 GATS 第 12 条规定,当一成员为了保持其对外金融地位或国际收支时,可以限制商品准许进口的数量或价值。

但对这些例外,GATT 和 GATS 也进行了规范。

(1) 实施数量限制必须遵循非歧视原则,即除非对从所有第三方进口的同类产品或者向所有第三方出口的同类产品实施同样的数量限制,任何一个成员既不得限制另一成员产品的进口,也不得限制境内产品向另一成员出口。

(2) 实施数量限制时,应优先采用对贸易破坏性最小的"从价措施",包括进口附加税、进口保证金,以及其他对进口商品价格有重大影响的措施,而力求避免采用新的数量限制;进口限制不能超过通常国际收支状况所必需的水平。

(3) 必要时在保证透明度的前提下,可实行全球配额,即以进口商申请的先后顺序而非不同的国别和地区为配额的分配依据;若需实行国别和地区配额,其配额应由进口成员方和出口成员方共同商定,不能由进口方单方面规定,出口成员方的有关产品于前一代表时期在进口成员方市场所占份额可作为双方协商配额的依据。

(4) 在配额制无法实施的情况下,亦可采用非自动许可证制,但对产品的进口来源不应在许可证中有所规定,以此促进贸易自由化。

由于在 GATT 肯尼迪回合多边贸易谈判后,关税水平大幅下降,关税对各国(地区)市场的保护作用减弱,数量限制等非关税措施即以其实施简便、针对性强、效果显著而被各国(地区)政府广泛采用。因此,虽然在 GATT 主持的多边贸易谈判中,包括数量限制在内的非关税措施一直是谈判的议题,乌拉圭回合还要求将其关税化,但由于 WTO 允许实施数量限制的理由中保护国家(地区)安全、保护动植物健康免受危害等难以界定,一些国家(地区)得以大打"擦边球",数量措施要真正被取消显然道路还很漫长。

(四) 透明度原则

透明度原则指各成员方政府应迅速公布其与商品进出口贸易和服务贸易有关的法律、规章,以便其他成员方和贸易商熟悉。这些法律规章在公布前不能实施,并有义务接受其他成员方对实施状况的检查和监督。

透明度原则主要体现在 GATT1947 的第 10 条和 GATS 的第 3 条。

GATT1947 第 10 条规定：缔约方有效实施的关于海关对产品的分类或估价,关于税捐或其他费用的征收率,关于对进口货物及其支付转账的规定、限制和禁止,以及关于影响进出口货物的销售、分配、运输、保险、存仓、检验、展览、加工、混合或使用的法令、条例与一般援用的司法判决及行政决定,都应迅速公布,以使各国(地区)政府及贸易商对它们熟悉。一缔约方政府或政府机构与另一缔约方政府或政府机构之间缔结的影响国际贸易政策的现行规定,也必须公布。

GATS 第 3 条规定：除非在紧急情况下,各成员应迅速公布,并最迟于其生效之时,公布所有普遍适用的有关或影响本协定实施的措施。一成员为签字方的涉及或影响服务贸易的国际协定也应予以公布。此外,各成员还应立即或每年一次向服务贸易理事会通报其会影响 GATS 执行的新的法律或规定等。

透明度原则的作用在于防止成员方对贸易进行不公开、不透明的管理,而造成歧视性待遇,影响自由贸易的进行。它是 WTO 其他原则(如前述的最惠国待遇原则和关税保护原则)得以有效贯彻的基础。

当然,透明度原则并不意味着成员方必须什么都对外公布。为了维护各成员方的正当利益,GATT 和 GATS 规定了透明原则的例外。

GATT1947 第 10 条规定：不要求公开那些会妨碍法令的贯彻执行,会违反公共利益,或会损害某一公私企业的合法商业利益的机密资料。

GATS 第 3 条之二规定：本协定的任何规定都不得要求任何成员提供那些一旦公开会阻碍法律的实施或违背公众利益,或损害特定公营或私营企业合法商业利益的机密资料。

(五) 公平贸易原则

该原则主要体现在 GATT1947 第 6 条、第 16 条和第 23 条,《关于建立世界贸易组织的协定》附件中的《关于实施 GATT 第 6 条的协议》《补贴与反补贴措施协议》等有关条款中,主要是反倾销、反补贴和减少其他非关税壁垒,以保证公平贸易。

对于倾销和反倾销问题,本书在第七章已做了比较详细的分析,这里详细介绍 WTO 有关补贴与反补贴的具体规定。

什么是 WTO 所禁止的补贴呢？这就涉及 WTO 对补贴的具体分类。

根据补贴是否给予特定企业或产业,《补贴与反补贴措施协议》第 1 条将补贴分为专向性补贴和非专向性补贴。专向性补贴是指政府明确规定补贴仅限于特定企业,即某个或某些企业、产业或企业集团。如果法律对获得补贴的资格和数额规定了客观的标准或条件,只要符合这些标准或条件,就能获得补贴,则该种补贴就不是专项补贴。但是如果补贴虽然有客观标准,表面上是非专项补贴,但只有特定或少数企业能够达到这些标准而享受补贴,如规定有限数量的某些企业使用补贴计划、某些企业主要使用补贴、给予某些企业不成比例的大量补贴以及授予机关在作出给予补贴的决定时行使决定权的方式(如特别考虑补贴申请被拒绝或批准的频率),则这种补贴也是专向性补贴。专向性补贴是 WTO 所反对的,因为它违背了公平竞争原则。

但对以上补贴究竟能否实施反补贴措施,还要看补贴对国际贸易的影响。为此,《补贴与反补贴措施协议》第3条到第8条根据补贴的性质,将其分为禁止的补贴、可起诉的补贴和不可起诉的补贴三类。

禁止的补贴是指WTO禁止成员使用的补贴。《补贴与反补贴措施协议》第3条规定,除《农产品协议》另有规定外,以下补贴应予禁止:一是在法律或事实上将出口实绩作为唯一或多种条件之一而给予的补贴(即出口补贴);二是视进口替代为唯一条件或多种条件之一而给予的补贴。协议的附件1里列举了12项常见的出口补贴。

《补贴与反补贴措施协议》第5条规定,可起诉的补贴是指一成员实施了协议所定义的补贴而对其他成员的利益造成不利影响的补贴。这种不利影响包括:损害另一成员的国(地区)内产业;使其他成员在GATT1994项下直接或间接获得的利益丧失或减损,特别是关税减让的利益;严重侵害另一成员的利益。当一成员实施了这类补贴而对有关成员造成损害时,受损害的成员方可向WTO提起诉讼,或根据国(地区)内法采取反补贴措施。

《补贴与反补贴措施协议》第8条规定,不可起诉的补贴是指某一成员因实施了WTO所允许的补贴,受损的成员方不能向WTO争端解决机制提起诉讼,也不能对其实施反补贴的补贴。这类补贴包括:不具有专向性的补贴;对企业研究活动的资助,或者对高等院校、科研机构的研究在合同基础上予以资助,且资助涵盖面不超过工业研究费用的75%或应用研究费用的50%[①];按政府的地区发展规划,对落后地区的非专向性的资助。这种资助以对落后地区的明确界定和公正客观的标准为基础。

对于被禁止的补贴,争端解决机制可以迅速采取措施,要求实施的成员立即取消。如果实施成员在规定的期限内未予取消,起诉成员方可获得授权采取反措施;对于可起诉的补贴,受损成员方可向争端解决机制提出申诉,请求磋商、调解或仲裁,如果被控成员方没有采取适当措施消除不利影响或撤销补贴,则受损成员可获得授权采取报复措施;对于不可起诉的补贴对其他成员方造成的不利影响,受损成员方可提请磋商,寻求共同解决的办法。

对于补贴和反补贴,《补贴与反补贴措施协议》也有相应的例外。其一,规定所有补贴与反补贴规定都不包括农产品。其二,对发展中国家(地区)的差别待遇。对于禁止性补贴,该协议附件7规定,不适用于成员中被联合国认定的最不发达国家(地区)和该条款所列的部分人均国民生产总值不足1000美元的国家(地区)。其他发展中成员国家(地区)应在8年内逐渐取消。

需要指出的是,由于倾销属于企业行为,反倾销、补贴与反补贴都属于政府行为,因此,WTO能规范成员政府的反倾销、补贴与反补贴行为,而不能禁止企业的倾销行为。但由于《反倾销协议》对倾销明确定义,故企业还是有必要了解此协议,以避免在出口中给外国(地区)以反倾销的把柄。

WTO允许征收反倾销税、反补贴税,并规定取消其他非关税贸易限制措施,对于保

---

① 所谓工业研究,按协议的解释是指旨在发现新知识的有计划探求或关键性调查,目的在于此类知识可用于开发新产品、新工艺或新服务,或对现有产品、工艺或服务进行重大改进。因此,可以认为,这里的工业研究实际上就是基础研究。

证公平竞争的贸易环境无疑有重要意义。但有些规定含糊其词,如何为"重大损害""合理份额"等并没有统一明确的标准,实施中免不了争端迭起。

(六) 互惠原则

互惠原则是WTO的基本原则之一,它不仅是成员方之间进行贸易谈判并维持正常贸易关系的基础,而且是WTO发挥作用的主要机制。互惠被普遍接受的解释是:双方在贸易特权或贸易利益方面的相互或相应让与、贸易减让的结果要使双方增加的进出口量大致相等。

在贸易谈判中,该原则表现为一成员将它能提供的减让与另一成员能提供的减让相交换,使双方获益。只有通过各成员方之间的互惠互利、相互关税减让,它们各自的进出口才能维持基本平衡,WTO促进各国(地区)贸易发展、推动贸易自由化的目标也才能得以实现。

互惠原则的例外体现在:由于经济发展水平的不同,发达国家(地区)之间在关税减让谈判中总体是互惠、对等的;而发达国家(地区)与发展中国家(地区)在遵守互惠原则时,发达国家(地区)给予发展中国家(地区)的优惠不能要求发展中国家(地区)给予对等的回报,否则,两者之间经济水平的不平等永远得不到改善。这正是发达国家(地区)予以发展中国家(地区)普惠制待遇的基本理由,也是互惠原则的例外。

(七) 贸易争端的磋商调解原则

这是WTO的另一个根本原则。为维护各成员方正当的权利,协调其贸易关系,解决贸易争端,WTO本着此原则制定了一套处理成员方之间争议的磋商程序及利益丧失或损害的申诉程序,为各方履行其权利与义务提供了法律依据,同时为各方之间贸易争端的解决提供了一个谈判的场所。用GATT第二任总干事奥列弗·隆(Oliver Long)的话说,"从根本上讲,总协定是谈判的同义语"。

对货物贸易争端的磋商与调解,GATT1947主要体现在第22条和第23条。GATT1947第22条"协商"规定:"当一缔约方对影响本协定执行的任何事项向另一缔约方提出要求时,另一缔约方应给予同情的考虑,并应给予适当的机会进行协商。若协商不能解决问题,可与另一缔约方或另几个缔约方进行协商。"GATT1947第23条规定:"如果有关缔约方在合理的期间内尚不能达成满意的调整办法,这一问题可以提交缔约方全体处理。""缔约方全体对此应立即进行研究,并应向它所认为的有关缔约方提出适当建议,或者酌情对此问题作出裁决。"GATT在其存在的40多年间,通过协商等手段,成功地解决了100多起贸易纠纷,为规则和规范的实施以及确保缔约方间权利与义务的平衡起了重要作用。

对服务贸易争端的磋商与调解,GATS第22条第1款规定:"各成员对任何其他成员就影响本协定运行的任何事项可能提出的磋商请求应予以同情考虑,并给予充分的磋商机会;争端解决谅解应适用于这种磋商。"第2款规定:"服务贸易理事会或争端解决机构(DSB)应一成员的要求,可就通过第1款下的磋商仍未能找到满意解决办法的任何事项与任何成员进行磋商。"如果仍不能找到解决办法,则提交世界贸易组织相关机构进行仲裁。

对争端解决的具体程序,乌拉圭回合谈判中新达成了争端解决机制的谅解。总的来说,WTO 磋商调解的目的在于通过争端的解决恢复各方权利和义务的平衡,而非对违反 WTO 规则的某方进行惩罚。因此这一原则实行起来也就比较容易,易于取得利益相关各方的支持。

(八) 对发展中国家(地区)特别优惠的原则

在上述 WTO 有关原则的例外中,已提到给予发展中国家(地区)的一些优惠。这主要是国际社会基于发达国家(地区)和发展中国家(地区)间经济实力的巨大差距,对发展中国家(地区)追求公平发展、改变旧国际经济秩序的努力作出的反应。

WTO 的前身 GATT 素有"富人俱乐部"之称,其大多数条款都是迎合了发达国家(地区)的利益。在肯尼迪回合谈判之前,适用于发展中国家(地区)的条款只有 18 条,它允许发展中国家(地区)在必要时采取与 GATT 规定不符的政策措施。1965 年,在联合国 1964 年第一届贸易和发展会议的影响下,GATT1947 才增加了第四部分,即"贸易和发展"部分,于 1966 年 6 月生效。这一部分承认了发达国家(地区)与发展中国家(地区)间的非互惠原则,规定了对发展中的缔约各方在贸易和发展方面的特殊要求及有关问题。

该部分包括第 36 条到第 38 条。它们规定,考虑到总协定的基本目的"对发展中的缔约各方是特别迫切的","注意到缔约方全体能使发展中的缔约各方采用特别措施,以促进它们的贸易和发展"。GATT1947 给予了发展中国家(地区)以下主要优惠。

(1) 非互惠原则。"发达的缔约方对它们在贸易谈判中对发展中缔约各方的贸易所承诺的减少或撤除关税和其他壁垒的义务,不能希望得到互惠"(GATT1947 第 36 条第 8 款)。

(2) 发达国家(地区)应尽可能地多承担义务,"优先降低和撤除与发展中的缔约各方目前或潜在的出口利益特别有关的产品的壁垒","不建立新的"或"加强已有的"关税或非关税壁垒,并"积极考虑采取其他措施,为扩大从发展中的缔约各方进口提供更大的范围"。

(3) 缔约方全体"在适当的情况下,采取措施,包括通过国际安排","同联合国及它的附属机构……谋求适当合作",并"建立某些必要的机构",以促进发展中国家(地区)的贸易和发展。

东京回合又达成了"对发展中国家(地区)的差别和更优惠的待遇、对待及更全面参与"的协议,规定了著名的"授权条款",为给予发展中国家(地区)的优惠待遇奠定了牢固的法律基础。

在后来的乌拉圭回合新达成的一系列协议、谅解中,也都包含对发展中国家(地区)的优惠条款。例如,GATS 第 4 条规定,发达国家(地区)要多承担义务,建立联系点,以便利发展中国家(地区)成员的服务提供者获得与其相应市场有关的资料,促进发展中成员更多地参与世界贸易,提高其国(地区)内服务能力、效率和竞争力。该条第 3 款还规定,应特别优先考虑最不发达国家(地区)成员。

(九) 区域性贸易安排原则

第二次世界大战以后,随着世界经济联系的加强和国家间经济依赖程度的加深,国际贸易领域出现了区域化、集团化的趋向,各集团内部纷纷采取减少或废除关税和非关税壁垒的区域性贸易安排。

对这种区域性的贸易安排,WTO 在 GATT 1947 第 24 条中予以认可。该条规定:"本协定的各项规定不得阻止任何缔约方为便利边境贸易对毗邻国家给予某种利益……不得阻止缔约各方在其领土之间建立关税联盟或自由贸易区,或为建立关税联盟或自由贸易区的需要采用某种临时协定。"WTO 之所以允许区域性贸易安排的存在,主要在于它认为,通过自愿签订协定发展各国(地区)之间经济的一体化,对扩大贸易的自由化是有好处的。

与此同时,WTO 对区域性贸易安排也做了严格的限制,GATT 1947 规定:"成立关税联盟或自由贸易区的目的,应为便利组成联盟或自由贸易区的各领土之间的贸易,但对其他缔约方与这些领土之间进行的贸易,不得提高壁垒。"可见,区域性贸易安排原则是在 WTO 所提倡的多边自由贸易体制不可能一蹴而就的情况下"无可奈何"的补充,而不是对多边贸易体制的挑战。其最终目的是促进多边贸易体制的实现。

《1991 年 GATT 关于第 24 条解释的谅解》对区域贸易安排做了进一步的补充,重申了区域贸易协定(RTAs)应该便利成员方之间的贸易,并且不能对非成员方增加贸易壁垒。在区域贸易协定成立或扩大时,有关各方应尽最大可能避免给其他成员的贸易带来不利影响。其补充主要有:加强了货物贸易理事会对所通知的协定的审查作用;那些在加入关税同盟时寻求提高约束性关税的成员方,根据第 28 条的规定应与其他成员进行关于补偿性调整的谈判,在进行谈判时,应将关税同盟其他成员在同一税号项下所削减的关税考虑在内。

(十) 合理保障原则

为了防止成员方由于意外的、不正常的原因使国内市场受到冲击而利益受损,WTO 相关协议中设立了合理保障条款,在乌拉圭回合谈判中还达成了《保障措施协议》,允许一成员方在特殊情况下经过全体成员方的允许,而暂时或部分停止应承担的义务。

GATT 1947 的合理保障条款主要包括国际收支保障条款和幼稚工业保障条款。

1. 国际收支保障条款

国际收支保障条款主要体现在 GATT 1947 第 12 条和第 18 条。

GATT 1947 第 18 条规定,发展中国家(地区)为了保护对外金融地位和保证有一定水平的货币储备以满足实施经济发展计划的需要,满足一定条件时可以在一定的限制下,采取限制准许进口的商品的数量或价值的方法来控制其进口的一般水平。成员方在实施这种进口限制时,可以对不同进口产品或进口产品的不同类别确定不同的限制方式,以使从经济发展政策来看比较必需的产品能够优先进口。

但此项条款的实施有严格的限制。它们包括以下几个方面。

(1) 实施限制的成员方仅限于只能维持低生活水平或经济处在发展初期阶段(GATT 1947 第 18 条第 4 款 a)。

(2) 其国际收支状况必须经过国际货币基金组织的证实和世界贸易组织国际收支限制委员会的审查,实施时应对所有成员无歧视地进行,并在国际收支改善后取消,公布取消限制的时间表(GATT 1947 第 12 条)。

(3) 进口限制的程度不得超过为了预防货币储备严重下降的威胁或制止货币储备下降,或为了使货币储备能够合理增长所必需的程度(GATT 1947 第 18 条)。

(4) 实施的限制应避免对任何其他成员方的贸易或经济利益造成不必要的损害。

(5) 实施限制的成员方应于建立或加强限制后立即与世界贸易组织就自己的国际收支困难的性质、可以采取的其他补救方法及限制可能对其他成员方造成的影响进行协商。如果世界贸易组织认为实施的限制与 GATT 的有关规定不符,会对另一成员方的贸易造成损害,可向实施限制的成员方提出建议。如果在规定的期限内这些建议得不到采纳,必要时可解除受损成员方对实施限制的成员方所承担的义务。

GATS 第 12 条也有关于国际收支保障条款的类似规定。

2. 幼稚工业保障条款

GATT 1947 第 18 条规定,当成员方(注:指最不发达或处在经济发展初期的成员方)为了实施旨在提高人民一般生活水平的经济发展计划和政策,其可能有必要采取影响进口的保护措施,只要这些措施有助于 GATT 宗旨的实现,各成员方应同意使它们在关税结构方面保持足够的弹性,以便为某一特定工业的建立提供需要的关税保护。

GATT 1947 第 19 条规定,当一成员方因承担 GATT 所规定的义务而造成进口产品数量大为增加,对国(地区)内相同产品或与它直接竞争产品的国(地区)内生产者造成重大损害或重大威胁时,这一成员方在防止或纠正这种损害所必需的程度和时间内,可以对上述产品全部或部分地暂停实施其所承担的义务,或者撤销或修改减让。

幼稚工业保障条款也有严格的限制条件:①对实施限制的成员方经济发展水平的限制与国际收支保障条款相同。②实施限制的一方应将所要采取的限制措施通知世界贸易组织并进行协商。如果在通知世界贸易组织后 30 天内接不到协商的要求,则它可采取限制行动;如果协商 90 天内达不成协议,它也可执行,但因此而受损的其他缔约方将对它终止所承担的义务。

此外,WTO 的 GATT 1947 还对某些特殊商品(如古董),或牵涉资源保护、环境问题、公共卫生、动植物免疫以及国家安全等的进出口规定了相应的保障条款。各成员方在这些方面的利益受到严重损害时,可根据 WTO 的规定,实施进出口限制或禁止。

乌拉圭回合达成的《保障措施协议》对合理保障原则的实施又做了进一步的具体规定。协议有 14 条,内容包括保障措施实施的条件、保障措施的具体实施、有关透明度的规定、有关争端解决的规定等。

四、WTO 多哈回合谈判

多哈回合谈判(Doha Round of World Trade Talks, or Doha Round Negotiations)是指世界贸易组织成员之间所进行的第九轮多边贸易谈判,发起于 2001 年 11 月在卡塔尔首都多哈举行的世界贸易组织第四次部长级会议。该轮谈判的总体原则是"多哈回合是发展回合,发展中国家必须受益",因此被称为"多哈发展议程"(DDA),简称"多哈回合"。谈判原定于 2005 年 1 月 1 日前结束,但直至 2023 年,由于各方利益分歧严重,还没有就相关议题达成一致,其超过乌拉圭回合,成为一次真正的马拉松式谈判。

多哈回合谈判的宗旨是促进世界贸易组织成员削减贸易壁垒,通过更公平的贸易环境来促进全球特别是较贫穷国家(地区)的经济发展。谈判主要包括农业、非农产品市场准入、服务贸易、规则谈判、争端解决、知识产权、贸易与发展以及贸易与环境八个议题,其中农业、非农产品市场准入、服务贸易、贸易规则和与贸易有关的知识产权是谈判的焦点。

(1) 农业。其主要涉及农产品市场准入(关税与关税配额)、出口补贴、国(地区)内支持以及针对发展中国家(地区)的特殊和差别待遇等议题。其目标是建立公平的以市场为导向的农产品贸易体制。

(2) 非农产品市场准入。其主要涉及工业产品的关税与非关税壁垒。

(3) 服务贸易。其目标是推动《服务贸易总协定》规则的完善,进一步减少和消除各种阻碍服务贸易发展的措施,提供有效的市场准入,逐步实现更高程度的服务贸易自由化。

(4) 贸易规则。其主要包括:对《反倾销协议》和《补贴与反补贴措施协议》加以修改与完善,以进一步强化规则;专门研究和制定有关渔业补贴的规则;对世界贸易组织现有关于区域贸易协定的规则和程序进行谈判,以促进贸易自由化。

(5) 与贸易有关的知识产权。其主要包括公共健康、葡萄酒和烈酒的地理标识多边登记系统、地理标识扩展的产品范围、对 TRIPs 相关条款的审查、"非违约申诉"的适用范围与模式以及制定有关机制监督发达成员对发展中成员的技术转让义务。

多哈回合长期难以取得进展的主要原因在于参与谈判各方的利益分歧,其实质还是发达成员与发展中成员之间的分歧。两者的矛盾主要集中在以下两个方面:第一,对谈判主导权的争夺。现有的国际贸易体系是在发达国家(地区)主导下创立的,总体上有利于发达国家(地区)。随着以中国、印度、巴西、南非等为代表的发展中国家(地区)力量的壮大,它们要求改变不公平贸易的呼声越来越高,但发达国家(地区)并不肯放弃对规则制定的主导权。第二,关于农产品和非农产品的市场准入。长期以来,欧美发达国家(地区)实行高额的农产品补贴和农产品进口高关税,扭曲了世界农产品贸易格局,损害了发展中国家(地区)利益,发展中国家(地区)要求美欧削减农业补贴和降低关税,开放农业市场。而美欧等发达国家(地区)则要求发展中国家(地区)加强非农产品的市场准入,进一步开放工业品和服务市场。

多哈回合谈判的举步维艰使世界多边贸易体制的权威性和全球贸易治理面临挑战。在多哈回合陷于停滞期间,区域和双边贸易协定大行其道,多边贸易体制受到侵蚀。中国贸易救济信息网发布的资料显示[①],21 世纪以来,全球范围内签署的自由贸易协定(FTA)数量上升迅速,截至 2021 年累计生效的 FTA 数量达到 572 个。

五、中国与 WTO

(一) 中国加入 WTO 谈判的背景

中国参加了 1947 年 10 月 30 日《关税及贸易总协定》的签署,是 GATT 的 23 个创始缔约方之一,并参加了 GATT 的第一轮与第二轮多边谈判。但由于历史原因,新中国在

---

① 资料来源:观察|FTA 能力提升:从关税优惠到全面利用[EB/OL].(2021-12-29). http://www.cacs.mofcom.gov.cn/article/flfwpt/jyjdy/cgal/202112/171757.html.

成立以后的一段时间里一直没有参加 GATT 的活动。其原因主要有两个。

(1) 1949 年新中国成立后,中国台湾无法在中国大陆实施其在前两轮多边贸易谈判中所承诺的减让,也不愿意将其他国家(地区)对中国作出的关税减让给大陆享受。同时,美国也不愿意新中国按国际法自动继承旧中国在 GATT 的席位,因此,要求当时继续占据中国在 GATT 席位的"台湾当局"退出 GATT。出于以上几个原因,"台湾当局"在 1950 年 3 月宣布退出 GATT。从国际法上讲,当时的中国台湾没有资格代表中国宣布退出 GATT,因此,当时台湾的退出决定曾引起争议。例如,当时的捷克斯洛伐克等缔约方提出台湾不能以中国的名义退出 GATT;英国政府在有关文件中也有台湾的退出决定"还没有得到中国中央人民政府的批准"的记录。

(2) 新中国成立后,为了对付美国等西方国家(地区)的经济封锁,1951 年中国实施了新的关税税则,单方面全面大幅度提高了关税,实行了与 GATT 市场机制不一样的高度集中的计划经济体制,这样等于自己也用实际行动退出了 GATT。

1978 年中国改革开放后,与世界的经济联系加强,并于 1980 年相继恢复在国际货币基金组织和世界银行的合法席位。中国与 GATT 也认识到需要加强彼此的联系。其后,中国开始以观察员的身份列席 GATT 的有关会议。随着双方经济联系的加强、理解的加深,并出于对外开放的需要,1986 年 7 月 10 日,中国政府正式向 GATT 提出恢复关税及贸易总协定缔约方地位的申请,开始了最初的"复关"谈判。

(二) 中国加入 WTO 谈判经历的阶段

中国从提出复关申请到后来转变成加入世界贸易组织谈判大致经历了三个阶段。

(1) 1987—1992 年的资格审查阶段。这个阶段主要是 GATT 审议中国的经济体制。其主要活动有:1987 年 2 月 13 日中国向 GATT 递交《中国对外贸易制度备忘录》,全面阐述中国的外贸制度;1987 年 3 月 4 日 GATT 成立中国工作组,审议中国复关问题;1988 年 2 月工作组举行首次会议,到 1989 年 5 月共举行 7 次会议,GATT 邀请所有缔约方就中国的外贸体制提问,中国答疑,并就核心问题达成谅解。

(2) 1992—1995 年的复关议定书谈判阶段。按 GATT/WTO 规定,加入 GATT/WTO 须作出两个承诺:一是遵守国际规则,二是逐步开放市场。前者主要通过中国工作组展开多边谈判解决,后者主要通过双边谈判解决。GATT/WTO 规定,申请加入方要与向它提出谈判要求的缔约方进行谈判,然后其谈判结果根据最惠国待遇原则适用于所有其他缔约方。中国恢复关税及贸易总协定和后来的加入世界贸易组织谈判中共与 37 个国家(地区)进行了双边谈判。

1992 年 2 月,在中国工作组第 10 次会议上,中国复关谈判出现转机。谈判重新启动后就进入权利与义务平衡的问题。但在 1994 年 12 月的第 19 次谈判中,因一些西方国家反对中国复关而成为世界贸易组织的创始成员。中国复关最终没有达成协议。

(3) 1996 年以后的加入世界贸易组织("入世")谈判阶段。世界贸易组织成立后,中国复关谈判即转为"入世"谈判。1995 年 1 月,应中国政府请求,中国复关谈判工作组改为中国"入世"谈判工作组。1995 年 7 月 1 日中国成为世界贸易组织观察员,7 月 11 日中国正式申请"入世"。1996 年 3 月 WTO 中国工作组举行首次正式会议。

在第三阶段的 1995 年 11 月、1997 年 10 月、1998 年 2 月中国三次主动宣布大幅度降低进口关税，取消农产品出口补贴，并于 1998 年 2 月中国工作组第 7 次会议上提出一揽子降低关税方案，在 4 月第 8 次会议上承诺进一步开放服务业。

1999 年中国"入世"步伐加快。当年，中美达成《中美农业合作协议》，发表中国"入世"联合声明。但 1999 年 5 月美国轰炸中国驻南斯拉夫大使馆后，中国同西方国家（地区）谈判中止。1999 年 9 月在新西兰 APEC（亚太经济合作组织）领导人会议上，中美双方领导人同意恢复双边谈判。1999 年 11 月 15 日，中美就中国加入世界贸易组织达成双边协议，中国"入世"谈判取得实质性进展。

（三）中国申请恢复关税及贸易总协定席位和加入世界贸易组织的原则

1986 年中国提出复关申请时，坚持三项原则。

（1）强调中国是恢复在关税及贸易总协定中的席位，而不是重新加入关税及贸易总协定。这主要是因为中国认为 1950 年台湾以中国名义退出 GATT 是非法的，因而中国在 GATT 的席位问题应是恢复，而不是加入。

（2）以关税减让的方式而非承担进口义务为条件复关。由于提出复关申请时，一方面中国本质上仍实行计划经济，与市场经济不同，计划管理严重阻碍进口；另一方面，中国没有参加以前的关税减让谈判，关税税率大大高于 GATT 的关税税率，也制约了中国从 GATT 缔约方的进口，因此，有关缔约方提出中国应以履行进口义务的方式复关，即每年以一定的增长率增加从缔约方的进口。这种方式是东欧一些国家（地区）"入关"时采用的方式，每年要增加从缔约方的进口，很显然从长期来看容易造成沉重的进口负担。有鉴于此，中国承认自己的关税税率偏高，但承诺可以逐渐降低关税水平，使之达到 GATT 的要求。最后，中国和有关缔约方达成妥协，中国以关税减让的方式而非承担进口增长为条件复关。

（3）中国是发展中国家，将按发展中国家的标准履行义务。从中国人均国民生产总值和人民的生活水平，以及联合国有关机构的材料来看，中国是一个名副其实的发展中国家，理应以发展中国家的身份复关。但有关缔约方，尤其是美国认为，中国的经济总量在世界上排名前列，大量产品的出口在世界市场上拥有较高的份额，如果享受发展中国家的优惠，将使中国产品出口猛增，对有关缔约方经济造成冲击，因此，它们不承认中国的发展中国家身份。但中国坚持认为中国应以发展中国家身份复关，承担与自己经济发展水平相应的权利和义务。在这方面，中国和有关缔约方的分歧较大。

1995 年，中国复关谈判转为加入世界贸易组织谈判后，实行了三项新的原则。

（1）没有中国的加入，WTO 是不完整的。

（2）中国是发展中国家，中国只能按发展中国家的身份履行有关义务，充其量可以最大的发展中国家的身份加入 WTO。可见，在发展中国家身份问题上，中国这时表现出一定的弹性，有助于打破谈判的僵局。

（3）权利和义务要对等。这是 WTO 的基本精神。但谈判中，有关成员要求对中国采取歧视性的做法。如美国坚持对中国实施选择性保障条款，要求在中国成为市场经济之前，当中国出口产品的大量增加使世界贸易组织成员受到威胁或市场被扰乱时，允许它们仅对来自中国的进口产品实施保障措施。这显然违背了 WTO 的非歧视原则,是中国坚决反对的。如果实施,它会影响中国加入世界贸易组织后的获益。最后通过谈判,有关各方达成了妥协。

本着这些原则,中国最终与 WTO 有关成员完成了双边谈判。2001 年 11 月 11 日在世界贸易组织多哈部长级会议上中国被批准加入 WTO,2001 年 12 月 11 日中国正式成为世界贸易组织成员。

(四) 中国加入 WTO 后可以享有的权利与应承担的义务

中国加入 WTO 后可以享有的权利主要表现在以下五个方面。

(1) 享有多边的、无条件的、稳定的最惠国待遇。在 2001 年成为世界贸易组织成员前,中国只能通过双边贸易协定在某些国家获得最惠国待遇,这缺乏稳定性,容易受到双边政治关系的影响。例如 1989—2001 年,美国对给予中国的最惠国待遇就坚持年度审议,虽然每次都通过,但还是给中美贸易和美商在华投资增加了不稳定因素。作为世界贸易组织成员,中国的产品就可以在所有的成员中享受有利的竞争条件,从而促进出口的发展。

(2) 享受给予发展中国家(地区)的一些特殊照顾。中国总体上是以发展中国家身份加入 WTO 的,这确保了"入世"后所承担的义务与中国实际的经济发展水平相适应。在国内市场受到外来的强烈冲击而被损害时,中国可以采取临时措施加以补偿,从而有助于减少"入世"对国内产业可能造成的负面影响。当然,这方面有着严格的限制条件。

(3) 充分利用争端解决机制较好地解决中国与其他成员的贸易纠纷。随着经济贸易的发展,中国与世界贸易组织成员间的各种经济贸易纠纷必然逐渐增多。在双边贸易中,发达国家(地区)往往利用国(地区)内单边主义的,甚至过时的法律条款对中国实行歧视待遇,使中国劳动密集型产品成本低廉的优势得不到充分发挥。在中国成为世界贸易组织成员之前,这类问题只能通过双边谈判来解决,而不能诉诸比较公正的、多边的贸易争端解决程序。如 1994 年墨西哥对中国 4 000 种产品实行反倾销,且有的反倾销幅度在出口价格的 10 倍以上,这毫无疑问是不公正的。但由于当时中国不是 GATT 的缔约方,所以就不能通过 GATT 解决问题,而只能通过双边谈判解决。这次反倾销影响了中国不少产品对墨西哥的出口。而作为世界贸易组织成员,再遇到此类问题,中国就可以通过 WTO 的贸易争端解决机制,比较公平地解决贸易争端,维护我国的贸易利益。

(4) 获得在多边贸易组织中的发言权。加入 WTO 之前,中国在 WTO 中只能以观察员身份参加会议,只有表态权,没有表决权。成为世界贸易组织成员后,中国可以参加各个议题的谈判和贸易规则的制定,有利于维护中国在世界贸易中的地位和合法权益,并在建立和维护公正合理的国际经济秩序等方面发挥更大的作用;还能够利用 WTO 讲台,宣传中国的经济贸易政策,积极发展与世界各国的经济合作、贸易和技术交流;此外,还将及时得到 WTO 汇集的世界各国经济贸易的信息资料。

(5) 利用 WTO 的基本原则,行使例外与保障措施的权利。当然,这也要符合严格的限制条件。

在世界贸易组织框架内,享受权利与承担义务是对等的。中国在享受作为 WTO 成员的权利的同时,也必须承担相应的义务。这些义务有:在关税和非关税措施的使用、服务市场的开放、对外国投资的管理措施、对知识产权的保护、贸易政策的透明等方面符合WTO的规范;在贸易争端的解决方面接受WTO的裁决,以及按时缴纳WTO成员会费等。

2001年12月11日,中国正式成为世界贸易组织的成员,为中国对外贸易的发展、为外国厂商在华从事投资与贸易活动提供了一个稳定的环境,促进了中国经济贸易的发展、经济体制的改革和社会进步。

第四节 全球贸易新规则与WTO改革方向

一、全球贸易新规则演进背景

随着产品内分工的兴起,贸易、投资和全球生产均发生了深刻变化。在信息技术革命、国际生产分割技术以及贸易和投资自由化制度安排等各种力量的推动下,传统的以产品为界限的国际分工模式,转变为以要素为界限的分工模式。生产环节的碎片化以及多国要素的共同参与性,已经成为新型国际生产体系的典型特征。与货物跨境交易的传统贸易模式相比,产品内分工更加注重生产要素的双向跨境自由流动,从而使生产、贸易、服务与投资融入"一体化综合体"。① 生产过程的全球碎片化,以及参与生产过程的要素多国化,对传统贸易政策理念和内容提出了新的挑战,对全球贸易与投资的规则与纪律提出了新的诉求。② 由于生产的碎片化和生产过程中要素的多国参与性,贸易与生产的国界越来越难模糊,传统以市场准入为核心的"边界保护"贸易政策,不仅难以起到保护作用,反而有可能伤及自身;由于要素跨国流动性的增强,传统的要素禀赋结构既定的假设不再成立,要素禀赋优势会伴随着要素跨国流动而发生变化,因此,贸易竞争力的来源也从基于要素禀赋优势的产业或产品竞争,转变为政策和制度上如何更加有利于集聚全球更为先进的生产要素的竞争。衡量一个国家贸易竞争力和获利水平的传统测度指标,比如国际市场占有率和贸易顺差等,其度量也需要从传统的总值核算法转变为贸易增加值核算法。传统国际分工模式下的贸易统计口径以及与之相适应的贸易政策,显然已经不能胜任新型国际分工体系下的新要求,基于产品内分工的国际贸易新规则需要重新定义。如果说基于WTO现有框架下的全球贸易规则可以称为第一代全球贸易规则,那么适应新型国际分工需要所作出的全球贸易规则调整,可称为第二代全球贸易规则。第二代全球贸易规则以寻求国内规制政策与国际协定之间的协调和融合为主,目的在于通过结构改革促进"边界内措施"的市场化、法治化与国际化,从而消除国内规制问题导致的经济扭曲,为经济发展提供一个更透明、公正与竞争性的商业环境以及健全的法规制度和法治体系。这正是第二代全球贸易规则演进的现实背景。

二、全球贸易新规则演进趋势及主要内容

产品内分工发展对国际贸易与投资格局产生了深刻影响,并对国际贸易与投资的全

---

① BALDWIN R. Trade and Industrialization after globalization's second unbundling: how building and joining a supply chain are different and why it matters[R]. NBER Working Paper No. 17716,2011.

② 盛斌,陈帅.全球价值链如何改变了贸易政策:对产业升级的影响和启示[J].国际经济评论,2015(1):85-97.

球治理改革提出了新的要求。由于生产过程的全球化和生产过程要素投入的多国性,与之相适应的全球贸易新规则,就是要能够满足进一步统筹产品内分工条件下实现供应链无缝对接。由于生产的跨国性特征非常明显,从事跨国生产和经营的跨国公司对货物、服务、生产要素的双向自由流动,有形资产与无形资产(如知识产权)的保护,透明、公正与竞争性的商业环境,健全的法规制度和法治体系,不同国家和地区标准的兼容性等均提出了更高质量和更高标准的强烈要求。在这种新型国际分工体系下,一国参与全球生产和贸易,就必须提升国际化、法治化和开放型的商业环境水平。[①]

适应产品内分工的国际贸易与投资新规则,可以称为第二代全球贸易规则。按照世界贸易组织所采纳的分类与定义,现行的贸易政策和规则主要包括工业品、农产品、海关程序、出口税、卫生与动植物检疫、技术性贸易壁垒、国营贸易、反倾销、反补贴、保障措施、公共补助、政府采购、与贸易有关的投资措施(TRIMs)、服务(GATS)、与贸易有关的知识产权(TRIPs)等。现行的贸易政策和规则,均在 WTO 协议框架下进行管理,尽管关于农产品、服务、知识产权等议题的协定条款与承诺还很不完善。与之相比,第二代全球贸易政策和规则主要包括扩展的知识产权、竞争政策、投资、环保法规、劳动市场管制、消费者保护、资本流动、财政支持、税收、农业、采矿业、视听、能源、经济政策对话、工业合作、区域合作、创新政策、文化保护、文化合作、教育与培训、技术与科研、中小企业、社会事务、健康、信息社会、统计数据、数据保护、政治对话、公共行政、近似立法、反腐败、恐怖主义、人权、非法移民、毒品、反洗钱、核安全、签证与政治庇护等广泛的议题。第二代全球贸易规则包括 WTO "多哈发展议程"中多数尚未达成有关协定的议题,如扩展的知识产权、竞争政策、政府采购、投资、环境标准、电子商务、贸易融资、贸易援助、债务、技术合作、技术转移、能力建设、部门贸易自由化等,以及未在 WTO 的谈判与磋商框架内而只是在双边或区域贸易协定中达成条款或正在谈判中的议题,如劳工标准、出口限制、消费者保护、法律、国内管制一体化、中小企业、公司治理等。

在产品内国际分工体系下,由于生产要素的跨国性逐步增强,贸易和投资具有一体化特征。从广义角度看,全球贸易规则不仅涵盖贸易本身,还需考虑要素流动尤其是国际直接投资(FDI)政策和规则。从发展演变看,全球 FDI 政策也可分为"第一代"和"第二代"政策议题。"第一代"议题主要围绕赋予外国投资者非歧视性待遇和提供必要的投资保护,包括外资准入与开业、所有权与股权、经营业绩要求、投资者待遇、利润汇回、资金转移、征用、投资激励(税收)、争端解决等。它们均体现在 20 世纪各国所签署的双边投资协定(BITs)和为吸引 FDI 流入而进行的各种政策改革中。"第二代"议题则在继续保障新的投资待遇和公平竞争的基础上增加了对外国投资者进行必要规制与促进可持续发展的内容,包括投资者义务、企业社会责任、投资便利化、知识产权、竞争政策、劳动力市场管理、土地获取、环境政策、公共治理与机构、反腐败、投资者-东道国争端解决、基础设施与公私合作等。这些议题已被许多 OECD 国家涵盖在其已达成或正在谈判的投资协定条款中,美国 2012 年公布的双边投资协定范本就是最典型的例证。此外,联合国贸易和发

---

① 盛斌.迎接国际贸易与投资新规则的机遇与挑战[J].国际贸易,2014(2):4-9;巴德温,杨盼盼.WTO 2.0:思考全球贸易治理[J].国际经济评论,2013(2):156-158.

展会议(UNCTAD)在 2012 年发表的《世界投资报告 2012》中所设计提出的"可持续发展投资政策框架"及其所建议的国际投资协定内容中也包括上述"第二代"投资议题。

三、全球贸易新规则的主要特征

从"第一代"和"第二代"全球贸易与投资政策可以看出,它们之间存在显著的差别。

(1) 从内容与谈判方式上看,"第一代"全球贸易与投资政策以边界措施为主,谈判的目的在于通过互惠方式提高在对方市场的准入水平,因此政策和规则的变化方向是相互对等减让直至完全消除贸易壁垒,具有向下竞争(或负向一体化)的性质。而"第二代"全球贸易与投资政策以边界内措施为主,谈判的目的在于通过国内政策的规制协调与融合达成共同认可的最低标准或做法,从而实现公平竞争与消除经济扭曲,因此政策的变化方向是从低标准做起逐步向高标准看齐,具有向上竞争(或正向一体化)的性质。

(2) 从达成协定的难度与影响上看,"第一代"全球贸易与投资政策的自由化,需要在本国的出口利益集团与进口竞争利益集团之间作出平衡。由于以边界措施为主,因而其仍能为国内(保护与干预)政策保留较大的空间。而"第二代"全球贸易与投资政策的管制改革,则要充分考量本国在产品内分工中的地位与收益分配状况,其难点是如何实现放松管制和对公共政策目标(如公平竞争、标准、安全、健康、环境、劳工权利等)进行监管之间的平衡。由于其以边界内措施为主,因而对国内政策具有很强的侵略性,留给国内的政策空间也较小。

(3) 从实施的待遇上看,"第一代"全球贸易与投资政策的自由化,往往容易实现特殊和差别待遇,如通过例外与保留、差别性减让、较长的过渡期等方式。此外,在区域贸易协定上也相对容易实现对非成员方的歧视性管理。而"第二代"全球贸易与投资政策则较难实施特殊和差别待遇,更多的是通过技术援助和能力建设加以支持。同时,在区域贸易协定上也相对较少形成对非成员方的歧视性待遇。

(4) 从贸易政策与投资政策的关系上看,"第一代"全球贸易与投资政策中,两者很少有交叉重叠的领域,而"第二代"全球贸易与投资政策中,在知识产权、竞争政策、环境、劳工等诸多议题上两者有交集和互补。

四、全球贸易新规则下 WTO 的改革方向

在推进"第二代"全球贸易与投资政策方面,目前的 WTO 体制虽然占据了多边主义的优势,但却不能为制定 21 世纪高标准与高质量的全球贸易与投资新规则提供动力。多哈回合尚未结束,WTO 在区域和全球贸易事务中的地位受到被架空的挑战。区域、复边或双边协议的扩展,势必使 WTO 现行的影响力受到更大程度的削弱。越来越多新规则绕过 WTO 框架,比如全面与进步跨太平洋伙伴关系协定(Comprehensive and Progressive Agreement for Trans-Pacific Partnership,CPTPP)、跨大西洋贸易与投资伙伴关系协定(TTIP)、国际服务贸易协定(TISA)等。在此背景下,基于 WTO 现行框架的全球贸易治理面临分崩离析的危险。为了避免这种分崩离析的风险,应当将产品内分工和贸易的特征,作为最重要的变革核心引入 WTO,建立一个全新的组织——WTO 2.0。GATT/WTO 的成功来自构建了各国(地区)之间双赢的格局,这与传统贸易的本质密切相关。传统贸

易下,关税保护了本国(地区)利益,却对别国(地区)的利益造成损害,各国(地区)独自行动的结果就是集体愚行。GATT/WTO 的脱颖而出,主要是通过约束以邻为壑的政策,解决了集体协调的问题。其背后蕴含的最为深刻的准则是"我的市场也是你的市场"。第三方市场的负面效应是全球性的,因此在 WTO 中,全球各成员的共同参与是自然结果。由于各国(地区)发展存在显著性差异,WTO 将很大的精力用在"特殊与差别待遇条款"的制定上。产品内分工和贸易带来的却是不同的集体协调问题,因此与之对应的协调机构的组织结构也大不相同。产品内分工和贸易流一般是单向的:高科技企业将有形资产与无形资产在海外发展中国家(地区)与低成本的劳动力相结合,企业获得更高的回报,发展中国家(地区)获得更快速的工业化。这背后的逻辑不再是 WTO 1.0 时期的"你开放我也开放",而是"你保障我的产权,我来到你这儿设厂",第三方的负面效应有限。因此,在 WTO 2.0 时期,WTO 应当帮助发展中国家(地区)更好地履行产权保护政策以及其他有益于发展产业链贸易的政策。在产品内分工和贸易背景下,基于 WTO 1.0 版本的全球贸易治理中心地位已经受到侵蚀。多边主义仍将适合传统贸易领域,但是产品内分工和贸易带来的新贸易格局必将是"我用改革换你的工厂"。为适应新型国际分工演进态势,如果期待 WTO 能够提供一个更好的全球贸易治理格局,就需要 WTO 1.0 向 WTO 2.0 转变。

本 章 小 结

由于国际贸易关系到各国、各民族的利益,各国制定贸易政策时考虑更多的是本国、本民族的利益,有的甚至损人利己。为此,就需要通过贸易条约和协定对各国贸易政策加以协调,以保证正常的国际贸易秩序。世界贸易组织及其前身关税及贸易总协定就是一种对国际贸易政策在多边范围内进行协调的机制。

GATT 是第二次世界大战结束后,为了协调国际经济与政治关系、推动美国产品出口,在美国推动下于 1947 年 10 月 30 日签署的一项临时性多边贸易协定。1995 年 1 月 1 日被 WTO 取代。

WTO 是 GATT 的延伸,它继承了 GATT 的内容,并做了修订和扩充。相对于 GATT 而言,WTO 具有多方面的发展:它是一个国际法主体,对国际贸易的管辖具有法律效力;管辖的范围更广;成员方的权利与义务更平衡;争端解决机制更有效,并建立了贸易政策审议机制,有利于促进各国(地区)的贸易政策更透明。

GATT/WTO 的宗旨都是提高人民的生活水平、增加就业、扩大贸易、促进资源的合理和可持续利用。中国于 2001 年 12 月 11 日正式成为 WTO 成员,为经济贸易的发展提供了一个稳定的环境,促进了经济贸易的发展。

如果说基于 WTO 现有框架的全球贸易规则可以称为第一代全球贸易规则的话,那么适应新型国际分工需要所作出的全球贸易规则调整,可称为第二代全球贸易规则。第二代全球贸易规则以寻求国内规制政策与国际协定之间的协调和融合为主,目的在于通过结构改革促进"边界内措施"的市场化、法治化与国际化,从而消除因国内规制问题而导致的经济扭曲,为经济发展提供一个更透明、公正与竞争性的商业环境以及健全的法规制度和法治体系。

复习思考题

一、名词解释

最惠国待遇　国民待遇　非歧视原则　关税保护原则　互惠原则

二、思考题

1. 签订贸易条约和协定所依据的法律原则主要有哪些？
2. GATT对国际贸易的发展起了哪些促进作用？其主要缺陷是什么？
3. 试述乌拉圭回合谈判的特点及其意义。
4. 试述WTO基本原则的主要内容。
5. 试述多哈回合谈判的主要议题和障碍。
6. 试述全球贸易新规则下WTO的改革方向。

三、案例分析

试运用所学的WTO知识，分析下列案例中美国违反了WTO的什么原则和规则。

2017年4月19日，美国商务部根据《1962年贸易扩展法》第232条款，就"进口钢铁对国家安全的影响"发起调查。2018年1月11日，美国商务部向当时的美国总统特朗普提交报告，认为钢铁对美国国家安全至关重要，美国大量进口钢铁对美国产业造成不利影响，严重削弱美国经济。随后，这一调查又如法炮制到进口铝产品上。2018年3月8日，美国总统宣布对进口钢铁和铝分别加征25%和10%的关税，并于当月23日开始实施。但之后，美国与欧盟其他国家、英国和日本等达成协议，这场最初由美国发起的面向全球的贸易战最终引发了中国、瑞士、挪威和土耳其四国在世界贸易组织对美国诉讼。

2018年3月26日，中国根据世界贸易组织《保障措施协议》第12条第3款正式要求与美国磋商，但遭到美国拒绝。当年4月5日，中国被迫在世界贸易组织正式起诉美国。

2018年11月，世界贸易组织争端解决机构召开会议，同意设立专家组审查美国宣布的钢铝关税措施，以确认该措施是否违反世界贸易组织规则。2022年12月9日，世界贸易组织专家组认为美国违反了多项世界贸易组织相关规定，美国无正当理由来实施这一关税措施。

资料来源：安全例外条款不是单边主义的"避风港"　世贸组织专家组裁定美钢铝关税违规[EB/OL].（2022-12-20）. https://cacs.mofcom.gov.cn/article/flfwpt/jyjdy/cgal/202212/175255.html.

即 测 即 练

第九章

国际资本流动与国际贸易

本章学习目标

1. 理解贸易发展与要素流动之间的关系；
2. 了解资本流动对国际贸易的影响；
3. 了解区域经济一体化的发展及其效应。

传统贸易理论对国际贸易的分析基本上是静态的，其前提是生产要素不能在国际上流动，由此产生了不同国家比较成本的差异并构成国际贸易分工的基础。但在国际贸易实践中，生产要素的流动却一直客观地存在着。不仅几百年前就存在洲际的劳动力流动，而且随着经济的发展和科技的进步，资本、技术、数据等生产要素的国际流动更是日益普遍，这对国际贸易和世界经济产生了重大影响。本章将对此进行分析，并着重考察资本流动对国际贸易的作用。

第一节 贸易发展与要素流动

一、国际贸易的发展促进了生产要素的国际流动

传统的生产要素主要包括土地、自然资源及劳动力。由于受地理条件的限制，生产要素国际流动存在障碍，只能通过国际贸易来改变各国的生产结构，以弥补要素缺乏流动性的缺陷，提高资源利用的效率，从而获得比较利益。

但是，随着人类社会经济的进步和国际贸易的发展，生产要素的构成不断发生变化，流动性不断增强，从而对国际贸易产生重要影响。要素流动迅速发展的原因主要有以下几方面。

（1）国际贸易的发展为生产要素的国际流动提供了动力。这是因为：①当不同国家按照比较成本的差异进行国际分工，各自从事具有比较优势的产品生产并进行贸易时，客观上就是对生产要素利用效率的比较。通过比较，各国生产要素报酬上的差距会显现出来，并形成生产要素国际流动的潜在动力。只要条件具备，这种流动就会变成现实。②各国在最初按照要素禀赋差异进行国际分工和贸易后，会引起要素供求关系的变化，进而引起要素价格的变化。根据斯托尔珀-萨缪尔森定理，自由贸易会引起价格上升行业中密集使用的生产要素价格的上升，而使得价格下降行业中密集使用的生产要素的价格下降。

而现实经济中的各种限制条件又不可能使各种生产要素的价格趋于均等,如此,贸易所引起的生产要素价格的变动有可能引起原来不必流动的要素也加入流动的行列。③国际贸易在使各国生产日益国际化的同时,使各国的消费也日趋国际化。国际的消费示范效应使各国消费者不再满足于本国自然资源或生产所能提供的商品。为了更好地满足消费多样化的需要,从国外引进某些生产要素或向国外投入某些生产要素往往是必需的。以上的分析说明,贸易利益的存在产生了要素流动的动力。没有国际贸易,也就没有要素流动。

(2) 世界范围内的商品经济和科学技术的发展为要素流动创造了条件。一方面,商品经济在国际范围的发展,造成了生产要素的商品化,使生产要素和商品一样也取得了价值形态,可以通过国际贸易在价值形态上得到补偿。如果缺乏这种价值实现的国际条件,生产要素在国际上的流动就会非常困难。另一方面,科学技术发展所带来的交通运输工具的改进、信息传递的日益便捷及金融创新等,方便和促进了生产要素的流动。例如,大型运输船舶——远洋巨轮的出现以及日益发展的海陆空联运,不仅大大提高了运输能力,而且极大地降低了运输成本,使得原来不可能进行国际长途运输的铁矿砂、石油等大宗资源性产品也能够参与国际流动。国际金融创新以及电子信息技术(如互联网)的不断发展,为国际资本流动规模的不断扩大创造了条件。

(3) 第二次世界大战后跨国公司的迅速发展推动了生产要素的国际流动。根据1986年联合国《跨国公司行为守则草案》的权威定义,跨国公司是由两个或两个以上国家的经济实体所组成的公营、私营或混合所有制的企业,不管这些经济实体的法律形式和经济领域如何,该企业都在一个决策系统中动作,并允许相关的政策和共同的战略通过一个或多个决策中心,该企业中的各经济实体通过所有权或其他方式联结在一起,其中一个或多个经济实体能够对其他经济实体的活动施加有效的影响,尤其是与其他经济实体分享知识、资源的责任。① 为了降低生产成本、实现利润的最大化,跨国公司实行全球经营战略,在全球范围内配置资源、技术、资本。这无疑对生产要素的国际流动起了"助推器"的作用。

(4) 国际贸易壁垒的存在促使生产要素在国际流动。在国际贸易中不存在完全的自由贸易。为了各自的国家利益,几乎每个国家都或多或少地采用各种关税和非关税壁垒对贸易加以限制。这些贸易壁垒的存在往往成为生产要素国际流动的动因。只要条件具备,生产要素就会在国家之间移动,以绕过贸易壁垒。对外直接投资已成为许多发达国家向投资东道国输出商品的重要手段。

(5) 商品贸易和要素流动成本的差异是产生要素流动的一个客观原因。各种经济资源在不同国家不是均衡分布的。例如,有的国家某些自然资源比较丰富,而其他自然资源可能非常贫乏;有的国家资本、技术可能比较充足甚至过剩,但劳动力相对短缺,而另一些国家却可能与此相反。生产要素供求结构的不平衡可以通过商品贸易和要素移动两种方式加以解决,究竟采取哪种方式,取决于双方成本的大小。商品在国家之间流动是要付出运输成本的,有时候这种成本会很高,完全抵消甚至超过商品输出国在生产成本上的相对优势。而通过生产要素在国家之间的转移,则可以大大地节约上述移动的成本,它不仅

---

① The United Nations Code of Conduct on Transnational Corporations[Z]. UNCTC Current Studies, Series A NO. 4. New York, 1986.

使输出国获得经济上的利益,也会使输入国的需求更好地得以满足。

二、要素流动与国际贸易的相互关系

要素流动与国际贸易的相互关系可以从静态与动态两个方面加以分析。

(1) 从静态的局部分析出发,要素流动与国际贸易之间存在相互替代的关系。在国际贸易中,商品的国际流动主要是通过外部市场进行的。这种贸易方式具有两个缺陷:一是某些商品的国际市场并非完全的、自由竞争的,而是存在垄断、信息分布的不对称等不完全性,这导致交易的成本非常高;二是商品的出口往往挤占进口国同类商品或替代品的市场份额,影响进口国相关产业和潜在产业的建立与发展,并进而引发进口竞争行业就业、收入减少等诸多社会问题,因而商品贸易往往受到进口国政府的限制。与此相反,要素流动却具有明显的优越性:其一,流入的要素往往是进口国比较稀缺的,有利于改善其供求结构;其二,要素的流入特别是资本、技术的输入,能够极大增强本国的生产能力,解决就业等问题。所以,各国政府一般都欢迎、鼓励生产要素的流入。从这层意义上说,要素流动会导致某些商品进出口的减少,要素流动替代了国际贸易。

(2) 从动态的、发展的角度看,两者之间又是相互补充、相互促进的关系。这是因为,要素流动在某个时期内可能会促进输入国进口替代工业的发展,造成相同产品或替代品进口的减少。但随着进口替代产业的国际竞争力的提高,该输入国出口将会增加,收入水平和进口支付能力亦随之提高,其进出口规模将最终扩大。而对要素输出国来说,则可借助过剩要素输出增加的收入发展本国经济,创造新的优势,提高自己在国际贸易中的地位。由此可见,生产要素的流动会促进各国生产力的发展,提高各国的人均国民收入水平,增加社会的有效需求,从而促进各国国内市场以及国际市场的扩大。生产要素的国际流动没有也不会替代贸易的发展。要素流动和国际贸易可同时用来达到促进各国经济发展的目的。举个例子,发展中国家通常劳动力比较丰富,在劳动密集型产品出口方面具有优势,但如果缺乏必要的资金和技术,这种优势往往难以发挥。如果发达国家将相应的技术及过剩的资金转移到发展中国家的劳动密集型产业中,则可使发展中国家的优势得到现实利用,发展劳动密集型产品的生产并出口。而对发达国家来说,虽然其老产品会不断被其他国家替代,但它们却因此把生产资源转移到新的产业部门中,不断创造和形成新的优势。

三、生产要素国际流动的内容

不同生产要素的流动性是大不一样的。比如土地根本无法流动,其他自然资源虽可流动但流动性较差,有些流动的成本很高。能够在国际上流动的生产要素主要有劳动力、资本和技术三类。

(1) 较具流动性的生产要素是劳动力。由于自然和历史的原因,劳动力在不同国家的分布很不均衡,这使得人口的国际流动从古代一直延续至今,其原因历来主要出自经济上的考虑。从欧洲人踏上美洲大陆到向那里贩卖黑奴,再到第一次世界大战前千百万人横渡大西洋,潮水般涌向美洲和大洋洲,这些大规模的移民运动使当地得到开发,推动了美国、加拿大和澳大利亚等国家的经济发展。如果以海岸线为标准,中国也经历了两次大的劳动力国际流动：一是近代华南、闽南一带劳动力下"南洋"；二是20世纪80年代以来的"出国潮"。这两次流动不仅对流入地的经济发展起到了促进作用，也对中国经济产生了较大影响，"海外华人"成为促进中国对外贸易发展的重要因素。对劳动力的国际流动要具体分析，并非所有的劳动力流动都能促进经济贸易的发展。譬如，发展中国家向发达国家输出劳动力能缓解前者的就业压力、增加外汇收入并弥补后者劳动力的短缺，但发展中国家熟练劳动力及科技人才向发达国家的迁移则加剧了发展中国家人力资本的短缺，阻碍了其经济贸易的发展。因此，在当代，不仅发达国家出于本国就业及种族、政治等因素对劳动力流入加以限制，而且发展中国家基于本国经济发展的需要也对劳动力特别是技能型熟练劳动力的流出加以控制。

（2）具有明显流动性的要素是资本。随着资本主义发展产生的过剩资本，为了寻找更有利的投资场所、获得较高利润，纷纷流向国外。世界主要货币的国际化及国际结算手段的便利化，使资本流动的技术障碍日趋减少，资本流动规模不断膨胀。当代，资本流动已从最初的由资本过剩的国家流向资本短缺的国家，发展为发达国家之间、发达国家与发展中国家之间、发展中国家之间的交互投资，资本流动成了影响几乎所有国家经济发展的重要因素。虽然外国资本并非促进东道国经济发展的"天使"，它在带来经济增长、人民生活改善的同时，也会产生一些负面影响，但众多国家还是把吸引外国资本流入列为发展本国经济的优先课题。

（3）国际技术转移是国际生产要素流动的重要组成部分。这里所说的技术转移包括技术、知识、专利、管理经验等的国际流动。流动的方式一般分为非商业性技术转移和商业性技术转移，前者是以政府援助、科技交流等形式进行的技术转移，通常是无偿的；后者即是知识产权贸易。此外，技术转移还包括由于商品贸易而带来的技术外溢。随着科学技术进步的加快，技术对经济发展的贡献度越来越大，科学技术水平的高低决定一国国际竞争力的强弱。因此，引进国外先进技术成了许多国家特别是发展中国家实现经济腾飞、提高国际竞争力的重要手段。对发展中国家来说，阻碍经济进步的不仅是资本的不足，而且在于技术、知识的缺乏所造成的劳动力素质和生产效率的低下，在于经营管理人才的短缺。通过技术的引进与交流、先进管理理念的传播，则可以丰富一国的文化科技知识、节约技术进步的成本、提高管理水平，加快经济发展步伐。

在现实生活中上述三种要素的流动往往是密不可分、相互补充的，它们之间较少相互替代。例如，跨国公司在从事跨国经营的时候，就是集资本输出、技术转移和人员流动于一体的。不过从国际贸易的发展情况看，影响最大的还是资本流动。

需要特别指出的是，随着数字经济的兴起，数据作为重要的生产要素，借助互联网，其国际流动越来越顺畅，甚至超过传统的要素国际流动，对世界经济和贸易的发展产生重大影响。

第二节　国际资本流动的类型

第二次世界大战结束，特别是20世纪90年代以来，国际资本流动的规模迅速扩大，资本国际化趋势日益加强，资本输出的作用已经超过商品输出而成为国际贸易的重要基础，并对国际贸易的商品结构和地区流向产生了深刻影响。

一、国际资本流动的概念及类型

国际资本流动是指资本从一个国家或地区转移到另一个国家或地区的一种国际经济活动,其目的是获得比国内更高的经济效益。

国际资本流动的形式是多种多样的。按资本流动方向,国际资本流动可分为资本输出和资本输入两个方面。资本输出指资本从国内(母国)流向国外(东道国),如本国投资者在国外投资设厂、购买外国债券等;资本输入是指资本从国外流入国内,如外国投资者在本国投资设厂、本国在国外发行债券或举借贷款等。按投资时间的长短,国际资本流动可分为长期投资和短期投资两大类。长期投资一般指投资期限在 1 年以上的投资;短期投资则是投资期限在 1 年以下的投资。按投资方式,国际资本流动可分为国际间接投资和国际直接投资两大类。

二、国际间接投资

国际间接投资包括国际证券投资和国际借贷资本输出,其特点是投资者不直接参与使用这些资本的企业的经营管理。

国际证券投资是指投资者在国际证券市场上购买外国企业和政府发行的中长期债券,或在股票市场上购买上市外国企业股票的一种投资活动。证券投资者的主要目的是获得稳定的债息、股息和证券买卖的差价收入。国际投资的证券化是当今国际投资发展的重要趋势。

国际借贷资本输出是以贷款或出口信贷的形式把资本出借给外国企业和政府。借贷资本输出虽然和国际证券投资一样不直接参与企业的经营管理,主要为了获得利息收入,但其间又有不少区别。如风险的承担者在国际证券投资中是投资者,而在国际借贷中是借款者。

国际借贷资本输出的具体方式有政府贷款、国际金融机构贷款、国际金融市场贷款和中长期出口信贷。①政府贷款。这是指各国政府或政府机构之间的资本借贷。这种贷款多为发达国家向发展中国家提供的具有援助性质的贷款,其利息较低(一般为 3% 左右)、偿还期较长(可为 20~30 年),有些甚至是长期无息贷款。但这种贷款大多附有某些政治条件并有指定的用途。②国际金融机构贷款。它是全球性国际金融机构(世界银行、国际货币基金组织、国际开发协会和国际金融公司)和区域性国际金融机构(如欧洲投资银行、泛美开发银行、亚洲开发银行等)为其会员国提供的贷款。这类贷款的条件一般也比较优惠,并规定特定的用途。③国际金融市场贷款。这主要指国际商业银行提供的中长期贷款。这种贷款可由一家银行单独提供,也可由国际银团联合提供,其贷款金额大、期限长、作用不限,但利率和费用高。④中长期出口信贷。其主要是通过资本的借贷以达到促进本国出口的目的。

一个国家通过国际间接投资获得的资金构成一国的外债。外债规模的大小影响一国的经济发展,所以应控制在适度的范围内。衡量外债规模的指标通常有三个。

(1) 负债率。其即一国一定时期负债余额与同期 GNP 之比。这个指标一般不能超过 20%,低于 15% 较好,高于 30% 则会出现债务困难。

(2)偿债率。其即一国一定时期外债还本付息额与当年外汇经常收入之比。这个指标不能超过25%，否则会有债务困难。

(3)债务率。其即一国一定时期负债余额与同期外汇经常收入之比。该指标不能超过100%。

三、国际直接投资

国际直接投资，又称对外直接投资，是指投资者投资于国外的工商企业，直接参与或控制企业的经营管理而获取利润的一种投资方式。相对于国际间接投资，它具有两个主要特征：第一，它以谋取企业的经营管理权为核心。投资者通过投资拥有股份，不单纯是为了资产的经营，而是为了掌握企业的经营管理权，通过经营获得利润。由于国际投资的收益来自企业利润，因此是不固定的。相反，国际间接投资的收益一般是固定的。第二，它不仅仅是资本的投入，还包括专门技术、生产设备、管理方法以及销售经验等的国际转移，是经营资源的综合投入；而国际间接投资并不必然引起生产要素的国际流动。

国际直接投资的方式主要有四种：①投资者直接到国外开办独资企业，设立分支机构、附属机构等，掌握100%的股份。它可以通过建立新企业或全资收购国外现有企业来进行。②购买国外企业的股票并达到一定比例。按国际货币基金组织的定义，拥有25%投票权的股东，即可视为直接控制。但在某些场合，只要掌握10%的股权即可控制经营，而在另一些场合，则须达到50%。③同国外企业共同投资，开设合资企业或合营企业。这类企业由双方按一定比例共同投资建立，共同管理，共负盈亏，一般实行有限责任制。④投资者利润的再投资。投资者不把在国外企业获得的利润汇回母国，而再投资于该企业，也属国际直接投资行为。为便于实现自己的全球战略，在国外投资设立独资企业和控股企业是目前跨国公司对外直接投资的主流。

随着经济全球化的发展，国际直接投资在国际经济合作中的重要性日益增加。按照投资者的经营动机，国际直接投资可以分为以下五种类型。

(1)自然资源导向型。这类投资一般都投向能源、矿产、森林等自然资源比较丰富的国家和地区，在那里建立原材料生产和供应基地，以弥补投资者母国自然资源的匮乏，确保本国生产的正常进行。许多国家在中西亚、南美洲和澳大利亚等地进行的直接投资很多属于这种类型。

(2)生产要素导向型。这主要指为了降低生产成本而在土地资源和劳动力供应比较丰富的国家进行的直接投资。随着经济的发展，发达国家和一些新兴工业化国家地租与工资水平节节上升，带来了生产成本的增加，直接影响产品的国际竞争力。为了减小这方面的不利影响，这些国家就以直接投资的方式，把那些占地多、费工、费时的生产工序转移到土地和劳动力资源比较充裕的国家或地区，以利用当地廉价的土地和劳动力等生产要素。这类投资也被称为效率导向型投资。随着一些发展中国家教育和科学技术水平的提高，劳动力素质不断提高，发达国家现在也开始把一些技术含量相对较高的制造环节和服务环节向发展中国家转移。

(3)市场导向型。这是以扩大市场销售为目标的对外投资。与在本国完成商品生产，然后再出口到国外的模式不同，它通过在当地生产、当地销售，可以使设计和生产更接近市场,随时了解、掌握市场动态,并可降低运输费用,从而达到维持和扩大对市场的占有率。特别是在各种关税和非关税壁垒阻碍正常商品出口的情况下,通过对外直接投资,可以绕过这些壁垒而替代出口,同样能够获取贸易利益。市场导向型的直接投资,一般是分阶段进行的:最初是对出口市场的开辟和出口销售,等进行到一定阶段后,就开始在销售地进行装配或着手制造部分零部件,最后把大部分或全部生产过程转移到国外。这种类型的投资通常出自两方面的考虑:一是利用技术上的优势,力争在短期内占领国外市场;二是利用规模经济,扩大市场占有率,以实现规模效益。

(4) 交易成本节约型。这是为了克服市场不完全性可能造成的风险而进行的直接投资。在第三章公司内贸易理论的分析中,我们已经提到,现实中的市场并非理想的完全竞争的市场,市场上信息分布是不对称、不完全的,信息的获得是需要成本的,谈判、签约到契约的执行也都要付出代价,在国际市场上就更是如此。针对市场的不完全性而进行对外直接投资,就可以克服市场不完全性带来的较高的交易成本,以企业内部的协调关系替代市场上的买卖关系,以长期契约取代短期契约,从而达到克服市场风险、确保资源供应和降低生产成本的目的。这种投资多表现为跨国公司内部所进行的垂直一体化型的投资。

(5) 研究开发型。这类投资在 20 世纪 50—70 年代主要指一些发展中国家通过向技术先进的国家进行直接投资,在那里进行独资收购或合资经营高科技企业,将其作为从事科研开发、新产品设计的前沿阵地,以打破竞争对手的技术垄断和封锁,引进新技术和新工艺。20 世纪 90 年代以来,在发展中国家这类对外直接投资继续发展的同时,发达国家相互之间及发达国家对发展中国家的研究开发型投资也得到迅速发展。后一种研究开发型投资是与发达国家跨国公司生产经营的全球化趋势相一致的,其表现为研究开发的全球化。20 世纪 80 年代中后期以来,跨国公司研究与开发的全球化主要出于以下动因:满足高新科技研发高额投入的需要;共担研发风险;通过相互间技术合作,加快新产品研发速度;开发适应东道国市场需要的产品,以及利用东道国的低成本科技资源、科研人才。跨国公司通过国际直接投资进行的海外研发可以分为两种:一是以母国为基地的技术开发型 R&D,它主要属于需求驱动型,是为适应东道国市场的特殊需要、提高产品在东道国市场的竞争力,对跨国公司原有技术进行本土化改造,不增加跨国公司核心技术;二是以母国为基地的技术增长型 R&D,它主要属于供给驱动型,直接利用东道国的基础技术或 R&D 资源,提高跨国公司现有技术水平。通过国际直接投资进行海外研究与开发、利用全球研发资源是当代跨国公司全球化经营战略的重要方面。

第三节　国际资本流动与国际贸易的发展

国际资本流动对国际贸易的影响主要表现在国际贸易规模、国际贸易格局、国际贸易方式及国际贸易政策四个方面。

一、国际资本流动促进了国际贸易规模的扩大

从一般意义上讲,国际资本流动对国际贸易规模的影响可分为四种情况。
(1) 如果资本从输出国的出口部门流入输入国的出口部门,则会导致输出国出口产

品生产的缩减和出口量的减少,以及输入国出口产品生产的扩大和出口的增加。资本输出国、输入国各自的出口规模会发生变化,但国际贸易总规模基本不变。

(2) 如果资本从输出国的出口部门流入输入国的进口竞争部门,则会导致输出国出口产品生产的缩减和出口量的减少,以及输入国进口竞争产品生产的扩大和进口的减少。资本输出、输入国各自的贸易规模和国际贸易总规模都会萎缩。

(3) 如果资本从输出国的进口竞争部门流向输入国的出口部门,则会导致输出国进口竞争产品生产的缩减和进口的增加,以及输入国出口产品生产的扩大和出口的增加。资本输出、输入国各自的贸易规模和国际贸易的总规模都会扩大。

(4) 如果资本从输出国的进口竞争部门流向输入国的进口竞争部门,则会导致输出国进口竞争产品生产的减少和进口的增加,以及输入国进口竞争产品生产的扩大和进口的减少,国际贸易的总规模变化不大。

由此可见,国际资本流动对国际贸易规模的影响是比较复杂的。但在实践中,资本国际流动总体上对国际贸易起着促进作用。这是因为:第一,国际资本流动本身往往直接或间接地带动商品的进出口。一方面,对外直接投资会直接启动设备、技术及关键原料的出口;另一方面,资本输出国实行的出口信贷措施把出口和信贷结合在一起,提高了资本输入国的进口能力,带动了资本输出国商品的出口。第二次世界大战后发达国家普遍采用出口信贷方式,极大地推动了大型成套机电设备的进出口贸易。第二,资本输出国在减少了资本输出部门国内生产的同时,往往发展起新的产业部门,而资本输入国也因资本输入而增强了生产能力、提高了收入,双方的进出口能力最终都会因资本的输出和输入而提高。

当然,国际资本流动促进国际贸易规模扩大的事实并不能否认前者对后者一定程度上的替代作用。那么,一国在投资和贸易间究竟如何选择呢?假定投资国国内生产成本为 C,产品出口环节的流通成本为 M,而在东道国投资的生产成本为 C',管理和营销成本为 M',则

若 $C+M<C'+M$,则选择出口更有利;

若 $C+M>C'+M$,则选择对外直接投资更合算。

这种分析不仅适用于对哪些国家采用出口、哪些实行直接投资的横向选择,还适用于对同一个国家何时采用出口、何时进行直接投资的纵向选择。

二、国际资本流动影响国际贸易格局

(1) 第二次世界大战后的国际资本流动改变了国际贸易的地理格局。从当代国际经济情况看,国际资本流动的方向也就是国际贸易的主要方向。20 世纪 50 年代以前,国际资本主要从发达国家流向发展中国家,因此,那时发达国家与发展中国家之间的贸易在国际贸易中占主要地位。20 世纪 60 年代以后,随着资本输出的主要对象转向发达国家和新兴市场经济国家,发达国家之间以及发达国家与新兴市场经济国家之间的贸易额相应扩大,并占了全球贸易额的主要部分。

(2) 国际资本流动改变了国际贸易的商品结构。20 世纪 50 年代中期以后,随着资本输出的主要部门由初级产品部门转向制造业和服务业部门,工业制成品贸易和服务贸易

在国际贸易中的份额日益上升,初级产品的比重不断下降。同时,国际资本流动部门结构的改变还加快了发展中国家的工业化步伐,提高了工业制成品生产能力,优化了出口商品结构。在当今,随着跨国公司主导的国际直接投资的发展,服务于跨国公司全球产业链条分工的需要,中间产品、零部件贸易在国际贸易中的比重上升。

三、国际资本流动带来了新的贸易方式

传统的国际贸易主要由商人充当国家间商品交换的媒介,专业性的进出口贸易公司在国际贸易中占有非常重要的位置。第二次世界大战后,跨国公司通过对外直接投资,控制了企业的经营权,并设立自己的贸易机构,经营进出口业务。这样,跨国公司就把进出口同其他经营方面的决策结合在一起,以便及时了解市场动态,按照需求的变化来组织生产,灵活调整经营策略。跨国公司使很大一部分国际市场转变为内部市场,其内部交易不需要专业性贸易公司代理。随着跨国公司的发展,它们内部及相互之间的贸易额不断扩大,在国际贸易中的比重逐步上升,使得贸易中间商、代理商的地位日趋降低。例如,20 世纪 60 年代,随着日本一些大企业纷纷建立自己的国内外贸易机构,综合商社的地位急剧下降。在当代,跨国公司的公司内贸易已成为国际贸易的主要形式。

此外,国际资本流动还产生了一系列新的国际贸易方式。这些方式在 20 世纪 60—70 年代主要有补偿贸易、加工贸易、国际租赁贸易。20 世纪 90 年代以来,随着资本流动与国际分工的深化,进一步产生了制造业外包、服务业外包等新的分工与贸易方式,国际贸易的性质也由最初为获取商业利润、互通有无而开展的"为消费而贸易",演变为满足跨国公司生产所需要的"为生产而贸易"。

四、国际资本流动推动了贸易自由化

跨国公司通过对外直接投资实行全球化经营,在全球范围内调动资源,安排生产和销售,以获取投资收益最大化。只有在自由贸易的条件下,它们才能做到这一点。因此,跨国公司出于自身利益成为自由贸易的积极主张者,成为贸易自由化的推动力量。

另外,跨国公司也有实力促使贸易政策的自由化。首先,它们资本雄厚,能通过各种渠道影响政府决策。而在东道国,其子公司往往能凭借强大的经济实力,影响甚至左右当地的经济与政治决策,迫使发展中国家放弃或减少某些贸易保护措施。其次,直接投资能绕过贸易壁垒,使关税、配额等关税和非关税措施在一定程度上失去效力,从而客观上起到打破贸易保护的效果。最后,从积极意义上讲,资本流动对经济发展的重要性,迫使各种类型的国家,特别是发展中国家,放松对贸易的干预与控制,以改善投资环境、吸引外资流入、促进本国经济增长。

五、国际直接投资、贸易投资一体化与国际贸易理论创新

以上分析表明,在当代国际直接投资迅猛发展的情况下,国际直接投资不仅成为影响世界经济贸易发展的主要因素,而且推动了贸易与投资的日益融合,贸易与投资日益一体化。贸易与投资的一体化也推动了国际贸易理论与国际直接投资理论的日益融合。

我们知道,以比较成本和要素禀赋理论为主线的主流国际贸易理论,有一个重要的假

定前提：不存在生产要素的国际流动。这一假定在李嘉图、俄林时代也许是合理的。但在第二次世界大战以后,这一假定显然已经不符合实际。因此,当代的国际贸易理论越来越将国际直接投资纳入分析的框架。例如,在弗农的产品生命周期理论中,随着比较优势的变化,跨国公司的投资格局也发生相应的调整；在公司内贸易理论中,通过国际直接投资设立国外子公司更是成为公司内贸易开展的条件,有的经济学家干脆将公司内贸易理论归入国际直接投资理论。另外,跨国公司的国际直接投资也离不开对区位优势、中间产品贸易便利性等的考虑,国际贸易理论与国际直接投资理论日益融合。贸易投资一体化对国际贸易理论的发展提出了新的课题,国际贸易理论亟待创新。[①] 这里,我们试做一些初步分析,供读者参考。

（一）对国际贸易分工基础的影响

贸易投资一体化的发展,使得国际贸易分工基础发生变化。一般认为,比较成本理论是国际贸易理论发展的主线。比较成本理论有两大特点：一是以国家市场为基本分析单位,其理论的框架内没有公司和对外直接投资；二是对主要发生在发达国家和发展中国家之间的产业间贸易有明显的解释力。

贸易投资一体化的发展,使得比较成本有了新的表现形式。因为比较成本理论和生产要素禀赋理论有一个至关重要的假设前提,即要素在国家间的不可流动性。正是由于要素的不可流动性才造成了各国比较成本的差异,国家之间的分工和贸易就成为弥补各国成本和资源禀赋差异、在全球范围内有效配置资源的唯一途径。但在经济全球化,要素特别是资本要素的流动性日益增强的情况下,企业成为参与国际经济合作和竞争的主体。随着国际贸易和国际投资的日渐融合,企业在国际市场上的竞争优势不再单单表现为贸易优势或投资优势,而是贸易投资一体化优势。一方面,由于要素流动壁垒的降低,一国企业将无法独享基于本国资源禀赋的比较优势,外国跨国公司通过直接投资也可以加以利用,从而整合为竞争优势；另一方面,本国企业也可以利用全球化的机遇,在整合全球资源的基础上,创造企业的竞争优势。可见,某一国的比较优势实际上成为本国及外国都可以利用的区位优势。至于究竟谁可以来进行这种"整合",这就要看哪个国家拥有更多国际竞争力强的企业。一个国家所拥有的资本实力雄厚或者技术、管理上有竞争优势的企业越多,其利用国外比较优势获利的能力就越强。因此,全球价值链分工的实质是跨国企业依靠竞争优势、借助投资活动在全球范围内对资源的整合。一国企业的竞争优势,或者说一国企业利用全球价值链分工的机遇整合全球资源所创造的竞争优势,成为当代国际贸易分工的重要基础。1991年,波特在国家竞争优势理论中就强调了竞争优势是一国在国际竞争中获胜的关键。一国具备国际竞争优势的企业越多,就越可以在国际分工中更多地整合别国的资源,并减小本国资源被别国企业整合的可能性。一国企业的这种竞争优势表现在：依靠资本力量从事大规模生产所获得的成本优势；依靠R&D获取技术优势、生产差别化产品的能力；依靠独特的管理方法降低交易成本的能力等。

[①] 张二震,马野青.贸易投资一体化与当代国际贸易理论的创新[J].福建论坛,2002(1):29-35.

（二）对贸易结构的影响

贸易投资一体化的发展，使得跨国公司的内部贸易不断发展，公司内贸易中中间产品、高科技精密零部件的比重不断增加。在以比较成本为基础的国际贸易中，国际贸易格局以产业间贸易为主，国际交换的对象属于不同的产业部门。这是因为在传统贸易理论认为比较成本、要素禀赋的差异是国际贸易基础的情况下，各国必然生产要素密集度不同的商品以供交换。它主要发生在经济发展水平不同的发达国家与发展中国家之间，或者经济发展水平相近但要素禀赋差异较大的国家之间，产品的流动是单向的，产品的用途也存在很大差别。

20世纪70年代以来，随着科技发展、国际分工的深化，发达国家的产业内分工和贸易比重逐渐增加。它主要发生在同一产业部门内部，产品的投入要素比例、最终用途基本相近。根据新贸易理论的分析，产业内贸易主要源于不完全竞争和规模报酬递增。贸易的商品是同一产业内的差异化最终产品。但是，伴随着贸易投资一体化的发展，国际贸易格局又进一步发生了变化，虽然产业内贸易继续发展，但其贸易的对象、贸易的主体已与以前大不相同。跨国公司内部贸易迅速增加，一些原来在跨国公司之间进行的产业内贸易，也将有一部分转为在跨国公司内部进行。国际贸易在很大程度上成为跨国公司所"经营"的贸易与投资活动的一体化的经济活动。

为了壮大自身规模、减少竞争对手、降低经营风险，随着自身资金实力的增强、国际借贷的便捷，很多跨国公司往往采用横向并购的形式，在某一产业内开展多元化经营、系列化生产。这在当今的国际汽车、石化、信息等领域表现得非常明显。当代国际生产的增长主要是通过跨国并购而不是通过新建企业投资实现的。发达国家占世界并购额的90%，跨国公司占并购总额的90%。横向并购使原来生产同类产品（不同型号）的跨国公司之间可以通过产业内分工而进行的产业内贸易，转变为跨国公司内部分支机构之间的公司内贸易。如在奔驰与克莱斯勒合并以前，美国与德国这两家公司的汽车贸易属于公司间的产业内贸易，而两家公司合并后的贸易变为公司内的产业内贸易。这种特大型"全能"跨国公司的出现，就对原先市场结构理论认为的企业出于规模经济效益只生产有限系列产品从而导致产业内贸易的理论解释提出了挑战。

为了在全球竞争中保持核心竞争力，跨国公司在国际投资中往往采用垂直一体化战略，其形式既有独资、控股、参股的直接股权控制，也有借助品牌进行的非股权控制的虚拟一体化方式。在直接的股权控制模式中，跨国公司往往自己投资从事研究与开发以及关键环节和工序的生产，以确保技术领先的优势。对于普通、标准零部件和中间产品则采用全球采购的虚拟一体化模式，以降低成本。这种战略导致国际贸易形式的变化：对应于前者，表现为精密零部件和中间产品在公司内贸易中的比重不断上升；对应于后者，则表现为外包形式的加工贸易在整个国际贸易中的比重持续提高，并逐渐成为国际贸易的主要形式。通过垂直一体化，跨国公司在其内部以及跨国公司之间开展的这种生产环节、工序间的国际分工，及由此而产生的中间产品之间的贸易，即所谓垂直专业化分工与贸易，是当代国际贸易发展的新趋势。

值得一提的是，为了在激烈的全球竞争中赢得先机、抢占市场份额，跨国公司的研发活动已经不再局限于母国。研发本土化、全球化发展迅速，有的还在发展中国家设立研发中心。这就使许多新产品的国际贸易不再像20世纪五六十年代一样有一个明显的产业梯度转移的生命周期。用来解释国际贸易分工中产业梯度转移的弗农的产品生命周期理论遇到了挑战。并且它对发展中国家如何发挥后发优势、实现技术赶超提出了新的课题。

（三）对国际贸易利益的影响

贸易投资一体化发展，使得国际贸易利益中的动态利益地位将日益突出。一国开展国际贸易的利益更多地表现为贸易对就业、技术进步、税收、GDP等的促进作用。以比较成本理论和生产要素禀赋理论为代表的传统贸易理论运用静态分析方法，阐述了每个国家只要发挥自己的比较优势参与国际分工和贸易，就会带来整个世界产量的增加、消费水平的提高和要素使用的节约。这是国际贸易的静态利益。传统国际贸易理论还分析了国际贸易对一国经济社会发展更为重要的动态利益。如通过国际贸易可以促进竞争、加快技术进步、促进资金积累、改善产业结构、引进先进的观念、促进制度创新等。

但在贸易投资一体化的情况下，分析国际贸易利益需要有新思路。

(1) 在贸易投资一体化条件下，国际投资的收益将逐步超过贸易的收益而居于主要方面。

传统的国际贸易理论认为，国际投资与国际贸易之间既相互替代、又相互促进，总体上国际投资是促进国际贸易规模扩大的。因为对投资国而言，虽然对外投资替代了原先的对外出口，但也因此带动了相关设备、关键零部件和原材料的出口，对受资国而言可弥补资本的短缺，使潜在的比较优势得以发挥，增强生产和出口能力。这种分析方法显然是传统的比较成本的分析方法，在国际投资活动中各国发挥的是自己的比较优势，投资的收益最终仍通过贸易活动得以体现。而且在这种投资收益以国家为单位的分析方法中，跨国公司的利益和国家的利益是一致的，通过跨国公司的对外投资活动，资本输出国的利益会增加。

但在贸易投资一体化的条件下，虽然不排除国际投资与国际贸易之间存在相互促进的关系，因为国际投资优化了全球范围内的资源配置，扩大了中间产品、零部件的贸易，但对资本输出国而言，国际投资的收益不能够再全部通过国际贸易的利益加以体现。这是因为经济全球化下的国际投资活动是跨国公司借助资本这一纽带所进行的全球范围的资源整合，为了利用某一东道国的要素优势（比如廉价的劳动力），它可能到该国投资设厂，但中间零部件、机器设备则可能来自他国而非母国，生产的产品可以就地销售，或向其他国家出口，出口收益则记在东道国的贸易收支上，跨国公司得到的是投资的收益——利润。如果跨国公司将利润汇回母国，则资本输出国得到了投资收益。相反，如果母国所得税税率相对国外较高，跨国公司从自身总体利益出发有可能将利润留在国外。因此，在贸易投资一体化条件下，跨国公司的利益与母国的利益并不总是一致的，只有投资收益才能准确反映资本输出国所获得的直接利益。全球化因此也给资本输出国和输入国政府各提出了一个问题：资本输出国在积极培育跨国公司以提高国际竞争力的同时，又如何使之服务于国内的经济活动，增进国内的福利？资本输入国政府在积极吸引国际投资的同时，如何使跨国公司融入本国经济活动中，服务于东道国的经济发展？

(2) 在贸易投资一体化条件下,传统的以国家为单位计算国际贸易收支的统计方法已经不能准确反映一国的贸易状况。

在没有生产要素国际流动的情况下,以国家为单位来统计贸易收支,能够准确反映一国的进出口状况。因为一国的出口产品全部是用本国要素生产的;进口产品也全部是用贸易对象国的要素生产的,出口表现为外汇收入的净增加,进口表现为外汇对贸易对象国的净支付,两个国家间的贸易差额因而也能够准确反映双方的贸易关系。但在经济全球化条件下,由于跨国公司的作用及资源的全球流动,一国的出口产品可能不是"本国企业"生产的,而是外国甚至进口国跨国公司的分支机构生产的。出口产品不仅使用了进口原材料和中间产品,甚至大部分来自进口,来自最终产品进口国的进口。这在加工贸易中表现得尤为突出。一些加工出口产品往往大部分原材料、零部件来自国外,加工出口国只获得极为有限的加工费。根据传统的统计方法,加工贸易出口额都记为出口国的出口显然是不公平的。它不仅片面夸大了出口国的出口规模,容易导致国际贸易关系的紧张,也掩盖了国际贸易中实际的利益关系。例如,中国一个时期出口美国的芭比娃娃,出口价格为2美元,进口原材料为1美元,运输、管理费为65美分,中国获得的加工费(工缴费)只有35美分,而在美国国内的售价达20美元。美国厂商获得了主要的利益,中国的收益只有35美分,但2美元的出口额却记在中国的头上,这显然是不公平的。所以,经济全球化对国际贸易统计体系提出了变革的要求。

(3) 在贸易投资一体化条件下,国际贸易的动态利益在国际贸易利益中的重要性增加,对发展中国家更是如此。因为,在全球价值链分工条件下,各国市场都成为国际市场的一部分。在一国市场上从事生产和出口的企业不仅有"纯粹"本国的企业,还有外国的企业、合资企业,出口收入因此并不为出口国所独享,外国企业可以将出口利润汇出国外。特别是当发达国家的跨国公司在发展中国家开展国际化经营时,它们不可避免地使用转移价格的手段转移利润,发展中国家所获得的直接贸易利益因此大打折扣。在此情况下,国际贸易的动态利益就成为发展中国家开展国际贸易、吸引外国投资的重要目标。一国是否从国际贸易与国际投资中获益,固然要看所获得的静态利益,但更应注重它对本国就业、税收、产业结构升级、国民收入、社会的现代化等方面的贡献。

至于贸易投资一体化对贸易政策的影响,第七章已做了分析。为了完整理解贸易投资一体化对贸易理论的影响,我们建议读者做一个回顾。本章第四节还将分析贸易投资一体化对区域经济一体化的影响。

第四节 区域经济一体化

区域经济一体化,又称贸易集团化、区域经济集团化,是第二次世界大战后世界经济领域出现的一种新现象。它发端于西欧,20世纪60—80年代在世界各地获得迅速发展,迄今发展的趋势还在明显加强。各种类型的经济贸易集团,无一例外地采取歧视性的贸易政策,即对组成贸易集团的成员国采取完全消除贸易壁垒的政策,而对集团外国家则继续保持贸易壁垒,因而对国际分工和贸易格局产生了广泛而深远的影响。经济一体化的产生和发展,在很大程度上依赖于生产要素的国际流动,并且对其起到巨大的反作用。

一、经济一体化的概念及形式

经济一体化既是一种过程,也是一种状态,它是指在组成贸易集团的成员国间逐步取消所有歧视性贸易障碍和其他非贸易壁垒,实行自由贸易,进而实现生产要素在成员国之间的无阻碍流动,并为此而协调成员国之间的社会经济政策。

根据商品和生产要素自由流动程度的差别以及各成员国政策协调程度的不同,可以将经济一体化分为六种形式。

(1) 特惠贸易协定。特惠贸易协定的成员国之间的贸易障碍比非成员国要少,少数有选择的商品也可能撤除所有贸易壁垒,实行自由贸易。这是经济一体化最松散的形式。

(2) 自由贸易区。在自由贸易区内,各成员国相互取消一切关税和非关税的贸易障碍,实行区域内商品自由流通,但各国仍保留独立的对集团外国家的关税和其他贸易壁垒。为防止集团外国家的商品通过贸易壁垒较低的成员国进入自由贸易区,通常在成员国之间的边境上仍保留海关。属于这类自由贸易区的有1960年成立的欧洲自由贸易联盟、1994年建立的北美自由贸易区等。

(3) 关税同盟。成员国之间除取消关税和其他贸易壁垒外,还统一了对集团外国家的贸易政策,对集团外国家实行共同的、统一对外的关税壁垒和其他贸易限制措施。这时,成员国之间不再设有海关等机构。1967年成立的欧洲经济共同体和2002年12月22日沙特阿拉伯等海湾六国正式成立的海湾关税联盟(于2003年1月1日开始生效)属于典型的关税同盟。

(4) 共同市场。在共同市场内部,不仅实行关税同盟的各项政策,即实行成员国内部的自由贸易和统一对外关税政策,还允许资本、劳动力等生产要素在成员国之间自由流动。

(5) 经济联盟。结成经济联盟的各成员国除了实行商品与资本、劳动力等生产要素的自由流动外,还包括经济政策(包括货币政策、财政政策)和社会政策(如社会福利政策)的协调一致。

(6) 完全经济一体化。完全经济一体化比经济联盟更进一步。它除了要求成员国完全消除商品、资本和劳动力流动的人为障碍外,还要求在对外贸易政策、货币政策、财政政策、社会政策等方面完全一致,并建立起共同体一级的中央机构和执行机构对所有事务进行控制。完全经济一体化事实上几乎等同于一个扩大的国家,这种经济一体化的最高形式尚未出现。

上面的分析表明,经济一体化的一个重要特征是实行差别贸易政策,即在集团内国家之间部分或完全消除贸易壁垒,而在集团内国家与集团外国家之间则继续保持贸易壁垒,只不过一体化的类型、程度不同,其贸易政策存在一些差异罢了。

二、当代区域经济一体化的发展

20世纪80年代中期以来,资本、技术等生产要素的流动使不同国家,特别是相邻国家间的经济联系不断加强,国际分工日益深化。与此同时,经济贸易领域的国际竞争不断加剧。适应国际分工和国际竞争的需要,一些国家组成区域贸易集团,一方面深化内部分工,促进彼此经济贸易的发展;另一方面以集体力量参与全球竞争,争取更大的话语权,这使得当代区域经济一体化组织不断发展。在区域经济一体化组织中,欧盟、北美自由贸易区和亚太经济合作组织最具影响力。

(一)一体化进程不断发展的欧盟

欧盟是目前世界上一体化程度最高的区域一体化组织,其对外贸易总额占世界贸易总额的40%左右,出口贸易额约占世界出口总额的20%。欧盟发源于法、德、意、比、荷、卢等6个西欧国家,于1951年根据《巴黎条约》建立的欧洲煤钢共同体。1957年,这6个国家又签订了《罗马条约》,决定于1958年1月1日建立欧洲经济共同体和欧洲原子能共同体。1967年7月,六国再次决定将三个机构合并,统称欧洲共同体。20世纪70年代以后,欧共体成员不断增加。先是英国、爱尔兰和丹麦于1973年1月正式加入,后来希腊、葡萄牙和西班牙于20世纪80年代被吸纳,1995年,奥地利、芬兰、瑞典又成为新成员。到2002年底,欧盟共有15个成员国,人口近4亿。20世纪90年代东欧国家经济转型后,欧盟东扩。2004年,欧盟接纳波兰等10个中东欧国家为新成员,欧盟成员国扩展为25个。罗马尼亚和保加利亚两国则在2007年入盟。到2013年,欧盟共有27个成员国。

欧盟最初属于关税同盟,进入20世纪80年代以后,一体化进程开始加快。其发展有三大标志性事件:一是1993年1月1日建成了欧洲统一大市场,实现了成员国之间商品、劳务、人员和资本的自由流动。二是1992年当时12个成员国通过的《马斯特里赫特条约》,要求到20世纪末欧共体最终实现经济、货币及政治联盟。《马斯特里赫特条约》于1993年11月1日生效,欧洲联盟正式诞生。1995年12月15日,欧盟首脑马德里会议决定未来欧洲以统一的货币"欧元"取代各国货币,并于1999年在11个国家先行实施,使欧盟朝经济货币联盟迈出了重要一步。2002年7月1日,欧元成为欧元区11国唯一法定货币。三是2007年12月13日欧盟各国首脑在里斯本签署《里斯本条约》,并于2009年1月生效。条约包含设立常任欧理事会主席、负责欧盟外交和安全政策的高级代表等职务,扩大了欧洲议会和欧洲法院的权力,标志着欧盟一体化程度的进一步提高。

欧盟的一体化进程之所以能够不断向前稳步推进,除了单个欧洲国家都是中小国家,它们认识到在国际竞争中需要依靠集体力量,从而对一体化存在内在需求外,严密的制度安排则是其不断发展的可靠保证。欧盟的一体化进程是在一套超国家权力机构的安排下逐步实施的。其机构有欧盟委员会、部长理事会、欧洲议会、欧洲法院。它们是欧洲一体化的组织保证。在欧盟的组织结构中,任何成员国都不能单独通过有关统一市场建设的立法,成员国主权很大程度被削弱。欧盟在统一大市场建设中列出了约300项立法,并规定了完成这些立法的时间表,这些法规80%都能转化为成员国的国内立法。

(二)发达国家与发展中国家结成的北美自由贸易区

北美自由贸易区是在世界经济和贸易区域化、集团化的浪潮中,为了与欧盟相抗衡而由美国联合加拿大和墨西哥组成的一个区域性贸易集团,它是在《美加自由贸易协定》的基础上达成的。

早在20世纪80年代初,美国就有建立美加墨自由贸易区的设想,但由于种种原因,一直未付诸实施。在欧洲经济一体化深入发展的冲击下,北美自由贸易区才加快启动的步伐。首先是美国和加拿大于1986年9月就两国相互扩大市场以促进两国间的贸易和投资正式举行了自由贸易协定的谈判。由于这两国经济发展水平及文化、生活习俗都相近,交通运输便利,经济上的互相依赖程度很高,所以经过一年多的谈判便于1987年10月达成了协议。1988年1月2日,美、加正式签署自由贸易协定,并于1989年1月1日正式生效。

《美加自由贸易协定》规定在10年内逐步取消两国的一切关税和非关税壁垒。其主要内容包括:10年内取消两国间所有关税(包括农业税);加拿大取消对进口美国农产品所实行的进口许可证制,取消对酒精饮料所实施的差别价格,取消对汽车和旧汽车的出口补贴;双方都取消有关政府购买本国产品的法案及一切现行的进出口限制,并发展公开、自由的能源贸易。此外,双方还在服务业和投资方面规定逐步减少与取消限制,并建立一套解决相互间贸易纠纷的机制。

在《美加自由贸易协定》生效一年以后,美国决定将这一自由贸易区扩展至墨西哥。这主要是因为墨西哥经过长期发展已具备一定的经济基础,且劳动力丰廉、生产成本低,又是美国的近邻,是美国理想的投资场所和产品市场。为此,美国于1990年11月开始和墨西哥进行有关两国自由贸易协定的磋商。1991年2月,加拿大亦加入进来,三国开始就建立北美自由贸易区问题举行谈判。经过一年多的协商,三方终于在关税、汽车、农业、能源和服务业等一系列问题上达成一致,并于1992年分别由三国政府首脑签署了《北美自由贸易协定》(North America Free Trade Agreement,NAFTA)。该协定后经三国议会批准通过,于1994年1月1日正式生效。这样,一个拥有3.6亿多人口、当时国民生产总值6万多亿美元、贸易总额高出欧盟25%的全球最大的区域性贸易集团终于建成。该集团是一个典型的南北经济区域集团化模式,开创了发达国家和发展中国家贸易集团化的先河。

(三)亚太经济合作组织

亚太地区被认为是当今世界经济中最具有活力的地区,这个地区的区域经济合作也具有自己的特色。它既不同于欧盟那样的共同市场,也不同于美、加、墨的自由贸易区。亚太地区是一个多样化的经济区域,区内各经济体社会制度不同,经济发展水平和文化背景各异,呈现出复杂的不一致性。但为了适应该地区经贸合作迅速发展、区域内国际分工日益深化的需要,该地区自20世纪70年代以来陆续成立了不少区域、次区域经济一体化组织,其中影响最大的是亚太经济合作组织。

亚太经济合作组织(APEC)发端于1980年9月成立的太平洋经济合作会议(PECC),它是由来自中国、日本、韩国、东盟六国以及美国、加拿大、新西兰和澳大利亚等国家和地区的产业界、学术界和政府官员以个人身份参加的民间探讨和协调经贸合作的一个重要论坛。这一非官方组织虽然起着亚太各国和地区间交流资料、沟通信息、协调看法及通过民间渠道反映政府观点的作用,但因它只是一个民间论坛,作用极为有限。1989年1月,澳大利亚建议召开亚太地区部长级会议,讨论加强区域内经济合作问题。经过磋商,该会议于1989年11月在澳大利亚首次举行,标志着亚太经济合作组织成立。

澳大利亚、美国、加拿大、日本、韩国、新西兰和东盟六国共12个国家的外交部长、经济部长参加了这次会议。经过与亚太经济合作组织方面反复磋商，在"一个中国"和"区别主权国家和地区经济"的原则基础上，1991年11月，中国以主权国家身份、中国台北和中国香港以地区经济体名义正式加入。1993年6月改名为亚太经济合作组织；11月，墨西哥和巴布亚新几内亚加入该组织。1994年智利又成为新成员。1998年，俄罗斯、秘鲁和越南加入。此后，该组织暂停吸收新成员。截至2023年，亚太经济合作组织共有21个成员。

1991年11月，在韩国汉城（今首尔）举行的亚太经济合作组织第三届部长级会议通过了《汉城宣言》，正式确定亚太经济合作组织的宗旨和目标是：相互依存，共同受益，坚持开放性多边贸易体制和减少区域内贸易壁垒。该组织成立以来，每年举行一次由各成员外交部长和主管经济、贸易的部长参加的年会，还可就某一专题举行部长级特别会议。自1993年以来，该组织级别有所提高，其成员方领导人每年定期举行非正式会议，磋商亚太区域发展的重大问题。

与前两个贸易集团相比，APEC实行的是比较松散的合作。由于区内成员复杂，各方利益诉求不一，所以APEC将贸易投资自由化与经济技术合作放在同等重要的地位，提倡多样化的合作方式。它主要是为区域内的经济合作提供一个协商机制，多年来没有签订任何要求各成员执行的指令性文件。通过的任何协议也都是非约束性的，对区域内倾向于产业和部门自由化，落实行动的方式采取"协调的单边主义"，即集体制订目标，各成员自愿选择实施。

在亚太经济合作组织区域内，次区域经济合作深入发展。如东盟、东盟与中国"10＋1"自由贸易区。也有区域内一些国家交界处的经济合作，如新加坡、马来西亚和印度尼西亚在柔佛三角洲，中国、韩国和日本在黄海沿岸，泰国、越南、老挝等在湄公河三角洲等地区开展的经济合作等。

（四）发展中国家间的区域经济一体化组织

在欧洲、北美和亚太地区纷纷加强联合，世界经济和贸易趋向区域竞争的形势下，发展中国家也纷纷加强经济领域的合作，组织区域性的贸易集团，以增强自己的竞争实力，维护本国和地区的经济利益。发展中国家间的贸易集团中较有影响的主要有以下几个。

在非洲，有由刚果、加蓬、乍得、喀麦隆和中非共和国组成的中非关税和经济同盟，由尼日利亚、马里、毛里塔尼亚、利比亚和塞拉利昂等16国组成的西非经济共同体，由坦桑尼亚、肯尼亚、乌干达、布隆迪和卢旺达组成的东非共同体等。其中影响最大的则为非洲经济共同体和东南非共同市场。在1991年6月的阿布贾会议上，非洲国家元首、政府首脑及其代表签署的《建立非洲经济共同体条约》，要求到21世纪30年代在全非洲实现商品、资金、人员和劳务的自由流通，居民可以自由移居，并建立中央银行，发行非洲统一货币。虽然由于政治、经济和历史、宗教等方面的原因，非洲经济共同体更多的是一种愿景，其实际进程可能需要更多时间，但非洲贸易集团化的趋势则是不可逆转的。成立于1994年的东南非共同市场是实质运作的非洲地区最大的区域经济组织，2009年，其19个成员国正式成立关税同盟。

在中南美洲，早在1960年就形成了两个区域性贸易集团：一是拉丁美洲自由贸易协会,成员国有阿根廷、玻利维亚、巴西、智利、哥伦比亚、厄瓜多尔、墨西哥、巴拉圭、秘鲁、乌拉圭和委内瑞拉。1980年,它又改组成拉美一体化协会。二是中美洲共同市场,参加国有危地马拉、萨尔瓦多、尼加拉瓜、哥斯达黎加和洪都拉斯(后于1969年解散)。1969年,玻利维亚、智利、哥伦比亚、厄瓜多尔和秘鲁又成立了安第斯条约组织。1968年,加勒比自由贸易协会成立,并于1973年转变为加勒比共同体。拉美的经济贸易集团化运动几经波折后于20世纪90年代重趋活跃。1991年,阿根廷、巴西、乌拉圭、巴拉圭签署协议,建立南锥体共同市场,规定1995年实现四国间商品贸易自由化,并于成立的第一年里就在四国间大幅削减关税54%,使贸易增长45%。1992年5月,萨尔瓦多、洪都拉斯和危地马拉三国签署建立三国自由贸易区协议,从1993年起逐步取消商品流通的壁垒。1993年2月,在巴拿马举行的中美洲国家首脑会议上,各国总统一致赞成实行经济一体化,以使中美洲国家借助集团的力量对付外部地区的挑战,促进本地区经济和贸易的发展。值得注意的是,1995年以来美国有意将北美自由贸易区南扩,中南美洲许多国家也愿意加入,一个庞大的美洲贸易集团正在形成之中,其排他性有可能对东西半球贸易产生很大影响。

在中东地区,1992年底海湾合作委员会宣布,自1993年1月1日起建立共同市场,统一进口关税,实行货物在沙特阿拉伯、科威特、阿曼、阿联酋、巴林和卡塔尔六个成员国之间自由流通。自1995年起,中东北非地区各国首脑又开始每年举行会议,讨论加强该地区的经济合作。1997年5月,埃及又倡议建立阿拉伯自由贸易联盟。

(五)全面与进步跨太平洋伙伴关系协定

全面与进步跨太平洋伙伴关系协定,是亚太国家组成的自由贸易区,是美国退出跨太平洋伙伴关系协定(TPP)后该协定的新名称。

2002年,新西兰、智利和新加坡首先在墨西哥APEC峰会上就建立FTA举行了谈判,文莱于2005年4月加入谈判并最终签署协议。2005年7月,智利、新西兰、新加坡和文莱四国签订了《跨太平洋战略经济伙伴关系协定》(TPSEP)。由于该协议的初始成员国为4个,故又称为"P4协议"。2009年11月14日,美国总统奥巴马在其亚洲之行中正式宣布美国将参与TPP谈判,并正式提出扩大跨太平洋伙伴关系计划,澳大利亚和秘鲁同意加入。美国据此开始推行自己的贸易议题,全方位主导TPP谈判。自此跨太平洋战略经济伙伴关系协定,更名为跨太平洋伙伴关系协定,开始进入发展壮大阶段。2010年,马来西亚和越南也成为TPP谈判成员,使TPP成员数量扩大到9个。2010年3月15日,跨太平洋伙伴关系协定首轮谈判在澳大利亚墨尔本举行。参与谈判的共8个成员:美国、智利、秘鲁、越南、新加坡、新西兰、文莱和澳大利亚。此次谈判涉及关税、非关税贸易壁垒、电子商务、服务和知识产权等议题。此后,日本、墨西哥、加拿大、韩国、澳大利亚等也陆续加入谈判。2015年10月5日,美国、日本、澳大利亚等12个国家已成功结束"跨太平洋战略经济伙伴协定"谈判,达成TPP贸易协定。2016年2月4日,在新西兰奥克兰,由TPP 12个成员国代表参加的签字仪式,《跨太平洋伙伴关系协定》正式签署。TPP需要各国立法部门(国会、议会)批准通过。但由于美国内部分歧大,加上民主、共和两党总统候选人均反对,掌控国会参众两院的共和党高层对部分条款不满意。2016年

11月11日上午,美国参议院议长米奇奥康纳宣布,奥巴马主导的跨太平洋战略经济伙伴关系协定TPP计划被正式搁置。2017年1月20日,美国新任总统特朗普就职当天宣布从12国的跨太平洋伙伴关系协定中退出。

2017年11月11日,日本经济再生担当大臣茂木敏充与越南工贸部长陈俊英在越南岘港举行新闻发布会,两人共同宣布除美国外的11国将继续推进TPP正式达成一致,11国将签署新的自由贸易协定,新名称为"全面与进步跨太平洋伙伴关系协定"。2018年3月8日,参与CPTPP谈判的11国代表在智利首都圣地亚哥举行协定签字仪式。签署CPTPP的国家有日本、加拿大、澳大利亚、智利、新西兰、新加坡、文莱、马来西亚、越南、墨西哥和秘鲁。2018年12月30日,全面与进步跨太平洋伙伴关系协定正式生效。

CPTPP具有三个方面的特点。

(1) 全覆盖。CPTPP涵盖关税(相互取消关税,涉及万种商品)、投资、竞争政策、技术贸易壁垒、食品安全、知识产权、政府采购以及绿色增长和劳工保护等多领域。

(2) 宽领域。CPTPP条款超过以往任何自由贸易协定。其既包括货物贸易、服务贸易、投资、原产地规则等传统的FTA条款,也包含知识产权、劳工、环境、临时入境、国有企业、政府采购、金融、发展、能力建设、监管一致性、透明度和反腐败等亚太地区绝大多数FTA尚未涉及或较少涉及的条款。

(3) 高标准。如在环保、劳工、原产地和政府采购等方面包含诸多高标准的条款。作为亚太经济一体化的重要平台,CPTPP虽然本质上仍属于FTA范畴,但其协议内容和标准均显著超过现有FTA的水平。

中国已经提出加入CPTPP,体现了中国对接高标准国际经贸规则的鲜明态度。2023年6月29日国务院印发《关于在有条件的自由贸易试验区和自由贸易港试点对接国际高标准推进制度型开放若干措施的通知》(以下简称《若干措施》)指出,为更好服务加快构建新发展格局,着力推动高质量发展,在有条件的自由贸易试验区和自由贸易港聚焦若干重点领域试点对接国际高标准经贸规则,统筹开放和安全,构建与高水平制度型开放相衔接的制度体系和监管模式。国务院决定在上海、广东、天津、福建、北京等五个具备条件的自贸试验区和海南自由贸易港对接国际高标准经贸规则,开展试点,是主动对接CPTPP规则的先行先试。《若干措施》聚焦货物贸易、服务贸易、商务人员临时入境、数字贸易、营商环境、风险防控等六个方面,提出试点政策措施和风险防控举措,为全面深化改革扩大开放探索路径,为推动加入高标准经贸协定提供实践支撑。显然,在有条件的自贸试验区、自由贸易港主动对接开展试点,在规则、规制、管理、标准等方面率先与国际接轨,构建与国际高标准经贸规则相衔接的制度体系和监管模式,能够为中国参与国际经贸规则制定积累有利条件。

(六)《数字经济伙伴关系协定》

《数字经济伙伴关系协定》(Digital Economy Partnership Agreement, DEPA)由新加坡、智利、新西兰三国于2020年6月12日线上签署,是旨在加强三国间数字贸易合作并建立相关规范的数字贸易协定。

DEPA以电子商务便利化、数据转移自由化、个人信息安全化为主要内容,并就加强人工智能、金融科技等领域的合作进行了规定。

DEPA 包括 16 个模块：初步规定和一般定义、商业和贸易便利化（business and trade facilitation）、数字产品及相关问题的处理、数据问题（data issues）、广泛的信任环境、商业和消费者信任、数字身份、新兴趋势和技术（emerging trends and technologies）、创新与数字经济、中小企业合作、数字包容、联合委员会和联络点、透明度、争端解决、例外和最后条款。

其中，模块 2——商业和贸易便利化涉及无纸化贸易（paperless trading）、电子发票（electronic invoicing）、电子支付（electronic payment）等。DEPA 要求各国及时公布电子支付的法规，考虑国际公认的电子支付标准，从而促进透明度和公平的竞争环境；同意促进金融科技领域公司之间的合作，促进针对商业领域的金融科技解决方案的开发，并鼓励缔约方在金融科技领域进行创业人才的合作。

模块 4——数据问题涉及个人信息保护（personal information protection）、通过电子手段进行的跨境数据流动（cross-border transfer of information by electronic means）、计算机设施的位置（location of computing facilities）等。DEPA 允许在新加坡、智利和新西兰开展业务的企业跨边界更无缝地传输信息，并确保它们符合必要的法规；成员坚持它们现有的 CPTPP 承诺，允许数据跨边界自由流动。

模块 8——新兴趋势和技术涉及金融技术合作（financial technology cooperation）、人工智能、政府采购（government procurement）、竞争政策合作（cooperation on competition policy）。DEPA 采用道德规范的"AI 治理框架"，要求人工智能应该透明、公正和可解释，并具有以人为本的价值观；确保缔约方的"AI 治理框架"在国际上保持一致，并促进各国在司法管辖区合理采用和使用 AI 技术。

中国积极对接 DEPA 高标准国际经贸规则。数字化已经成为时代发展的根本趋势，也是国际合作的重要领域。当前，数字经济的国际规则体系正在构建当中，美国、欧盟、日本、中国、东盟等主要经济体均制定了有关数据保护和跨境流动的法律，双边和诸边自由贸易协定中涉及数字经济和数字贸易的条款也不断增多。作为全球第一个单独的数字经济区域性协定，DEPA 覆盖的领域更加全面，包含的内容更加前沿，采取的方式更加灵活，而且采用独特的"模块式协议"，参与方不需要同意 DEPA 所覆盖的 16 个模块的全部内容，而是可以选择其中部分模块进行缔约，体现了更大的包容性。中国加入 DEPA，既有利于中国对接国际先进规则，参与全球数字经济规则的构建，也有利于 DEPA 提升其全球影响力。为对接 DEPA 高标准国际经贸规则，根据 DEPA 联合委员会的决定，中国于 2022 年 8 月 18 日正式成立了加入 DEPA 工作组，这是全面推进中国加入 DEPA 谈判的一个标志性节点。在尚未加入 DEPA 之际，中国各自贸试验区就已开始尝试对接 DEPA 高标准国际经贸规则。比如，上海自贸试验区探索跨境数字贸易行业的"临港方案"；浙江自贸试验区发起对接 DEPA 行动，以制度开放推动数字贸易；江苏自贸试验区设立了国内首个专注研究 DEPA 的扬子江国际数字贸易创新发展研究院，发布了《南京市数字贸易发展行动方案（2022—2025 年）》，扎实开展国际数字贸易规则对标、数字贸易理论与实践、数字贸易政策建议等方面研究，积极构建数字贸易产业生态，努力打造具有标杆效应的数字贸易示范区，等等。这一系列行动和举措都是中国对接 DEPA 高标准国际经贸规则的生动实践。

(七) 自由贸易区的发展与中国

1. 自由贸易区的迅速发展

前面我们已经分析了,在经济一体化的几种形式中,自由贸易区是除了特惠贸易协定之外一体化程度最低的经济一体化组织(严格说来,特惠贸易协定称不上一个一体化组织)。由于自由贸易区只要求成员间相互取消贸易壁垒,不要求其他政策的一致性,一体化程度较低,所以组成的障碍相对较少。在经济全球化程度不断加深的今天,减少贸易障碍、促进贸易自由化成为大势所趋。在组成其他类型的一体化组织谈判冗长、难度较大的情况下,自由贸易区就成为当今不少国家推动相互间贸易发展的重要选择。其最直接的表现就是 21 世纪以来,特别是在世界贸易组织多哈回合谈判迟迟难以取得进展的情况下,全球范围内有关建立自由贸易区的谈判此起彼伏,方兴未艾。

2. 中国-东盟自由贸易区

20 世纪 90 年代末,在世界上其他主要贸易国家不断组成各种类型的经济一体化组织时,中国却基本上一直被排除在区域一体化进程之外,唯一加入的亚太经济合作组织又是一个比较松散的论坛。进入 21 世纪以来,为了减少贸易障碍,促进对外贸易的可持续发展,中国努力与其他国家加强经贸联系,积极启动自由贸易区谈判,加快融入区域经济一体化进程。其中,中国-东盟自由贸易区是中国第一个启动并第一个达成协议的自由贸易区,在中国区域经济一体化进程中具有重要意义。

2000 年,中国时任总理朱镕基首先在新加坡提出创建中国-东盟自由贸易区的倡议。随后,中国与东盟联合专家组于 2001 年递交了研究报告,提出用 10 年时间建成中国-东盟自由贸易区。

鉴于东盟一些国家对与中国建立自由贸易区的担心,双方首先启动的是"早期收获"计划,即在达成自由贸易区协定之前,先期给予东盟国家一些现实的贸易利益,不对等地开放农产品贸易,使东盟一些国家通过贸易实践切身感受与中国建立紧密经济贸易关系的益处。"早期收获"计划可以说是对传统自由贸易区的一个创新。泰国是第一个与中国订立"早期收获"计划的东盟国家,马来西亚、菲律宾也随后加入。"早期收获"计划从 2003 年开始实施,为期四年。在"早期收获"计划中,中国选择对东盟 400 种农产品实行零关税,而不要求互惠让步。

2004 年 11 月 29 日,中国-东盟自由贸易区的货物贸易谈判完成,双方在老挝万象签署了《货物贸易协议》(全称《中国-东盟全面经济合作框架协议货物贸易协议》)。协议共 23 个条款、3 个附件。根据协议,货物贸易产品除"早期收获"产品外,余下产品分为正常产品和敏感产品,其中正常产品近 7 000 种。正常产品的关税要削减直至取消,敏感产品的关税受上限约束,但不必取消关税。

中国-东盟自由贸易区《货物贸易协议》于 2005 年 7 月 1 日正式实施。根据协议,双方首先用 20 天的时间对彼此的关税减让表进行技术性核查,并调整相关的海关数据系统。从 7 月 20 日起,正式开始按照协议规定的时间表,对原产于双方的产品相互给予优惠关税待遇。

2010年,中国-东盟自由贸易区全面生效。该区域覆盖人口近19亿,约占世界的1/3;国内生产总值6万亿美元,约占全球的1/9;贸易总量4.5万亿美元,是当时位列欧洲经济区和北美自由贸易区的世界第三大自由贸易区。自贸区建成后,双方贸易发展迅速,2012年,东盟从原先中国的第五大贸易伙伴上升为第三大贸易伙伴,2022年上升为中国第一大贸易伙伴。中国-东盟自由贸易区为增加彼此的市场进入机会,加强双方的经济与贸易联系,并为东亚经济的稳定发展提供了体制上的保障。

3.《区域全面经济伙伴关系协定》

《区域全面经济伙伴关系协定》(Regional Comprehensive Economic Partnership, RCEP)是2012年由东盟发起,历时8年谈判,由包括中国、日本、韩国、澳大利亚、新西兰和东盟10国共15方成员制定的协定。RCEP的目标是消除内部贸易壁垒,创造和完善自由的投资环境,扩大服务贸易,其内容还涉及知识产权保护、竞争政策等多领域,是成员间相互开放市场、实施区域经济一体化的组织形式。

2020年11月15日,第四次区域全面经济伙伴关系协定领导人会议以视频方式举行,会后东盟10国和中国、日本、韩国、澳大利亚、新西兰共15个亚太国家正式签署了《区域全面经济伙伴关系协定》。《区域全面经济伙伴关系协定》的签署,标志着当前世界上人口最多、经贸规模最大、最具发展潜力的自由贸易区正式启航。

2021年3月22日,中国完成RCEP核准,成为率先批准协定的国家。2021年4月15日,中国向东盟秘书长正式交存《区域全面经济伙伴关系协定》核准书。同年11月2日,《区域全面经济伙伴关系协定》保管机构东盟秘书处发布通知,宣布文莱、柬埔寨、老挝、新加坡、泰国、越南等6个东盟成员国和中国、日本、新西兰、澳大利亚等4个非东盟成员国已向东盟秘书长正式提交核准书,达到协定生效门槛。2022年1月1日,《区域全面经济伙伴关系协定》正式生效,首批生效的国家包括文莱、柬埔寨、老挝、新加坡、泰国、越南等东盟6国和中国、日本、新西兰、澳大利亚等非东盟4国。RCEP 2022年2月1日起对韩国生效,2022年3月18日起对马来西亚生效,2022年5月1日起对缅甸生效,2023年1月2日起对印度尼西亚生效,2023年6月2日起对菲律宾生效。

为高质量落实RCEP高标准经贸规则,中国商务部会同有关部门适时出台了《商务部等6部门关于高质量实施〈区域全面经济伙伴关系协定〉(RCEP)的指导意见》(以下简称《指导意见》)。《指导意见》从高水平开放和高质量发展角度,要求高标准实施协定贸易便利化规则、提升投资自由化水平、加强知识产权保护、促进电子商务发展等。《指导意见》提出结合RCEP实施,开展制造业技术改造,加强重要产品和核心技术攻关,促进制造业高端化、智能化、绿色化。积极实施标准化战略,推动重点领域标准制定。更加积极对接国际标准,加大国际采标力度,积极参与国际标准制定,推进RCEP区域标准协调与合格评定互认合作;突出公共服务作用,要求深入开展培训,高水平做好配套服务,帮助企业抓住机遇实现更好发展。《指导意见》提出通过政府购买服务等多种方式,持续加大对地方、企业和行业的宣传培训力度,指导地方和企业全面掌握用好协定规则。加强配套服务指导,帮助企业抓住协定机遇,包括提升金融机构对企业的金融支持与服务水平,加大区域贸易人民币结算力度,建立自贸协定实施公共服务平台,便利企业获得协定查询和咨询服务,充分发挥驻外经商机构和各类重要展会的促进作用等。

三、经济一体化的经济效应

经济一体化的经济效应可分为静态效应和动态效应。所谓静态效应是指假定经济资源总量不变、技术条件没有改进的情况下,经济一体化对集团内国际贸易、经济发展及物质福利的影响;所谓动态效应指经济一体化对成员国贸易及经济增长的间接推动作用。西方学者研究其静态效应的代表性理论是所谓关税同盟理论,分析其动态效应的则是研究共同市场的大市场理论。下面对此分别加以阐释。

(一) 经济一体化的静态效应——关税同盟理论

1950年,美国普林斯顿大学经济学教授雅各布·维纳(Jacob Viner)在其《关税同盟》一书中提出,关税同盟在成员国内部实行自由贸易,对成员国以外国家保持一致的贸易壁垒,会产生"贸易创造"(trade creation)和"贸易转移"(trade diversion)两种效果。贸易创造又称贸易开辟,指与组成关税同盟之前相比,成员国国内某种产品的高成本生产或原先从同盟外国家的高价购买被来自其他成员国更低成本的进口品替代,成员国的对外贸易量(通常是成员国之间)会增大。贸易转移则是在组成关税同盟之后,先前的贸易伙伴关系发生变化,成员国原先与同盟外国家的相互贸易转变为与同盟内成员国间的相互贸易,有的甚至由原先来自同盟外国家的低价进口转为从成员国的高价进口。结成关税同盟的成员国能否从关税同盟中得益,要看与结成关税同盟前比较,是产生了贸易创造效果,还是贸易转移效果,还要看关税同盟的其他经济效应,再加以综合比较才能确定。

为了便于理解贸易创造和贸易转移这两个概念,下面用英国经济学家理查德·G.利普塞(Richard G. Lipsey)在其著名论文《关税同盟理论的综合考察》中的例子加以说明。

假定在一定的固定汇率下,X 商品的货币价格(假定价格等于成本)在 A 国为 35 元,在 B 国为 26 元,在 C 国为 20 元。这里,A 国代表本国,B 国代表关税同盟伙伴国,C 国代表世界其他国家,见表 9-1。

表 9-1 X 商品在各国的价格

国别	A	B	C
X 商品价格	35 元	26 元	20 元

假定在 A、B 两国结成关税同盟前,A 国自己生产 X 商品,该国就必然借助关税保护。对 A 国来说,对 B、C 两国征收 75% 以上的无歧视关税,就足以阻止 C 国的进口,保护本国的 X 商品生产,这里假定关税为 100%。与 B 国结成关税同盟后,两国相互取消关税,实行自由贸易。这样,A 国就不需要自己生产 X 商品,而改向 B 国购买。A 国自己生产需要 35 元成本,而向 B 国购买只要 26 元,节省了 9 元的机会成本,创造了从 B 国向 A 国出口的新的贸易和国际分工(专业化),这就是所谓"贸易创造"效果。因此,当关税同盟中某成员国的一些产品被来自另一成员国的更低成本的进口品替代时,便发生了贸易创造。此外,一国由原先从同盟外国家的高价购买转而从结盟成员国的低价购买也属于贸易创造。贸易创造使得贸易商品的生产地点由高成本成员国转向低成本成员国,

因而提高了资源配置效率,给成员国带来福利的增加,它代表了关税同盟的自由贸易方向。

相反,如果一国因参加关税同盟,原来从外部世界进口价格低廉的商品,变为向同盟内成员国购买高价商品,便发生了贸易转移。仍按前例,假定缔结关税同盟前,A 国自己不生产 X 商品(或由于资源关系,或由于成本太高等),而只能通过进口来满足国内市场需求。在这种情况下,A 国当然是从价格最低的 C 国进口,X 商品的价格为 20 元。A 国与 B 国结成关税同盟后,共同筑起对 C 国的关税壁垒。为了阻止同盟外国家 C 国 X 商品的进口,根据 C 国 20 元与 B 国 26 元的差距,对 C 国的 X 商品征收 30% 以上的统一关税。这样,A 国就由从 C 国进口 X 商品转而向 B 国购买,X 商品价格为 26 元。结盟后 A 国从同盟外的低价购买转向同盟内的高价购买,这就是贸易转移。贸易转移使得贸易商品的生产地点由低成本的第三国转向高成本的成员国,因而降低了资源配置效率,成员国遭受了福利损失,它代表了关税同盟的保护贸易方向。

以上两种效应相互比较的结果就决定了关税同盟总的福利意义和最终性质。一个贸易创造占优势的关税同盟会给成员国带来净福利增加,其发展方向是自由贸易;而一个贸易转移占优势的关税同盟会造成成员国福利水平的下降,其发展是背离自由贸易的。维纳认为,关税同盟若是贸易创造型的,则至少一个成员国可以从中受益,两个成员国都有可能获利,在一般情况下,这对整个世界是有利的;而非成员国至少在短期内遭受损失,不过在长期内可以通过同盟经济增长效果的扩散获得贸易扩大的利益。关税同盟若是贸易转移型的,则至少一个成员国要遭受损失,非成员国及整个世界也都会受到损失,即贸易创造型关税同盟不一定对所有成员国有利,但贸易转移型关税同盟则至少对一个成员国不利。

根据西方经济学家的分析,欧洲经济共同体关税同盟(欧盟前身)带来的贸易创造效应,要大于贸易转移的效应。例如,摩迪加·克雷宁发现,欧洲共同体的建立使出口额外增加了 84 亿美元,而从外部世界供应者转移到成员国的数额大约为 11 亿美元。[①] 其他一些研究得出的结论也大体相同。当然,贸易创造的价值超过贸易转移,本身还不足以说明净福利上升。即使贸易创造带来的净福利增加了,对于共同体外其他国家来说,仍会因失去了很大一片欧洲市场而遭受损失。

关税同盟把成员国之间的贸易关系稳定下来,对于加强和深化相互之间的国际分工会起到很大的作用。例如,在上述例子中,很可能第三国在 X 和另一种商品 Y 上都存在绝对优势。没有关税同盟,A、B 两国都会面临第三国的强大竞争压力。A、B 两国组成关税同盟之后,就可以把第三国排除在外,在两者之间实行专业化的分工,从而提高生产资源的使用效率,为生产要素的流动准备必要的条件。

(二) 经济一体化的动态效应——大市场理论

当经济一体化演进到共同市场之后,就能比关税同盟发挥出更大的经济优势。这里的关键是生产要素可以在共同市场内部自由流动,从而形成一种超越国界的大市场,使生

---

① 林德特,金德尔伯格. 国际经济学[M]. 谢树森,沈锦昶,常勋,等译. 上海:上海译文出版社,1985:195.

产资源在共同市场的范围内得到重新配置,提高效率,从而获取动态经济效应。大市场理论对此进行了分析。

概括说来,作为一种扩大了的市场,共同市场将对其成员国的贸易和经济发展产生以下几方面的积极影响。

(1) 组建共同市场之类的一体化经济集团,能获得规模经济效益。如果各国为了本国的狭隘利益而实行保护贸易,把市场分得过于细小又缺乏弹性,就只能提供狭窄的市场,无法实现规模经济和大批量生产的利益。组成贸易集团后,就能把分散孤立的小市场统一起来,结成大市场,实现规模经济等利益。当然,一个不参加任何区域经济集团的小国也可能克服国内市场的狭小并通过向世界其余国家出口达到真正的规模经济。但是,在世界市场激烈的竞争中,外部市场究竟有多大是不确定的。组建贸易集团,就使各成员国有了一个比较稳定的扩大了的市场,更能满足规模经济的要求。而且,由于共同市场内部生产要素可以自由流动,也便于生产资料的集中使用,有利于实现规模节约。因此,当共同市场内某个成员国在某种产业上具有比较优势时,它将有充分的物质条件来发挥这种优势。

(2) 形成共同市场以后,实行自由贸易和生产要素的自由转移,使各成员国厂商面临空前激烈的竞争,从而刺激劳动生产率的提高和成本的下降,并刺激新技术的开发和利用。产品成本和价格下降了,再加上人们收入水平随生产发展而提高,过去只供少数富人消费的高档商品将转为多数人的消费对象,出现"大市场—竞争激化—大规模生产—大量消费"的良性循环。当然,在竞争增加的同时,一体化经济集团往往会出于与集团外国家竞争的需要,促进集团内有关企业联营、合营甚至合并,这就可能导致各成员国厂商之间形成卡特尔一类的垄断组织,使得竞争弱化、效率下降。对此可以通过实施反垄断法来加以制止。

(3) 一体化经济集团内部企业为了应对市场的扩大和竞争的加剧,必然千方百计增加投资、更新设备、采用新技术、扩大生产规模,同时也会吸引集团外国家在一体化区域经济内的投资。一方面,经济一体化集团内生产要素可以自由流动,这为外部投资提供了新的经济条件;另一方面,经济一体化集团对集团外国家实行的歧视性贸易政策,使集团外国家商品进入成员国市场受到阻碍,而直接投资是冲破贸易壁垒,不致被日益壮大的统一大市场排斥在外的有力手段。因此,经济一体化集团的形成不仅刺激成员国增加投资,而且吸引了大量集团外国家的资金。投资的增加无疑会有力地推动区域经济集团国家的经济增长。

当然,在经济一体化集团内国家之间经济发展也是不平衡的,因此集团内外国家的投资往往会尽量向靠近市场的地方移动,产生资本移动方面的"马太效应",即经济发达地区会吸引越来越多的投资,而落后的边远山区少量的投资也可能流失。为了促进区域经济的平衡发展,需要经济一体化组织采取适当的政策手段进行调节。比如,欧盟就通过设立欧洲投资银行来资助受到不利影响的地区兴办的新企业。

总之,从理论上说,生产要素的流动无疑可以缓解各国生产要素的供求矛盾、提高生产要素的使用效率、增进整个世界的物质福利,最理想的状态是生产要素能在世界范围内自由流动。但由于世界各国生产力发展水平及政治、文化、传统、观念的差异,这在短期内还不可能实现。因此,在经济发展水平相近、文化传统相似的国家和地区间实行多种形式的经济一体化,既是一种现实的选择,也可看作向生产要素全球自由流动的一种过渡。

最后,我们分析一下贸易投资一体化对经济一体化的影响。

考察经济一体化的发展历史可以发现,关税同盟曾经是比较普遍的一体化形式。这是因为 20 世纪 80 年代以前,关税仍然是一种比较有效的贸易保护措施,通过关税同盟,各成员国实施统一的关税政策,便于成员国的自我保护。在关税同盟及其后更高级的一体化组织内,成员国借助严格的制度整合,在对内实行自由贸易的同时,对外筑起有效的关税和非关税壁垒,一体化表现出高度的对外歧视和封闭性。这在当时欧洲共同体的相关贸易政策中表现得比较明显。

20 世纪 80 年代下半期以来,贸易投资一体化的发展使贸易的自由化程度大大提高,一方面,关税水平的下降、关税保护作用的降低,使得用关税同盟形式来组织经济一体化的重要性和合理性大大降低;另一方面,随着经济全球化分工不断深化,贸易自由化、投资自由化成为不可逆转的趋势,更多层次和形式、更高标准的经济一体化形式不断涌现。顺应亚太经济一体化发展的"区域全面经济伙伴关系协定"和更高标准的区域经济一体化"全面与进步跨太平洋伙伴关系协定"的生效,标志着区域经济一体化发展到了新的阶段。

本 章 小 结

在传统的国际贸易理论中,生产要素是不能在国与国之间流动的。但随着科学技术、交通运输和国际贸易本身的发展,生产要素日益具有流动性。劳动力、资本和技术是常见的可在国际上流动的要素。生产要素的国际流动与国际贸易存在密切关系。从静态角度看,两者是相互替代的关系;从动态角度看,两者又是相互促进的。

在要素流动中,对当代国际贸易影响最大的是资本的国际流动。国际资本流动可分为国际间接投资和国际直接投资。从国际贸易学角度分析的主要是国际直接投资对国际贸易的影响。国际直接投资对国际贸易规模的扩大、贸易格局的改变、贸易方式的多样化以及贸易自由化都起着重要的推动作用。

国际资本流动的另一个结果是国际竞争加剧。一些国家因此组成区域一体化的贸易集团,依靠集体的力量参与国际经济竞争。经济一体化按程度的高低可分为特惠贸易协定、自由贸易区、关税同盟、共同市场、经济联盟和完全的经济一体化。有关经济一体化的理论主要有分析其静态效应的关税同盟理论和分析其动态效应的大市场理论,即共同市场理论。关税同盟理论认为有关成员组成关税同盟后,将产生贸易创造与贸易转移两种效应。前者代表自由贸易方向,后者代表保护贸易方向,关税同盟的总体性质取决于这两种效应的比较。大市场理论认为,有关成员组成共同市场后,将带来稳定的规模经济效应、促进竞争后带来的"大量生产—低价格—大量消费—大量生产"的良性循环、对投资的刺激等三个方面的效应。

复习思考题

一、名词解释

国际间接投资　国际直接投资　经济一体化　自由贸易区　共同市场　贸易转移　贸易创造

二、思考题

1. 试述促进要素流动迅速发展的原因及要素流动与国际贸易的关系。
2. 什么是国际直接投资？它有哪些主要特征？
3. 按投资者动机划分，国际直接投资有哪些类型？
4. 国际资本流动对国际贸易有哪些影响？
5. 什么是区域经济一体化？它有哪几种类型？
6. 区域经济一体化有哪些经济效应？它对世界多边贸易体系有什么影响？

三、案例分析

试分析2022年全球对外直接投资大幅下降以及中国利用外资逆势增长的主要原因，并谈谈全球对外直接投资对国际贸易可能的影响。

全球外国直接投资下行压力加大

联合国贸易和发展会议发布的《世界投资报告2023》显示，2022年全球外国直接投资较上年下降12%至1.3万亿美元。其中，2022年流入发达经济体的外国直接投资下降37%至3780亿美元，而流入发展中国家的外国直接投资则增长4%至9160亿美元。按行业来看，电子、半导体、汽车和机械等面临供应链挑战的行业投资项目数量激增，而数字经济领域投资则放缓。报告显示，多重负面因素叠加，让2022年成为除了新冠疫情暴发的2020年之外，自2009年以来外国投资最糟糕的一年。

值得注意的是，在全球外国直接投资下降的大背景下，2022年进入中国的外国直接投资增加了5%，达到1890亿美元。它们大多来自欧洲的跨国企业，投资领域集中在制造业和高科技行业。2022年亚洲发展中国家的外国直接投资保持平稳，为6620亿美元，约占全球流入量的一半。流入该地区的资金高度集中于中国、新加坡、印度和阿联酋，几乎占到了该地区外国直接投资的80%。报告同时指出，从投资源头看，中国仍然是亚洲最大的投资者。

资料来源：UNCTAD. World Investment Report 2023[R/OL]. https://unctad.org/system/files/official-document/wir2023_overview_en.pdf.

即测即练

第十章

国际贸易与经济发展

> **本章学习目标**
>
> 1. 理解国际贸易与经济发展的关系；
> 2. 了解发展中国家外贸发展战略的类型及其特点；
> 3. 了解发展中国家外贸发展战略的选择及其依据。

国际贸易与经济发展的关系，包括互相联系的两个方面：一是国际贸易对经济发展的作用，二是经济发展对国际贸易的影响。这两个问题在第二章和第五章中已经做了一些分析，这里首先系统地阐述一下有关理论，然后再分析、探讨发展中国家的经济发展方式与贸易发展战略问题。

第一节 国际贸易与经济发展的相互关系

一、国际贸易在经济发展中的作用

（一）马克思主义经典作家的论述

按照马克思主义的观点，对外贸易与经济发展的关系，归根到底是交换与生产的关系。马克思说："交换的深度、广度和方式都是由生产的发展和结构决定的。……可见，交换就其一切要素来说，或者是直接包含在生产之中，或者是由生产决定。"[1]从最本质的意义讲，生产决定交换，但如果从再生产过程看，作为再生产过程的一个阶段的交换，不仅仅是一个消极的被决定的东西，交换在一定条件下也能对生产发挥反作用，有时会对生产的发展发挥巨大的推动作用或阻碍作用。不断扩大的生产，需要一个不断扩大的市场；反过来，不断扩大的市场又能促进生产的不断扩大。这种情况，在各国经济发展史上和世界经济发展史上是非常明显的。

另外，交换领域虽然是在生产运动的控制之下，但它还服从于本身的运动，并且它的发展有其本身的特点和规律性。马克思指出："生产归根到底是决定性的东西。但是，产品贸易一旦离开生产本身而独立起来，它就会循着本身的运动方向进行。"[2]因此，生产与

---

[1] 马克思,恩格斯.马克思恩格斯选集:第2卷[M].北京:人民出版社,2012:669.
[2] 马克思,恩格斯.马克思恩格斯选集:第4卷[M].北京:人民出版社,2012:608.

交换在每一瞬间都互相制约,并且互相影响,以至它们可以称为经济曲线的横坐标和纵坐标。

生产与交换的关系,也就是经济增长和对外贸易之间的辩证关系。经典作家一贯重视对外贸易在资本主义发展中的作用。马克思指出:"对外贸易的扩大,虽然在资本主义生产方式的幼年时期是这种生产方式的基础,但在资本主义生产方式的发展中,由于这种生产方式的内在必然性,由于这种生产方式要求不断扩大市场,它成为这种方式本身的产物。在这里,我们再一次看见了同样的二重作用。"①在这里,马克思根据历史与逻辑统一的原则,指出了在资本主义的产生和发展中,对外贸易曾经起过的巨大作用。列宁也同样重视对外贸易的作用,他指出:"没有对外贸易在资本主义国家是不能设想的,而且的确没有这样的国家。"②

(二) 西方经济学家的有关理论

西方经济学家中最早涉及国际贸易与经济发展相互关系问题的,是英国古典经济学家斯密。他提出的动态生产率理论和"剩余产品出口"(vent for surplus)模型,对以后的理论发展有重要影响。斯密认为,分工的发展是促进生产率长期增长的主要因素,而分工的程度则受到市场范围的强烈制约。对外贸易是市场范围扩展的显著标志,因而对外贸易的扩大必然能够促进分工的深化和生产率的提高,加速经济增长。斯密的这些论述包含国际贸易具有带动经济增长作用的最初思想。其"剩余产品出口"理论更是着眼于贸易对经济增长的带动作用。他首先假定一国在开展国际贸易之前,存在闲置的土地和劳动力,这些多余的资源可以用来生产剩余产品以供出口,这样对外贸易为一个国家提供了利用过去未能充分利用的土地和劳动力的机会,为本国的剩余产品提供了"出路"。而且,这种剩余产品的生产不需要从其他部门转移资源,也不必减少其他国内经济活动,因而出口所带来的收益及换回的本国需要的产品,也没有机会成本,因而必然促进该国的经济增长。

李嘉图创立的比较成本理论,论证了贸易静态利益的基础。实际上,在他的著作中,也包含国际贸易带动经济增长的思想。他认为,对外贸易是实现英国工业化和资本积累的一种重要手段。他指出,经济增长的基本动力是资本积累。随着人口的增加,食品等生活必需品的价格会因土地收益递减规律的作用而逐渐提高,工资(劳动力的价格)也将随之上涨。在商品价格不变的条件下,工资上涨将使利润下降,从而妨碍资本积累。通过对外贸易,如果能够从外国获得较便宜的食品等生活必需品以及原料,就会阻止在本国发挥作用的土地收益递减倾向,促使经济增长。总之,李嘉图认为,通过进口廉价初级产品,阻止土地收益递减、工资上涨和利润率下降倾向,就可保证资本积累和经济增长。李嘉图的比较成本理论是以国内充分就业和一般均衡为前提的,因此,出口部门的扩张是通过从进口替代部门转移资源来实现的,涉及进口替代部门的缩减,就这一点而言,并不必然得出经济总量同时增长的结论。因此,"剩余产品出口"理论可与比较成本理论互补。

---

① 马克思,恩格斯.马克思恩格斯选集:第2卷[M].北京:人民出版社,2012:504.
② 列宁.列宁全集:第3卷[M].北京:人民出版社,2013:569.

较为系统地论述贸易的发展利益的古典经济学家是英国的穆勒。他关于贸易对经济发展贡献的论述给后来的经济学家很大的启发。他第一次明确区分了贸易利益和发展利益。他认为，国际贸易具有两种利益：一种是直接利益，另一种是间接利益。直接利益包括两个方面：一是通过国际分工，使生产资源向效率较高的部门转移，从而提高产量和实际收入；二是通过贸易可以得到本国不能生产的原材料和机器设备等该国经济活动持续进行所必需或不可缺少的物质资料。间接利益则表现在：通过贸易分工推动国内生产过程的创新和改良，提高劳动生产率；通过产品进口造成新的需求，刺激和引导新产业的成长；通过开展对外贸易引入进口竞争、刺激储蓄的增加、加速资本积累。穆勒还指出，贸易通过下列途径推动不发达国家的发展："外国工艺技术的引进，提高了资本的收益率；外国资本的引进使生产的增长不仅仅依赖于本国居民的节约和精打细算，并且为本国居民提供了激励性的示范，向人们传输了新的观念。"[①]穆勒的这些精辟论述对后来的发展经济学家产生了深刻的影响，它启发人们从新的角度来认识贸易利益问题。

受古典经济学家上述观点和理论的启发，后来的经济学家进一步探讨了贸易对经济发展的带动问题，其中较为著名的是对外贸易是"经济增长的发动机"（engine for growth）学说。对外贸易是"经济增长的发动机"的理论命题是 D. H. 罗伯特逊（D. H. Robertson）在20世纪30年代首次提出来的，20世纪50年代，R. 纳克斯（R. Nurkse）对这一学说又进行了进一步的充实和发展。纳克斯在分析19世纪国际贸易的性质时指出，19世纪的贸易不仅是简单地把一定数量的资源加以最适当配置的手段，它实际上是通过对外贸易把中心国家的经济成长传递到其他国家，即中心国家经济迅速增长引起的对发展中国家初级产品的大量需求引发了发展中国家的经济增长，因此，对外贸易是经济增长的发动机。这一理论认为，较高的出口增长率是通过以下几条途径来带动经济增长的：①较高的出口水平意味着这个国家有了提高其进口水平的手段。进口中包括资本货物的进口，而资本货物对于促进经济增长是特别重要的。资本货物的进口使这个国家取得国际分工的利益，大大地节约了生产要素的投入量，有助于提高工业的效益，它是经济增长的主要因素。②出口的增长也趋向于使有关国家的投资领域发生变化，使它们把资金投向国民经济中最有效率的领域，即它们各自享有比较优势的领域。在具有比较优势的领域进行专业化生产，就会提高劳动生产率。③出口使得一国得到规模经济的利益。与单独的、狭小的国内市场相比，国内市场加上国外市场能容纳大规模的生产。④世界市场上的竞争会对一国的出口工业造成压力，以降低成本，改良出口产品的质量，并淘汰那些效率低下的出口工业。⑤一个日益发展的出口部门还会鼓励国内外的投资，并刺激制造业或附属工业以及交通运输、动力等部门的发展，同时促进国外先进技术和管理知识的引进。[②]

澳大利亚国际经济学家马克斯·科登提出了贸易对经济增长率影响的理论。他的理论的主要特点是，将对外贸易与宏观经济变量联系起来进行分析，并且特别强调外贸对生产要素供给量的影响和对劳动生产率的作用。科登认为一国进行对外贸易对宏观经济将产生以下五个方面的影响：第一，收入效应。通过贸易，提高了收入水平，贸易的静态利

---

① 许心礼，王整风，岳咬兴，等.西方国际贸易新理论[M].上海：复旦大学出版社，1989：4.
② 姚曾荫.国际贸易概论[M].北京：人民出版社，1987：56.

益转化为国民收入总量的增加。第二,资本积累效应。当派生于贸易利益的一部分收入增加额被用于投资时,该国的资本积累就会增加。第三,替代效应。如果投资品是进口含量较大的产品,则由于贸易的开展,投资品对消费品的相对价格下降,这将导致投资对消费的比率提高。因为投资成本下降,人们更多地将收入用于投资。投资率的提高无疑会带动经济增长率的上升。第四,收入分配效应。贸易的发生将会使收入转向出口生产大量使用的生产要素,这些生产要素的报酬大大提高。如果各个生产部门或各种生产要素所有者的储蓄倾向不同的话,则这种收入分配的变化又会影响储蓄率的高低。例如,当收入更多地分配于储蓄倾向较高的部门或要素所有者,则在其他条件不变的前提下,储蓄率就会提高,因而提高了资本积累率。第五,要素加权效应。假定生产要素的劳动生产率增长不一致,那么产出的增长率就可视为各种生产要素增长率的加权平均数。当出口扩大,并且出口生产使用的是那种增长更快的生产要素时,出口生产的增长率往往会提高得更快。科登认为,所有上述效应都是累积性的,这意味着贸易对经济增长的贡献作用将随着经济的发展逐渐得到强化。

20 世纪 80 年代中期以来,以罗默、卢卡斯和斯文森等人为代表的新增长理论,把技术变动作为推动生产率增长的核心因素。这一理论通过对增长因素的计量分析指出,发达国家经济增长的大部分应归功于生产率的提高。基于这一事实,新增长理论构造了一系列模型,将技术变动内生化,来研究国际贸易与技术进步及经济增长的关系。该理论认为,技术变动有两种源泉:一种是被动的,即不是经过专门研究开发出来的,而是从干中学会的,是通过经济行为学来的,称为"干中学"(learning by doing);另一种是主动的,是自己创造出来的,称为技术革新(innovation),是研究与开发的结果。国际贸易可以通过"技术外溢"和外部刺激来促进一国的技术变动和经济增长:一方面,不管什么技术都有一个外溢的过程,作为先进技术的拥有者,有时通过国际贸易有意无意地将技术传播到别的国家,使别国的生产者逐渐学会和掌握这些技术;另一方面,国际贸易提供了更为广阔的市场、更为频繁的信息交流和更加激烈的竞争,迫使各国努力开发新技术、新产品。国际贸易与技术变动的相互促进关系将保证一国经济的长期增长。[①]

综上所述,随着国际分工、国际贸易的发展和各国经济国际化的加强,人们对国际贸易作用的认识也在不断扩展,对国际贸易带动经济增长与发展的动态利益的认识,也更加深化。开展国际贸易的目的,不仅仅局限于"互通有无",亦不仅仅着眼于通过交换获取静态贸易利益、提高消费水平和增进国民福利,而更多的是通过贸易的发展促进信息、物质、思想的交流,激发本国的创新机制,从而带动经济发展。当然,国际贸易能否对一国经济发展起现实的推动作用,这要取决于一系列内外部条件。对此,第二章已做了分析。

二、国际贸易对经济增长作用的测定

(一)外贸依存度

外贸依存度又称外贸系数、外贸率、外贸贡献度和经济开放度,它是指用一国进出口

[①] 海闻.国际贸易理论的新发展[J].经济研究,1995(7):67-73.

贸易总额在其国内生产总值或国民生产总值(少数情况下用国民收入)中所占的比重来表示一国国民经济对进出口贸易的依赖程度,或国际贸易对经济增长的贡献度。由于国际上,特别是在各国政府的官方文件中,对对外贸易额与国内生产总值或国民生产总值的关系并没有用相对统一的专有词汇来表述,所以外贸依存度有多种提法,但其基本含义是一致的,都是用于反映一国对外贸易在国民经济中的地位,以及同其他国家经济联系的密切程度及该国加入国际分工、世界市场的广度和深度。从横向比,一国外贸依存度越高,则对外贸易在国民经济中的作用越大,与外部的经济联系越多,经济开放度也越高;从纵向比,如果一国的外贸依存度提高,则表明其外贸增长率高于国民生产总值增长率,对外贸易对经济增长的作用加大,经济开放度提高。

如果分别用出口额或进口额在国内生产总值(或国民生产总值)中所占比重来计算,外贸依存度可分为出口依存度(degree of dependence on export)和进口依存度(degree of dependence on import)。许多欧美学者将出口依存度定义为外贸依存度,而不用进出口额与国内生产总值做比较,原因在于:第一,避免重复计算;第二,出口额比进出口额更能如实反映一国经济发展的水平和参与国际分工的程度。故用出口额占国内生产总值的比重来计算外贸依存度的方法,在很大程度上已成为某种国际惯例。不过,从长期来看,由于一国的进口额和出口额基本平衡,因此,进口依存度和出口依存度相差不大。

一般而言,为了保持国际可比性,外贸依存度的计算要求将国内生产总值按一定汇率折算成美元,用同种货币计量出口额与国内生产总值。因此,影响外贸依存度数值大小的技术因素主要有三个:出口额、国内生产总值和汇率。由于统计口径、统计范围和方法的不同,出口额和国内生产总值的统计值往往有一定的差异。按国际惯例,出口额一般按海关统计,其统计的范围和口径是按联合国制定的外贸进出口货物的统计标准设计编制的,全面、可靠,具有国际可比性;相对而言,各国在国内生产总值的统计上统一性要差一些,如中国第三产业的统计范围小于一般市场经济国家的口径,非贸易产品中农村非货币收入项目统计不全面或未统计在内。尽管如此,各国国内生产总值总体上仍不乏可比性。汇率也是决定外贸依存度大小的一个重要因素,汇率的波动会影响一国国内生产总值的折算。在折算时,一般采用年平均汇率,如果汇率波动较大,则按国际货币基金组织的做法,用近三年的平均汇率折算当年的国内生产总值。

此外,外贸依存度的高低还与一国的经济发展模式、经济发展水平、经济规模和人口规模等诸多因素综合相关。如果一国实行开放型的经济发展战略,必然重视对外贸易在经济发展中的作用,其外贸依存度就可能较高。相反,内向型的经济发展战略对应的一定是较低的外贸依存度。在开放经济条件下,当一国经济发展处于初级起步阶段时(如20世纪60—70年代的新加坡、韩国等新兴工业化国家),由于主要从事进口原料、加工成成品出口的加工贸易,因此,其外贸依存度会上升;而当完成工业化以后,这一比值会趋于稳定。大国(这里更多指地域辽阔、人口众多的国家)往往由于国内市场容量大,可以更多地依靠本国力量发展经济,其外贸依存度往往较小国低。美国经济学家 S. 库兹涅茨(S. Kuznets)与霍利斯·钱纳里(Hollis Chenery)对 1965 年许多国家人均国民收入水平与外贸率(进出口额与国民生产总值之比)的关系进行比较分析后,发现两者并不存在明显相关,使两个具有相同人均国民收入水平的国家具有不同外贸率的因素较多,其主要原因则是人口数量。

(二) 进出口贸易对经济增长作用的测定

为分析进口贸易对经济增长作用的测定,有必要引进进口收入弹性的概念。

$$进口收入弹性, \varepsilon = \frac{\Delta M}{M} \Big/ \frac{\Delta Y}{Y} = \frac{\Delta M}{\Delta Y} \Big/ \frac{M}{Y}$$

式中,M 代表进口额;Y 代表国民收入。

进口收入弹性这个概念表示国民收入增加1%时,进口增加百分之几的比率,它是边际进口倾向($\Delta M/\Delta Y$)除以进口依赖度(M/Y)(又称平均进口倾向)的结果。把 Y 理解为国民净生产量,也可称为进口的产出量弹性。如果进口增长率高于国民收入增长率,则对进口的依赖程度增加;进口收入弹性大于1,即 $\varepsilon > 1$,称为顺贸易偏向(pro-trade-biased)增长。在这种情况下,国际贸易对经济增长的作用正在增加,并且可以解释为国际贸易的迅速增长带动了整个国民经济的增长;如果情况相反,即进口增长率小于国民收入增长率时,则进口依赖度会随着进间的推移而减小,即 $\varepsilon < 1$,称为逆贸易偏向增长,这说明国际贸易对经济增长的作用在减退;如果国民收入和进口处于平行增长($\varepsilon = 1$),进口依赖度不变(即中性增长),也不能认为贸易的作用已经消失,反而可以说,这是国内外生产要素得到了最有效利用的一种最佳状态。① 这是因为难以计量的贸易作用在发挥着很大的作用。当然,对外贸易是为国民经济更好地发展服务的,是实现经济发展的一个助手,而不是主角。随着国民经济的发展,比较优势结构是不断变化的,所以,必须根据这种变化及时调整进出口结构,以便保持最适当的贸易依赖度。国际贸易是否能够经常对国民经济的发展作出有力的贡献,是同国内经济和贸易结构顺利转变的能力,或者说结构调整能力密切相关的。如果缺少这种能力,贸易反而会牵制经济的发展。

出口贸易对一国经济增长的作用又该如何衡量呢?毫无疑问,出口依赖度可以作为一个指标。如果一国的经济增长伴随着出口贸易的持续发展,可以认为出口对该国的经济起着积极的带动作用。还有一些西方经济学家通过计算若干发展中国家和地区的出口增长率与国民生产总值增长率之间的相关系数,来测定对外贸易对经济增长的作用。R. F. 埃默里(R. F. Emery)检验了1953—1956年50个国家和地区的出口增长率与实际国民生产总值增长率之间的相关系数,他计算所得的系数是0.820 27。赛伦(Syron)和B. M. 沃尔什(B. M. Walsh)的研究表明,发达国家的出口增长率与GNP增长率之间的相关系数是0.86,而发展中国家为0.62。贝拉·巴拉萨(Bela Balassa)研究了1960—1973年11个发展中国家和地区的出口与经济成长之间的关系。他计算出来的结果是1960—1973年工业制成品出口与工业制成品生产之间的相关系数是0.709,而全部出口与全部生产的相关系数是0.888。根据这些计算结果可以看出,对外贸易对这些国家的经济成长曾起到很大的作用。②

---

① 小岛清. 对外贸易论[M]. 周宝廉,译. 天津:南开大学出版社,1987:239-240.
② 姚曾荫. 国际贸易概论[M]. 北京:人民出版社,1987:69-70.

三、经济增长对国际贸易的影响

一方面,国际贸易对经济增长起着重要促进作用;另一方面,经济增长对国际贸易的格局以及贸易条件也有重要影响,这在第五章已有详细分析。这里简要介绍一下 R. F. 哈罗德(R. F. Harrod)的观点。

对于经济增长对国际贸易的影响,哈罗德提出了以下三个命题。

(1) 如果Ⅰ国的经济增长率大于Ⅱ国,Ⅰ国就会有入超倾向。假定国民收入增长率 $\Delta Y/Y$ 和进口增长率 $\Delta M/M$ 相等,$M/Y = \Delta M/\Delta Y =$ 常数,因而进口收入弹性 $\varepsilon = \dfrac{\Delta M}{M} \Big/ \dfrac{\Delta Y}{Y} = 1$。加上表示Ⅰ国和Ⅱ国的下标之后,第一个命题就是:如果 $\dfrac{\Delta Y_1}{Y_1} > \dfrac{\Delta Y_2}{Y_2}$,则 $\dfrac{\Delta M_1}{M_1} > \dfrac{\Delta M_2}{M_2}$,如果初期是 $M_1 = M_2$,则 $\Delta M_1 > \Delta M_2$,即Ⅰ国产生入超倾向。

(2) 如果Ⅰ国的比较优势产业(即出口产业)中人均劳动生产率的增长率超过该国国民收入的增长率,Ⅰ国就会有出超倾向。以 E_1 表示Ⅰ国的出口,在出口产业部门生产率提高后,会相应地生产出产量增加额 ΔE_1,当 $\Delta E_1/E_1$ 大于 $\Delta Y_1/\Delta Y$ 时,因 $\dfrac{\Delta Y_1}{Y_1} = \dfrac{\Delta M_1}{M_1}$,所以 $\dfrac{\Delta E_1}{E_1} > \dfrac{\Delta M_1}{M_1}$,即Ⅰ国产生出超倾向。

(3) 如果Ⅰ国工资增长率小于人均劳动生产率增长率,Ⅰ国就会有出超倾向。如果我们把工资除以每人平均生产量(生产率)的结果称为效率工资,那么,如果效率工资低,就会产生出超倾向。很明显,如果一国的效率工资比外国便宜,则会导致:第一,出口商品成本更为低廉,从而增强该国商品的国际竞争力,出口量将会增大;第二,以前不能出口的商品也能出口了,出口商品的范围将会扩大;第三,进口商品将会相对显得不那么便宜,因而进口数量将减少;第四,以前能进口的范围将缩小。由于上述情况,该国必将发生出超。

哈罗德没有考察经济增长对贸易条件的影响,因而不能认为他的命题是完善的。但哈罗德在假定贸易条件不发生变化的情况下,考察经济增长对贸易的影响所得出的结论是有现实参考意义的。[①] 需要指出的是,哈罗德三个命题的成立依赖严格的假设前提,在实践中有些国家经济增长率很高,同时外贸顺差也不断加大。出超、入超是多种因素作用的结果。

第二节 贸易发展战略与发展中国家的经济发展

以上分析表明,国际贸易与经济发展之间的确存在很强的相关关系。在当代国际分工发展日益深入、各经济生活日趋国际化的情况下,要想获得本国经济的持续发展,离不开国际贸易的带动作用。但是,国际贸易能在多大程度上促进一国的经济发展,与该国

[①] 小岛清.对外贸易论[M].周宝廉,译.天津:南开大学出版社,1987:242-243.

能否选择适当的贸易发展战略并适时加以调整有很大关系。下面对发展中国家的贸易发展战略进行分析，这一节先介绍有关贸易发展战略的基本知识。

一、经济发展方式与贸易发展战略

贸易发展战略是一个国家国民经济整体发展战略的一部分，它是在国民经济发展总体战略指导下，对一定时期的对外贸易发展方向、结构、目标以及所要采取的相应措施所做的战略性决策，是一定时期内一国发展对外贸易的指导思想。因此，一国选择什么样的贸易发展战略，与该国选择什么样的经济发展战略有关。

一般地，从总的发展方向看，发展中国家有两种发展战略或发展方式：一是外向型发展战略，二是内向型发展战略。所谓外向型发展战略，是指让本国经济积极参与国际分工、国际竞争和国际交换，参与世界经济的循环，在国际经济关系的调整和国际市场的激烈竞争中寻找机会，作出趋利避害的选择，形成适合本国特点、有利于发挥本国优势的参与国际分工的态势，优化资源配置，并从经济开放中获得比较利益，从而带动本国经济发展。可见，外向型发展战略强调利用本国和世界两种资源，利用本国和世界两个市场，尤其强调参与国际分工、利用世界市场的机会来获得发展。所谓内向型发展战略，是指主要依靠本国资源和本国市场来发展经济，较少同世界市场进行交换，如进行对外贸易，也只是"调剂余缺"，把它看成获得不能由本国提供的产品的手段。

世界银行则从对国内市场和国际市场的重视程度，来定义外向型发展战略和内向型发展战略。按世界银行的定义，所谓外向型发展战略是指不歧视内销的生产或供出口的生产，也不歧视购买本国商品或外国商品。由于它能促进国际贸易发展，因此又被称为促进出口的战略。所谓内向型发展战略是指对工业和贸易的奖励制度有偏向，重视内销的生产，轻视供出口的生产，即进口替代战略。

世界银行制定了区分贸易战略性质的四项指标，即有效保护率、对进口的直接控制程度（如进口配额、进口许可证的运用）、对出口贸易的奖励、汇率定值的程度（本币高估还是低估）。据此，世界银行将贸易发展战略进一步细分为四种：坚定的外向战略、一般的外向战略、坚定的内向战略和一般的内向战略。

（1）坚定的外向战略，是指采取贸易制度的中性原则，虽有贸易壁垒，但出口奖励抵消了对出口的抑制；进口和出口的实际汇率大体相等；不采用或很少采用直接控制的办法。

（2）一般的外向战略，是指奖励制度总体上有结构偏向，注重为内销的生产，不重视为外销的生产。其对本国市场的实际保护率较低，有限度地使用许可证等直接控制办法，进出口贸易的实际汇率差别很小。

（3）坚定的内向战略，是指奖励制度强烈地袒护为内销的生产，对本国市场的实际保护率很高，普遍实行直接控制和许可证办法，以限制传统的出口部门，对出口没有积极奖励，本币高估很多。

（4）一般的内向战略，是指奖励制度明显地有利于为内销的生产。其对本国市场的实际保护率较高，广泛实行对进口的直接控制和许可证办法；对出口虽有一些奖励，但有明显的反进口偏向，且汇率定值过高。

当代发展中国家的实践证明,外向型发展战略或发展方式,有利于一国寻找国际市场机遇、促进经济发展。开放程度越大,发展的机会就越多。国际分工的发展与深化,世界市场的开拓与发展,促进了经济生活的国际化,闭关自守是没有出路的。1987年,世界银行在发展报告中将41个发展中国家在发展战略上分为外向型和内向型两类国家,经过对制造业、农业年平均增长率、工业增加值在国内生产总值中的比重、工业中劳动力的比重、制造业中就业人数的增长等指标综合比较,得出的结论是:选择外向型发展战略的国家在各方面的数据均优于内向型国家。

二、三种贸易发展战略的分析与比较

发展经济学家把发展中国家的贸易发展战略分为三种类型:初级产品出口导向战略、进口替代战略和出口导向战略。这实际上也是三种不同的经济发展战略或工业化战略。虽然在实践中很难做这样的清楚划分,几种发展战略也不必然存在时间上的继起性,即某一种贸易发展战略必然转为另一种战略,但在理论上进行这种分类并分别加以深入分析,还是有意义的。

(一) 初级产品出口导向战略

这种贸易发展战略强调发展中国家以本国廉价劳动力开发本国盛产的农、矿、特产等初级产品,出口创汇,然后用外汇进口制成品。这是在一国工业基础薄弱、生产力落后、本国工业制成品在国际市场上缺乏竞争力的条件下被迫实行的。因为对于大多数初级产品出口国来说,出口是决定一般经济活动水平的主要和能动的因素。当出口增加时,国民收入、国民投资、国民消费以及政府税收都随之增加,这样就可以提供更多的外汇,为更多的进口提供资金,并满足新增消费和投资的需要,从而带动经济增长。

在外向型经济发展的最初阶段,一些资源丰富的发展中国家采取通过扩大初级产品出口促进经济发展的战略和政策,是可行的,也是现实的。19世纪,英国及其殖民地之间就通过初级产品的进出口,使中心国家(英国)经济上的迅速成长不断传递到外围国家,促进了后者的经济发展。那时,英国集中了大多数现代化工业,但自然资源贫乏,原材料和食品大部分从当时的殖民地——美国、加拿大、澳大利亚、新西兰等进口。从1815年到1913年近100年间,英国的人口增加了3倍,实际国民生产总值增加了10倍,而它的进口量增加了20倍。这些增长通过乘数加速过程波及这些殖民地的其他经济部门,引起经济增长。大量的出口需求再加上这些殖民地自然资源的丰裕和大量移民涌入,以及随之而来的大量资本流入,保证了供给能力,由此带动了经济发展。第二次世界大战后,一些发展中国家虽然走上了独立发展民族经济的道路,但由于历史上就是发达国家的原料产地,加之自然禀赋等原因,这些发展中国家在经济发展初期不得不采取出口初级产品的贸易模式。由于各国经济发展不平衡,这种贸易模式至今还为许多发展中国家所采用。20世纪70年代,如马来西亚、泰国和突尼斯等国通过扩大初级产品出口,推动了经济增长。当今,初级产品出口仍是不少低收入国家出口的主要产品。一些不可替代的初级产品,如石油、铁矿砂等矿产品仍然有广阔的国际市场。

但是,这种初级产品出口导向战略,只能作为外向型经济的起步而在短时期内采用,片面依赖初级产品出口来交换发达国家的工业品,难以赢得经济的长期发展。其原因如下。

(1) 从需求方面看,除不可替代的矿产品外,当今发达国家对食品和原材料需求的增长远不如 19 世纪英国对农业国的需求增长那样快。发达国家对发展中国家出口的许多食品和农业原材料的需求收入弹性系数小于 1,即发达国家收入上升,对发展中国家农产品等初级产品的进口需求增加的比例远远小于收入的增加。例如,对咖啡需求的收入弹性大约是 0.8,可可是 0.5,糖是 0.4,茶叶是 0.1。此外,合成替代品的开发及生产技术的不断提高又大大减少了对天然原材料的需求,这些都影响了初级产品的出口前景。

(2) 从供给方面看,当今大多数发展中国家人口多、资源相对不足,农产品的增长部分大都被国内吸收而不是用于出口。特别是在当代初级产品世界市场上,各类国家的相互地位发生了重大变化。发展中国家作为世界原料领先出口国,尤其是矿产原料首要出口国的地位,已经大大下降,而发达国家在初级产品世界贸易中的地位则不断提高,并处于领先地位。与此同时,发达国家的初级产品主要是输往其他的发达国家,发达国家相互之间的初级产品出口额已超过发展中国家对发达国家的出口额而占到世界第一位。出现这种现象的一个重要原因是第二次世界大战后用现代技术生产的原料所占的比重增长较大,而早期工业技术所生产的原料在世界原料生产和消费中所占的比重已经下降。原料和材料的生产呈现出由发展中国家向发达国家转移的趋势。美国经济学家梅基提出原料周期理论,对这种现象做了解释。他指出,在原料生产的生命周期的初级阶段,发展中国家占据着很重要的地位,但在它们生命周期的后期,这些原料的生产逐渐转移到发达国家。产生这种现象的原因在于原料的合成替代品在不断发展。合成原料所需技术要求高,因此其生产长时间在发达国家里进行,发展中国家在初级产品市场上的比较优势大大减少,初级产品出口导向战略难以长期奏效。

(3) 初级产品生产专业化的贸易模式将使发展中国家失去本国经济工业化带来的动态利益。由工业化所产生的动态利益表现为:有更多的劳动者受教育和培训,更多的发明和创新,更多相关部门的共同发展以及人民收入水平的持续提高等。即使初级产品出口得到一时的增加,一般也难以确保经济持续增长,原因如下。

① 从供给方面看,初级产品出口引起的生产的增长,仅仅是一次性的,不会给初级产品生产部门带来新的刺激,出口国也不会去引进新技术和新设备。这样,当一个初级产品出口国打开国际贸易大门时,其出口的进一步扩大,只是通过外延性的资本投资间歇地实现,而不是通过内涵性的资本投资实现的。由于初始时的生产力提高之后,并未伴以持续的革新,因此增长的源泉很快就可能枯竭。

② 从需求方面看,如果通过对外贸易增加了收入而引起国内有效需求的增加,那么就会导致投资的增加,进而使生产和收入增加。然而,根据西方经济学家哈伯勒的分析,在现实的国际贸易格局里,初级产品出口国因对外贸易而增加的有效需求,大部分并不留在国内,而是漏到国外去了。外国公司的储蓄大部分汇回其母国。用于资本设备更新或新投资的积累资金,也都是花在国外的。除了这种储蓄的漏出之外,还有进口的漏出,因为很多种制造业当地并不存在,即使有些商品在当地可以买到,也往往不如从国外进口那么便宜或质量过硬。这两方面的大量漏出,使得从出口生产部门的扩大到国内生产部门

的扩张这样的经济增长的传导路线大受削弱。

③ 从生产部门之间的联系来看，初级产品的后向联系很少，但由于它要经过许多阶段的加工制造，因而它的前向联系就很多，像炼油、石油化工、制钢和机械等中间制造业部门要以那些初级产品为原料。由于在欠发达国家中，这类中间制造业比较薄弱，因此，有很大增长潜力的高度的前向联系，是输出到国外，而不是保留在国内经济部门中。此外，要把潜在的或原始的资源转化为适合实际使用并由此变成随时可供使用（即有效供给）的要素形式，是要花费成本的。发展中国家由于缺乏大量投资，即使在国内经济的生产部门中存在前向联系的种种可能性，也由于缺乏有效的生产要素供给而使这种可能性无法变为现实。

④ 单纯依靠初级产品出口，还面临贸易条件恶化的前景。这在第五章分析商品结构对贸易条件的影响及国际不平等交换时已做了详细分析。

由于初级产品出口导向战略不能给发展中国家带来经济的持续增长和经济的工业化、现代化，所以到20世纪50年代末和60年代初，许多发展中国家纷纷改变这种贸易发展战略。显而易见，发展中国家如要彻底摆脱贫穷，走向富裕和发达，并能在国际市场上与发达国家展开平等竞争，就必须实现工业化和现代化。发展中国家的贸易发展战略应服从于这一目标。在理论和实践上，可以把发展中国家为实现工业化而采取的贸易发展战略分为两种：进口替代战略和出口导向战略。

（二）进口替代战略

所谓进口替代，是指以国内生产的产品来替代进口。这一战略是由普雷维什于1950年提出的。其基本考虑是为了减少进口和依赖、节约外汇、平衡国际收支、保护幼稚工业；其目标是改变发达国家与发展中国家的不平等关系，改善贸易条件，改变二元经济结构，建立初步的工业体系，进而实现工业化。20世纪60年代以来，绝大多数发展中国家都不同程度地把经济发展与工业化等同起来，将进口替代作为占主导地位的发展战略。

进口替代一般经历两个阶段。

第一阶段是发展加工业、一般消费品工业为主的阶段，目标是建立初步的工业体系。在这一阶段，发展中国家缺乏必要的资本、机器设备、中间产品和技术等，需要从国外引入这些投入，加上缺乏熟练劳动力及管理经验，缺少规模效益，产品价格高于同类进口价格，总体上难以和国外厂商竞争，因此往往采取进口替代战略。发展中国家为了扶持进口替代工业需要采取保护措施。保护措施有以下几种：①实行保护关税，对国内生产必需的资本品、中间产品等投入的进口征收低税或减税、免税，以降低进口替代品的生产成本。②实行进口配额、许可证制度等手段，限制非必需消费品，特别是奢侈品的进口。③实行本币升值，以减轻必需品进口造成的外汇压力。④对进口替代工业在资本、劳动力、技术、价格、税收等方面给予优惠，使它们不被外国产品挤垮。通过这些保护措施扶植幼稚的进口替代工业逐步成长、成熟。

第二阶段是发展耐用消费品、资本品和中间产品为主的进口替代阶段。这个阶段需要花费大量投资用于机器制造、机床生产、炼钢、轧钢、石化等工业，在生产中尽量多地使用原料和其他投入，目标是建立全面的工业体系，以工业化带动整个经济的发展。当代许多发展中国家已初步建立起完整的工业体系,中间产品、零部件的进口替代成为主要的目标。通过这种替代可以带动国内相关产业的发展。

如果运用得当,进口替代战略可以对发展中国家的工业化和经济发展起到积极的推动作用。①进口替代对于扶植、培育发展中国家的幼稚产业和新兴产业的成长是必要的。对于有些产业,发展中国家具有潜在的比较优势,经过适当保护就有可能变为现实的优势。在国际市场竞争空前激烈的情况下,贸易保护措施对于发展中国家幼稚产业的成长更加重要。②进口替代是一国工业品走向国际市场的第一步。在初级产品出口阶段,发展中国家用大量初级产品交换发达国家的工业制成品,就证明工业化的国内市场已经存在。对某些产品征收高额关税,需求仍然旺盛,说明有较大的潜在需求。这就为进口替代工业提供了国内市场的基础,于是本国工业品生产就有可能在贸易保护政策下发展起来。先是进口,然后是进口替代,发展到一定阶段,如果政策得当,就可能出口,这就是20世纪60—70年代日本经历过的产业发展道路。③进口替代工业的发展,还有利于促进培养本国的管理技术人员,带动教育、文化事业的发展,获得工业化带来的动态利益。④进口替代的贸易保护政策,可能促使发达国家增加对发展中国家的直接投资,以绕过发展中国家的贸易壁垒。外资的流入对经济发展无疑有积极作用。此外,由国内生产来替代进口,也可明显减少外汇开支、减轻国际收支压力。

但是,仅靠贸易保护政策是不能实现工业化的,还要具备其他一些条件。为使进口替代战略收到较好效果,发展中国家必须在资本形成、人力资源开发、市场体系完善等方面作出努力。如果仅凭进口替代的贸易保护政策,不但不能收到预期的效果,反而会妨碍本国工业化的进一步发展。许多发展中国家在采用这一战略时都出现了这样那样的问题。这主要表现在:①在保护政策下成长起来的国内工业习惯于在没有外国竞争的环境下成长,因而缺乏进一步提高效率的刺激。保持政策本身并不能使本国工业具有竞争性。保护国内市场,对缺乏经验的发展中国家的企业家来说是最容易接受的。但如果本国企业家满足于依赖保护获得高额利润,而不积极从事研发与创新、努力提高生产效率,那必定妨碍经济的进一步发展。而且一旦进行过度保护,出于政治、经济、社会安定(如就业)的考虑,就难以撤销保护。缺乏对效率的刺激,难以使企业具有竞争性,并导致对贸易保护的路径依赖,这是进口替代战略的最大弊病。②进口替代的进一步发展,会遇到国内市场狭小的限制。由于低效率的工业在国际市场缺乏竞争力,扩大出口很难实现,从而无法利用规模经济优势。而且,在简单的制成品被国内生产替代后,必须生产资本更密集、工艺更先进的进口替代品,难度亦会随之增大。③进口替代战略还可能导致发展中国家存在的二元经济结构进一步强化,阻滞整个国家经济现代化的进程。根据保罗·克鲁格曼等人的分析,进口替代战略对发展中国家工业的大量保护,必然导致过度的资本密集型工业的膨胀。这会很快消耗掉发展中国家本来就贫乏的投资基金,并且仅能提供很少的就业机会,加重失业问题。同时,通过进口替代实现工业化的努力还会导致对农业和其他初级产品生产部门的忽视,使农业生产下降,落后的部门更加落后,二元经济结构由此得到强化。④单纯的进口替代还有限制出口的效应,因为它会抑制国内企业的效率和出口势头,使中间产品和生产的采购成本提高,产品生产费用增加。必要的进口在增加,出口又难以增加,必然导致外汇短缺、国际收支恶化。

可见,进口替代战略有其内在缺陷,而"封闭性"的进口替代战略则缺陷更大。因此,20世纪60年代,一些发展中国家,特别是当时的一些"新兴工业化"国家和地区的政府及其经济学者在实践中认识到扩大制成品出口的重要性。20世纪60年代中期以后,一些发展中经济体特别是小的发展中经济体,纷纷把促进出口作为工业化战略的基础,即实行出口导向的贸易发展战略。

(三)出口导向战略

所谓出口导向也称"出口主导",是指通过扩大出口来带动本国的工业化和经济的持续增长。对原来主要出口初级产品的发展中国家或地区来说,这称为出口替代,即用加工的初级产品、半制成品和制成品来代替传统的初级产品出口,并以此来推动本国的工业化。这种工业化战略一般与出口鼓励政策相结合。出口导向的贸易政策比起进口替代政策来,保护的范围要小一些,保护措施也相对宽松,但也不是没有保护的"自由贸易"政策。出口导向政策并不是一味放宽或废除进口替代工业化政策所采取的诸如关税、数量限制等限制措施,而是把放宽这些限制与各种出口鼓励政策结合起来,通过扩大出口来带动经济发展。比起进口替代,出口导向政策的开放度要大一些。严格说来,出口导向型经济才是外向型经济,而进口替代只是走向外向型经济的一个阶段。

出口导向战略一般也经历两个阶段。

第一阶段,以劳动密集型工业制成品替代初级产品出口,主要发展加工工业,以生产一般消费品为主,如食品、服装、家用电器、玩具等。这些产品的生产方法比较简单,技术较易掌握,投入要素较易获得,而且国际市场需求较大,需求弹性也不小,进入门槛低。

第二阶段,当第一阶段出口商品发展到一定程度、已累积一定的资本与技术要素,加之其中某些产品的市场容量已渐趋饱和或生产与贸易条件已变得不利,就转向以机器设备、机床、电子仪器等资本、技术密集型工业制成品生产为主的出口工业。

出口导向的工业化战略和贸易政策具有如下优点:①由于面向国际市场生产,刺激了整个工业经济效率的提高。为了打进国际市场,企业就必须按市场需要提供高质量、低成本的产品,这无疑会给本国企业带来竞争的压力和提高效率的刺激。同时,由于相对放松了进口限制,面向国内市场的本国企业也面临日益增大的国际竞争压力。这种开放带来的竞争刺激是出口导向型经济最大的优点。②出口导向型经济由于开放度高,参与世界经济循环,因此竞争激烈、风险大,但信息灵通、反馈快,容易抓住发展机遇。随着全球产业结构的不断调整,各国都在寻找最能发挥本国优势的参与国际分工的形式。发展中国家劳动力相对便宜、资源相对丰富等比较优势再加上优惠政策,就可能利用发达国家产业结构调整的时机,引进外资,生产产品生命周期处于成熟期的工业产品,打入国际市场,增加外汇收入,由此带动本国的工业化。③出口导向的工业化能克服发展中国家市场狭小的限制,获得规模经济效益。这一点对于那些发展中小国来说尤其重要。④在第一阶段,出口替代部门较多地集中在劳动密集型产业,且有比较广阔的市场,因此能够吸收较多的劳动力,缓解发展中国家的就业压力。而且由于出口的增加带来外汇状况的改善,发展中国家的进口能力增强。根据刘易斯的经济发展理论,这可以使实际工资保持在较低水平上,从而有利于工业部门利润的增长和积累的增加,提升工业部门对劳动力的吸收能力。

20世纪60—70年代,一些发展中国家和地区运用出口导向战略促进了经济的发展,特别是一些新兴工业化国家和地区,依靠工业化和制成品的出口,极大地促进了经济的增长,使得制造业发展迅速,产业结构趋向合理,外贸发展快且制成品占出口品的比重迅速提高,从而使人均国民生产总值迅速增长、外汇储备不断增多,在世界经济和贸易中的地位日益提高。20世纪90年代中期,韩国、新加坡、中国香港已基本进入发达经济体系,韩国1996年被列入发达国家。20世纪80年代后,菲律宾、马来西亚、印度尼西亚、泰国、墨西哥和中国实施出口导向战略,也促进了经济的起飞和经济实力的增强。

但是,出口导向战略在实施中也会遇到种种困难:①发展出口型工业一方面受到资源、技术、资金、人力等条件的限制,另一方面又受到来自发达国家的众多而高效的工业的竞争,使得发展中国家出口工业的建立非常困难,或者建成以后难以产生应有的效率。②由于出口替代工业主要面向国际市场,这难免产生对国外市场的依赖性,而发达国家出于保护就业的需要,又常常对本国一些劳动密集型产品的生产运用补贴和关税、非关税措施进行保护,使得发展中国家具有比较优势的这类产品出口受到冲击。而且,对国外市场的过度依赖、出口比重过高,还会使国内经济贸易受到国际市场经济波动的影响,甚至受到外国的牵制,不利于国内经济的平稳、健康发展。③出口替代也会加剧国内经济发展的不平衡。由于发展中国家往往对出口产业实施较多的优惠政策,不可避免地使非出口导向产业受到排挤,从而出现出口替代部门发展较快,面向国内的中小型工业和农业部门发展迟缓的局面,加剧发展中国家的二元经济结构。④有些国家出口部门是外国资本推动的结果,特别是有的加工贸易出口主要是在国内经过一个进口零部件和中间产品的加工、装配过程,与国内相关部门的产业联系度低,其扩张并没有带动相关部门的发展,而是形成了一些出口"飞地"。它们为国内提供的只是工人的工资,利润大都落入外国投资者手中。

不过总的来说,出口导向比进口替代更有利于发展中国家的经济发展,这已被各类国际组织的研究报告和发展中国家的经济实践所证实。同时,也要看到,这两种贸易发展战略是相互联系、相辅相成的。进口替代是出口导向的先导,没有进口替代建立起的工业基础,是不可能实施出口导向战略、以竞争性价格生产产品在国际市场上和发达国家竞争的。而出口导向战略是进口替代战略的结果,且出口导向可为更高层次的进口替代提供资金和技术支持,最终建立起本国现代化产业体系。当代,凡实施出口导向战略并取得成功的国家和地区,几乎无一例外地经历过一个或长或短的进口替代的内向发展时期。

需要指出的是:第一,20世纪90年代以来,随着经济全球化的不断发展,全球市场经济体制逐步建立,各国经济融合的步伐不断加快。在这种背景下,发展中国家实行进口替代战略的可行性大大下降。其原因不仅源于进口替代本身的弊端,而且进口替代的保护对象很难确定。另外,WTO对进口替代的一些保护措施也是明确禁止的。因为它们造成了市场的扭曲。例如,针对进口替代的补贴和以鼓励出口为目的的出口补贴都被WTO列为禁止性补贴。而一国特别是发展中大国,如果一味地奉行出口导向战略,强调出口对经济增长的促进作用,将造成对别国市场的挤占,引起贸易关系的紧张等问题。因此,经济全球化条件下,开放度的不断提高将是发展中国家贸易发展战略调整的趋势。第二,传统的关于贸易发展战略的理论分析,主要以比较优势为基础,探讨发展中国家如何在不同发展阶段发挥自身的比较优势,在不同的要素密集型产业之间选择适合自己参与国际贸易分工的部门,并采取相应的政策措施。在当代国际分工日益深化、产品内分工越来越成为国际分工主要形式的背景下,贸易发展战略的研究也应该扩展到发展中国家如何发挥自己在生产要素上的比较优势,选择适合自己的产品内分工的区段、环节和工艺,全面融入国际分工体系,不断促进产业升级。

第三节　贸易发展战略的现实选择

一、选择贸易发展战略的原则

为了确保贸易发展战略符合国情和国际环境,从而更好地服务于国民经济总体发展战略,促进本国的经济发展,一国在选择贸易发展战略时必须遵循一定的原则。

(一)贸易发展战略必须立足于提高国家竞争力

所谓国家竞争力,是指一国产业在和其他国家生产者进行公开竞争时的创新与升级能力,即以竞争优势表现出来的该国产业获得较高生产力水平并使之持续提高的能力。以国家竞争力为基准制定贸易发展战略,有利于利用对外贸易促使国民经济打破发展瓶颈进入良性循环,这对发展中国家来说尤其重要。如果贸易发展战略的实施提升了国家竞争力,推动了本国产业的创新与升级,本国产品在世界市场上就有竞争优势,进而促使贸易结构的高级化,从而带动经济结构的不断优化,促进经济的长期发展。因此,贸易发展战略选择的关键不在于是采取进口替代战略还是采取出口导向战略,而在于战略的选择能否提升国家竞争力,从而推动产业创新和升级,促进经济发展进入良性循环。

(二)坚持静态利益和动态利益相结合

制定贸易发展战略时,不仅要能获得静态贸易利益,更要着眼于国际贸易的动态利益,要注重通过国际贸易参与国际分工,引进新的生产要素,刺激国内的技术创新,从而促进本国生产效率和生产能力的提高,由此获得长远的发展利益。

(三)贸易发展战略的制定必须符合国际惯例

随着国际分工的深化和世界经济联系的加强,当今几乎每个国家都被纳入世界经济体系中。因此,一国制定贸易发展战略时必须适应国际环境,借助贸易发展战略发展本国经济的措施需要符合国际惯例,"孤立主义"或损人利己的做法都是行不通的。贸易发展战略的制定必须放在开放的背景下,过去借助严格保护来发展国内经济的环境已不复存在。例如,一个发展中国家如果想通过关税保护来发展本国的进口替代工业,则其关税税率的制定不可能像李斯特保护贸易理论中所说的以本国经济所处的发展阶段为依据,而要以同等发展水平国家的一般税率为标准。否则,就会遭到别国的报复,贸易发展战略必将难以贯彻。

此外,维护国内经济的平稳发展、捍卫国家的独立自主、保障经济安全等,都是一国制定贸易发展战略时需要坚持的原则。

二、影响贸易发展战略选择的因素

各种贸易发展战略都只适用于一定的经济条件,其成功与否受多种因素的制约。因此,一国在选择贸易发展战略时,除了要坚持以上几个原则外,还要综合考虑国内外诸多因素,在仔细权衡后作出符合国内外情势的抉择。

(一)影响贸易发展战略选择的国内因素

在影响贸易发展战略选择的因素中,起决定作用的是国内经济情况。它主要包括以下几个方面。

(1)一国的经济发展水平。经济水平的衡量指标有两种:第一种是纵向指标,指一国经济所处的发展阶段,比如处于罗斯托所讲的传统阶段、为起飞创造条件的阶段、起飞阶段、向成熟推进阶段、高额群众消费阶段和追求生活质量阶段中的那一个阶段;第二种是横向指标,即以人均 GDP 等指标与其他国家相比,本国在世界经济中所处的地位。毫无疑问,一国在经济发展阶段序列中越靠前、在世界经济中地位越落后,则其经济发展水平越低,国际竞争力也越弱。它所面临的主要任务是建立健全国内工业体系和产业体系,提高国内供给水平。因而,比较可行的初始贸易发展战略是发展资本技术含量较低的劳动密集型进口替代产业,而选择出口替代战略不仅不可能,也不可行。相反地,一些经济发展水平很高的国家则可以发展具有较强国际竞争力的资本、技术密集型的出口替代产业。至于那些中等发达国家,则可以一方面发展进口替代产业以提高这些产业的国际竞争力;另一方面可以发展已具备国际竞争力的出口替代产业,实行所谓的平衡发展战略,保持进出口的基本平衡。

(2)经济发展规模。这里的经济规模不是规模经济概念,而是指钱纳里等发展经济学家以一国的疆域、人口等为衡量指标的一国经济规模的大小。

小国经济,顾名思义就是指国家疆域狭小、人口较少条件下的经济。这种经济比较容易受到外部市场和国际资金流动的影响,可以借助对外经济联系来求得本国的经济增长。据一些发展经济学家统计,在小国经济发展过程中,如果出口水平小于 GNP 的 20%,就几乎不可能得到满意的经济增长速度。而当出口水平占 GNP 的比重在 20%～30% 时,则可以促进经济增长。当然,选择贸易发展战略也应考虑小国的经济发展水平。一般地,在小国的经济发展初期,可实行进口替代战略。当经济发展到一定水平,具备一定的国际竞争力以后,可以迅速转向出口替代战略,而跳过平衡发展阶段。

大国经济地域广阔、人口众多、国内市场容量大,因而经济发展的动力主要来自国内市场需求,初始贸易战略可相应地采取内向型的进口替代战略来建立较为齐全的国内经济体系。当然这阶段也不排除一些出口替代产业的出现,但这主要是为了出口创汇以支持进口替代产业。这样的出口替代产业往往与国民经济的主导产业相偏离。当经济发展到一定阶段后,大国经济可以实行平衡贸易战略,使进口替代产业和出口替代产业互相补充、互相支持。是否转入出口替代为主的贸易发展战略则可视本国产品的国际竞争力、国内外的需求状况而定。一般来说,在大国和小国的国民收入水平相当时,前者的出口专业化比重,无论是初级产品,还是制造业产品,都比后者为低。美国经济学家梅基用对外贸易份额下降第一规律来概括大国经济与对外贸易份额的这种反比关系:一国规模越大,其对外贸易份额在该国 GNP 中所占比重越小。

(3) 供求状况。一个国家国内供给、需求状况与其贸易战略的制定有很大关系。如果一国经济水平落后,资源比较贫乏或资源丰富但开发水平滞后,以致供给小于需求,这种短缺状况下的贸易发展战略一定是内需型的进口替代战略。相反,经济发展水平较高、国内供给大于需求的"过剩型"经济下的贸易发展战略一定是外向型的出口替代战略;至于介于两者之间的供需基本平衡条件下的贸易发展战略则可能是进出口平衡的贸易发展战略。

(4) 利益集团的影响。对外贸易战略主要由一国的政府负责制定和实施。政府决策不可避免地受到一些大的利益集团的影响,有的甚至为利益集团所左右。利益集团的这种影响作用在小国会更为突出。假如一个国家跨国公司在经济生活中居于重要地位,它们通常会要求政府采取外向型的贸易发展战略。

(二) 影响贸易发展战略选择的国际因素

国际贸易是一项在国家间进行的经济活动,贸易发展战略必然受到国际因素的影响。这类因素主要有以下这些方面。

(1) 别国贸易政策的制约。国际贸易的相互性意味着一国的进出口在给本国带来贸易利益的同时,也会对别的国家造成影响。这种贸易可能增进双方的利益,也可能是此长彼消的。当一国的进出口给伙伴国经济带来不利的影响时,对方一定会运用某种贸易政策加以抑制。因此,单纯的进口替代或出口替代都容易招致别国的贸易报复,必须审慎运用。

(2) 世界经济发展状况。一般地说,当世界经济发展水平普遍较低时,各国为本国产品寻找海外市场的压力较小,这时实行进口替代所面临的外部压力就相应地低。而当世界经济发展水平普遍较高,众多国家都要为本国的剩余产品寻找国际市场时,某个国家实行进口替代的压力就比较大,会面临外部要求其开放市场的威胁。单纯的出口替代则会因对进口国市场的冲击而产生伙伴国要求限制出口的压力甚至引起报复。这就是 20 世纪 50—60 年代,一些国家运用进口替代和出口替代贸易战略使本国经济取得了成功,而今天却难以实施的基本原因。当时许多国家都致力于战后重建,国际需求旺盛,而今天世界经济环境已与以前大为不同,世界供求格局表现为供给相对过剩。

(3) 国际政治的影响。政治和经济是相生相伴的。一个政治的大国与小国在实施本国贸易发展战略时抗御外国压力的能力之差异是不言而喻的。当然,决定一国国际政治地位高低的因素不只是国土的大小、人口的多寡,还有综合国力的强弱。1949 年前后的中国,其国际政治地位的差异可以说天壤之别。也正因为如此,1949 年前中国根本谈不上什么贸易发展战略。而现在,中国则能根据国情制定和实行符合中国实际的贸易发展战略。

三、全球价值链分工与发展中国家贸易发展战略的选择

最后,作为本章也是全书的一个总结,我们结合当代国际贸易分工的最新趋势,综合运用前面所学的知识,分析一下全球价值链分工条件下发展中国家贸易发展战略的选择。

20世纪60年代以来,受普雷维什等发展经济学家的影响,广大发展中国家实行的贸易发展战略基本上是进口替代战略、出口导向战略或进口替代与出口导向相结合的平衡型贸易发展战略,在不同阶段具体的贸易政策措施也有所区别。但这些传统的贸易发展战略都或多或少地带来了一定的问题。在当代全球价值链分工迅速发展、国际竞争日益加剧的背景下,其适用性和有效性大大降低。

适应全球价值链分工和当今国际贸易发展的新趋势,当代发展中国家的贸易发展战略应以促进经济社会全面发展为目标,它包括以下几个方面的内容。

(一) 大力发展加工贸易,不断创造要素优势,提升参与要素分工的环节和国际分工地位

第二章的分析表明,当代国际分工的一个主要趋势是产品内分工即价值链分工的发展。跨国公司在全球范围内整合资源,进行产业链条、产品工序和零部件的全球化配置,极大地推动了经济全球化。各个国家依靠自己要素的比较优势参与环节分工,获取分工利益,并由此找到自己在国际分工中的合适地位,在融入国际分工体系中获得发展的机会。因此,发展中国家现阶段应充分发挥比较优势,出口劳动密集型商品,并在积极开展加工贸易、积累资本要素的同时,借助政府扶持、自身积累和外资流入等方式,大力培育高级要素,不断提升在环节分工中的地位。

(二) 充分重视国内需求和进口对创造竞争优势、促进经济发展的作用

针对国内需求对竞争优势的影响,发展中国家特别是发展中大国应积极培育国内市场,适当增加进口,改变传统的片面重视出口的战略。

理论和实践都证明,在开放经济条件下,大国国内市场是经济发展的重要载体,尤其是像中国这样的巨型经济体。首先,从一般的经济学原理出发,大国庞大的国内需求足以满足某些产业发展对规模经济的要求,甚至可以完全不依赖于国际需求。例如,中国的钢铁、煤、水泥、农用化肥、棉布、电视机、洗衣机、电冰箱等许多产品的产量都居世界第一位,这些产品基本上是以满足国内需求为基础的。其次,从世界市场角度来看,当今的世界市场是国际市场与国内市场的总和。发展中国家特别是发展中大国在实行经济开放、积极参与国际贸易分工时,不应该也没有经济学上的理由片面强调国际市场而忽视国内市场。改革开放以来,中国许多企业包括国家外贸政策长期以来过于强调出口导向,对产品出口给予优惠,而对国内市场则重视不够,相对于出口而言,采取了歧视内销的政策。这种内外销的政策差异导致不少国内企业存在片面的"出口冲动",却忽视了国内需求。结果,不少商品在通过恶性竞争、廉价出口的同时,庞大而利润丰厚的国内市场却被外资企业所蚕食和占领。因此,发展中国家应充分重视国内市场在开放型经济发展中的重要作用,将国内市场视为提高国家竞争优势的重要因素,对国内贸易与国际贸易采取一视同仁的政策,

同时不断提高开放水平,构建以国内大循环为主体、国内国际双循环相互促进的新发展格局。

(三) 培育产业内贸易和公司内贸易的基础,创造产业优势和公司优势

产业内贸易和公司内贸易的发展是当代国际贸易的主流,这导致国际贸易基础正由国家优势逐渐地向产业优势、公司优势转变,并直接体现为一个国家的竞争优势。在产业内贸易和公司内贸易中占主导地位的微观主体是跨国公司。一个国家拥有跨国公司的多寡、实力的强弱直接决定着一国的国际贸易分工地位和贸易利益的获得。对此,发展中国家应实施适当的产业扶持政策与产业组织政策,大力培育其参与产业内贸易和公司内贸易的产业优势和公司优势。

最后,在全球价值链分工条件下,生产要素和商品的全球流动日益频繁,各类国家在不同产业间、产业内和产品内的分工不断深化,分工形式日趋多样,经济与贸易领域的合作不断加强。世界各国和地区应本着互利共赢的宗旨,发挥各自的比较优势,在国际生产和贸易领域寻求最有利的分工与合作方式,促进彼此经济技术水平和劳动生产力的提高,最终促进各国经济、社会的全面发展和人民福祉的增进。

本 章 小 结

本章主要从贸易实践的角度探讨了一国如何制定适当的贸易发展战略,以实现对外贸易对经济增长的促进作用。这实际上是对全部课程的一个总结。

对外贸易对经济增长的促进作用一直受到经济学家的重视。马克思主义经济学主要从交换与生产相互作用的角度,分析了国际贸易对生产的反作用。西方经济学家对此也提出了一系列有价值的学说,如斯密的剩余产品出口学说、李嘉图的外贸促进资本积累学说、纳克斯等人的对外贸易是经济增长的发动机学说、罗默等的新增长理论等。

对外贸易对经济增长作用的测定可用外贸依赖度、进口收入弹性、出口与增长的相关系数等指标来衡量。其中,外贸依赖度是常用的指标,但它受经济发展模式的影响,应注意联系实际加以辨析。哈罗德和小岛清研究了经济增长对国际贸易的影响,并提出了各自的命题。

一个国家要充分发挥对外贸易对经济增长的促进作用,就需要制定和实行适当的贸易发展战略。从理论上,发展中国家的贸易发展战略可分为外向战略和内向战略。世界银行则进一步细分为坚定的外向战略、一般的外向战略、坚定的内向战略和一般的内向战略四种战略。在实践中,贸易发展战略主要有初级产品出口导向战略、进口替代战略和出口导向战略。这些战略可单独实施,也可同时实施。实践证明,出口导向战略较有利于经济发展,而内向型的进口替代战略对生产效率的提高比较不利。对此,各国应根据国内外经济形势、本国的国情进行适当的选择。在全球价值链分工条件下,生产要素和商品的全球流动日益频繁,各类国家在不同产业间、产业内和产品内的分工不断深化。世界各国和地区应本着互利共赢的宗旨,发挥各自的比较优势,在国际生产和贸易领域寻求最有利的分工与合作方式,促进各国经济、社会的全面发展和人民福祉的增进。

复习思考题

一、名词解释

剩余产品出口　干中学　外贸依赖度　进口收入弹性

二、思考题

1. 试评述对外贸易是经济增长的发动机学说。
2. 如何测定国际贸易对经济增长的作用？
3. 什么是初级产品出口导向战略？其优劣何在？
4. 什么是进口替代战略？它对发展中国家的经济发展有哪些利弊？
5. 什么是出口导向战略？它对发展中国家的工业化有哪些积极作用和消极影响？
6. 试述选择贸易发展战略时应坚持的原则和影响因素。

三、案例分析

阅读下面的材料，谈谈你对新阶段我国开放发展战略转型的思考。

中国发展"双循环"的四个比较优势

《中共中央关于制定国民经济和社会发展第十四个五年规划和二〇三五年远景目标的建议》提出，要加快构建以国内大循环为主体、国内国际双循环相互促进的新发展格局。发展"双循环"，我国具有四点比较优势。

一是拥有规模巨大的国内市场。中国有14亿人口，有4亿以上中等收入群体，一个国内大市场正在形成，这是未来中国经济的一个重要竞争优势。数据显示，2016—2019年，中国全年社会消费品零售总额从33.2万亿元增至41.2万亿元；从对经济的贡献来看，2019年中国最终消费支出对经济增长的贡献率保持在60%左右，消费连续6年成为拉动经济增长的重要引擎。

二是拥有全产业链。中国有41个大类、666个小类的工业分类。如果根据去年海关出口的数据来看，中国出口了7 932种产品，跟美欧对照的话，中国出口的产品有14 000多种。来自工业和信息化部的数据显示，在世界500多种主要工业产品当中，有220多种工业产品中国的产量居全球第一。我国已经成为全世界唯一拥有联合国产业分类中所列全部工业门类的国家。

三是产业布局形成了工业集聚特征。中国的产业布局具有非常明显的工业集聚特征。如果观察工业城市，会发现每一个城市都具有一两个非常鲜明的产业。产业集聚可以给产业发展带来多种优势，比如：降低固定成本，实现产业规模经济递增的态势，从而提升企业的利润，提升企业的竞争力。

四是交易成本相对较低。中国的用工成本相对比较低廉，国内是750美元一个月，折合四五千元人民币，几乎为欧美国家的1/5，但是生产绩效其实已经在它们的1/2以上。

换言之,欧美生产一双鞋用一个小时,中国生产一双鞋用两个小时,但成本只有它们的 1/5,也就意味着中国的产品更有竞争力。

资料来源:《新华网》余淼杰解读中国发展"双循环"的四个比较优势[EB/OL].(2020-12-28). https://www.nsd.pku.edu.cn/sylm/xw/510932.htm.

即 测 即 练

参 考 文 献

[1] 刘易斯.二元经济论[M].施炜,等译.北京:北京经济学院出版社,1989.
[2] 迪克西特.经济政策的制定:交易成本政治学的视角[M].刘元春,译.北京:中国人民大学出版社,2004.
[3] 赫尔普曼,克鲁格曼.市场结构和对外贸易[M].尹翔硕,尹翔康,译.上海:上海人民出版社,2009.
[4] 克鲁格.发展中国家的贸易与就业[M].李实,刘小玄,译.上海:上海人民出版社,1995.
[5] 白树强.全球竞争论[M].北京:中国社会科学出版社,2000.
[6] 克鲁格曼,奥伯斯法尔德.国际经济学[M].海闻,等译.4版.北京:中国人民大学出版社,1998.
[7] 克鲁格曼.地理和贸易[M].张兆杰,译.北京:北京大学出版社,2001.
[8] 克鲁格曼.克鲁格曼国际贸易新理论[M].黄胜强,译.北京:中国社会科学出版社,2001.
[9] 林德特,金德尔伯格.国际经济学[M].谢树森,沈锦昶,常勋,等译.上海:上海译文出版社,1985.
[10] 俄林.地区间贸易和国际贸易[M].王继祖,译校.北京:商务印书馆,1986.
[11] 希尔.国际商务:全球市场竞争[M].周健临,等译.北京:中国人民大学出版社,2002.
[12] 陈琦伟.国际竞争论[M].上海:学林出版社,1986.
[13] 大河内一男.过渡时期的经济思想——亚当·斯密与弗·李斯特[M].胡企林,沈佩林,译.北京:中国人民大学出版社,2000.
[14] 李嘉图.政治经济学及赋税原理[M].郭大力,王亚南,译.北京:商务印书馆,1962.
[15] 戴翔,张二震.要素分工与国际贸易理论新发展[M].北京:人民出版社,2017.
[16] 约菲,戈梅斯-卡萨尔.国际贸易与竞争[M].宫桓刚,孙宁,译.大连:东北财经大学出版社,2000.
[17] 萨尔瓦多.国际经济学[M].张二震,仇向洋,译.南京:江苏人民出版社,1992.
[18] 范家骧.国际贸易理论[M].北京:人民出版社,1985.
[19] 科特勒.国家营销[M].俞利军,译.北京:华夏出版社,2001.
[20] 李斯特.政治经济学的国民体系[M].陈万煦,译.北京:商务印书馆,1961.
[21] 海闻,林德特,王新奎.国际贸易[M].上海:上海人民出版社,2003.
[22] 黄卫平,彭刚,凌奇博.国际经济学[M].北京:对外经济贸易大学出版社,2008.
[23] 巴特利特,高沙尔.跨边界管理——跨国公司经营决策[M].马野青,等译.2版.北京:人民邮电出版社,2002.
[24] 李俊江.国际贸易[M].北京:高等教育出版社,2008.
[25] 李荣林.动态国际贸易理论研究[M].北京:中国经济出版社,2000.
[26] 梁琦.产业集聚论[M].北京:商务印书馆,2004.
[27] 廖理,汪韧,陈璐.探求智慧之旅[M].北京:北京大学出版社,2000.
[28] 林毅夫,蔡昉,李周.中国的奇迹:发展战略与经济改革[M].上海:上海三联书店,1999.
[29] 刘志彪.现代产业经济学[M].北京:高等教育出版社,2003.
[30] 鲁明泓.国际直接投资区位决定因素[M].南京:南京大学出版社,2000.
[31] 波特.竞争优势[M].陈小悦,译.北京:华夏出版社,1997.
[32] 波特.国家竞争优势[M].陈小悦,译.北京:华夏出版社,2002.
[33] 马克思,恩格斯.马克思恩格斯文集:第7卷[M].中共中央翻译局,译.北京:人民出版社,2009.
[34] 马克思,恩格斯.马克思恩格斯文集:第8卷[M].中共中央翻译局,译.北京:人民出版社,2009.
[35] 马克思,恩格斯.马克思恩格斯文集:第9卷[M].中共中央翻译局,译.北京:人民出版社,2009.

[36] 阿克塞拉.经济政策原理[M].郭庆旺,等译.北京:中国人民大学出版社,2001.
[37] 裴长洪.中国对外经贸理论前沿(4)[M].北京:社会科学文献出版社,2006.
[38] 山泽逸平,平田章.发展中国家的工业化和出口鼓励政策[M].李炳烈,何联华,译.青岛:青岛出版社,1991.
[39] 孟.英国得自对外贸易的财富[M].袁南宇,译.北京:商务印书馆,1965.
[40] 王新奎.国际贸易与国际投资中的利益分配[M].上海:上海三联书店,1995.
[41] 希尔贝尔托,莫门.发展中国家的自由化[M].陈江生,译.北京:经济科学出版社,2000.
[42] 库兹涅茨.现代经济增长[M].戴睿,易诚,译.北京:北京经济学院出版社,1989.
[43] 小岛清.对外贸易论[M].周宝廉,译.天津:南开大学出版社,1987.
[44] 薛敬孝,佟家栋,李坤望.国际经济学[M].北京:高等教育出版社,2000.
[45] 斯密.国民财富的性质和原因的研究[M].郭大力,王亚南,译.北京:商务印书馆,1979.
[46] 巴格瓦蒂.今日自由贸易[M].海闻,译.北京:中国人民大学出版社,2004.
[47] 巴格瓦蒂,潘纳加里亚,施瑞尼瓦桑.高级国际贸易学[M].王根蓓,译.2版.上海:上海财经大学出版社,2004.
[48] 瓦伊纳.倾销:国际贸易中的一个问题[M].沈瑶,译.北京:商务印书馆,2003.
[49] 阿达.经济全球化[M].何竟,周晓幸,译.北京:中央编译出版社,2000.
[50] 姚曾荫.国际贸易概论[M].北京:人民出版社,1987.
[51] 余淼杰.国际贸易学:理论、政策与实证[M].北京:北京大学出版社,2013.
[52] 张二震.国际贸易政策的研究与比较[M].南京:南京大学出版社,1993.
[53] 张二震,陈飞翔.国际贸易教程[M].南京:南京大学出版社,1990.
[54] 张二震,马野青.国际贸易政策[M].北京:中国青年出版社,1996.
[55] 张二震,马野青,方勇,等.贸易投资一体化与中国的战略[M].北京:人民出版社,2004.
[56] 张幼文.外贸政策与经济发展[M].上海:立信会计出版社,1997.
[57] 豪克.农产品贸易政策原理[M].马雨,译.北京:中国人民大学出版社,1991.
[58] 周振华.产业政策的经济理论系统分析[M].北京:中国人民大学出版社,1990.
[59] 周八骏.迈向新世纪的国际经济一体化[M].上海:上海人民出版社,1999.
[60] 庄起善.世界经济新论[M].上海:复旦大学出版社,2004.
[61] 格罗斯曼,赫尔普曼.全球经济中的创新与增长[M].牛勇平,唐迪,译.北京:中国人民大学出版社,2003.
[62] 钱纳里,鲁宾逊,赛尔奎因.工业化和经济增长的比较研究[M].吴奇,王松宝,等译.上海:上海三联书店,1995.
[63] 科斯,阿尔钦,诺斯,等.财产权利与制度变迁[M].刘守英,等译.上海:上海三联书店,1994.
[64] 罗斯托.从起飞进入持续增长的经济学[M].贺力平,等译.成都:四川人民出版社,1988.
[65] ANDO M.Fragmentation and vertical intra-industry trade in East Asia[J].The North American journal of economics and finance,2006,17(3):257-281.
[66] CHEN Y M,ISHIKAWA J,YU Z B.Trade liberalization and strategic outsourcing[J].Journal of international economics,2004,63(2):419-436.
[67] NAVARETTI G B,VENABLES A J.Multinational firms in the world economy[M].Oxford:Princeton University Press,2004.
[68] GROSSMAN G M,HELPMAN E.Integration versus outsourcing in industry equilibrium[J].Quarterly journal of economics,2002,117(1):85-120.
[69] HUMMELS D,ISHII J,YI K M.The nature and growth of vertical specialization in world trade[J].Journal of international economics,2001,54(1):75-96.
[70] ITO T,KRUEGER A O.Trade and protectionism[M].Chicago,IL:The University of Chicago

Press,1993.

[71] RAUCH J E, TRINDADE V. Information, international substitutability, and globalization[J]. American economic review,2003,93(3):775-791.

[72] KRUGMAN P R. Strategic trade policy and the new international economics[M]. Cambridge: MIT Press,1986.

[73] LETICHE J M. International economic policies and their theoretical foundations[M]. San Diego: Academic Press Inc.,1992.

[74] LINDERT P H. International economics[M]. 9th ed. Homewood, Illinois: Irwin,1991.

[75] LIPSEY R G. The theory of customs unions: a general survey[J]. The economic journal,1960,70: 496-513.

[76] MELITZ M J, OTTAVIANO G I P. Market size, trade, and productivity[J]. The review of economic studies,2008,75(1):295-316.

[77] REICH R B. The work of nations: preparing ourselves for 21st century capitalism[M]. New York: Alfred A. Knopf,Inc.,1991.

[78] GRASSMAN S. Long-term trends in openness of national economies[J]. Oxford economics papers,New Series,1980,32(1):123-133.

[79] VERNON R. International investment and international trade in the product cycle[J]. The quarterly journal of economics,1966,80(2):190-207.

[80] VERNON R, SPAR D L. Beyond globalism: remaking American foreign economic policy[M]. New York: The Free Press,1992.

[81] VINER J. Customs union issue[M]. New York: Carnegie Endowment for International Peace,1950.

[82] CHANG Y, GOMES J F, SCHORFHEIDE F. Learning-by-doing as a propagation mechanism[J]. American economic review,2002,92(5):1498-1520.

教师服务

感谢您选用清华大学出版社的教材！为了更好地服务教学，我们为授课教师提供本书的教学辅助资源，以及本学科重点教材信息。请您扫码获取。

▶ 教辅获取

本书教辅资源，授课教师扫码获取

▶ 样书赠送

国际经济与贸易类重点教材，教师扫码获取样书

 清华大学出版社

E-mail: tupfuwu@163.com
电话：010-83470332 / 83470142
地址：北京市海淀区双清路学研大厦 B 座 509

网址：https://www.tup.com.cn/
传真：8610-83470107
邮编：100084